Justitiabilität der Gewissensfreiheit

ADNOTATIONES IN IUS CANONICUM

Hrsg. von Elmar Güthoff und Karl-Heinz Selge

Band 47

PETER LANG
Frankfurt am Main · Berlin · Bern · Bruxelles · New York · Oxford · Wien

Ansgar Grochtmann

JUSTITIABILITÄT DER GEWISSENSFREIHEIT

Rechtsvergleichende Analyse zur kirchlichen Strafverhängung und zum Schutz des *forum internum* im Völkerrecht

PETER LANG
Internationaler Verlag der Wissenschaften

Bibliografische Information der Deutschen Nationalbibliothek
Die Deutsche Nationalbibliothek verzeichnet diese Publikation in der Deutschen Nationalbibliografie; detaillierte bibliografische Daten sind im Internet über <http://www.d-nb.de> abrufbar.

ISSN 0946-9176
ISBN 978-3-631-59738-5

www.peterlang.de

Vorwort

Die vorliegende Arbeit entstand im Rahmen meines Promotionsverfahrens an der Katholischen Universität Pázmány Péter in Budapest. Die vorliegende Fassung der Dissertation ist für die Drucklegung insbesondere um theologische Darlegungen zur Gewissenslehre gekürzt worden. Eine Zusammenfassung der Ergebnisse erschien ausreichend, um darauf aufbauend zur Vereinbarkeit von Besserungsstrafzweck im kanonischen Recht und kirchlicher Gewissenslehre Stellung zu nehmen.
Für die gute Betreuung habe ich stellvertretend dem Institutspräsidenten des Kánonjogi Posztgraduális Intézet, Herrn DDr. Anzelm Szuromi, zu danken sowie insbesondere meinem Moderator, Herrn Dekan Dr. Balász Schanda. Dank schulde ich auch Herrn Prof. Dr. Klaus Lüdicke, der in Münster meine Lizentiatsarbeit betreute, deren Ergebnisse nun in dieses Promotionsverfahren einfließen konnten. Meinem Heimaterzbistum Paderborn bin ich für die Gewährung eines großzügigen Druckkostenzuschusses sehr verbunden. Nicht zu vergessen ist die vielfältige Unterstützung durch die Herausgeber der vorliegenden Reihe „Adnotationes in Ius Canonicum", Herrn Professor DDr. Elmar Güthoff und Herrn Privatdozenten Dr. Karl-Heinz Selge. Für die zahlreiche Hilfe bei der Korrektur stehe ich in der Schuld vieler meiner Freunde. So gilt mein Dank im Besonderen Heinrich Koch und Ingo Oellerich, die neben meiner juristischen Dissertation mir jeweils auch bei dieser Arbeit äußerst behilflich waren. Ohne die liebevolle Unterstützung durch meine Familie, insbesondere durch meine Frau Silvia, wäre diese Arbeit nicht entstanden.

Wuppertal, 02.08.2009 Ansgar Grochtmann

INHALTSÜBERBLICK

Inhaltsverzeichnis

Literaturverzeichnis

AHLERS, Reinhild, Eucharistie, in: Ecclesia a sacramentis, Theologische Erwägungen zum Sakramentenrecht, hrsg. v. ders., *L. Gerosa*, *L. Müller*, Paderborn 1992, 13–25

ALEXY, Robert, Begriff und Geltung des Rechts, Studienausgabe, Freiburg, München 2002

ALKEMA, Evert, Statement at the Conference on Freedom of Conscience (Leiden, 1992), in: Freedom of Conscience, hrsg. v. *Council of Europe*, Straßburg 1993, 131

ALTHAUS, Rüdiger, Kommentierung des can. 915, in: Münsterischer Kommentar zum Codex Iuris Canonici (Loseblattwerk Stand Januar 2008), Bearb. Juli 2004, Band 4 (cann. 834–1054), hrsg. v. *K. Lüdicke*, Essen seit 1984

— Konversion – Abfall vom Glauben oder Freiheit des Glaubens?, in: Recht auf Mission contra Religionsfreiheit? Das christliche Europa auf dem Prüfstand, hrsg. v. *P. Krämer*, *S. Demel*, *L. Gerosa*, *A. E. Hierold*, *L. Müller* (Kirchenrechtliche Bibliothek, hrsg. v. *L. Gerosa, L. Müller*, Bd. 10), Berlin 2007, 189–200

ANDERSON, Scott Allen, Coercion, in: Stanford Encyclopedia of Philosophy, hrsg. v. *E. N. Zalta* (http://plato.stanford.edu/), Bearb. Feb. 2006

AUER, Alfons, Ist die Kirche heute noch „ethisch bewohnbar"?, in: Moraltheologie im Abseits? Antwort auf die Enzyklika „Veritatis splendor", hrsg. v. *D. Mieth*, Freiburg 1994, 296–315

AYMANS, Winfried, Kirchliche Grundrechte und Menschenrechte, AfkKR 149 (1980), 389–409

— Die kanonistische Lehre von der Kirchengliedschaft im Lichte des II. Vatikanischen Konzils, zuerst in: AfkKR 142 (1973), 397–417; hier zitiert nach der redaktionell überarbeiteten Version in: ders., Kirchenrechtliche Beiträge zur Ekklesiologie, Berlin 1995, 65–86

BAIR, Johann, The International Covenant on Civil and Political Rights and its (First) Optional Protocol – A Short Commentary Based on Views, General Comments and Concluding Observations by the Human Rights Committee, Frankfurt a. M., 2005

— Gedanken-, Gewissens- und Religionsfreiheit aus dem Blickwinkel des Menschenrechtsausschusses der Vereinten Nationen, in: Recht – Bürge der Freiheit, Festschrift für *Johannes Mühlsteiger SJ* zum 80. Geburtstag, hrsg. v. *K. Breitsching, W. Rees*, Berlin 2006

BAUM, Gregory, Der Mensch in seiner Welt, in: Die Autorität der Freiheit, Gegenwart des Konzils und Zukunft der Kirche im ökumenischen Disput, hrsg. v. *J. C. Hampe*, München, Bd. III, 1967, 68–85

BELELIEU, Christopher D, The Headscarf as a Symbolic Enemy of the European Court of Human Rights' Democratic Jurisprudence: Viewing Islam Through a European Legal Prism in Light of the Sahin Judgment (2006) 12 Colum J Eur L 573–623

BIELEFELDT, Heiner, The Practical Priority of the Secular Legal Order – A Response to Javid Gadirov in: Religious Pluralism and Human Rights in Europe: Where to Draw the Line?, hrsg. v. *M. L. P. Loenen*, *J. E. Goldschmidt*, Antwerpen 2007, 97–102

BLEIBERG, Benjamin D., Unveiling the Real Issue: Evaluating the European Court of Human Rights' Decision to Enforce the Turkish Headscarf Ban in Leyla Sahin v. Turkey (2005) 91 Cornell L Rev 129–169

BLOCH, Tamara, Die Stellungnahmen der römisch-katholischen Amtskirche zur Frage der Menschenrechte seit 1215, Frankfurt a. M. 2008, zugleich Diss. Heidelbert 2007

BLOIS, Matthijs de, Two Cities in Conflict, Religious Pluralism and Human Rights, in: Europe: Where to Draw the Line? hrsg. v. *M. L. P. Loenen, JE Goldschmidt*, Antwerpen 2007, 167–183

BLUM, Nikolaus, Die Gedanken-, Gewissens- und Religionsfreiheit nach Art. 9 der Europäischen Menschenrechtskonvention, Berlin 1990

BÖCKENFÖRDE, Ernst-Wolfgang, Geschichte der Rechts- und Staatsphilosophie, Antike und Mittelalter, Tübingen 2002

— Rom hat gesprochen, die Debatte ist eröffnet. Wenn Enzykliken nicht unfehlbar sind, dann laden sie ein zur Kritik: Das päpstliche Lehramt im Licht der Religionsfreiheit, in: FAZ vom 07.12.2005, S. 39

— Die Bedeutung der Unterscheidung von Staat und Gesellschaft im demokratischen Sozialstaat der Gegenwart, zuerst veröffentlicht in: Rechtsfragen der Gegenwart, Festgabe für *Wolfgang Hefermehl* zum 65. Geburtstag, Stuttgart 1972, in: Recht, Staat, Freiheit, Frankfurt a. M., 2. A. 2006, 209–243

— Vorbemerkung zu: Die Anerkennung der Religionsfreiheit – eine kopernikanische Wende, sowie Über die Autorität päpstlicher Lehrenzykliken – am Beispiel der Äußerungen zur Religionsfreiheit (2006), in: Kirche und Christlicher Glaube in den Herausforderungen der Zeit, Beiträge zur politisch-theologischen Verfassungsgeschichte 1957–2002, 2. A. Münster 2007, 193–195 sowie 471–489

BÖCKENFÖRDE, Werner, Der neue Codex Juris Canonici, NJW 1983, 2532–2540

BÖSE, Martin, Die Glaubens- und Gewissensfreiheit im Rahmen der Strafgesetze (insbesondere § 34 StGB), ZStW 113 (2001), 40–75

BØRRESEN, Kari Elisabeth, Religion Confronting Women's Human Rights: The Case of Roman Catholicism, in: Facilitating Freedom of Religion or Belief: A Deskbook, hrsg. v. *T. Lindholm, W. C. Durham, Jr., B. G. Tahzib-Lie*, Leiden 2004, 545–559

BOOZANG, Kathleen M., Deciding the Fate of Religious Hospitals in the Emerging Health Care Market (1995) 31 Houston L Rev 1429–1516

BOROWSKI, Martin, Die Glaubens- und Gewissensfreiheit des Grundgesetzes, Tübingen 2006

BOSSUYT, Marc J., Guide to the 'Travaux Préparatoires' of the International Covenant on Civil and Political Rights, Dordrecht 1987

BOYLE, Kevin / SHEEN, Juliet (Hg.), Freedom of Religion and Belief – A World Report, London, 1997

BOYLE, Kevin / SHERIF, Adel Omar (Hg.), Human Rights and Democracy – The Role of the Supreme Constitutional Court of Egypt, London 1996

BOYLE, Kevin, Freedom of Conscience in International Law, in: Freedom of Conscience, hrsg. v. *Council of Europe*, Straßburg 1993, 37–53

— Freedom of Religion in International Law, in: Religion, Human Rights and International Law, hrsg. v. *J. Rehman, S. C. Breau*, Leiden 2007, 23–51

BREMS, Eva, The Approach of the European Court of Human Rights to Religion, in: Die Rechtsstellung des Menschen im Völkerrecht. Entwicklungen und Perspektiven, hrsg. v. *T. Marauhn*, Tübingen 2003, 1–19

BUERGENTHAL, Thomas, To Respect and to Ensure: State Obligations and Permissible Derogations, in: The International Bill of Rights – The Covenant on Civil and Political Rights, hrsg. v. *L. Henkin*, New York 1981, 72–91

BURKHART, Ernst, Gewissen und kirchliches Lehramt, in: Der Wahrheit verpflichtet, Festschrift für *Kurt Krenn* zum 70. Geburtstag, hrsg. v. *J. Kreiml, I. M. Fux*, Graz 2006, 327–346

CAPARROS, Ernest, Criminal Law Protection of the Human Rights in Civil and Religious Societies, in: The Penal Process and the Protection of Rights in Canon Law – Proceedings of a conference held at the Pontifical University of the Holy Cross Rome, March 25–26, 2004, hrsg. v. *P. M. Dugan*, Montréal 2005, 203–234

CARLSON, Scott/ GISVOLD, Gregory, Practical Guide to the International Covenant on Civil and Political Rights (ICCPR), Ardsley 2003

CARRAGHER, Michael, The Raison D'Être of Punishment, in: Processo penale e tutela dei diritti nell'ordinamento canonico, hrsg.v *D. Cito*, Mailand 2005, 449–467

CATTANEO, Arturo, Grundfragen des Kirchenrechts bei Klaus Mörsdorf, Synthese und Ansätze einer Wertung, deutsche Übersetzung von Questioni Fondamentali della Canonistica nel Pensiero die Klaus Mörsdorf durch *M. Walser*, Kanonistische Studien und Texte Bd. 24, hrsg. v. *G. May*, Amsterdam 1991

— Der konziliare Beitrag zur Theologie der Teilkirche, in: Communio in ecclesiae mysterio – Festschrift für Winfried Aymans zum 65. Geburtstag, hrsg. v. *K.-T. Geringer* und *H. Schmitz*, St. Ottilien 2001, 41–60

CHINKIN, Christine, Women's Human Rights and Religion: How do they Co-Exist? in: Religion, Human Rights and International Law, hrsg. v. *J. Rehman, S. C. Breau*, Leiden, 2007, 53–78

CLAPHAM, Andrew, Human Rights Obligations of Non-State Actors, Oxford 2006

CORRECO, Eugenio, Der Katalog der Pflichten und Rechte des Gläubigen im CIC, in: Ministerium Justitiae, Festschrift für *Heribert Heinemann* zur Vollendung des 60. Lebensjahres, hrsg. v. *A. Gabriels, H. J. F. Reinhardt*, Essen 1985, 179–202

CUMPER, Peter, Freedom of Thought, Conscience, and Religion, in: The International Covenant on Civil and Political Rights and United Kingdom Law, hrsg. v. *D. Harris, S. Joseph*, Oxford 1995, 355–389

— Inciting Religious Hatred: Balancing Free Speech and Religious Sensibilities in a Multi-Faith Society, in: Does God Believe in Human Rights? – Essays on Religion and Human Rights, hrsg. v. *N. Ghanea, A. Stephens, R. Walden*, Leiden 2007, 233–258

DE JONG, Cornells Dennis, The Freedom of Thought, Conscience and Religion or Belief in the United Nations (1946–1992), Antwerpen 2000

— Freedom of Religion and Belief in the Light of Recent Challenges: Needs, Clashes and Solutions, in: Does God Believe in Human Rights? – Essays on Religion and Human Rights, hrsg. v. *N. Ghanea, A. Stephens, R. Walden*, Leiden 2007, 181–205

DE MORTANGES, René Pahud, Zwischen Vergebung und Vergeltung, Eine Analyse des kirchlichen Straf- und Disziplinarrechts, zugleich Habil. Freiburg (Schweiz) 1991, Baden-Baden 1992

DE PAOLIS, Velasio, Aspectus theologici et iuridice in sistemate poenali canonico, PerRMCL 75 (1986), 221–254

— The Application of Penalties (cann. 1341–1353) sowie Commentary: can. 1341, in: Exegetical Commentary on the Code of Canon Law, Volume IV/1, hrsg. v. *A. Marzoa, J. Miras, R Rodríguez-Ocaña* und für die englische Edition zusätzlich *E. Caparros*, Montréal 2004, 358–363

— Penal Sanctions, Penal Remedies and Penances in Canon Law, in: The Penal Process and the Protection of Rights in Canon Law – Proceedings of a conference held at the Pontifical University of the Holy Cross Rome, March 25–26, 2004, hrsg. v. *P. M. Dugan*, Montréal 2005,145–182

DEFEIS, Elizabeth F., Religious Liberty and Protections in Europe (2007) 45 J Catholic Legal Studies 73–114

DEMEL, Sabine, Abtreibung zwischen Straffreiheit und Exkommunikation – Weltliches und kirchliches Strafrecht auf dem Prüfstand, Stuttgart 1995, zugleich Habil. Eichstätt 1995

— Zwischen Seelsorge und Ökumene – Das neue Verständnis von Mission seit dem II. Vatikanischen Konzil und seine Umsetzujng im CIC/1983, in: Recht auf Mission contra Religionsfreiheit? Das christliche Europa auf dem Prüfstand, hrsg. v. *P. Krämer, S. Demel, L. Gerosa, A. E. Hierold, L. Müller* (Kirchenrechtliche Bibliothek, hrsg. v. *L. Gerosa, L. Müller*, Bd. 10), Berlin 2007, 89–112

DENLI, Özlem, Between Laicist State Ideology and Modern Public Religion: The Head-Cover Controversy in Contemporary Turkey, in: Facilitating Freedom of Religion or Belief: A Deskbook, hrsg. v. *T. Lindholm, W. C. Durham, Jr., B. G. Tahzib-Lie*, Leiden 2004, 497–511

DENZINGER, Heinrich/ HÜNERMANN, Peter, Kompendium der Glaubensbekenntnisse und kirchlichen Lehrentscheidungen, Freiburg, Basel, Wien, 40. A. 2005

DIJK, van P. / HOOF, van G. J. H., Theory and Practice of the European Convention on Human Rights, Den Haag, 3 A. 1998; Deventer, 2. A. 1990

DONNELLY, Jack, International Human Rights, Boulder, 3. A. 2007

— The Relative Universality of Human Rights (2007) 29 HRQ 281–306

— Human Rights: Both Universal and Relative (A Reply to Goodhart) (2008) 30 HRQ 194–204

DURHAM, W. Cole, Jr., Facilitating Freedom of Religion or Belief Through Religious Association Laws, in: Facilitating Freedom of Religion or Belief: A Deskbook, hrsg. v. *T. Lindholm,* ders.*, B. G. Tahzib-Lie*, Leiden 2004, 321–405

DURHAM, W. Cole, Jr./ WOOD, Mary Anne Q./ CONDIE, Spencer J., Accomodation of Conscientious Objection to Abortion: A Case Study of the Nursing Profession [1982] BYUL Rev 253–370

EHLERS, Dirk, Allgemeine Lehren/ EMRK, in: Europäische Grundrechte und Grundfreiheiten, hrsg. v. dems., Berlin, 2. A. 2005, 23–62

EICHOLT, Bernd, Geltung und Durchbrechungen des Grundsatzes „nullum crimen nulla poena sine lege" im kanonischen Recht, insbesondere in c. 1399 CIC/1983, (Adnotationes in ius canonicum, hrsg. v. *E. Güthoff, K.-H. Selge*, Bd. 43), Frankfurt a. M. 2006

ELTAYEB, Mohamed, Legal Protection of the Right to Freedom of Thought, Conscience, and Religion or Belief in Muslim Countries, in: Freedom of Religion: A Precious Human Right – A Survey of Advantages and Drawbacks, hrsg. v. *J. M. M. Naber*, Assen 2000, 100–118

EMON, Anver M., On the Pope, Cartoons, and Apostates: Shari'a 2006 (2006–2007) 22 J L & Religion 303–321

ERDÖ, Péter, The Theological Foundations of Canon Law According to the Works of John Henry Newman, in Folia Theologica 1 (1990), 115–130

— Theologie des Kanonischen Rechts, Ein systematisch-historischer Versuch (Kirchenrechtliche Bibliothek, hrsg. v. *L. Gerosa, L. Müller*, Bd. 1), Münster 1999

— Die Quellen des Kirchenrechts (Adnotationes in ius canonicum, hrsg. v. *E. Güthoff, K.-H. Selge*, Bd. 23), Frankfurt a. M. 2002

— Die Wirksamkeit des kanonischen Strafsystems. Fragen zur Verhängung von Kirchenstrafen auf dem Verwaltungsweg, in: Iudicare inter fideles, Festschrift für *Karl-Theodor Geringer* zum 65. Geburtstag, hrsg. v. *W. Aymans, S. Haering, H. Schmitz*, Sankt Ottilien 2002, 77–91

EVANS, Carolyn / THOMAS, Christopher A., Church-State Relations in the European Court of Human Rights [2006] BYUL Rev 699–725

EVANS, Carolyn, Freedom of Religion Under the European Convention on Human Rights, Oxford 2001

— Religious Freedom in European Human Rights Law: The Search for a Guiding Conception, in: Religion and International Law, hrsg. v. *M. W. Janis*, ders., Leiden 2004 (Paperback, Nachdruck der Hardcoverausgabe 1999) 385–400

— The 'Islamic Scarf' in the European Court of Human Rights (2006) 7 Melbourne J Intl L 52–73

EVANS, Malcolm D., Religious Liberty and International Law in Europe, Cambridge 1997

— Believing in Communities, European Style, in: The Challenge of Religious Discrimination at the Dawn of the New Millennium, hrsg. v. *N. Ghanea*, Leiden 2003, 133–155

— Historical Analysis of Freedom of Religion or Belief as a Technique for Resolving Religious Conflicts, in: Facilitating Freedom of Religion or Belief: A Deskbook, hrsg. v. *T. Lindholm, W. C. Durham, Jr., B. G. Tahzib-Lie*, Leiden 2004, 1–17

— Introduction, in: Does God Believe in Human Rights? – Essays on Religion and Human Rights, hrsg. v. *N. Ghanea, A. Stephens, R. Walden*, Leiden 2007, 1–16

FARIS, John D., Penal Law in the Catholic Churches: A Comparative Overview, in: Folia Canonica 2 (1999) 53–93

FROWEIN, Jochen Abr., Die Bedeutung des Art. 9 EMRK, in: Die Einigung Europas und die Staat-Kirche-Ordnung – Essener Gespräche zum Thema Staat und Kirche (Bd. 27), hrsg. v. *H. Heinemann, H. Marré*, Münster 1993, 46–60

— Religionsfreiheit und internationaler Menschenrechtsschutz, in: Religionsfreiheit zwischen individueller Selbstbestimmung, Minderheitenschutz und Staatskirchenrecht – Völker- und verfassungsrechtliche Perspektiven, hrsg. v. *R. Grote* und *T. Marauhn* (Beiträge zum ausländischen öffentlichen Recht und Völkerrecht, hrsg. v. *Frowein, Wolfrum*, Bd. 146) Berlin 2001, 243–252

— Religion and Religious Symbols in European and International Law, in: Religion in the Public Sphere: A Comparative Analysis of German, Israeli, American and International Law, hrsg. v. *W. Brugger, M. Karayanni*, Berlin, 2007, 243–252

GARLICKI, Lech, Relations between Private Actors and the European Convention on Human Rights, in: The Constitution in Private Relations, Expanding Constitutionalism, hrsg. v. *A. Sajó, R. Uitz*, Utrecht 2005, 129–143

GEROSA, Libero, Exkommunikation und freier Glaubensgehorsam, Theologische Erwägungen zur Grundlegung und Anwendbarkeit der kanonischen Sanktionen, Paderborn 1995, zugleich ist Teil I die deutsche Übersetzung der Dissertation „La scomunica è una pena?", Fribourg 1984

— Dialogbeiträge, in: Kirche ohne Recht? Stand und Aufgaben der Kirchenrechtswissenschaft heute, *Libero Gerosa* und *Ludger Müller* im Gespräch, Paderborn 2003

— „Communio" und „Excommunicatio", in: „Strafrecht" in einer Kirche der Liebe – Notwendigkeit oder Widerspruch?, hrsg. v. *L. Müller, A. E. Hierold, S. Demel, L. Gerosa, P. Krämer* (Kirchenrechtliche Bibliothek, hrsg. v. *L. Gerosa, L. Müller*, Bd. 9), Berlin 2006, 97–110

— Religionsfreiheit und Absolutheitsanspruch der Religionen, in: Recht auf Mission contra Religionsfreiheit? Das christliche Europa auf dem Prüfstand, hrsg. v. *P. Krämer, S. Demel, L. Gerosa, A. E. Hierold, L. Müller* (Kirchenrechtliche Bibliothek, hrsg. v. *L. Gerosa, L. Müller*, Bd. 10), Berlin 2007, 83–88

GHANEA, Nazila, The 1981 UN Declaration on the Elimination of All Froms of Intolerance and of Discrimination Based on Religion or Belief: Some Observations, in: The Challenge of Religious Discrimination at the Dawn of the New Millennium, hrsg. v. *N. Ghanea*, Leiden 2003, 9–31

— Apostasy and Freedom to Change Religion or Belief, in: Facilitating Freedom of Religion or Belief: A Deskbook, hrsg. v. *T. Lindholm, W. C. Durham, Jr., B. G. Tahzib-Lie*, Leiden 2004, 669–688

GOLSER, Karl, Gewissen, in: Neues Lexikon der christlichen Moral, hrsg. v. *H. Rotter, G. Virt*, Innsbruck, Wien 1990, 278–286

GOODHART, Michael E, Neither Relative nor Universal: A Response to Donnelly (2008) 30 HRQ 183–193

GONZÁLES DEL VALLE, José M., The Permissible Scope of Legal Limitations on the Freedom of Religion or Belief in Spain (2005) 19 Emory Intl L Rev 1033–1086

GRABENWARTER, Christoph, Europäische Menschenrechtskonvention, München, 2. A. 2005

GREEN, Thomas J., Penal Law: A Review of Selected Themes, The Jurist 50 (1990), 221–256

— Penal Law: Reflectiones on the Eastern Code Revision Process, The Jurist 51 (1991), 18–37

GRIEF, Nicholas, British Quakers, the Peace Tax and International Law, in: Religion and International Law, hrsg. v. *M. W. Janis, C. Evans*, Leiden 2004 (Paperback, Nachdruck der Hardcoverausgabe 1999) 339–355

GROCHTMANN, Ansgar, Rezension zu *Funke*, Die Religionsfreiheit im Verfassungsrecht der USA (Berlin, 2006), DPM 15 (2008)

GRUBB, Andrew, Case Comment on R *v Salford Health Authority, ex parte Janaway* [1988] 2 WLR 442 [1988] Cambridge L J 162–165

GRÜNDEL, Johannes, Verbindlichkeit und Reichweite des Gewissensspruches, in: Das Gewissen, Subjektive Willkür oder oberste Norm, hrsg. v. dems., Düsseldorf 1990, 99–126

GUGGENBERGER, Alois, Die Würde der menschlichen Person, in: Die Kirche in der Welt von heute, hrsg. v. *W. Sandfuchs*, Würzburg 1966, 12–33

GULLO, Carlo, Reasons for Legal Protection in a Penal Environment, in: The Penal Process and the Protection of Rights in Canon Law – Proceedings of a conference held at the Pontifical University of the Holy Cross Rome, March 25–26, 2004, hrsg. v. *P. M. Dugan*, Montréal 2005, 129–144

GUNN, Jeremy, Adjudicating Rights of Conscience Under the European Convention on Human Right, in: Religious Human Rights in Global Perspective, hrsg. v. *J. D. van der Vyver, J. Witte, Jr.*, Den Haag 1999, 305–330

GÜTHOFF, Elmar, Kanonistische Erwägungen zur eigenständigen Bedeutung der Apostasie, in: Iudicare inter fideles, Festschrift für *Karl-Theodor Geringer* zum 65. Geburtstag, hrsg. v. *W. Aymans, S. Haering, H. Schmitz*, Sankt Ottilien 2002, 109–119

HABERMAS, Jürgen, Vorpolitische Grundlagen des demokratischen Rechtsstaates?, in: *Habermas/Ratzinger*, Dialektik der Säkularisierung, Über Vernunft und Religion, Freiburg 2005, 15–37

HAFNER, Felix, Kirchen im Kontext der Grund- und Menschenrechte, Freiburger Veröffentlichungen auf dem Gebiete von Kirche und Staat, Bd. 36, hrsg. v. *L. Carlen*, Freiburg (Schweiz) 1992, zugleich Habil. Basel 1991

HAGEN, August, Die kirchliche Mitgliedschaft, Rottenburg am Neckar 1938

HAMMER, Leonard M., The International Human Right to Freedom of Conscience, Aldershot 2001

HÄRING, Bernhard, Ethik des Mit-Seins in Wahrheit und Liebe, in: Die Autorität der Freiheit, Gegenwart des Konzils und Zukunft der Kirche im ökumenischen Disput, hrsg. v. *J. C. Hampe*, Bd. III, München, 1967, 113–119

HARRIS, D. J./ O'BOYLE, M./ WARBRICK, C., Law of the European Convention on Human Rights, London 1995

HARTKAMP, A. S., Der Zwang im Römischen Privatrecht, Amsterdam 1971

HEGEL, Georg Wilhelm Friedrich, Grundlinien der Philosophie des Rechts oder Naturrecht und Staatswissenschaft im Grundrisse, 1821, neu editierte Ausgabe, mit HEGELS eigenhändigen Notizen und mündlichen Zusätzen, von *E. Modenhauer*, *K. M. Michel*, Frankfurt a. M. 1970

HEINEMANN, Heribert, Die rechtliche Stellung der nichtkatholischen Christen und ihre Wiederversöhnung mit der Kirche, München 1964, zugleich Diss. München 1960/61

— Menschenrechte? Eine Anfrage an das Kirchenrecht, ÖAfKR 25 (1974) 238–255

HEINZMANN, Richard, Der Mensch als Person, Zum Verständnis des Gewissens bei Thomas von Aquin, in: Das Gewissen, Subjektive Willkür oder oberste Norm, hrsg. v. *J. Gründel*, Düsseldorf 1990, 34–52

HENDRIKS, Aart, Dealing with Different Religious Convictions and Practices, in: Religious Pluralism and Human Rights in Europe: Where to Draw the Line?, hrsg. v. *M. L. P. Loenen, J. E. Goldschmidt*, Antwerpen 2007, 147–154

HENKIN, Louis, Introduction, in: The International Bill of Rights – The Covenant on Civil and Political Rights, hrsg. v. dems., New York 1981, 1–31

HERBE, Donald W., The Right to Refuse: A Call for Adequate Protection of a Pharmacist's Right to Refuse Facilitation of Abortion and Emergency Contraception (2004) 17 J L & Health 77–102

HERDEGEN, Matthias, Völkerrecht, München, 5. A. 2006

HERVADA, Javier / LOMBARDÍA, Pedro, Prologue I – Introduction to Canon Law, in: Exegetical Commentary on the Code of Canon Law, Volume I, hrsg. v. *A. Marzoa, J. Miras, R Rodríguez-Ocaña* und für die englische Edition zusätzlich *E. Caparros*, Montréal 2004, 1–119

HESSBRUEGGE, Jan Arno, Human Rights Violations Arising From Conduct of Non-State Actors (2005) 11 Buff Hum Rts L Rev 21–88

HIEROLD, Alfred E., Vom Sinn und Zweck kirchlicher Strafe, in: Ministerium Justitiae, Festschrift für *Heribert Heinemann* zur Vollendung des 60. Lebensjahres, hrsg. v. André *Gabriels* und Heinrich J. F. *Reinhardt*, Essen 1985, 331–341

HILPERT, Konrad, Die Menschenrechte – Geschichte, Theologie, Aktualität, Düsseldorf 1991

HONECKER, Martin, Testimonium conscientiae. Was ist norma proxima des sittlichen Urteils?, in: Der Streit um das Gewissen, hrsg. v. *G. Höver, L. Honnefelder*, zugleich Gedenkschrift für *Franz Böckle*, Paderborn, München, Wien, Zürich 1993, 83–92

HOUTEPEN, Anton, From Freedom of Religion Towards a Really Free Religion, in: Freedom of Religion: A Precious Human Right – A Survey of Advantages and Drawbacks, hrsg. v. *J. M. M. Naber*, Assen 2000, 43–53

HÖVER, Gerhard, Normativität und Gewissen, in: Der Streit um das Gewissen, hrsg. v. dems., *L. Honnefelder*, zugleich Gedenkschrift für *Franz Böckle*, Paderborn, München, Wien, Zürich 1993, 11–24

HUIZING, Peter, Delikte und Strafen, Concilium 3 (1967), 657–664

HUIZING, Peter / BASSETT, William, Glauben auf Befehl? Rechtsprobleme rund um die Lehrautorität, Concilium 12 (1976), 405–409

HÜNERMANN, Peter, Der Text: Werden – Gestalt – Bedeutung. Eine hermeneutische Reflexion, in: Herders theologischer Kommentar zum Zweiten Vatikanischen Konzil, hrsg. v. dems., *B. J. Hilberath*, Band 5, Freiburg, Basel, Wien, 2006, 5–101

IPGRAVE, Michael, Religion in a Democratic Society: Safeguarding Freedom, Acknowledging Identity, Valuing Partnership, in: Does God Believe in Human Rights? – Essays on Religion and Human Rights, hrsg. v. *N. Ghanea, A. Stephens, R. Walden*, Leiden 2007, 45–64

ISENSEE, Josef, Keine Freiheit für den Irrtum – Die Kritik der katholischen Kirche des 19. Jahrhunderts an den Menschenrechten als staatsphilosophisches Paradigma, in: Menschenrechte und Menschenwürde: Historische Voraussetzungen – säkulare Gestalt – christliches Verständnis, hrsg. v. *E.-W. Böckenförde, R. Spaemann*, Stuttgart 1987, 138–174; ferner namensgleicher Aufsatz veröffentlicht in ZRG Kan. Abt. 73 (1987), 296–336

JANIS, Mark Weston, Faith, the State, and the Humility of International Law (2007) 45 J Catholic Legal Studies 59–72

JONE, Heribert, Gesetzbuch der lateinischen Kirche, Erklärung der Kanones, I. Band, Allgemeine Normen und Personenrecht, Kan. 1 – Kan. 725, Paderborn, 2. A. 1950

JOSEPH, Sarah / SCHULTZ, Jenny / CASTAN, Melissa, The International Covenant on Civil and Political Rights, Cases, Materials, and Commentary, Oxford, 2. A. 2004

JOSEPH, Sarah, United Nations Human Rights Committee: Recent Cases (2006) 6 Hum Rts L Rev 361–377

KADIVAR, Mohsen, Freedom of Religion and Belief in Islam, in: The New Voices of Islam, hrsg. v. dems., London 2006, 119–142

KAHN, Robert A., Cross-Burning, Holocaust Denial, and the Development of Hate Speech Law in the United States and Germany (2006) 83 U Detroit Mercy L Rev 163–194

KAISER, Matthäus, Der gute Glaube im Codex Iuris Canonici, zugleich Habil. München 1963/64, München 1965

KANT, Immanuel, Metaphysik der Sitten, hrsg. v. *K. Vorländer*, Band 42 der philosophischen Bibliothek, Leipzig, 3. A. 1919, Erstveröffentlichung der hier zitierten Abschnitte 1797

KASPER, Walter, Theologische Bestimmung der Menschenrechte im neuzeitlichen Bewußtsein von Freiheit und Geschichte, in: ders., Theologie und Kirche, Bd. I, Mainz 1987, 176–193, zuerst veröffentlicht in: Modernes Freiheitsethos und christlicher Glaube, hrsg. v. *Schwartländer*, München 1981, 285–302

— Wahrheit und Freiheit – Die „Erklärung über die Religionsfreiheit" des II. Vatikanischen Konzils, Vortrag vom 28.11.1987, Sitzungsberichte der Heidelberger Akademie der Wissenschaften, Philosophisch-historische Klasse, Bericht 4, Jahrgang 1988, 5–41

— Religionsfreiheit als theologisches Problem, in: Freiheit der Religion – Christentum und Islam unter dem Anspruch der Menschenrechte, hrsg. v. *J. Schwartländer*, Forum Weltkirche: Entwicklung und Frieden, Bd. 2, Mainz 1993, 210–229

KAUFMANN, Beat, Das Problem der Glaubens- und Überzeugungsfreiheit im Völkerrecht, Zürich 1989

KÉRY, Lotte, Canonica severitas und amor correctionis – Zur Ausbildung des kirchlichen Strafrechts im Spannungsfeld zwischen Strafanspruch und Besserungsverlangen, in: „Strafrecht" in einer Kirche der Liebe – Notwendigkeit oder Widerspruch?, hrsg. v. *L. Müller, A. E. Hierold, S. Demel, L. Gerosa, P. Krämer* (Kirchenrechtliche Bibliothek, hrsg. v. *L. Gerosa, L. Müller*, Bd. 9), Berlin 2006, 23–42

— Gottesfurcht und irdische Strafe, Köln 2006, zugl. Habil. Bonn 2003

KIMMINICH, Otto, Religionsfreiheit als Menschenrecht, Untersuchung zum gegenwärtigen Stand des Völkerrechts, Mainz 1990

KISS, Alexandre Charles, Permissible Limitations on Rights, in: The International Bill of Rights – The Covenant on Civil and Political Rights, hrsg. v. *L. Henkin*, New York 1981, 290–310

KLEIN, Eckart, SCHÄFER, Bernhard, Religionsfreiheit und Internationaler Pakt über bürgerliche und politische Rechte, in: Religion und Internationales Recht, hrsg. v. *A. Zimmermann*, Berlin 2006

KNEIB, Michael, Entwicklungen im Verständnis der Gewissensfreiheit, Zur Rezeption der Gewissensfreiheit durch die katholische Moraltheologie und das kirchliche Lehramt zwischen 1832 und 1965, Frankfurt a. M. 1996, zugleich Diss. Trier 1994/1995

KNIGHTS, Samantha, Religious Symbols in the School: Freedom of Religion, Minorities and Education [2005] Eur Human Rights L 499–516

— Freedom of Religion, Minorities, and the Law, Oxford 2007

KOKOTT, Juliane, Kommentierung des Art. 16 GG, in: Grundgesetz, Kommentar, hrsg. v. *M. Sachs*, 4. Auflage München 2007

KOTZULA, Stephan, Zur Exkommunikation im CIC/1983, Eine Definitionsmöglichkeit vom Communiobegriff her, AfkKR 156 (1987), 432–459

KRÄMER, Peter, Religionsfreiheit in der Kirche: Das Recht auf religiöse Freiheit in der kirchlichen Rechtsordnung, Trier 1981

— Menschenrechte – Christenrechte, Das neue Kirchenrecht auf dem Prüfstand, in: Ministerium Justitiae, Festschrift für *Heribert Heinemann* zur Vollendung des 60. Lebensjahres, hrsg. v. André *Gabriels* und Heinrich J. F. *Reinhardt*, Essen 1985, 169–177

— Kirchenrecht I, Wort – Sakrament – Charisma, Stuttgart, Berlin, Köln 1992

— Die Zugehörigkeit zur Kirche, § 15, in: Handbuch des katholischen Kirchenrechts, hrsg. v. *J. Listl, H. Schmitz*, Regensburg, 2. A. 1999, 200–209

— Religionsfreiheit und Absolutheitsanspruch der Religionen – aus der Perspektive des Christentums, Recht auf Mission contra Religionsfreiheit? Das christliche Europa auf dem Prüfstand, hrsg. v. *P. Krämer, S. Demel, L. Gerosa, A. E. Hierold, L. Müller*, (Kirchenrechtliche Bibliothek, hrsg. v. *L. Gerosa, L. Müller*, Bd. 10), Berlin 2007, 35–51

— Strafen in einer Kirche der Liebe, in: „Strafrecht" in einer Kirche der Liebe – Notwendigkeit oder Widerspruch?, hrsg. v. *L. Müller, A. E. Hierold, S. Demel, L. Gerosa, P. Krämer* (Kirchenrechtliche Bibliothek, hrsg. v. *L. Gerosa, L. Müller*, Bd. 9), Berlin 2006, 9–22

KRÄTZL, Helmut, Öffnung der Kirche zur Welt – Neue Sicht des Menschen, der Ehe und der irdischen Wirklichkeit, Anmerkungen zu Gaudium et Spes, besonders zu den Artikeln 12–17; 22; 36; 40–45; 47–52, S. 27–42, in: Zweites Vatikanisches Konzil – Ende oder Anfang?, hrsg. v. *A. E. Hierold*, Münster 2004, 27–42

KRIELE, Martin, Grundprobleme der Rechtsphilosophie, Münster, 2. A. 2004

KRISHNASWAMI, Arcot, 'Study of Discrimination in the Matter of Religious Rights and Practices' (1960) UN Doc E/CN.4/Sub.2/200/Rev.1

LANGLAUDE, Sylvie, Indoctrination, Secularism, Religious Liberty, and the ECHR (2006) 55 ICLQ 929–944

LAUN, Andreas, Das Gewissen – Oberste Norm sittlichen Handelns, Innsbruck 1984

LEHMANN, Karl, Hermeneutik für einen künftigen Umgang mit dem Konzil, in: Zweites Vatikanisches Konzil – Ende oder Anfang?, hrsg. v. *A. E. Hierold*, Münster 2004, 57–74

LERNER, Natan, The Nature and Minimum Standards of Freedom of Religion or Belief, in: Facilitating Freedom of Religion or Belief: A Deskbook, hrsg. v. *T. Lindholm, W. C. Durham, Jr., B. G. Tahzib-Lie*, Leiden 2004, 63–83

— Religion, Secular Beliefs and Human Rights, 25 Years After the 1981 Declaration, Studies in Religion, Secular Beliefs, and Human Rights, Vol. 2, Leiden 2006

LILLICH, Richard B., Civil Rights, in: Human Rights in International Law, Legal and Policy Issues, Volume I, hrsg. v. *T. Meron*, Oxford 1984, 69–113

LINDHOLM, Tore, Philosophical and Religious Justification of Freedom of Religion or Belief, in: Facilitating Freedom of Religion or Belief: A Deskbook, hrsg. v. dems., *W. C. Durham, Jr., B. G. Tahzib-Lie*, Leiden 2004, 19–61

LINDHOLM, Tore/ DURHAM, W. Cole, Jr./ TAHZIB-LIE, Bahia G./ GHANEA, Nazila, Introduction, in: Facilitating Freedom of Religion or Belief: A Deskbook, hrsg. v. dens., Leiden 2004, xxvii–xliii

LING, Michael Andreas, Zum gegenwärtigen kirchlichen Strafrecht, JZ 2004, 596–605

LORETAN, Adrian, Die Konzilserklärung über die Religionsfreiheit oder Ist der Kirchenaustritt Privatsache?, in: KuR 1998, 79–101

— Grundrechte in den Kirchen?, in: Wo bleibt die Gerechtigkeit?, Antworten aus Theologie, Philosophie und Rechtswissenschaft, hrsg. v. *P. Richli*, Zürich, Basel, Genf 2005, 227–251

— Wie entwickelt die Römisch-katholische Kirche ein Ja zum demokratischen Rechtsstaat und seinen Grundrechten?, in: Das Kreuz der Kirche mit der Demokratie, Zum Verhältnis von katholischer Kirche und Rechtsstaat, hrsg. v. *dems., T. Bernet-Strahm*, Zürich 2006, 19–34

LÜDICKE, Klaus, Kommentierung der cann. 1311–1399, in: Münsterischer Kommentar zum Codex Iuris Canonici (Loseblattwerk Stand Januar 2008), Band 6 (cann. 1311–1752), hrsg. v. dems., Essen seit 1984

LUF, Gerhard, Der Begriff der Freiheit als Grundlage der Menschenrechte in ihrem christlich-theologischen Verständnis, in: Menschenrechte und Menschenwürde: Historische Voraussetzungen – säkulare Gestalt – christliches Verständnis, hrsg. v. *E.-W. Böckenförde, R. Spaemann*, Stuttgart 1987, 119–137

— Gewissen und Recht, Erwägungen zu strukturellen Gemeinsamkeiten im staatlichen und kirchlichen Recht, ÖAfKR 38 (1989), 18–36

— Glaubensfreiheit und Glaubensbekenntnis, § 67, in: Handbuch des katholischen Kirchenrechts, hrsg. v. *J. Listl, H. Schmitz*, Regensburg, 2. A. 1999, 700–708

MAHRAUN, Thilo, Grundrechte in den Kirchen?, in: Wo bleibt die Gerechtigkeit?, Antworten aus Theologie, Philosophie und Rechtswissenschaft, hrsg. v. *P. Richli*, Zürich, Basel, Genf 2005, 203–225

MARGIOTTA-BROGLIO, Francesco, Statement at the Conference on Freedom of Conscience (Leiden, 1992), in: Freedom of Conscience, hrsg. v. *Council of Europe*, Straßburg 1993, 132

MARÍNEZ-TORRÓN, Javier / NAVARRO-VALLS, Rafael, The Protection of Religious Freedom in the System of the Council of Europe, in: Facilitating Freedom of Religion or Belief: A Deskbook, hrsg. v. *T. Lindholm, W. C. Durham, Jr., B. G. Tahzib-Lie*, Leiden 2004, 209–238

MARÍNEZ-TORRÓN, Javier, Limitations on Religious Freedom in the Case Law of the European Court of Human Rights (2005) 19 Emory Intl L Rev 587–636

MARTIN, Francisco Forrest/ SCHNABLY, Stephen J./ WILSON, Richard J./ SIMON, Jonathan S./ TUSHNET, Mark V., International Human Rights and Humanitarian Law, Treaties, Cases and Analysis, Cambridge 2006

MARTINEZ-RUIZ, Luis Fernando, Statement at the Conference on Freedom of Conscience (Leiden, 1992), in: Freedom of Conscience, hrsg. v. *Council of Europe*, Straßburg 1993, 130–131

MARZOA, Ángel, Introduction cc. 1311–1399, in: Exegetical Commentary on the Code of Canon Law, Volume IV/1, hrsg. v. *A. Marzoa, J. Miras, R Rodríguez-Ocaña* und für die englische Edition zusätzlich *E. Caparros*, Montréal 2004, 196–207

MAY, Georg, Das Verhältnis von Gesetz und Gewissen im kanonischen Recht, dargestellt an den cc. 915/916 CIC/1983, Forum Katholische Theologie 9 (1993) 117–130

— Das Verhältnis von Gesetz und Gewissen angesichts der kanonischen Rechtsordnung, in: Neue Positionen des Kirchenrechts, hrsg. v. *K. Lüdicke, H. Paarhammer*, D. A. *Binder*, Graz 1994, 49–79

MAY, Georg/ EGLER, Anna, Einführung in die kirchenrechtliche Methode, Regensburg 1986

MAYER, Jean-François, Freedom of Conscience and the New Religious Pluralism: Questions regarding 'Sects', in: Freedom of Conscience, hrsg. v. *Council oj Europe*, Straßburg 1993, 54–63

MEISNER, Joachim, Das Gewissen – normierte Norm des Handelns, in: Der Wahrheit verpflichtet, Festschrift für *Kurt Krenn* zum 70. Geburtstag, hrsg. v. *J. Kreiml*, *I. M. Fux*, Graz 2006, 169–175

MELINA, Livio, Gewissen, Freiheit und Lehramt, Forum Katholische Theologie 9 (1993), 241–259

MERON, Theodor, The Humanization of International Law, Den Haag Academy of International Law Monographs, Volume 3, Leiden 2006

MEYER-LADEWIG, Jens, Europäische Menschenrechtskonvention, Handkommentar, Baden-Baden, 2. A. 2006

MEYERS großes Taschenlexikon (Chefredaktion: Digel/Kwiatkowski), Mannheim, Wien, Zürich, 3. A. 1990

MIETH, Dietmar, Die Moralenzyklika, die Fundamentalmoral und die Kommunikation in der Kirche, in: Moraltheologie im Abseits? Antwort auf die Enzyklika „Veritatis splendor", hrsg. v. dems., Freiburg, Basel, Wien 1994, 9–24

MINNERATH, Roland, The Right to Autonomy in Religious Affairs, in: Facilitating Freedom of Religion or Belief: A Deskbook, hrsg. v. *T. Lindholm, W. C. Durham, Jr., B. G. Tahzib-Lie*, Leiden 2004, 291–319

MÖRSDORF, Klaus, Lehrbuch des Kirchenrechts auf Grund des Codex Iuris Canonici, begründet von Eduard *Eichmann*, III. Band: Prozeß- und Strafrecht, Paderborn, 6. A. 1950; 10. A. 1959

— Der Codex Juris Canonici und die nichtkatholischen Christen, AfkKR 130 (1961), 31–58

MOWBRAY, Alastair, Cases and Materials on the Euopean Convention on Human Rights Oxford 2001 (Nachdruck 2004)

MÜLLER, Hubert, Freiheit in der kirchlichen Rechtsordnung? Die Frage nach individueller und gemeinschaftlicher Verwirklichung von Freiheit im kanonischen Recht. *Heinrich Flatten* zur Vollendung des 75. Lebensjahres, AfkKR 150 (1981) 445–476

MÜLLER, Ludger, Dialogbeiträge, in: Kirche ohne Recht? Stand und Aufgaben der Kirchenrechtswissenschaft heute, *Libero Gerosa* und *Ludger Müller* im Gespräch, Paderborn 2003

— Warum und wozu kirchliche Sanktionen?, in: „Strafrecht" in einer Kirche der Liebe – Notwendigkeit oder Widerspruch?, hrsg. v. *L. Müller, A. E. Hierold, S. Demel, L. Gerosa, P. Krämer* (Kirchenrechtliche Bibliothek, hrsg. v. *L. Gerosa, L. Müller*, Bd. 9), Berlin 2006, 183–202

— Glaubensabwerbung – ein legitimes Mittel der Mission?, in: Recht auf Mission contra Religionsfreiheit? Das christliche Europa auf dem Prüfstand, hrsg. v. *P. Krämer, S. Demel, L. Gerosa, A. E. Hierold, L. Müller*, (Kirchenrechtliche Bibliothek, hrsg. v. *L. Gerosa, L. Müller*, Bd. 10), Berlin 2007, 113–120

MURRAY, Rachel/ EVANS, Malcolm (Hg.), Documents of the African Commission on Human and Peoples' Rights, Oxford 2001

MUTUA, Makau wa, Limitations on Religious Rights: Problematizing Religious Freedom in the African Context, in: Religious Human Rights in Global Perspective, hrsg. v. *J. D. van der Vyver, J. Witte, Jr.*, Den Haag 1999, 417–440

— Limitations on Religious Rights: Problematizing Religious Freedom in the African Context (1999) 5 Buff Hum Rts L Rev 75–105

— Returning to my Roots, in: Proselytiszation and Communal Self-Determination in Africa, hrsg. v. *A. A. An-Na'im*, , Maryknoll 1999, 169–190

— Human Rights – A Political and Cultural Critique, Philadelphia 2002

— Proselytism and Cultural Integrity, in: Facilitating Freedom of Religion or Belief: A Deskbook, hrsg. v. *T. Lindholm, W. C. Durham, Jr., B. G. Tahzib-Lie*, Leiden 2004, 651–668

NELSON, Jessica J., Freedom of Choice for Everyone: The Need for Conscience Clause Legislation for Pharmacists (2005) 3 U St. Thomas L J 139–168

NEWMAN, John Henry, Letter addressed to the Duke of Norfolk, on Occasion of Mr Gladstone´s Expostulation of 1874, in: Certain difficulties Felt by Anglicans in Catholic Teaching, Vol. II, London 1900

— An Essay on the Development of Christian Doctrine (Nachdruck der 2. A., Oxford 1878 (unverändert 6. A. 1888), Notre Dame 1989)

NOWAK, Manfred / VOSPERNIK, Tanja, Permissible Restrictions on Freedom of Religion or Belief, in: Facilitating Freedom of Religion or Belief: A Deskbook, hrsg. v. *T. Lindholm, W. C. Durham, Jr., B. G. Tahzib-Lie*, Leiden 2004, 147–172

NOWAK, Manfred, Introduction to the International Human Rights Regime, Leiden 2003

— U.N. Covenant on Civil and Political Rights, CCPR Commentary, Kehl, 2. A. 2005

O'FLAHERTY, Michael / HEFFERNAN, Liz, International Covenant on Civil and Political Rights: International Human Rights Law in Ireland, Dublin 1995

OTTO, Harro, Grundkurs Strafrecht, Allgemeine Strafrechtslehre, Berlin, 7. A. 2004

OUGUERGOUZ, Fatsah, The African Charter on Human and Peoples' Rights, A Comprehensive Agenda for Human Dignity and Sustainable Democracy in Africa, Den Haag 2003

OWENS, Alexandra, Protecting Freedom of and from Religion: Questioning the Law's Ability to Protect Against Unethical Conversions in Sri Lanka (2006) 1 Religion and Human Rights 41–73

— Using Legislation to Protect Against Unethical Conversions in Sri Lanka (2006–2007) 22 J L & Religion 323–351

ÖZTÜRK, Ilknur, Das Kopftuch sorgt weiterhin für Gesprächsstoff in Deutschland – Einblicke in die türkische und europäische Rechtsprechung, in DÖV 2007, 993–1002

PAARHAMMER, Hans, Das spezielle Strafrecht des CIC, in: Recht im Dienste des Menschen, Eine Festgabe *Hugo Schwendenwein* zum 60. Geburtstag, hrsg. v. *K. Lüdicke*, dems., *D. A. Binder*, Graz, Wien, Köln 1986, 403–466

PACK, Heinz, Methodik der Rechtsfindung im staatlichen und kanonischen Recht, Relations- und Urteilstechnik im kanonischen Recht, Essen 2004

PARKER, M. Todd, The Freedom to Manifest Religious Belief: An Analysis of the Necessity Clauses of the ICCPR and the ECHR (2006) 17 Duke J Comp & Intl L 91–129

PARTSCH, Karl Josef, Freedom of Conscience and Expression, and Political Freedoms, in: The International Bill of Rights – The Covenant on Civil and Political Rights, hrsg. v. *L. Henkin*, New York 1981, 211–245

PAWLOWSKI, Hans-Martin, Einführung in die Juristische Methodenlehre, Ein Studienbuch zu den Grundlagenfächern Rechtsphilosophie und Rechtssoziologie, Heidelberg, 2. A. 2000

PERATHONER, Anton, Das kirchliche Gesetzbuch (Codex juris canonici), sinngemäß wiedergegeben und mit Anmerkungen versehen, Bressanone, 2. A. 1922

PERRY, Michael J., Toward a Theory of Human Rights, Religion, Law, Courts, Cambridge 2007

PLESNER, Ingvill Thorson, Legal Limitations to Freedom of Religion or Belief in School Education (2005) 19 Emory Intl L Rev 557–586

PLÖCHL, Willibald M., Geschichte des Kirchenrechts, Band V, Das katholische Kirchenrecht in der Neuzeit, Dritter Teil, Wien, München 1969

PREE, Helmuth, Imputabilitas – Erwägungen zum Schuldbegriff des kanonischen Rechts, ÖAfKR 38 (1989), 226–243

— Die Ausübung der Leitungsvollmacht, § 12, in: Handbuch des katholischen Kirchenrechts, hrsg. v. *J. Listl, H. Schmitz*, Regensburg, 2. A. 1999, 156–175

— Forum externum und forum internum – Zur Relevanz des Gewissensurteils im Kanonischen Recht, AfkKR 168 (1999), 25–50

— Das Gewissen vor dem Forum des Kirchenrechts, Folia Theologica 15 (2004), 95–107

— Kirchenrecht in der Ökumene, in: Dienst an Glaube und Recht, Festschrift für *Georg May* zum 80. Geburtstag, hrsg. v. *A. Egler, W. Rees*, Berlin 2006, 527–539

PUTZ, Gertraud, Christentum und Menschenrechte, Innsbruck, Wien 1991, zugleich Habil. (ohne weitere Angabe)

QUINN, Gerard, Conscientious Objection in Labor Relations (Civil Service and Liberal Professions), in: Freedom of Conscience, hrsg. v. *Council of Europe*, Straßburg 1993, 107–122

RAHNER, Karl, Situationsethik und Sündenmystik, Stimmen der Zeit 1949–1950, 330–342

RAMBAUD, Dennis, Prescription Contraceptives and the Pharmacist's Right to Refuse: Examining the Efficacy of Conscience Laws (2006) 4 Cardozo Pub L Poly & Ethics J 195–231

RATZINGER, Joseph, Kommentar zum ersten Kapitel des Erstens Teils von „Gaudium et spes", in: LThK, Das Zweite Vatikanische Konzil, Dokumente und Kommentare, hrsg. v. *H. S. Brechter* u. a., Ergänzungsband III, 313–354, Freiburg, Basel, Wien 1968, 313–353

— Wenn du den Frieden willst... Gewissen und Wahrheit, in: Werte in Zeiten des Umbruchs, die Herausforderungen der Zukunft bestehen, Freiburg, Basel, Wien 2005, S. 102–124, zuerst veröffentlicht in: Fides quaerens intellectum, Beiträge zur Fundamentaltheologie, hrsg. v. *M. Kessler*, *W. Pannenberg*, *H. J. Pottmeyer*, Tübingen 1992

— (Benedikt XVI.) Jesus von Nazareth, Erster Teil, Freiburg 2007

REES, Wilhelm, Die Strafgewalt der Kirche, das geltende kirchliche Strafrecht – dargestellt auf der Grundlage seiner Entwicklungsgeschichte, Berlin 1993, zugleich Habil. Augsburg 1992

— Grundfragen des kirchlichen Strafrechts, § 105, in: Handbuch des katholischen Kirchenrechts, hrsg. v. *J. Listl*, *H. Schmitz*, Regensburg, 2. A. 1999, 1117–1125

— Glaubensschutz durch Strafmaßnahmen und andere Rechtsinstitute. Zur neueren Entwicklung kirchlicher Bestimmungen, in: Iudicare inter fideles, Festschrift für *Karl-Theodor Geringer* zum 65. Geburtstag, hrsg. v. *W. Aymans, S. Haering, H. Schmitz*, Sankt Ottilien 2002, 367–390

REINELT, Ekkehart, Entscheidungsfreiheit und Recht – Determinismus contra Indeterminismus, NJW 2004, 2792

REINER, Hans, Gewissen, in: Historisches Wörterbuch der Philosophie, Band 3, hrsg. v. *J. Ritter*, Basel, Stuttgart 1974, 574–592

REINHARDT, Heinrich J. F., Kommentierung der cann. 204–293, in: Münsterischer Kommentar zum Codex Iuris Canonici (Loseblattwerk Stand Juli 2005), Band 2 (cann. 204–459), hrsg. v. *Lüdicke*, Essen seit 1984

— Das Recht der Gläubigen auf Sakramentenempfang, Katechetische Blätter 1991, 614–621

— Religionsfreiheit aus kanonistischer Sicht, in: Neue Positionen des Kirchenrechts, hrsg. v. *K. Lüdicke, H. Paarhammer* und *D. A. Binder*, Graz 1994, 181–201

— Communio und Excommunicatio – Ein Streitgespräch, Anfragen an Libero Gerosa, in: „Strafrecht" in einer Kirche der Liebe – Notwendigkeit oder Widerspruch?, hrsg. v. *L. Müller, A. E. Hierold, S. Demel, L. Gerosa, P. Krämer* (Kirchenrechtliche Bibliothek, hrsg. v. *L. Gerosa, L. Müller*, Bd. 9), Berlin 2006, 111–116

REMMELINK, Jan, General Report on Freedom of Conscience, in: Freedom of Conscience, hrsg. v. *Council of Europe*, Straßburg 1993, 197–212

RICHTER, Dagmar, Relativierung universeller Menschenrechte durch Religionsfreiheit? in: Religionsfreiheit zwischen individueller Selbstbestimmung, Minderheitenschutz und Staatskirchenrecht – Völker- und verfassungsrechtliche Perspektiven, hrsg. v. *R. Grote, T. Marauhn* (Beiträge zum ausländischen öffentlichen Recht und Völkerrecht, hrsg. v. *Frowein/Wolfrum*, Bd. 146) Berlin 2001, 89–212

ROBERT, Jaques, Freedom of Conscience, Pluralism and Tolerance, in: Freedom of Conscience, hrsg. v. *Council of Europe*, Straßburg 1993, 22–36

RODLEY, Nigel S. Conceptual Problems in the Protection of Minorities International Legal Developments (1995) 17 HRQ 48–71

ROTH, Gerhard, Aus Sicht des Gehirns, Frankfurt a. M. 2003

SAGMEISTER, Raimund, Das neue kirchliche Strafrecht und der Schutz des Lebens, in: Recht im Dienste des Menschen, Eine Festgabe *Hugo Schwendenwein* zum 60. Geburtstag, hrsg. v. *K. Lüdicke, D. Paarhammer, D. A. Binder*, Graz, Wien, Köln 1986, 493–516

SAKAYAN, Nerses, Mission – Glaubensabwerbung – Proselytismus, Missionsverständnis bei nichtkatholischen Ostkirchen, Recht auf Mission contra Religionsfreiheit? Das christliche Europa auf dem Prüfstand, hrsg. v. *P. Krämer, S. Demel, L. Gerosa, A. E. Hierold, L. Müller* (Kirchenrechtliche Bibliothek, hrsg. v. *L. Gerosa, L. Müller*, Bd. 10), Berlin 2007, 121–134

SALA, Giovanni B., Gewissensentscheidung: philosophisch-theologische Analyse von Gewissen und sittlichem Wissen, Innsbruck, Wien 1993

SANDER, Hans-Joachim, Gaudium et spes, Kommentar, in: Herders theologischer Kommentar zum Zweiten Vatikanischen Konzil, hrsg. v. *P. Hünermann, B. J. Hilberath*, Band 4, Freiburg, Basel, Wien, 2005, 585–884

SCHAAF, Dagmar, Der Kirchliche Strafanspruch – Die Begründung der kirchlichen Strafgewalt vom Ius Publicum Ecclesiasticum bis zum CIC/1983 (Adnotationes in ius canonicum, hrsg. v. *E. Güthoff, K.-H. Selge*, Bd. 43), Frankfurt a. M. 2007

SCHALLENBERG, Peter, Moraltheologie / Christliche Gesellschaftslehre, Paderborn 2001

SCHANDA, Balázs, Religious Freedom Issues in Hungary, [2002] BYUL Rev 405–433

— The Permissible Scope of Legal Limitations on the Freedom of Religion or Belief in Hungary (2005) 19 Emory Intl L Rev 889–911

— Staatskirchenrecht in den neuen Mitgliedstaaten der Europäischen Union, in: Recht in Kirche und Staat, *Joseph Listl* zum 75. Geburtstag, hrsg. v. *W. Rees*, Berlin 2004, 797–810

SCHARFFS, Brett G. The Autonomy of State and Church [2004] BYUL Rev 1217–1348

SCHEININ, Martin, The Human Rights Committee and Freedom of Religion or Belief, in: Facilitating Freedom of Religion or Belief: A Deskbook, hrsg. v. *T. Lindholm, W. C. Durham, Jr., B. G. Tahzib-Lie*, Leiden 2004, 189–202

SCHENK, Richard, Evangelisierung und Religionstoleranz: Thomas von Aquin und die Gewissenslehre des II. Vatikanums, Forum Katholische Theologie 8 (1992), 1–17

SCHEUERMANN, Audomar, Erwägungen zur kirchlichen Strafrechtsreform, AfkKR 131 (1962), 393–415

SCHIEMANN, Anja, Kann es einen freien Willen geben? – Risiken und Nebenwirkungen der Hirnforschung für das deutsche Strafrecht, NJW 2004, 2056–2059

SCHOCH, Friedrich, Polizei- und Ordnungsrecht, in: *E. Schmidt-Aßmann*, Besonderes Verwaltungsrecht, Berlin, 13. A. 2005, 121–275

SCHOCKENHOFF, Eberhard, Das umstrittene Gewissen. Eine theologische Grundlegung, Mainz 1990

— Testimonium conscientiae. Was ist norma proxima des sittlichen Urteils?, in: Der Streit um das Gewissen, hrsg. v. *G. Höver, L. Honnefelder*, zugleich Gedenkschrift für *Franz Böckle*, Paderborn, München, Wien, Zürich 1993, 73–81

— Wie gewiss ist das Gewissen? Eine ethische Orientierung, Freiburg, Basel, Wien 2003

— Beruht die Willensfreiheit auf einer Illusion? Hirnforschung und Ethik im Dialog, Basel 2004

SCHÜLLER, Bruno, Überlegungen zum Gewissen, Vortrag gehalten in der Rheinisch-Westfälischen Akademie der Wissenschaften am 20. Februar 1991 in Düsseldorf, Opladen 1991

SCHWENDENWEIN, Hugo, Probleme um die disziplinäre Verantwortung im kirchlichen Dienst, in: Dienst an Glaube und Recht, Festschrift für *Georg May* zum 80. Geburtstag, hrsg. v. *A. Egler, W. Rees*, Berlin 2006, 611–634

SEBOTT, Reinhold, Die Zuordnung und Berufung zur Kirche, § 10, in: Grundriss des nachkonziliaren Kirchenrechts, hrsg. v. *J. Listl, H. Müller, H. Schmitz*, Regensburg 1980, 97–99

— Das kirchliche Strafrecht, Kommentar zu den Kanones 1311–1399 des Codex Iuris Canonici, Frankfurt a. M. 1992

— Fundamentalkanonistik, Grund und Grenzen des Kirchenrechts, Frankfurt a. M. 1993

SHESTACK, Jerome J, The Jurisprudence of Human Rights, in: Human Rights in International Law, Legal and Policy Issues, Volume I, hrsg. v. *T. Meron*, Oxford 1984, 69–113

SINGER, Wolf, Ein neues Menschenbild?, Frankfurt a. M. 2003

SKACH, Cindy, Case comment: Sahin v. Turkey [...] and 'Teacher Headscarf' Case No. 2 BVR 1436/02 [...] German Constitutional Court (2006) 100 AJIL 186–196

— From 'Just' to 'Just Decent'? Constitutional Transformations and the Reordering of the Twenty-First-Century Public Sphere, (2007) 67 Maryland L Rev 258–280

SOCHA, Hubert, Kommentierung der cann. 1–95 und 129–203, in: Münsterischer Kommentar zum Codex Iuris Canonici (Loseblattwerk Stand Januar 2008), Band 1 (cann. 1–203), hrsg. v. *K. Lüdicke*, Essen seit 1984

STAHNKE, Tad, The Right to Engage in Religious Persuasion, in: Facilitating Freedom of Religion or Belief: A Deskbook, hrsg. v. *T. Lindholm, W. C. Durham, Jr., B. G. Tahzib-Lie*, Leiden 2004, 619–649

STANKE, Gerhard, Freiheit und religiöser Gehorsam des Willens und des Verstandes: Zum Verhältnis von Gewissen und kirchlichem Lehramt, Frankfurt a. M. 1993

STÖHR, Johannes, Persönliches Gewissen und kirchliche Lehre, Theologisches 21 (1991) Sp. 173–180; 242–255

STRIGL, Richard Adolf, Kirchenstrafen, §§ 101–103, in: Handbuch des katholischen Kirchenrechts, hrsg. v. *J. Listl, H. Müller, H. Schmitz*, Regensburg, 1. A. 1983, 923–950

SULLIVAN, Donna J., Advancing the Freedom of Religion or Belief Through the UN Declaration on the Elimination of Religious Intolerance and Discrimination (1988) 82 AJIL 487–520

TAHZIB, Bahiyyih G., Freedom of Religion or Belief, Ensuring Effective International Legal Protection, International Studies in Human Rights Volume 44, Den Haag 1996

TAHZIB-LIE, Bahia G., Dissenting Women, Religion or Belief, and the State: Contemporary Challenges that Require Attention, in: Facilitating Freedom of Religion or Belief: A Deskbook, hrsg. v. *T. Lindholm, W. C. Durham, Jr.*, dies., Leiden 2004, 455–495

TAYLOR, Paul M., Freedom of Religion, UN and European Human Rights Law and Practice, Cambridge 2005

TEMPERMAN, Jeroen, The Neutral State: Optional or Necessary? A Triangular Analysis of State-Religion Relationships, Democratisation and Human Rights Compliance (2006) 1 Religion and Human Rights 269–303

TURNER, Maximilien, The Price of a Scarf: The Economics of Strict Secularism (2005) 26 U Pa J Intl Econ L 321–346

UERPMANN-WITTZACK, Robert, Art. 9 EMRK, in: Europäische Grundrechte und Grundfreiheiten, hrsg. v. *D. Ehlers*, Berlin, 2. A. 2005, 74–77

UITZ, Renáta, Freedom of religion – In European Constitutional and International Case Law, Straßburg 2007

VAKULENKO, Anastasia, Islamic Dress in Human Rights Jurisprudence: A Critique of Current Trends (2007) 7 Hum Rts L Rev 717–739

VALDERRAMA ADRIANSÉN, Carlos, Tolerance and Religious Freedom: The Struggle in Peru to Tolerate Multiple Cultures in Light of Principles of Religious Freedom [2007] BYUL Rev 775–790

VERMEULEN, Ben, Scope and Limits of Conscientious Objections, in: Freedom of Conscience, hrsg. v. *Council of Europe*, Straßburg 1993, 74–93

— Freedom of Religion in Western Europe: Past and Present, in: Freedom of Religion: A Precious Human Right – A Survey of Advantages and Drawbacks, hrsg. v. *J. M. M. Naber*, Assen 2000, 18–27

VILLIGER, Mark E, Handbuch der Europäischen Menschenrechtskonvention (EMRK) unter besonderer Berücksichtigung der schweizerischen Rechtslage, Zürich, 2. A. 1999

VIRT, Günter, Wie ernst ist das Gewissen zu nehmen? Zum Ringen um das Gewissen auf dem 2. Vatikanischen Konzil, in: Aufbruch des Zweiten Vatikanischen Konzils heute, hrsg. v. Jacob *Kremer*, Innsbruck 1993, 130–153

VITERITTI, Joseph P., The Last Freedom – Religion from the Public School to the Public Square, Princeton 2007

VORGRIMLER, Herbert, Neues theologisches Wörterbuch, Freiburg, 4. A. 2000

VYVER, Johan D. van der, The Relationship of Freedom of Religion or Belief Norms to Other Human Rights, in: Facilitating Freedom of Religion or Belief: A Deskbook, hrsg. v. *T. Lindholm, W. C. Durham, Jr., B. G. Tahzib-Lie*, Leiden 2004, 85–123

— Limitations of Freedom of Religion or Belief: International Law Perspectives (2005) 19 Emory Intl L Rev 499–537

WALDSTEIN, Wolfgang, Fragen der Wirkung falscher Interpretationen kirchenrechtlicher Normen, in: Dienst an Glaube und Recht, Festschrift für *Georg May* zum 80. Geburtstag, hrsg. v. *A. Egler, W. Rees*, Berlin 2006, 635–655

WALF, Knut, Die Menschenrechte in der katholischen Kirche, in: Menschenrechte in der Kirche, hrsg. v. *M. Pilters*, dems., Düsseldorf 1980, 104–119

— Evangelium, Kirchenrecht und Menschenrechte: Begründung und Defizite, Concilium 26 (1990), 112–118

WALL, Heinrich de, Die Religionen in der Verfassung der Europäischen Union, in: Recht auf Mission contra Religionsfreiheit? Das christliche Europa auf dem Prüfstand, hrsg. v. *P. Krämer, S. Demel, L. Gerosa, A. E. Hierold, L. Müller*, (Kirchenrechtliche Bibliothek, hrsg. v. *L. Gerosa, L. Müller*, Bd. 10), Berlin 2007, 201–217

WALTER, Christian, Religionsverfassungsrecht – in vergleichender und internationaler Perspektive, Tübingen 2006

— From the Acceptance of Interdenominational Christian Schools to the Inadmissibility of Christian Crosses in the Public Schools, in: Religions in the Public Sphere: A Comparative Analysis of German, Israeli, American and International Law, hrsg. v. *W. Brugger, M. Karayanni*, Berlin 2007, 165–180

WEBER, Helmut, Konkurrenten oder Weggenossen? Das Verhältnis von Gewissen und kirchlichem Lehramt, in: Das Gewissen, Subjektive Willkür oder oberste Norm, hrsg. v. *J. Gründel*, Düsseldorf 1990

WESTERFIELD, Jennifer M. Behind the Veil: An American Legal Perspective on the European Headscarf Debate (2006) 54 Am J Comp L 637

WIEDMANN, Franz, Die Strategie des Gentleman, 71–84, in: Das Gewissen, Subjektive Willkür oder oberste Norm, hrsg. v. *J. Gründel*, Düsseldorf 1990

WIHER, Ein biblisch-soteriologisches Gewissensmodell, in: Scham- und Schuldorientierung in der Diskussion, Kulturanthropologische, missiologische und theologische Einsichten, hrsg. v. von *T. Schirrmacher*, *K. W. Müller*, Nürnberg, Bonn 2006

WING, Adrien Katherine/ NIGH SMITH, Monica, Critical Race Feminism Lifts the Veil?: Muslim Women, France, and the Headscarf Ban (2006) 39 UC Davis L Rev 743–785

WITTE, John, Jr., A Primer on the Rights and Wrongs of Proselytism (2000/2001) 31 Cumberland L Rev 619–629

WOESTMAN, William H., Ecclesiastical Sanctions and the Penal Process – A Commentary on the Code of Canon Law, Ottawa 2000

ZIPPELIUS, Reinhold, Rechtsphilosophie, München, 5. A. 2007

Mit Blick auf die englischsprachigen Aufsätze zum Völkerrecht folgt die Zitierweise weitestgehend den Empfehlungen des Oxford Standard for Citation of Legal Authorities (OSCOLA) (http://denning.law.ox.ac.uk/published/oscola_2006.pdf).

Übersetzungen der Originaltexte, die nicht eigens bezeichnet sind, stammen vom Autor.

Auf den Abdruck des Quellenverzeichnisses und des Rechtsprechungsverzeichnisses wurde verzichtet.

Abkürzungsverzeichnis

Ebenso wie beim Literaturverzeichnis gilt hinsichtlich der Abkürzungen, dass ich mich bezüglich des englischsprachigen Bereichs auf die Regeln des „Oxford Standard for Citation of Legal Authorities (OSCOLA) 2006" beziehe (http://denning.law.ox.ac.uk/published/oscola_2006.pdf), einschließlich des Appendix *ibid.* auf S. 38 ff. Die hier mit aufgeführten Abkürzungen sind daher nur solche, die sich nicht schon nach Maßgabe der dort aufgeführten Regeln ergeben (S. 38, z. B.: St. Thomas L Rev = St. Thomas Law Review) oder die nicht Teil der dortigen Tabelle auf den S. 38–39 sind.

A.	Auflage
AAS	Acta Apostolicae Sedis, Rom 1909 ff.
Add.	Addendum, addenda
AfkKR	Archiv für katholisches Kirchenrecht, Mainz 1862 ff.
a. E.	am Ende
AJIL	American Journal of International Law
Am J Comp L	American Journal of Comparative Law
Art.	Artikel
ASS	Acta Sanctae Sedis, Rom 1865–1908
Bd.	Band
Bearb	Stand der zitierten Bearbeitung bei einem Loseblattwerk
Beschl. v.	Beschluss vom
BHRC	Butterworths Human Rights Cases
BYUL Rev	Brigham Young University Law Review
can.	canon
cann.	canones
Cardozo Pub L Poly & Ethics J	Cardozo Public Law, Policy and Ethics Journal
CCEO	Codex Canonum Ecclesiarum Orientalium v. 18.10.1990
CD	European Commission of Human Rights Decisions & Reports (Recueil de Decisions)
CIC	Codex Iuris Canonici v. 25.1.1983
CIC/1917	Codex Iuris Canonici v. 27.5.1917
DBK	Deutsche Bischofskonferenz
ders.	derselbe
dems.	demselben
dens.	denselben
DH	DENZINGER/HÜNERMANN oder Dignitatis humanae (Vat. II)

Diss.	Dissertation
DÖV	Die Öffentliche Verwaltung
DR	Collection of Decisions of the European Commission of Human Rights
Duke J Comp & Intl L	Duke Journal of Comparative and International Law
ebd.	ebenda
EGMR	Europäischer Gerichtshof für Menschenrechte
EHRR	European Human Rights Reports
Einf.	Einführung
Einl	Einleitung
EKMR	Europäische Kommission für Menschenrechte
EMRK	Europäische Menschenrechtskonvention
f./ff.	folgende
FAZ	Frankfurter Allgemeine Zeitung
FS	Festschrift
Fn.	Fußnote(n)
GAOR	UN General Assembly Official Records
GA Res	General Assembly Resolution
GE	Gravissimum educationes (Vat. II)
GK	Große Kammer
GG.	Grundgesetz für die Bundesrepublik Deutschland
GS	Gaudium et spes (Vat. II)
Habil.	Habilitation
HdbKathKR	Handbuch des katholischen Kirchenrechts
Hg.	Herausgeber(in)
HRQ	Human Rights Quarterly
hrsg. v.	herausgegeben von
HUDOC	ECHR Document Collection, Search Engine
Hum Rts L Rev	Human Rights Law Review
ibid.	ibidem
ICLQ	International & Comparative Law Quarterly
IM	Inter mirifica (Vat. II)
JZ	Juristenzeitung
Kan.	Kanon
KKK	Katechismus der Katholischen Kirche
KR	Kirchenrecht

KuR	Kirche und Recht
LG	Lumen gentium (Vat. II)
LThK	Lexikon für Theologie und Kirche (E = Ergänzungsband)
marg-no	margin-number
MK-CIC	Münsterischer Kommentar zum CIC
m. w. N.	mit weiteren Nachweisen
NJW	Neue Juristische Wochenschrift, München 1947 ff.
NRW	Nordrhein-Westfalen
ÖAfKR	Österreichisches Archiv für Kirchenrecht, Wien 1950 ff.
ORdt	L'Osservatore Romano, Wochenausgabe in deutscher Sprache, Vatikanstadt, Ostfildern 1971 ff.
Rn.	Randnummer
S.	Seite(n)
Sess	Session
Supp No	Supplement Number (bei UN-Dokumenten)
ThPQ	Theologisch-praktische Quartalschrift, Linz 1848 ff.
UN	United Nations
UNCHR	United Nations, Commission on Human Rights
UN Doc	UN Document
UNGA	United Nations, General Assembly (Vollversammlung)
UNHCR	United Nations, Human Rights Committee
UNTS	United Nations Treaty Series
Vat. II	Zweites Vatikanisches Konzil (siehe Quellen)
WVK	"Wiener Vertragskonvention" (Wiener Übereinkommen über das Recht der Verträge, siehe S. 83, Fn. 309)
Zlk.-Entsch.	Entscheidung über die Zulässigkeit

ZRG Kan. Abt.	Zeitschrift der Savigny-Stiftung für Rechtsgeschichte, Kanonistische Abteilung, Wien 1911 ff.
ZStW	Zeitschrift für die gesamte Strafrechtswissenschaft, Berlin 1881 ff.

EINLEITUNG

Kirchliches Strafrecht steht unter Rechtfertigungszwang. Nicht allein systemimmanent – wie im staatlichen Recht gilt auch hier das ultima-ratio-Prinzip (can. 1341 CIC) –, sondern tiefgreifender von seinen theologischen Grundlagen her. Es bedarf einer Erläuterung, weshalb die Kirche Strafmaßnahmen ergreifen darf, um ihrem Auftrag gerecht zu werden, allumfassendes Heilssakrament (LG 1; 48) zu sein.

Wenn nun im Folgenden geprüft wird, inwieweit der Strafzweck, den Täter zu bessern („emendatio rei"), Anwendung finden darf, so ist damit ein Aspekt dieser theologischen Rechtfertigungsfrage herausgegriffen. Es stellt sich nämlich die Frage, ob die Anerkennung der Gewissensfreiheit als übergeordnetes Prinzip dazu zwingt, kirchliches Strafrecht insoweit einzuschränken. In diesem Sinne wird vorgetragen, dass der Glaube eine „notwendig freie Haltung des Menschen" sei. Gerade deshalb könne und müsse „die Kirche das Gewissen eines Rechtsbrechers akzeptieren". Sie dürfe ihn nicht „durch Androhung von Maßnahmen zu einer Änderung seiner Gesinnung zwingen".[1] Eine gleichsam gewissenhafte Rechtsanwendung führt hiernach dazu, aufgrund des unbedingt zu achtenden Schutzes des Gewissens den Besserungsstrafzweck aufgeben zu müssen. Es geht also darum zu prüfen, ob einer Kritik zu folgen ist, die sich zwar auf übergeordnete anerkannte Prinzipien beruft, daraus aber ganz konkrete, insoweit durchaus kontroverse Folgerungen ableitet.

Nun ist es so, dass ganz ähnliche Prinzipien auch im Völkerrecht zur Anwendung kommen. Auch dort ist zu untersuchen, inwieweit aus dem Schutz der Gewissensfreiheit Konsequenzen zu ziehen sind. Fragt man etwa, was verbotener Zwang mit Blick auf völkerrechtliche Verbürgungen der Gewissensfreiheit ist, so sind sehr vergleichbare Problemlagen zu bewältigen. Dabei ist die Rechtslage im Völkerrecht so diffizil – und gleichzeitig reichhaltiger mit Blick auf die umfangreiche Jurisprudenz –, dass der hier zu ziehende Rechtsvergleich nur Frucht bringen kann, wenn wirklich eingehend analysiert wird, wie die Gewissensfreiheit bzw. der Schutz des forum internum gewährleistet werden, und zwar durch die hier exemplarisch herangezogenen Art. 18 des Internationalen Pakts über bürgerliche und politische Rechte (ICCPR)[2] sowie Art. 9 der Europäischen Menschenrechtskonvention (EMRK)[3]. Die völkerrechtliche Untersuchung sollte dabei jedoch auch über den eigentlichen Zweck des Rechtsvergleichs mit dem kanonischen Strafrecht hinaus ertragreich sein. Schließlich sind diejenigen völkerrechtlichen Normen auszulegen, die für die Rolle der Kirche in der Welt von zentraler Bedeutung sind. Die Kirche bekennt sich ihrerseits immer wieder zur Religionsfreiheit. Hier nun geht es darum, was auf

---

1 LÜDICKE, in: MK-CIC, Einl. vor 1311, Rn. 11 (Bearb. 1992).

2 International Covenant on Civil and Political Rights, verabschiedet am 16.12.1966; in Kraft getreten am 23.5.1976, GA Res 2200A (XXI), UN GAOR, 21st Sess., Supp No. 16, at 52, UN Doc A/6316 (1966), 999 UNTS 171; von nun an ICCPR.

3 European Convention for the Protection of Human Rights and Fundamental Freedoms, verabschiedet am 4.11.1950; in Kraft getreten am 3.9.1953, 213 UNTS 221; von nun an EMRK.

der Ebene der Vereinten Nationen und Europas – bezogen auf den wichtigen Teilaspekt des forum internum – darunter konkret verstanden wird.

So wird nun im 1. Teil die Problematik des kirchlichen Strafzwecks erörtert, um dann im 2. Teil die völkerrechtlichen Fragestellungen zu behandeln. Abschließend folgt, im Anschluss an rechtsvergleichende Anmerkungen im 3. Teil, eine Absicherung der gefundenen Lösungen hinsichtlich des Strafzwecks der Besserung. Bevor all dem nachgegangen werden kann, bedarf es einiger Präzisierungen der Fragestellung hinsichtlich der kanonistischen Ausgangsfrage.

– Keine kirchenpolitische Stellungnahme bzw. Kritik de lege ferenda

Kirchliche Strafmaßnahmen – so sie denn einmal verhängt oder zumindest öffentlich diskutiert werden – wirken polarisierend. In welchem Maße Strafe als Mittel adäquat ist, einerseits dem Täter auf seinem Glaubensweg zu helfen und andererseits die Glaubensgemeinschaft Kirche zu festigen, mag Anlass zu Nachfragen und Kritik geben. Insoweit sei klarstellend vorweg genommen, dass im Rahmen dieser Arbeit eines nicht geleistet werden kann: Die Angemessenheit des Mittels Kirchenstrafe als solche sowie die konkrete Praxis[4] kirchlicher Straftätigkeit in den Blick zu nehmen.

Auch ein Weiteres ist nicht unmittelbarer Gegenstand dieser Untersuchung: Zu prüfen, ob nicht Gründe dafür sprechen, das kirchliche Strafverständnis mit Blick auf die Gewissensfreiheit zu reformieren. Insoweit ist eine Sichtweise de lege ferenda und die hier zugrunde gelegte Kritik de lege lata zu unterscheiden: Erstere nimmt Maß an der Überzeugungskraft; Letztere setzt voraus, dass der Geltungsanspruch übergeordneter Prinzipien eine einschränkende Interpretation und notfalls eine Neukodifizierung notwendig werden lässt, um Widerspruchsfreiheit zu erlangen.

Behandelt wird hier daher zunächst eingrenzend nur, ob die de lege lata kirchlich anerkannte Gewissensfreiheit dazu zwingt, kirchliches Strafrecht umzudeuten oder neu zu fassen.

Erst recht vermag diese Arbeit keinen Beitrag dazu zu leisten, wie das Gewissensverständnis kirchlicherseits in Theorie und Praxis zu vertiefen ist. Sicherlich ist dies eine brennende Frage, und zwar nicht zuletzt vor dem Hintergrund, dass die Rede vom Gewissen in der Öffentlichkeit gar zu oft zum billigen Allgemeinplatz verkommen ist, zum bloßen Rechtfertigungsargument für jedwedes Wollen. Hier nun das dem entgegengesetzte kirchliche Verständnis aufzuzeigen bedarf es indes nicht, um die hier gestellte, konkrete Frage zum Besserungsstrafzweck zu beantworten. Dazu reicht es aus, einige hier relevante Grunddaten kirchlichen Gewissensverständnisses aufzuführen.

---

[4] Eine Strafpraxis, die allerdings zahlenmäßig kaum ins Gewicht fällt, vgl. nur GULLO, Reasons for Legal Protection in a Penal Environment, in: The Penal Process, hrsg. v. *Dugan*, Montréal 2005, 131 m. w. N.

- **Beschränkung auf eine kategorische und nicht bloß einzelfallbezogene Grenzziehung**

Folgerungen aus der Gewissensfreiheit für die Strafrechtsdoktrin können in zweifacher Hinsicht gezogen werden. So mag der kirchliche Richter einerseits in concreto gezwungen sein, bei der Frage, ob und wie eine Strafe zu verhängen ist, aufgrund dieses Rechtsgutes Straffreiheit oder Strafmilderung zu gewähren. Denn der Einzelfall kann zeigen, dass andernfalls die Gewissensfreiheit verletzt wäre, ohne dass andere, möglicherweise überwiegende Strafzwecke eine Strafe hätten rechtfertigen können.

Gleichsam auf einer höheren Ebene liegend kann jedoch andererseits auch gefragt werden, ob nicht die Gewissensfreiheit dazu zwingt, den Strafzweck „Besserung des Täters" prinzipiell aufzugeben. Darum geht es hier. Denn nur die Frage nach einer kategorischen, d. h. absoluten, vom Einzelfall unabhängigen Grenzziehung ist gestellt. Anders gewendet: nicht eine Alles-oder-nichts-Entscheidung mit Blick auf die Gewissensfreiheit – Beachtung dieses Rechtsprinzips oder nicht – gilt es hier zu treffen. Diese Untersuchung dient ganz unabhängig von ihrem Ergebnis daher nicht dazu, den kirchlichen Strafrichter seiner Verantwortung zu entheben, gegebenenfalls den Konflikt zwischen Strafgewalt und Gewissensfreiheit bei seiner Entscheidung auszutragen.

- **Besonderheiten der Strafverhängung latae sententiae**

Bei der Erörterung kirchlicher Strafzwecke soll hier der Aussage des can. 1314 CIC folgend die poena ferendae sententiae im Vordergrund stehen.[5] Es soll bei der Erörterung zunächst unterstellt werden, ein kirchliches Gericht habe es bei der Verhängung einer Spruchstrafe in der Hand, die Strafzwecke eigens zu bedenken und abzuwägen. Die Besonderheiten einer Strafverhängung latae sententiae sollen daher außer Betracht bleiben, sofern nicht eigens darauf abgestellt wird.

- **Beurteilung der kirchlichen Strafverhängung, nicht hingegen der dem vorausliegenden Straftat**

Klarzustellen ist auch, dass hier nicht die Frage behandelt wird, ob der Schutz des Gewissens dazu führen kann, unter „Gewissensdruck" vollzogenes Handeln als nicht strafbar zu qualifizieren. Bei der hier hingegen zu untersuchenden Frage wird jeweils vorausgesetzt, dass ein Delinquent eine kirchliche Straftat zurechenbar verwirklicht hat.[6] Unter dem Aspekt des Gewissensschutzes ist nur zu prüfen, ob die kirchliche Reaktion „Strafe" auf die Deliktsverwirklichung zu unterbleiben hat.

---

5 Den Hinweis, dass die unterschiedlichen Strafformen bei der Argumentation nicht leichtfertig über einen Kamm geschoren werden dürfen, verdanke ich Dr. LAUKEMPER-ISERMANN. Auch mag es zutreffen, dass Tatstrafen – angesichts des sonst praktisch nur wenig angewendeten Strafrechts – eine besondere Bedeutung zukommt. Die hier zu beleuchtende Problematik soll allerdings gleichwohl grundsätzlich mit Blick auf die Spruchstrafe erörtert werden.

6 Angemerkt sei, dass das kirchliche Recht auch Fahrlässigkeitsdelikte kennt, bei denen naturgemäß die Gewissensproblematik mit Blick auf die Strafbarkeit des Handelns (und damit wohl auch mit Blick auf die Strafreaktion) keine Rolle spielen kann. Wer nicht bewusst handelt, kann sich nicht zugleich auf ein entgegenstehendes Gewissensurteil berufen.

Nicht das strafbare Handeln des Täters, sondern die kirchliche Bestrafung wird also anhand des Gewissensmaßstabes hinterfragt.

- **Kein Schutz des gewissensgeleiteten Irrtums, sondern Schutz des (irrenden) Gewissens vor Zwang**

Schutz des Gewissens im kirchlichen Sinne schützt – auch nach heutigem Verständnis –[7] nicht den Irrtum. Das Gewissen soll stattdessen Fenster zur Wahrheit sein. Kirche versteht sich von daher als Anwältin des Gewissens, die im Beseitigen des Irrtums Hilfe leisten will. Der kirchliche Respekt gilt dem Gewissen, nicht dem falschen Handeln. Das hat handfeste Konsequenzen für die kirchliche Strafverhängung. Natürlich bliebe es zunächst einmal irrelevant, wenn ein Delinquent vorbrächte, er verübe eine Straftat, um seinem Gewissen Folge zu leisten. Selbstredend hindert ein solcher Vortrag den kirchlichen Richter nicht daran, beispielsweise denjenigen zu bestrafen, der aus tiefster Gewissensnot meinte, physische Gewalt gegen den Papst anwenden zu müssen. Kirche darf insoweit strafen, denn den Irrtum, ein solcher Gewaltakt sei gerechtfertigt, teilt sie nicht.[8] Die hier zu prüfende Frage ist dagegen viel enger: Wenn die Kirche nun straft, übt sie damit *Zwang* aus? Zwang gegen das Gewissensurteil auszuüben, bliebe ihr nämlich untersagt. Nach kirchlichem Verständnis ist also in keinster Weise die Einflussnahme auf das Gewissen, sondern nur die Zwangsausübung hierauf verboten. Der Delinquent hat es folglich nicht in der Hand, durch die bloße Berufung auf sein abweichendes Gewissen kirchliche Strafe unmöglich zu machen. Auch wenn ein Gewissensurteil Grundlage seiner Handlung war, hält dies allein die Kirche nicht davon ab, dagegen anzugehen. Kirchlicher Strafgewalt sind einzig dann Fesseln[9] angelegt, wenn und insoweit sich erweist, dass kirchliche Strafe sich als Zwang auswirkt.

---

7 Zwar mag – was allerdings nicht Thema dieser Studie ist – diskutiert werden, in welchem Ausmaß mit dem II. Vaticanum in diesem Zusammenhang ein Wandel stattgefunden hat. So könnte nach einem bekannten BÖCKENFÖRDE-Diktum in vorkonziliarer Zeit das Recht der Wahrheit dem Recht der Person vorgegangen sein (vgl. auch KASPER, Theologische Bestimmung der Menschenrechte, in: ders., Theologie und Kirche, Bd. I, Mainz 1987, 177; siehe ferner die Hinweise S. 205, Fn. 849). Wenn hier auch Verschiebungen stattgefunden haben, ändert dies indes nichts daran, dass aus dem Recht der Person nicht überschießend auch die generelle Akzeptanz des Irrtums zu folgern sei. Aus Respekt vor der Person darf dem Irrtum nicht mit Zwang begegnet werden. Zwang nämlich missachtet die Person. Generell indes die Bekämpfung des Irrtums zu verneinen hingegen bedeutete, einen radikalen Bruch des Verständnisses des Gewissens zu vollziehen, der kirchlicherseits nicht geteilt wird. Deswegen darf auch jetzt noch unabhängig von den Einzelheiten katholischen Gewissensverständnisses plakativ zusammenfasst werden, dass es insoweit keinen Schutz des Irrtums an sich gibt.

8 Ohnehin sei nochmals daran erinnert, dass in dieser Studie jeweils eine an sich strafbare Handlung vorausgesetzt wird und einzig die kirchliche Reaktion „Strafe" anhand des Schutzes des Gewissens gemessen wird.

9 Doch auch insoweit nicht unlösbare Fesseln: Dass selbst Zwang aufgrund anderer Strafzwecke als dem der Besserung möglich sein kann, sei nicht verschwiegen.

1. Teil: Gewissensfreiheit im Konflikt mit dem kirchlichen Strafzweck der Besserung des Täters

Im Folgenden ist nun (1.) darzulegen, inwieweit das kirchliche Recht die Besserung des Täters als Strafzweck kennt und rechtfertigt. Gerade bei einer solchen gezielten Einwirkung auf den Täter mit den Mitteln des Strafrechts kommt es nämlich zu einer Konfrontation mit dem Grundsatz der Gewissensfreiheit. Dann gilt es (2.), die Kritik an einem solchen Strafzweckverständnis aufzuzeigen. Kurze Anmerkungen zum Gewissensverständnis (3.) sind sodann der Darlegung der eigenen Auffassung vorangestellt (4.).

A) Besserung des Täters als kirchlicher Strafzweck – Herleitung und Rechtfertigung nach herkömmlicher Lehre

Es entspricht traditionellem kirchlichen Verständnis, dass Strafen verhängt werden können, um so die Umkehr des Täters um seines eigenen Seelenheiles willen zu erreichen.[10]

I. Verortung im CIC 1983

An einem solchen Strafzweck hält auch der 1983 promulgierte Codex fest.

1. Fehlen einer umfassenden Strafzweckdoktrin

Allerdings fehlt es an einer näheren theologischen Grundlegung eines solchen Strafzweckes. Dies ist auch Folge des Verzichts der Codex-Reform-Kommission, Aussagen über den Zweck kirchlicher Strafen zu machen. Vielmehr solle die Ausarbeitung einer systematischen Strafzwecklehre der Doktrin überlassen bleiben.[11] Unabhängig von der Frage, inwieweit es zwingend einer expliziten Klä-

---

[10] Vgl. nur, mit Blick auf Gratian, KÉRY, Canonica severitas und amor correctionis, in: „Strafrecht" in einer Kirche der Liebe, hrsg. v. *Müller* u. a, Berlin 2006, 30–37, zusammenfassend 43 sowie ausführlicher dies., Gottesfurcht und irdische Strafe (Köln 2006), 275–286 mit der Darstellung des Umgangs mit der sich wandelnden Auffassung des AUGUSTINUS' (zu den Folgen siehe auch KASPER, Wahrheit und Freiheit, Sitzungsberichte der Heidelberger Akademie der Wissenschaften, Philosophisch-historische Klasse, 1988, 9–10); DE MORTANGES, Zwischen Vergebung und Vergeltung, Baden-Baden 1992, 35–36 schon mit Blick auf die Dekretisten; GEROSA, Exkommunikation und freier Glaubensgehorsam, Paderborn 1995, 101 mit Blick auf das Konzil von Trient und die folgende Zeit; siehe zu Letzterer auch PLÖCHL, Geschichte des Kirchenrechts, Bd. V, Wien, München 1969, 33; das Seelenheil des Delinquenten schon als Zweck neutestamentlicher Sanktionen bezeichnend vgl. MÜLLER, Warum und wozu kirchliche Sanktionen?, in: „Strafrecht" in einer Kirche der Liebe, hrsg. v. dems. u. a., Berlin 2006, 189–190.

[11] Vgl. LÜDICKE, in: MK-CIC, 1312, Rn. 1, 10 (Bearb. 1992); Einl. vor 1311, Rn. 10 (Bearb. 1992); 1341, Rn. 1 (Bearb. 1993); HIEROLD, Vom Sinn und Zweck kirchlicher Strafe, in: FS *Heinemann*, hrsg. v. *Gabriels* u. a., Essen 1985, 337, jeweils mit Nachweisen. Siehe zur Entstehungsgeschichte auch GREEN, Penal Law: A Review of Selected Themes, The Jurist 50 (1990), 226–227.

rung und Festlegung bedurfte hätte, zu welchen Zwecken gestraft wird,[12] lässt sich dem CIC 1983 gleichwohl deutlich genug entnehmen, dass der Täter durch Strafe gebessert werden soll.

2. Normative Anknüpfungspunkte

a) Can. 1341 CIC 1983

Die „emendatio rei", von der can. 1341 CIC handelt, ist aussagekräftigster Anknüpfungspunkt im Normtext des Codex. Zwar ist Kernaussage dieser Norm, das ultima-ratio-Prinzip zu verankern. Wenn jedoch die anderen Wege, die vor einer Strafverhängung zu beschreiten sind, die Besserung des Täters zum Ziel haben sollen, so gilt Gleiches auch für die Strafe selbst.[13]

b) Poena medicinalis

Durch Einführung[14] des (alternativ zur Kennzeichnung als Zensur zu gebrauchenden) Begriffs der poena medicinalis in can. 1312 § 1, 1° CIC hat der Gesetzgeber verdeutlicht, sich durch Strafverhängung als Heilmittel um den Täter sorgen zu wollen. Das ist nichts anderes als eine Betonung des Besserungszwecks.[15]

c) Beibehaltung der poenae latae sententiae

Ergänzend sei erwähnt, dass – wie im Blick auf die Entstehungsgeschichte festgestellt werden kann – die poenae latae sententiae gerade deshalb beibehalten werden sollten, da nur so in bestimmten Konstellationen gesichert werden könne, zum Heil der Seelen zu wirken. Durch die Bestrafung verborgen gebliebener Delikte, die nur durch Tatstrafen möglich ist, werde so die Besserung der Täter erstrebt.[16]

---

12 Dazu LÜDICKE, in: MK-CIC, 1312, Rn. 10 (Bearb. 1992).

13 Siehe etwa DE PAOLIS, Commentary: c. 1341 in: Exegetical Commentary on the Code of Canon Law, Vol. IV/1, hrsg. v. *Marzoa* u. a., Montréal 2004, S. 365–366; CAPARROS, Criminal Law Protection of the Human Rights in Civil and Religious Societies, in: The Penal Process, hrsg. v. *Dugan*, Montréal 2005, 209; CARRAGHER, The Raison D'Être of Punishment, in: Processo penale, hrsg. v. *Cito*, Mailand 2005, 466, 460. Dass can. 1341 CIC gar der Schlüsseltext sei, anhand dessen das gesamte Strafrecht begriffen werden müsse, wird hervorgehoben von DE PAOLIS, The Application of Penalties (cann. 1341–1353), ibid., Rn. 5 (S. 360), ebenso ders., Penal Sanctions, Penal Remedies and Penances in Canon Law, in: The Penal Process, hrsg. v. *Dugan*, Montréal 2005, 163; vgl. m. w. N. auch ERDÖ, Die Wirksamkeit des kanonischen Strafsystems, in: FS *Geringer*, hrsg. v. *Aymans* u. a., Sankt Ottilien 2002, 85.

14 Im Vergleich zum CIC/1917; näher dazu LÜDICKE, in: MK-CIC, 1312, Rn. 3 (Bearb. 1992).

15 Vgl. LÜDICKE, in: MK-CIC, 1312, Rn. 12, 4 (Bearb. 1992). Die „Medizin" wird dem Einzelnen, nicht der Gemeinschaft zuteil. Siehe so auch DE PAOLIS, Penal Sanctions, Penal Remedies and Penances, in: The Penal Process (Fn. 13, 2005), 158.

16 Vgl. GEROSA, Exkommunikation und freier Glaubensgehorsam (Fn. 10, 1995), 188; LÜDICKE, in: MK-CIC, 1314, Rn. 1, 4 (Bearb. 1992); GREEN (Fn. 11) The Jurist 50 (1990), 236–237 jeweils m. w. N. hierzu.

d) Ergebnis

Mit Blick auf die geltende Normierung kirchlichen Strafrechts kann trotz Verzichts einer ausdrücklichen Strafzwecklehre festgestellt werden, dass der Strafzweck, den Täter zu bessern, anerkannt, wenn nicht gar in den Vordergrund gerückt wurde.[17]

[17] Zu Letzterem vgl. REES, Strafgewalt der Kirche, Berlin 1993, 68; LÜDICKE, in: MK-CIC, 1341, Rn. 5 (Bearb. 1993); SCHAAF, Der Kirchliche Strafanspruch – Die Begründung der kirchlichen Strafgewalt, Frankfurt a. M. 2007, 218–221 (zum etwaigen Vorrang des Besserungszwecks ibid. 220–221). Siehe allerdings auch KKK 2266 mit der Betonung, die „durch das Verbrechen herbeigeführte Unordnung wiedergut[zu]machen", jedoch mit Blick auf das staatliche Strafrecht.

II. Theologische Rechtfertigung dieses Strafzwecks

Da es an einer expliziten Grundlegung kirchlicher Strafzwecke fehlt, ist eine theologische Rechtfertigung des Besserungszwecks nicht allein anhand des CIC zu bestimmen.

1. Traditionelle Begründungen kirchlicher Strafgewalt (societas perfecta)

Möglicherweise gelingt eine Rechtfertigung unter Rückgriff auf die traditionelle Herleitung kirchlicher Strafgewalt. Insoweit bildeten Belege aus der Heiligen Schrift,[18] Hinweise auf die Apologetik sowie das in Analogie zum monarchischen Staat hergeleitete Konzept der „societas perfecta"[19] bei der Promulgation des CIC/1917 noch die selbstverständliche Grundlage, Strafen zu verhängen. Die Kritik SOHMS[20] konnte dieses Konzept nicht erschüttern.[21]

Ausfluss einer solchen societas-perfecta-Lehre ist die später von Papst PIUS XII. vorgetragene Strafzwecklehre. Hiernach gelte es, Wiedergutmachung zu leisten für die durch die Straftat verursachte Verletzung der rechten Ordnung. So erweise sich dann durch das Strafen die Überlegenheit des Guten über das Böse.[22] In der

---

[18] Vgl. etwa Mt 18, 15–18; 1 Kor 5, 1–11 sowie 11, 27–30; 2 Kor 2, 5–11; 2 Thess 3, 14; hier referiert nach REES, in: HdbKathKR, Regensburg 1999, 1117; weitere Belege finden sich etwa bei LÜDICKE, in: MK-CIC, 1311, 3.

[19] Weil also der Kirche alle Rechte zukommen, die auch der Staat für sich beansprucht, so darf sich die Kirche auch der Strafgewalt bedienen.
Eingehend zu diesem Verständnis der Kirche als societas perfecta GEROSA, Exkommunikation und freier Glaubensgehorsam (Fn. 10, 1995), 47–61.

[20] Vgl. dazu beispielsweise die Darstellung bei SEBOTT, Fundamentalkanonistik, Frankfurt a. M. 1993, 85–92, speziell zur Darstellung des „neukatholischen" Kirchenbegriffs durch SOHM; zur Auseinandersetzung mit SOHM vgl. auch GEROSA, Exkommunikation und freier Glaubensgehorsam (Fn. 10, 1995), 167.

[21] Siehe mit Nachweisen auf die Promulgation durch Papst BENEDIKT XV. so BÖCKENFÖRDE, Der neue CIC, NJW 1983, 2538; LÜDICKE, in: MK-CIC, Einl. vor 1311, Rn. 2 (Bearb. 1992); HIEROLD, Vom Sinn und Zweck kirchlicher Strafe, in: FS *Heinemann* (Fn. 11, 1985) 332–333.
Vgl. im Wortlaut beispielsweise JONE, Gesetzbuch der Lateinischen Kirche, Bd. I, Paderborn 1950, Erläuterung zu can. 1 (S. 15): Das Recht der Kirche, Gesetze zu geben, ergebe sich „aus der von den Apologeten und Dogmatikern bewiesenen Tatsache, dass Christus die Kirche als vollkommene Gesellschaft gegründet hat". Insbesondere die Strafgewalt ist Folge einer als „vollkommene, selbständige Gesellschaft" verstandenen Kirche, so PERATHONER, Das kirchliche Gesetzbuch, Bressanone 1922, 499, 507; ferner HAGEN, Kirchliche Mitgliedschaft, Rottenburg 1938, 78.
Zur geschichtlichen Entwicklung des mit dem Konzept der societas perfecta einhergehenden kirchlichen Anspruchs, Autorität auch über Anders- und Nichtgläubige auszuüben, siehe SEBOTT, in: Grundriss des nachkonziliaren Kirchenrechts, hrsg. v. *Listl* u. a., Regensburg 1980, 99.

[22] Kommentiert und wiedergegeben bei LÜDICKE, in: MK-CIC, Einl. vor 1311, Rn. 13 (Bearb. 1992); GEROSA, Exkommunikation und freier Glaubensgehorsam (Fn. 10, 1995), 107–113, insbesondere 111. Siehe die vollständige Wiedergabe zu PIUS XII., Ansprache an den Internationalen Strafrechtskongress 1953, in: Aufbau und Entfaltung des gesellschaftlichen Lebens – Soziale Summe Pius XII., hrsg. v. *Utz/Groner*, Bd. I, Freiburg (Schweiz) 1954, hier interessierend Nr. 476–483.

apologetischen Formulierung des can. 1311 CIC klingt diese hergebrachte Lehre an.[23]

Einer näheren Auseinandersetzung mit diesen Thesen bedarf es im Rahmen dieser Arbeit jedoch nicht.[24] Denn dieses Konzept mag herangezogen werden, um ganz allgemein das prinzipielle Recht zur Strafverhängung sowie möglicherweise noch den Strafzweck der Wiederherstellung der Gerechtigkeit (iustitiam restituere)[25] zu rechtfertigen. Für eine Notwendigkeit, durch Strafe zielgerichtet den Täter zu bessern, lässt sich aus dieser Lehre jedoch nichts Wesentliches entnehmen.[26]

2. Sonstige Rechtfertigungsansätze

Das Augenmerk ist daher auf diejenigen Stimmen des Schrifttums zu richten, die ausdrücklich Stellung dazu nehmen, weshalb auch die Besserung des Täters zulässiger Strafzweck sein dürfe.

So wird vorgetragen, dass es dem der Kirche eingestifteten Wesen entspräche, umfassend für das geistliche Wohl ihrer Glieder zu sorgen. Davon sei die Strafe

---

23 So auch die Einschätzung etwa bei FARIS, Penal Law in the Catholic Churches, in: Folia Canonica 2 (1999) 57; LING, Zum gegenwärtigen kirchlichen Strafrecht, JZ 2004, 596.
Auch in der kanonistischen Literatur finden sich weiterhin Stimmen, die an dieses Konzept anknüpfen, so etwa REES, Strafgewalt der Kirche (Fn. 17, 1993), 54 (bei Fn. 64), 55 (bei Fn. 68), 57 (bei Fn. 71), sowie 58, wo es heißt: „Das angeborene Recht der Kirche zur Strafverhängung und die Notwendigkeit, die Ordnung im Volke Gottes erforderlichenfalls auch durch Strafen sicherzustellen, bleiben unbestreitbar, solange die Kirche auf der Pilgerschaft ist. Eine Gesellschaft, die nicht mehr den Willen aufbietet, ihre Güter und Rechte durch Sanktionen zu verteidigen, bezeugt damit, dass sie sich selbst nicht mehr ernst nimmt".
Vgl. nun aber REES, Glaubensschutz durch Strafmaßnahmen, in: FS *Geringer*, hrsg. v. *Aymans* u. a., Sankt Ottilien 2002, 374, wo er den Strafzweck der Besserung ausschließt u. a. unter Berufung auf GEROSAS Verständnis.
Kritikloser Bezug auf das societas-perfecta-Konzept anstelle einer „Kirche der freien Gefolgschaft" auch bei SEBOTT, Das kirchliche Strafrecht, Frankfurt a. M. 1992, 21, kritisch dazu GEROSA, Exkommunikation und freier Glaubensgehorsam (Fn. 10, 1995), 317; siehe auch MÜLLER, Warum und wozu kirchliche Sanktionen?, in: „Strafrecht" in einer Kirche der Liebe (Fn. 10, 2006), 187, bei und in Fn. 16. Weitere Nachweise auf Autoren, die sich auf das societas-perfecta-Verständnis berufen, finden sich bei SCHAAF, Der Kirchliche Strafanspruch (Fn. 17, 2007), 226–227.

24 Zur Kritik daran statt vieler vgl. LÜDICKE, in: MK-CIC, Einl. vor 1311, Rn. 13 (Bearb. 1992); GEROSA, Exkommunikation und freier Glaubensgehorsam (Fn. 10, 1995), 54–61; CATTANEO, Der konziliare Beitrag zur Theologie der Teilkirche, in: FS *Aymans*, hrsg. v. *Geringer* u. a., St. Ottilien 2001, 43–44, 51–52; MÜLLER, Warum und wozu kirchliche Sanktionen?, in: „Strafrecht" in einer Kirche der Liebe (Fn. 10, 2006), 184–187 (danach verbrämen beispielsweise die Bibelzitate nur ausschmückend eine rein philosophische Argumentation).

25 Auch dieser Strafzweck kann can. 1341 CIC entnommen werden, zur diesbezüglichen Argumentation vgl. oben S. 6.

26 Auf einem anderen Blatt steht es, dass die Verfechter dieser Lehre gerade auch das Besserungsmoment nutzten, um ihre Lehre zu plausibilieren, sprich, die Notwendigkeit zu begründen, weshalb überhaupt die Kirche – ebenso wie der Staat – einer Strafgewalt bedarf (so nach GEROSA, Exkommunikation und freier Glaubensgehorsam (Fn. 10, 1995), 51, m. w. N.). Im umgekehrten Sinn jedoch wäre eine solche Argumentation zirkulär.

keine Ausnahme. Sie könne und müsse nur dann verhängt werden, wenn auf diese Weise eine Besserung beim Täter eintreten könne.[27] Man solle sich zwar dessen bewusst sein, dass der Täter möglicherweise auf die Strafe gar nicht oder nur zum Schein rein äußerlich eingehe. Dann aber sei die Strafverhängung nur im konkreten Fall ohne Erfolg; etwaige Misserfolge änderten aber nichts daran, dass die vorherige Strafverhängung immer nur in der Hoffnung geschehen dürfe, so auch dem Seelenheil des Täters selbst zu dienen.[28] Neben den Schutz der kirchlichen Gemeinschaft[29] tritt hiernach als weiterer Strafzweck also die Besserung des Täters hinzu.[30]

---

27 Vgl. neben STRIGL – Nachweis zu diesem gesamten Absatz siehe nächste Fußnote – auch REES, Strafgewalt der Kirche (Fn. 17, 1993), 69: „Die Besserung des Bestraften darf im kirchlichen Strafrecht nie außer acht gelassen werden. Auf diese Weise wird der Zusammenhang von kirchlicher Strafe und Heilsauftrag deutlich." Siehe auch HIEROLD, Vom Sinn und Zweck kirchlicher Strafe, in: FS *Heinemann* (Fn. 11, 1985) 339.

28 Vgl. zum gesamten Absatz STRIGL, Kirchenstrafen, in: HdbKathKR, hrsg. v. *Listl* u. a., 1. A. Regensburg 1983, 924–925. Siehe ferner SAGMEISTER, Das neue kirchliche Strafrecht, in: Festgabe *Schwendenwein*, hrsg. v. *Lüdicke* u. a., Graz 1986, 497: „Mag eine Kirchenstrafe immer auch nur Anwendung eines äußeren Zwangsmittels bleiben und daher als ungeeignet zum Erzielen einer inneren Änderung des Menschen erscheinen, so steht dennoch dahinter die Grundidee einer Appellation an die sittliche Verantwortlichkeit des Menschen. Eine kirchliche Strafe, die nur ein äußeres Sich-Beugen zur Folge hat und nicht auch als innerer Gewissensanruf verstanden wird, verfehlt ihren Sinn." Vgl. zu Letzterem auch HIEROLD, Vom Sinn und Zweck kirchlicher Strafe, in: FS *Heinemann* (Fn. 11, 1985) 339.

29 Der allerdings bisweilen schon als vorrangig gegenüber dem gleichfalls bejahten Besserungszweck betrachtet wird, siehe so SCHEUERMANN, Erwägungen zur kirchlichen Strafrechtsreform, AfkKR 131 (1962), 396–398. Die Notwendigkeit einer gemeinschaftsbezogenen Begründung erkennt er überdies daran, dass der Besserungsstrafzweck heutzutage – etwa mangels Wertschätzung der Sakramente –, ins Leere greifen könne.

30 Vgl. STRIGL, Kirchenstrafen, in: HdbKathKR (Fn. 28, 1983), 926: „Mit dem Strafschwert geht die kirchliche Autorität gegen jene Glieder vor, die durch Fehlverhalten ihr eigenes Heil in Gefahr bringen oder durch Ärgernis und schlechtes Beispiel die Grundlagen der sittlichen Gemeinschaftsordnung untergraben. [...] Die streitende Kirche auf Erden würde [...] ihrer Sendung nicht gerecht, wollte sie darauf verzichten, heilsame Strafen als remedia necessaria zur Abwehr von Störungen. ihres Auftragsvollzuges anzudrohen und einzusetzen." „Die Rechtfertigung eines Einsatzes von Strafmitteln im kirchlichen Bereich kann nicht aus pragmatisch-utilitaristischen Erwägungen [sprich: Disziplin] gewonnen werden, sondern allein aus dem Wesen und der Zielsetzung der Kirche."

B) Gegenauffassung: Besserungsstrafrecht als Verstoß gegen die Gewissensfreiheit

Wie schon in der Einleitung[31] angesprochen, wird im Schrifttum vorgetragen, Strafrecht dürfe nicht als Mittel zur Bekehrung des Täters eingesetzt werden, da dies gegen die (Religions- und) Gewissensfreiheit[32] verstieße. Im Vordergrund der Diskussion wird dabei insbesondere die Konzeption LÜDICKES stehen, doch werden ähnelnde Ansätze sowie einzelne Argumente anderer Autoren jeweils miteinbezogen.[33]

I. Einbettung der Kritik in eine umfassende Konzeption zur Strafzwecklehre

Einer solchen Auffassung wie der LÜDICKES könnte man jedoch nicht gerecht werden, stellte man sie nicht in ihrem Gesamtkontext dar. Die dort postulierte Notwendigkeit, den Besserungsstrafzweck fallen zu lassen, lässt sich nämlich erst vor diesem Hintergrund voll erschließen. Nur so kann zunächst erkannt werden, dass diese Ansicht nicht etwa eine prinzipielle Verwerfung kirchlicher Strafe befürwortet. Die Gewissensfreiheit wird keineswegs herangezogen, jedwedes strafrechtliche Mittel als ausgeschlossen zu betrachten.[34] Darüber hinaus vermag nur mit Blick auf die Gesamtkonzeption das Argument erschlossen werden, den Besserungsstraf-

---

31 Siehe S. 1 bei Fn. 1.

32 Die Gewissensfreiheit steht insoweit im Vordergrund, als hinsichtlich der auch kircheninternen Beachtung des Gewissens kein Streit besteht. Zu einem Unterscheidungsversuch zwischen absolut geltender Gewisssensfreiheit sowie der immament durch die entgegengesetzte kollektive Religionsfreiheit eingegrenzten individuellen Religionsfreiheit vgl. WALF, Evangelium, Kirchenrecht und Menschenrechte, Concilium 26 (1990), 115.

33 Im Laufe dieser Arbeit wird sich zeigen, weshalb hier insbesondere LÜDICKES Ansicht im Vordergrund steht, siehe insoweit schon sogleich Fn. 37.
Diese besondere Bezugnahme auf LÜDICKE ändert natürlich nichts daran, dass auch für dessen Ansicht GEROSAS Arbeiten von entscheidender Bedeutung waren, vgl. als Beispiel für viele Bezugnahmen LÜDICKE, in: MK-CIC, Einl. vor 1311, Rn. 3 (Bearb. 1992): „In gründlicher und einnehmender Weise hat Gerosa versucht, das kirchliche Strafrecht nach dem 2. Vatikanischen Konzil theologisch zu begründen."

34 Vgl. insoweit allerdings differenzierter zur Qualifizierung einer Exkommunikation als Zwang unten S. 20 bei Fn. 84.
In welcher Weise nach der Konzeption von HUINZING, Delikte und Strafen, Concilium 3 (1967) passim, sowie HUINZING/BASSETT, Glauben auf Befehl?, Concilium 12 (1976), passim, materiell auf Strafrecht verzichtet werden soll, lässt sich, da in den Ausführungen de lege ferenda nur grobe Leitlinien ausgeformt sind, nicht ganz leicht beurteilen. Der Grundgedanke ist jedenfalls derselbe: Die Glaubensfreiheit lasse sich nicht mit Zwang verbinden; deshalb dürfe die Kirche nur tätig werden, um sich selbst zu schützen, vgl. HUINZING, ibid., 658, 663, sowie HUINZING/BASSETT, ibid., 409. Allerdings spricht HUINZING davon, ein Disziplinarrecht anstelle des bisherigen Strafrechts formen zu wollen.
Hierin sei keine bloß sprachliche Abänderung zu sehen, so GEROSA, Exkommunikation und freier Glaubensgehorsam (Fn. 10, 1995), 77–85, der dessen Position als nicht haltbar zurückweist.

zweck auch deshalb entfallen zu lassen, um die Ernsthaftigkeit der übrigen theologisch fundierten Strafzwecke hervorzuheben.[35]

Ausgangspunkt der daher nun darzustellenden alternativen Strafrechtstheorie ist die stärkere Reflexion kirchlichen Selbstverständnisses, d. h. die zentrale Bezugnahme auf die durch das Konzil entscheidend beeinflusste Ekklesiologie. Als erste Konsequenz dessen zeige der Blick auf die grundverschiedenen Ziele und Konzeptionen von Staat einerseits und Kirche andererseits, dass eine kritiklose Übernahme staatlichen Strafzweckverständnisses (societas-perfecta-Lehre) entschieden zurückzuweisen sei.[36]

Darüber hinausgehend werden jedoch Folgerungen gezogen aus der communio-Ekklesiologie. Ausgehend davon könne kirchliches Strafrecht theologisch begründet werden (1.) als Reaktion auf die Zerstörung oder Beeinträchtigung der communio durch den Täter. Es könnten zudem (2.) disziplinarische Maßnahmen gerechtfertigt werden, die (insbesondere) das Wirken kirchlicher Bediensteter reglementierten.[37]

1. Bruch der communio fidei

Zunächst wird also das Strafen erklärt mit Blick auf die Glaubensgemeinschaft, wie sie kirchlichem Selbstverständnis entspricht.

---

35 Vgl. die dahin gehende Argumentation bei LÜDICKE, in: MK-CIC, 1312, Rn. 16 (Bearb. 1992).

36 Vgl. LÜDICKE, in: MK-CIC, Einl. vor 1311, Rn. 2, 11 (Bearb. 1992).

37 So neben den Nachweisen sogleich im Text zu LÜDICKE, in: MK-CIC, insbesondere auch GEROSA, Exkommunikation und freier Glaubensgehorsam (Fn. 10, 1995), der in Konsequenz seines Strafrechtsverständnisses zu ähnlichen Ergebnissen gelangt und auf den LÜDICKE sich auch beruft. GEROSA geht allerdings zunächst einmal von der Beschreibung des Wesens der Exkommunikation aus; zu seiner Herangehensweise vgl. 23–26, nochmals zusammenfassend 306–307. Im Ergebnis bezieht auch GEROSA zur Frage der Gewissensfreiheit im selben Sinn wie LÜDICKE Stellung, vgl. etwa 298–299.
GEROSAS Ansatz unterscheidet sich von LÜDICKES in mehrfacher Hinsicht. Wenngleich beide Autoren etwa bei der Darstellung der zulässigen Strafzwecke oder der Unvereinbarkeit von echter Strafe und Gewissensfreiheit sich ähneln, so führt dies bei GEROSA dazu, gleich das gesamte Strafrecht umzudeuten insoweit, als diesem insgesamt keine Zwangswirkung zukomme (vgl. etwa S. 330, sowie insgesamt auch die Zusammenfassung bei DE PAOLIS, Penal Sanctions, Penal Remedies and Penances, in: The Penal Process (Fn. 13, 2005), 156–157 (Fn. 10)). LÜDICKE will nur den Besserungsstrafzweck ausgeschlossen wissen, ohne im Übrigen Zwangsgewalt auszuschließen.
Letzteres ist der Grund, weshalb hier insbesondere LÜDICKES Ansicht dargestellt wird, denn konzeptionelle Engführungen können zumindest theoretisch so vermieden werden. Wenn GEROSAS Ansicht dagegen ganz generell Konsequenzen aus dem Zusammentreffen von Gewissensfreiheit und Strafgewalt zieht, so bietet dieser gleichsam globale Ansatz besondere Angriffsflächen für Gegner einer solchen Auffassung.

a) Grundsätzliche Erwägungen

Dem Auftrag der Kirche, Heilssakrament zu sein,[38] könne sie nur gerecht werden, wenn sie den ihr von Gott anvertrauten Glauben in seiner Reinheit bewahrt. Glaubenseinheit und -reinheit seien zu wahren, um die Heiligkeit der Kirche im Sinne des Glaubensbekenntnisses zu sichern. Soweit der Einzelne in seinem Verhalten diesen Glaubenskern beeinträchtige und dadurch bei anderen Zweifel über Inhalt und Grenzen des kirchlichen Glaubens provoziere, könne die Kirche ihn um ihres wesensimmanenten Auftrages willen ausschließen.[39]

Fehlt mit dem unabdingbaren Glaubensgut die Grundlage für eine communio, so werde die Kirche also um ihrer selbst willen handeln.[40] Trotz dieser von der Gemeinschaft ausgehenden Zielrichtung sei mit Blick auf den jeweils Betroffenen festzustellen, dass ein solcher Zwangsausschluss nicht per se mit dem Stigma belegt werden könne, er sei eine überharte Reaktion. Gerade der Ausschluss, die „Exkommunikation", erscheine nämlich als eine kirchliche Strafform, die theologisch unter Rückgriff auf die communio-Ekklesiologie gerechtfertigt werden kann.[41]

Zunächst sei unabhängig davon der Blick auf die biblischen Perikopen zu lenken, die ihrerseits auf den Ausschluss aus der Gemeinschaft als Reaktion auf Fehlverhalten verweisen.[42] Nach Mt 18, 17 ist derjenige, der nicht umkehrbereit sei, „wie ein Heide oder Zöllner" zu behandeln. Paulus verlangt die Trennung von denjenigen Brüdern, die schweres Unrecht begehen (1 Kor 5, 11: „habt nichts zu schaffen" mit ihnen; V. 13: „Schafft den Übeltäter weg aus eurer Mitte"). Darüber hinaus sei als entscheidend festzuhalten, dass der Ausschluss grundsätzlich als bloße Konsequenz der selbst gewählten Entscheidung des Betroffenen erscheint.[43] Er nehme die Glaubensgemeinschaft ebenso ernst wie die abweichende Glaubensentscheidung des Ausgeschlossenen.

Dabei ist der Schutz der communio fidei, der Gemeinschaft des Glaubens, von einer solchen Wichtigkeit, dass in Konsequenz dieser Konzeption hier die Frage des Verschuldens des Täters grundsätzlich nicht von beherrschender Bedeu-

---

[38] Vgl. oben S. 1, siehe auch LÜDICKE, in: MK-CIC, Einl. vor 1311, Rn. 12 ((Bearb. 1992) „Grundauftrag…, die Menschen zum Heil zu führen").

[39] Vgl. LÜDICKE, in: MK-CIC, Einl. vor 1311, Rn. 12, 16 (Bearb. 1992); 1311, Rn. 8 (Bearb. 1992); vor 1331, Rn. 3 (Bearb. 1993); ibid. (Rn. 1) beruft er sich zudem auf 1 Kor 5, 6–9, woraus sich die Gemeinschaftsbezogenheit des Ausschlusses (V. 13) ergebe, denn die Reinigung von dem „alten Sauerteig", nicht aber die Besserung des Täters stehe im Vordergrund.

[40] Vgl. insoweit auch die maßgebliche Betonung des Schutzes der communio in der Definition der Exkommunikation bei KOTZULA, Zur Exkommunikation im CIC/1983, AfkKR 156 (1987), 459. Die communio wird auch betont bei SCHWENDENWEIN, Probleme um die disziplinäre Verantwortung im kirchlichen Dienst, in: FS *May*, hrsg. v. *Egler* u. a., Berlin 2006, 616.

[41] Vgl. KOTZULA, ibid., 444. Nach LÜDICKE, in: MK-CIC, Einl. vor 1311, Rn. 5 zu 1312 (Bearb. 1992), sind Ausgrenzung oder aber Disziplinarmaßnahmen im Wesentlichen die einzigen zu rechtfertigenden Strafmittel.

[42] So zu den sogleich genannten Bibelstellen LÜDICKE, in: MK-CIC, vor 1331, Rn. 1 (Bearb. 1993).

[43] Vgl. dazu sogleich die Nachweise S. 15, Fn. 50.

tung sein müsste.[44] Strafzweck ist hiernach schließlich der Schutz des Glaubens, der unabhängig davon gewährleistet werden kann, ob der Täter durch persönliche Schuld oder noch weitergehend durch eigene Sündhaftigkeit die abzuwehrende Gefährdung auslöst.[45]

Umgekehrt führe allein das Aufgeben der gemeinschaftswidrigen Haltung des Täters dazu, dass für das Aufrechterhalten der Ausgrenzung keine Rechtfertigung mehr bestehe.[46] Jemand, der durch eine bestimmte Verhaltensweise beispielsweise zugleich eine Sünde als auch eine zum Ausschluss führende Tat begangen hat, nun aber einzig aus Opportunitätsgründen davon ablässt, der mag weiterhin Sünder sein – was die Beichte klären könnte: Strafwürdig ist sein Verhalten nach Maßgabe der hier referierten Auffassung nun jedenfalls nicht mehr.

b) Einzelfragen

Fraglich ist, ob und wie aus dem gemeinschaftsbezogenen Schutzzweck weitere Konsequenzen gezogen werden können.

aa) Poena latae sententiae als Rechtsfolge

Teilweise wird das geltende Strafrecht des CIC 1983 insoweit als angemessen erachtet, als es als grundsätzliche Rechtsfolge[47] der einschlägigen Delikte die poena latae sententiae, die von selbst eintretende Tatstrafe vorsieht, vgl. beispielhaft can. 1364 CIC.[48]

Schließlich setze der Ausschluss aufgrund der Zerstörung der communio fidei grundsätzlich voraus, dass der Täter andere Grundentscheidungen getroffen hat als die kirchliche Gemeinschaft.[49] GEROSA schließt daraus, dass die kirchliche „Strafe"

---

44 Vgl. LÜDICKE, in: MK-CIC, 1321, Rn. 4–5 (Bearb. 1992); Einl. vor 1311 (Bearb. 1992), Rn. 17, 19, 24, ferner Rn. 5 Stichwort 1321; 1312, Rn. 20 (Bearb. 1992).

45 Vgl. LÜDICKE, in: MK-CIC, Einführung vor 1321, 5 (Bearb. 1992); Einl. vor 1311, Rn. 17 (Bearb. 1992) mit Blick auf die Straftatbestände des can. 1364 CIC.
Allenfalls sei die Frage nach der Schuld mittelbar zu berücksichtigen. Denn wer schuldlos handelt, mag gerade deshalb durch sein Handeln keine Verwirrung hinsichtlich der Glaubensinhalte der Kirche hervorrufen. Dadurch entfiele dann letztlich auch der gemeinschaftsbezogene Strafzweck, den Glauben in seiner Reinheit zu bewahren. Vgl. LÜDICKE, in: MK-CIC, Einführung vor 1321, Rn. 5 (Bearb. 1992).

46 Vgl. LÜDICKE, in: MK-CIC, Einl. vor 1311, Rn. 23 (Bearb. 1992); siehe ferner Rn. 24 dazu, dass die im Vergleich zum geltenden Strafrecht geänderte Strafzwecklehre zwangsläufig auch zu Konsequenzen mit Blick auf den Strafnachlass führt.

47 Zur Qualifizierung dieser Rechtsfolge als „Grundmodell" siehe die Untersuchung der Normen des CIC bei GEROSA, Exkommunikation und freier Glaubensgehorsam (Fn. 10, 1995), 182–183.

48 Zur Entstehungsgeschichte, etwa dem Eingreifen Kardinal RATZINGERS, und zu einer rechtspolitischen Kritik an der Einführung der Tatstrafe vgl. GREEN (Fn. 11) The Jurist 50 (1990), 250–252, 255; ferner LÜDICKE, in: MK-CIC, 1364, 1. Im CCEO finden sich keine Tatstrafen, vgl. nur GREEN, Penal Law: Reflectiones on the Eastern Code Revision Process, The Jurist 51 (1991), 25–26.

49 Es sei also nicht erst ein voluntaristisches Tätigwerden des Gesetzgebers, das zur Strafe führe, GEROSA, Exkommunikation und freier Glaubensgehorsam (Fn. 10, 1995), 186. Vgl. zum

der Exkommunikation nichts anderes als ein Selbstausschluss des Täters sei[50], der nur deklaratorisch festgestellt werden könne. Die Sanktionsfolge selbst jedoch werde systemgerecht schon durch die Tatverwirklichung herbeigeführt. Daher sei die vom Kirchenrecht vorgesehene excommunicatio latae sententiae – mit bloß fakultativer zusätzlicher deklaratorischer Feststellung – die zutreffend normierte Rechtsfolge.[51]

Von anderen wird diese Ansicht abgelehnt.[52] Zunächst wird darauf verwiesen, dass es zwar richtig sei, dass Häresie, Apostasie und Schisma ipso facto – d. h. wie eben ausgeführt, nicht mehr zwingend abhängig[53] vom subjektiven Vorsatz – die communio zerstörten. Darauf bezogen wäre eine Tatstrafe daher denkbar. Doch gebe es auch andere Taten, die rechtstechnisch kaum noch als Tatstrafe zu fassen seien. Denn bei ihnen hinge die Feststellung der Strafbarkeit noch davon ab, dass ein substantieller subjektiver, nach außen nicht mehr erkennbarer Tatbestand gegeben ist. Es handele sich also um Taten, die von ihrem objektiven Gehalt her noch nicht per se zu einem solchen Bruch der communio führten. Unter Einbeziehung der subjektiven Willensrichtung des Täters könne im Einzelfall gleichwohl ein vergleichbarer Selbstausschluss festgestellt werden.

Es könne ein Vergleich zur Lehre über die schwere Sünde gezogen werden.[54] Dort sei schließlich anerkannt, dass es Taten gebe, die allein aufgrund ihrer Materie als solche zu qualifizieren seien (z. B. Apostasie). Ferner sei auf schwere Sünden zu verweisen, die als solche nur deshalb zu qualifizieren seien, wenn und weil im Einzelfall Willensfreiheit, Erkenntnis sowie eine immerhin noch gravierende Mate-

---

Zusammenhang zwischen substantieller Lage – Selbstausschluss des Täters – und rechtlicher Entsprechung auch CATTANEO, Grundfragen des Kirchenrechts bei Klaus Mörsdorf, Amsterdam 1991, 282.

50 Vgl. etwa GEROSA, Exkommunikation und freier Glaubensgehorsam (Fn. 10, 1995), 188, 244–245; 274–275; ders., „Communio" und „Excommunicatio", in: „Strafrecht" in einer Kirche der Liebe, hrsg. v. *Müller* u. a., Berlin 2006, 104–106; knappe Wiedergabe seiner Position auch bei LÜDICKE, in: MK-CIC, Einl. vor 1311, Rn. 14 (Bearb. 1992); siehe auch REINHARDT, Anfragen an Libero Gerosa, in: „Strafrecht" in einer Kirche der Liebe, ibid., 114–115.
Unabhängig von der Richtigkeit der weitgehenden These GEROSAS, die Exkommunikation exklusiv als Selbstausschluss zu verstehen, wird doch zumindest ein allgemeiner Erklärungswert eines solchen Gedankenganges, der die Schärfe eines aufoktroyierten Strafurteils mildert, des Öfteren anerkannt. Vgl. neben LÜDICKE beispielsweise die Erwähnung bei GÜTHOFF, Kanonistische Erwägungen zur eigenständigen Bedeutung der Apostasie, in: FS *Geringer*, hrsg. v. *Aymans* u. a., Sankt Ottilien 2002, 119, Fn. 42; REES, Glaubensschutz durch Strafmaßnahmen, in: FS *Geringer* (ibid. (siehe auch Fn. 23)), 374.

51 Vgl. GEROSA, Exkommunikation und freier Glaubensgehorsam (Fn. 10, 1995), 183–184; 186–189.

52 Ablehnend beispielsweise auch DE PAOLIS, Penal Sanctions, Penal Remedies and Penances, in: The Penal Process (Fn. 13, 2005), beispielsweise 167–169; SCHAAF, Der Kirchliche Strafanspruch (Fn. 17, 2007), 261–262.

53 Wobei das geltende Recht dem Wortlaut nach die Zurechenbarkeit für alle Straftaten unisono verlangt. Die Auffassung übersteigt hier also die vom Gesetzgeber getroffene Normierung.

54 Zum Verhältnis zwischen schwerer Sünde und Exkommunikation vgl. die Nachweise unten S. 19, Fn. 78.

rie zusammenträfen. Parallel dazu gebe es einen Selbstausschluss aus der communio i. S. d. Strafrechts in Fällen, in denen der – zwar nicht unerhebliche – objektive Gehalt der Tat hierfür allein nicht ausreiche. Dies sei erst dann der Fall, wenn hinzukommend eine spezifische subjektive, gegen die communio und deren Werte gerichtete Willensrichtung[55] festgestellt werden könne.[56] Als Beispiel für einen solchen Selbstausschluss wird die Schändung eucharistischer Gestalten in contemptum ecclesiasticae communionis genannt.[57]

Unabhängig davon, dass folglich für diesen soeben genannten Teil der in Betracht kommenden Delikte eine poena latae sententiae von vornherein unangemessen sei, könne die Unangemessenheit dieser Strafform auch im Übrigen festgestellt werden. Eine Tatstrafe nehme schließlich allein den Täter selbst in die Pflicht, während die Gemeinschaft, um deren Schutz es gehe, unbeteiligt bleibe.[58] Auch die kirchlichen Autoritäten würden ihrer – ihnen möglicherweise unangenehmen – Verantwortung entbunden, das Strafrecht selbst in ordentlicher Verfahrensweise anzuwenden.[59] Unter den Gläubigen hingegen könne die Vorstellung, es werde in der Kirche ohne einzelfallbezogenes Verfahren bestraft, für deutliches Missfallen sorgen.[60]

Ferner sei – solange die Zurechenbarkeit Bestandteil[61] des can. 1364 CIC ist – in concreto das Vorliegen des subjektiven Tatbestand schwer zu bestimmen. Ob nun eine Exkommunikation vorliege oder nicht, müsse aufgrund der schweren Folgen für alle Beteiligten klar erkennbar sein. Daran fehle es zumindest bei der Tatstrafe des can. 1364 CIC.[62] Ohnehin sei eine Abschreckungswirkung einer solchen Tatstrafe – anders als im Mittelalter – nunmehr kaum noch festzustellen: Sei es, weil die Strafe wegen Unkenntnis gar nicht erst eintrete (can. 1324 § 1, 9° und § 3 CIC), sei es, weil die kirchliche Gemeinschaft keinerlei Druck auf den Straftäter ausübe, sich an die Straffolgen zu halten.[63]

---

55 Angesichts der konstitutiven Bedeutung der subjektiven Komponente reiche allerdings die bloße Verschuldensvermutung des can. 1321 CIC nicht aus, um diese bejahen zu können, vgl. LÜDICKE, in: MK-CIC, Einl. vor 1311, Rn. 18 (Bearb. 1992).

56 Vgl. LÜDICKE, in: MK-CIC, Einl. vor 1311, Rn. 18 (Bearb. 1992).

57 Vgl. LÜDICKE, in: MK-CIC, Einl. vor 1311, Rn. 18 (Bearb. 1992).

58 Vgl. LÜDICKE, in: MK-CIC, Einl. vor 1311, Rn. 24 (Bearb. 1992).

59 Vgl. LÜDICKE, in: MK-CIC, 1314, Rn. 13 (Bearb. 1992).

60 Vgl. LÜDICKE, in: MK-CIC, 1314, Rn. 14 (Bearb. 1992).

61 Vermittelt über die allgemeinen Normen, sprich can. 1321 CIC.

62 Vgl. LÜDICKE, in: MK-CIC, Einl. vor 1311, Rn. 1 (Bearb. 1992) mit zustimmenden Verweis auf Dokumente aus der Vorbereitungsphase des CIC, ferner ibid. Rn. 7, 16. Siehe im Wortlaut hierzu auch unten S. 42, Fn. 164.

Vgl. demgegenüber die Argumentation bei GEROSA, Exkommunikation und freier Glaubensgehorsam (Fn. 10, 1995), 187–188, der zumindest den Ausgangspunkt – die schwere Feststellbarkeit – mit LÜDICKE teilt. Auch hält er eine nachfolgende Feststellung für wünschenswert, aber aus theologischen Gründen dürfe diese eben nicht als konstitutiv verstanden werden.

63 Vgl. LÜDICKE, in: MK-CIC, 1314, Rn. 10 (Bearb. 1992).

bb) Ausschluss auch ohne Aufkündigung der communio durch den Täter

Ferner steht im Streit, ob ein Ausschluss auch dann greifen kann, wenn der Betreffende von sich aus die communio nicht verlässt. Auch hier geht es um die Frage, ob mit Blick auf den gemeinschaftsbezogenen Schutzzweck unter besonderen Umständen nicht eine Exkommunikation erfolgen darf.

Teilweise wird betont, das Wesen der Exkommunikation bestehe eben darin, einen schon vollzogenen Bruch kirchlich zur Kenntnis zu nehmen.[64] LÜDICKE hingegen sieht nicht zwingend den „Selbstausschluss" als entscheidend an, sondern bezieht sich allein auf den Strafzweck, um diese Streitfrage zu entscheiden. Danach könne für die Gemeinschaft ein Ausgrenzungsinteresse bei fortwährenden Verstößen gegen kirchliche Gesetze und Werte bestehen. Während bei einmaligen Taten regelmäßig[65] kein Ausgrenzungsbedarf bestehe – es könne vielmehr ausschließlich das Bußsakrament greifen – könne dauerhaftes Fehlverhalten dazu führen, dass die Glaubensgemeinschaft mit Ausschluss reagieren müsse. Dies sei dann der Fall, wenn andernfalls ihr Glaubenszeugnis nach außen und innen verdunkelt werden könne. Beispielsweise müsse ein Arzt, der ständig Abtreibungen vornimmt und damit fortdauernd kirchlich zu verteidigende Werte ablehnt, ausgeschlossen werden können. Gilt es, hierdurch die Gemeinschaft zu schützen, so bestehe der Ausgrenzungsbedarf folgerichtig unabhängig von der subjektiven Sündhaftigkeit[66], sondern richte sich allein danach, was um der Kirche willen noch toleriert werden könne und was nicht.[67]

---

[64] Vgl. GEROSA, Exkommunikation und freier Glaubensgehorsam (Fn. 10, 1995), 240–241 und öfter.

[65] Zwar formuliert LÜDICKE diesen Grundsatz, verweist allerdings an anderer Stelle auch auf Beispiele, die wohl als Ausnahme aufzufassen sind, vgl. sogleich unten in Fn. 67.

[66] Die Frage nach der Sündhaftigkeit sei nach LÜDICKE auch hier allein der Buße zuzuordnen.

[67] Vgl. LÜDICKE, in: MK-CIC, Einl. vor 1311, Rn. 19 (Bearb. 1992). Vgl. ferner LÜDICKE, in: MK-CIC, vor 1331, Rn. 2 (Bearb. 1993) mit den Beispielen der Exkommunikation bei Absolution eines Mitschuldigen nach can. 1378 § 1 CIC oder der Verletzung des Beichtgeheimnisses, dazu auch ibid. Rn. 5. Dass auf solch ein Fehlverhalten die Kirche hart reagieren müsse, sei außer Zweifel. Gleichwohl könnten solche Verhaltensweisen schwerlich unter den Tatbestand eines „Selbstausschlusses aus der communio" subsumiert werden.
M. E. wird bei LÜDICKE allerdings nicht hinreichend deutlich ausgedrückt, ob die Exkommunikation ohne Selbstausschluss des Täters tatsächlich der Fallgruppe des Schutzes der communio fidei zuzuordnen ist. Mit Blick auf das Beispiel des Arztes, der seinen Lebensunterhalt durch Abtreibungen finanziert, ergibt sich diese Zuordnung aus der systematischen Stellung (erst in der folgenden Rn. 20 wird der Schutz der communio fidelium behandelt). Auch bei den eben genannten Beispielen im Zusammenhang mit dem Beichtsakrament liegt eine solche Zuordnung nahe. Denn in der folgenden Randnummer wird gerade vom die Strafe rechtfertigenden Bedürfnis der Gemeinschaft gesprochen, sich abzugrenzen (nicht aber bloß: zu „funktionieren", vgl. vor 1331, Rn. 3 (Bearb. 1993)).
In der Einführung vor 1321, Rn. 5 (Bearb. 1992) allerdings kann der Leser eher ein entweder – oder erkennen. Dort heißt es zur Frage, wann die Kirche sich von einer Person distanzieren könne: „Das kann geschehen durch Feststellung der Tatsache, dass das Verhalten der Person bereits einen Selbstausschluss aus der Gemeinschaft bedeutet, oder aber aufgrund eines Werturteils, das das Verhalten als mit der Wahrnehmung von Rechten in der communio fidelium unvereinbar feststellt".

2. Disziplinarrecht/ Verstoß gegen die Ordnung der communio fidelium

Auch disziplinarische Maßnahmen als Strafmaßnahmen im weiteren Sinne können nach dieser Konzeption sehr wohl gerechtfertigt werden. Das Wirken der Kirche in der Welt, auch insoweit Desiderat des Zweiten Vatikanischen Konzils, setze eine Reflexion über die eigene gesellschaftliche Stellung voraus. Kirche sei – unabhängig von ihrem Sendungsauftrag – nämlich eben auch eine gesellschaftliche Organisationsform.[68] Insofern habe der societas-Gedanke seine Berechtigung, als er die irdische Bedingtheit der Kirche zum Ausdruck bringt (vgl. can. 204 § 2 CIC).[69] Da die Kirche insoweit weltlich-irdischen Notwendigkeiten unterworfen bleibe, sei es nur legitim, wenn sie sich vor diesem Hintergrund effizient zu organisieren suche. Insbesondere könne mit dem Ziel, das gemeinschaftliche Zusammenwirken zu garantieren, die Ausformung eines Disziplinarrechts gerechtfertigt werden.[70] Die Kirche müsse auf das aus der menschlichen Natur zwangsläufig resultierende Fehlverhalten[71] reagieren können, soweit es bei denjenigen festzustellen ist, die mit besonderen Diensten von der Kirche beauftragt sind.[72] Zwar diene ein solchermaßen gerechtfertigtes Disziplinarrecht der Besserung. Die Besserung solle jedoch gerade nicht im Interesse des Täters geschehen, sondern mit Blick auf die Aufgabenerfüllung der Kirche, in deren Interesse der Betroffene tätig wird.[73] Strafzweck bleibe also auch hier der Schutz der kirchlichen Gemeinschaft.

Ist der Bruch des Beichtgeheimnisses allerdings nicht zwingend als Selbstausschluss zu begreifen, so stünde nach letzterer zweigeteilter Definition der Schutz der communio fidelium im Vordergrund.

Letztlich kann diese Frage der Abgrenzung allerdings auch offen bleiben, da zumindest geklärt ist, dass ein in systematischer Hinsicht tragfähiger Strafzweck die Strafandrohung rechtfertigt, gleich wie er nun zu benennen ist (Schutz der communio fidei vel fidelium).

[68] Vgl. LÜDICKE, in: MK-CIC, Einl. vor 1311, Rn. 20 (Bearb. 1992).

[69] Vgl. LÜDICKE, in: MK-CIC, Einl. vor 1311, Rn. 12 (Bearb. 1992); 1311, Rn. 9 (Bearb. 1992) mit Hinweis auf die abweichende herrschende Terminologie.

[70] Vgl. LÜDICKE, in: MK-CIC, Einl. vor 1311, Rn. 20 (Bearb. 1992). Zur Forderung eines Disziplinarstrafrechts siehe auch PAARHAMMER, Das spezielle Strafrecht des CIC, in: Festgabe *Schwendenwein*, hrsg. v. *Lüdicke* u. a., Graz 1986, 404–405.

[71] Dabei könnten Disziplinarmaßnahmen entweder auf konkrete Vergehen antworten oder aber im Hinblick auf die fehlende Eignung der Person für den Dienst als Ganzes ergehen, siehe LÜDICKE, in: MK-CIC, Einl. vor 1311, Rn. 3 (Bearb. 1992).

[72] Die weitere prinzipiell denkbare Möglichkeit sei die, einfache Gläubige mit Kirchenstrafen zur Einhaltung der Lebensordnung der Kirche anzuhalten, damit durch abweichendes Verhalten nicht etwa ein geordnetes Zusammenleben nachhaltig gestört werden kann (als Beispiele werden der Meineid im kirchlichen Prozess sowie die Wahlfälschung zur Kirchenvorstandswahl benannt). Eine tatsächliche Anwendung kirchlicher Disziplinarmaßnahmen würde jedoch faktisch wohl daran scheitern, dass der Kirche keine adäquaten Strafmittel zur Verfügung stünden. Vgl. dazu näher LÜDICKE, in: MK-CIC, Einl. vor 1311, Rn. 22 (Bearb. 1992).

[73] Vgl. LÜDICKE, in: MK-CIC, Einl. vor 1311, Rn. 21 (Bearb. 1992).

3. Systematische Erwägungen

Vor dem Hintergrund eines solchen Verständnisses ergeben sich weitere systematische Rückschlüsse und Fragestellungen. Zunächst wird darauf hingewiesen, dass die Strafnormen, die ihrem Inhalt nach als Disziplinarrecht qualifiziert werden könnten, unter dem geltenden CIC mit Blick auf die Außendarstellung schlechter zu rechtfertigen sind. Dies liege daran, dass sie unterschiedslos als Strafrechtsnormen bezeichnet sind, anstatt sie, wie nach dieser Konzeption gewünscht, ausdrücklich vom engeren, eigentlichen Strafrecht zum Schutz der Kirche zu differenzieren.[74] In terminologischer Hinsicht gebe bereits die Bezeichnung als „Strafrecht" Anlass zu Zweifeln. Teilweise fordert man, anstelle von Strafe nur von kanonischer Sanktion zu sprechen.[75] Auch wird vorgetragen, dass der Verzicht auf die Kodifizierung einer Strafzweckdoktrin im geltenden Recht bei der praktischen Anwendung zu Rechtsunsicherheit führen müsse.[76] Insbesondere die Anwendung disziplinarischer Maßnahmen verlange nach Rechtssicherheit, die Voraussetzung für effektiven Rechtsschutz ist. An dieser jedoch fehle es mit Blick auf den Verzicht auf ausführliche Tatbestandsnormierungen sowie den äußerst weiten Spielraum der Richter.[77]

Ergänzend sei darauf hingewiesen, dass sich aus der eben beschriebenen Grundkonzeption keine sicheren Rückschlüsse ergeben, inwieweit das Begehen einer schweren Sünde sanktionsrechtlich zu bewerten ist. Diese Frage und damit zusammenhängend diejenige, ob und inwiefern Strafrecht über das forum externum hinaus an das forum internum anknüpfen darf, bleibt unabhängig vom strafrechtlichen Grundverständnis umstritten.[78]

---

[74] Vgl. LÜDICKE, in: MK-CIC, Einl. vor 1311, Rn. 8 (Bearb. 1992); PAARHAMMER, Das spezielle Strafrecht des CIC, in: Festgabe *Schwendenwein* (Fn. 70, 1986), 404–409. Ähnliche Argumentation zu anderer Sachfrage (Zusammenhang kanonischer „Sanktionen" mit dem Bußrecht) auch bei GEROSA, Exkommunikation und freier Glaubensgehorsam (Fn. 10, 1995), 347.

[75] Vgl. GEROSA, Exkommunikation und freier Glaubensgehorsam (Fn. 10, 1995), 275–284, zur fehlenden Vergleichbarkeit mit staatlicher Strafe; u. a. wird (siehe auch S. 20 bei Fn. 84.) ausgeführt, Letztere sei zwingend vergeltend; Exkommunikation sei dies nicht. Ferner fehle es an der typischen Strafwirkung; das Verbot, an der Eucharistie teilzunehmen, resultiere schon aus der zwingend mitbegangenen schweren Sünde. Das Verbot, ohne weiteres zu beichten, sei Buße bzw. Vorwegnahme der Buße, 282. Vgl. auch ibid. 319 gegen LÜDICKE.

[76] Vgl. LÜDICKE, in: MK-CIC, Einl. vor 1311, Rn. 9 (Bearb. 1992).

[77] Vgl. LÜDICKE, in: MK-CIC, Einl. vor 1311, Rn. 9 (Bearb. 1992).

[78] Vgl. gegen die Begrenzung allein auf das forum externum mit zahlreichen Nachweisen auch zur Gegenansicht GEROSA, Exkommunikation und freier Glaubensgehorsam (Fn. 10, 1995), 184–185; ferner zur Frage der schweren Sünde etwa 241 m. w. N.
Für eine Trennung hingegen LÜDICKE, in: MK-CIC, Einl. vor 1311, Rn. 17 (Bearb. 1992) m. w. N., vor 1331, Rn. 5 (Bearb. 1993), um so die Fragen des forum internum auszuscheiden und diese allein dem Bußrecht zuzuordnen.
Gegen die Berücksichtigung des forum internum vgl. auch HUINZING (Fn. 30) Concilium 3 (1967), 660–661.
Zu einer praktischen Fallfrage in diesem Zusammenhang vgl. auch unten die Nachweise auf S. 197, in Fn. 822.

II. Kernargumentation

Kehrseite des damit aufgezeigten theologisch begründeten Verständnis von Strafrecht im engeren Sinne sowie dem ergänzenden Disziplinarrecht ist es, dass die übrigen Strafzwecke[79] daraufhin zu untersuchen sind, ob sie dem Selbstverständnis der Kirche entsprechen. Folgendes wird insoweit von dieser Literaturauffassung ausgeführt:

Mit Blick auf den hier allein interessierenden Besserungsstrafzweck gilt es den Unterschied zum weltlichen Staat zu erkennen: Nur Letzterer ist zwingend darauf angewiesen, ein *gemeinsames* Leben zu organisieren, da ihm das Mittel der Ausweisung nicht zusteht.[80] Ist nun ein Zwang zum Zusammenleben gegeben, folgt daraus, dass dann auch die Gewissensfreiheit gegebenenfalls eingeschränkt werden muss: Die Tolerierung von Rechtsbrüchen aus Gewissensnot kollidiert hier mit den Rechten der anderen Bürger. Deren Interesse, die eigene Freiheitsausübung in einem rechtlich geordneten Rahmen ungestört ausüben zu dürfen, verdrängt hier als höherrangiges Recht die Gewissensfreiheit des Rechtsbrechers.[81]

An einer vergleichbaren Situation fehlt es jedoch – so wird des Weiteren dargelegt – bei der Kirche. Zum einen steht ihr das Mittel der Ausweisung zu, wenn die Grundlage der Gemeinschaft, der Glaube, von einem Einzelnen nicht mehr geteilt wird.[82] Ein solcher Ausschluss ist dabei nicht einmal unbedingt als Zwang zu qualifizieren.[83] Schließlich ist die – insoweit nur deklaratorische –[84] Ausweisung nur Konsequenz aus der vom Betroffenen selbst gewählten Abkehr von

---

79 Vgl. dazu die Aufzählung im Umkehrschluss aus can. 1341 CIC sowie die im Vergleich zur weltlichen Strafrechtsordnung gewonnenen, hierzu parallelen Strafzwecke, die mitunter genannt werden.

80 Diese Ansicht ist zutreffend. In Deutschland etwa ist der Schutz vor Auslieferung dem Status, deutscher Staatsangehöriger zu sein, inhärent, vgl. nur KOKOTT, in: *Sachs*, Grundgesetz, München 2007, Art. 16, Rn. 14 und 36 m. w. N.

81 Vgl. LUF, Gewissen und Recht, ÖAfKR 38 (1989), 21.

82 Distanzierung, um das Bild der communio nach innen und außen nicht zu verdunkeln, vgl. LÜDICKE, in: MK-CIC, 1312, Rn. 16 (Bearb. 1992); siehe auch Einl. vor 1311, Rn. 19 (Bearb. 1992).

83 LÜDICKE nimmt mit Blick auf den Schutz der communio fidei in hohem Maße die Argumentation GEROSAS auf, hier keinen Zwang anzunehmen mit Blick auf die selbstverantwortete Entscheidung des Täters. Wenngleich dies nicht ausdrücklich festgehalten wird, bleibt nach LÜDICKES Konzeption Zwang auch über die Frage von Disziplinarsanktionen hinaus (vgl. dazu eben Fn. 67) aber möglich, siehe Einl. vor 1311, Rn. 19 (Bearb. 1992): „Exkommunikation setzt nach GEROSAS Konzept voraus, dass der Täter selbst die communio verlässt. Demzufolge könnte die Kirche diese communio nicht aufkündigen, etwa weil ein Gläubiger sich falsch verhält und Gesetze bricht, die der Kirche wichtig sind. Ich halte dagegen eine solche Exkommunikation für möglich". Es gibt also eine Exkommunikation, deren Wirkung nicht damit „mildernd" ausgelegt werden kann, dass nur deklaratorisch die Konsequenzen des Tuns des Täters gezogen werden.

84 Konstitutiv ist der vorangegangene Gewissensentscheid des Betroffenen, gar nicht oder wesentlich anders zu glauben als die Kirche. Weitere Einzelheiten, weshalb nach der Konzeption GEROSAS kein Zwang anzunehmen ist, siehe eben S. 19, Fn. 75 und unten S. 53, Fn. 209.

der Glaubensgrundlage.[85] Es gibt also – so wird dargelegt – keinen der Kirche gleichsam von außen auferlegten Grund, die in ihr gemeinsam Lebenden zu einem Mindestmaß an gemeinsamer (Rechts-)Gesinnung zu zwingen. Wo kein äußerer Zwang zum Zusammenbleiben besteht, bedarf es keines Zwanges zur inneren Konformität.

Zum anderen darf es bei ihr keine Strafe geben, um den Einzelnen, der die gemeinsame Glaubensgrundlage zu verlassen sucht, zu einer „Besserung" oder „Bekehrung" zu bewegen.[86] Dass dem aus Gewissensgründen abweichend Denkenden keine Strafe für eben diese Abweichung ereilen kann, ergibt sich aus dem Wesen des Glaubensaktes. Dieser ist eine wesensnotwendig freie Entscheidung des Menschen. Eine durch Strafe erreichte Gesinnungsänderung erscheint so nicht als Glaubenszugewinn, sondern nur als nicht zu rechtfertigender Verstoß gegen die Gewissensfreiheit.[87]

Mehr noch: Kirche ist konstitutiv darauf angewiesen, dass ein gänzlich frei verantworteter Glaube sich entfalten kann.[88] Der Glaubensakt muss „lebendig, personal verantwortet und unverfügbar bleiben".[89] Jedwede „Einwirkung auf die Gewissensentscheidung des Täters mit den Mitteln des Strafrechtes ist [der Kirche] nicht mehr erlaubt."[90] Die Kirche hat „nicht (mehr) den Auftrag, einen Menschen mit Androhung von Übeln zu einem Verhalten zu bewegen, das seinem Gewissen nicht entspricht."[91] Ferner ist – so wird vorgetragen – in systematischer Perspektive auf das Bußrecht zu verweisen, das geschaffen ist, den Täter um seines Heils willen zu bessern.[92]

---

85 Beispielsweise Reaktion auf fortgesetztes Handeln, das nicht mehr mit wesentlichen Wertvorstellungen bzw. Normen der Glaubensgemeinschaft in Einklang zu bringen ist, siehe genauer hierzu oben die Wiedergabe S. 17.
Bei LÜDICKE, in: MK-CIC, Einl. v. 1311, 14 (Bearb. 1992) heißt es im Anschluss an GEROSA: „Wenn die Kirche dem Straftäter dort, wo das theologisch legitim ist, den Heilsverlust vor Augen hält (vgl. LG Art. 14), übt sie nicht Zwang aus, nötigt sie ihn nicht zum Handeln gegen seine Überzeugung, sondern deklariert die Folgen seiner Entscheidung."

86 Dass es zu begrüßen ist, wenn eine Strafe, die aus anderen Strafzwecken zu rechtfertigen ist, zur Besserung führt, ist selbstverständlich, vgl. LÜDICKE, in: MK-CIC, Überblick vor 1341, Rn. 4 (Bearb. 1993); 1341, Rn. 5 (Bearb. 1993). Hier geht es nur darum auszuschließen, dass diese Besserung Primärzweck ist.

87 Vgl. LÜDICKE, in: MK-CIC, Einl. vor 1311, Rn. 11 (Bearb. 1992); 1312, Rn. 16 (Bearb. 1992); Einführung vor 1321, Rn. 5 (Bearb. 1992); vor 1331, Rn. 3 (Bearb. 1993); Überblick vor 1341, Rn. 4 (Bearb. 1993).

88 LUF (Fn. 81), ÖAfKR 38 (1989) 30.

89 LUF (Fn. 81), ÖAfKR 38 (1989) 32.

90 LÜDICKE, in: MK-CIC, 1312, Rn. 12 (Bearb. 1992); Einführung vor 1321, Rn. 5 (Bearb. 1992).

91 LÜDICKE, in: MK-CIC, 1312, Rn. 16 (Bearb. 1992). Vgl. ferner dens., Einl. vor 1311, Rn. 23 (Bearb. 1992); Überblick vor 1341, Rn. 4 (Bearb. 1993).

92 Vgl. LÜDICKE, in: MK-CIC, Einl. vor 1311, Rn. 23 (Bearb. 1992) m. w. N.

C) Zum kirchlichen Verständnis des Gewissens

Eine Würdigung der sich gegenüber stehenden Positionen verlangt nach einer näheren Beschreibung, was unter dem Gewissensbegriff zu verstehen ist und was Gewissensfreiheit in diesem Kontext zu bedeuten hat.

In der Pastoralkonstitution „Gaudium et spes" sind Worte über das Gewissen gefunden worden, die ein erstes Schlaglicht darauf werfen, was mit dem schillernden Begriff des Gewissens nach katholischem Verständnis gemeint ist: Danach hat Gott nämlich dem Menschen das Gewissen „in seinem Herzen eingeschrieben". Ihm zu gehorchen, gibt dem Menschen seine Würde. Es „ist der verborgenste Kern und das Heiligtum des Menschen, in dem er allein ist mit Gott, dessen Stimme in seinem Innersten widerhallt". „Im Innersten seines Gewissens entdeckt der Mensch ein Gesetz, das er sich nicht selbst gibt, sondern dem er gehorchen muss und dessen Stimme ihn immer anruft, das Gute zu lieben und zu tun und das Böse zu meiden" (GS 16[93]).

Gewissen als Verortung, die dem Menschen Anteil gibt an der Wahrheit. Gewissen als Garant menschlicher Würde. Gewissen als bindendes Organ, dem daher zwingend zu gehorchen ist, um nicht eben diese menschliche Hoheit zu verlieren. Soweit darf man Gemeinsamkeit vermuten bei einer ersten Beschreibung des Gewissens nach katholischem Verständnis.

Gleichwohl wird heftig darum gerungen, was genau unter dem Gewissen zu verstehen ist. So ist zu beantworten, auf welche Weise das Gewissen auf objektive Wahrheit hin ausgerichtet ist und welche Rolle dem kirchlichen Lehramt bei der Gewissensbildung zukommt. Teilweise wird vorgetragen, dass das Zweite Vatikanische Konzil zu großen Umwälzungen im kirchlichen Verständnis des Gewissens geführt habe. Insoweit liegt die Frage nahe, ob – wie RATZINGER dies in seiner Abhandlung über das Gewissen eingangs formuliert – eine „Gewissensmoral und eine Autoritätsmoral als zwei gegensätzliche Modelle im Kampf miteinander" stehen.[94] Gab es ein „‚vorkonziliares' Modell, das die christliche Existenz der Autorität unterwirft"[95], das nunmehr durch ein erneuertes Verständnis des Gewissens abgelöst wurde?

Zu all dem ist viel geschrieben worden, doch braucht an dieser Stelle[96] dieser Streit um das richtige Verständnis des Gewissens nicht eigens aufgerollt zu werden. Der Ertrag für die hier in Rede stehende Materie ist nämlich denkbar gering. Entscheidend für das Folgende ist nämlich zunächst etwas, was unbestrittene Grundlage katholischen Gewissensverständnisses ist: Soweit ein echtes Gewissensurteil

---

93 Übersetzung aus KKK 1776.

94 RATZINGER, Gewissen und Wahrheit, in: Werte in Zeiten des Umbruchs, Erstveröffentlichung 1992, Freiburg 2005, 102. Vgl. dazu auch – im Rückgriff auf Erich FROMM – HONECKER, Testimonium conscientiae, in: Der Streit um das Gewissen, hrsg. v. *Höver* u. a., Paderborn 1993, 90.

95 RATZINGER, Gewissen und Wahrheit, in: Werte in Zeiten des Umbruchs, Freiburg 2005, 102.

96 Auf die Wiedergabe der ausführlichen Erörterungen zum Gewissensverständnis in meiner zur Prüfung vorgelegten Dissertation habe ich verzichtet. Die hierbei herangezogene Literatur ist indes noch im Schrifttumsverzeichnis enthalten.

gefällt wurde, so ist diesem Urteil unbedingt zu folgen, und zwar auch in den Fällen, in denen dieses Urteil der objektiven Wahrheit widerspricht.

Dies zeigt sich nicht zuletzt an der Auffassung des Aquinaten: Der Ketzer sei gehalten, die kirchliche Strafe hinzunehmen. Er dürfe nicht anders handeln, nur um ihr zu entgehen.[97] Die Dramatik dieser Positionierung zeigt sich daran, dass der Hl. THOMAS hier gewiss keinen Freischein für den anschließenden göttlichen Richterspruch ausstellen möchte. An der Unvertretbarkeit des Abweichens von der kirchlichen Lehre zweifelt er keineswegs. Hinzu kommt Folgendes: Führt die Annahme der Strafe gar zum Tod des Betroffenen,[98] ist nicht einmal eine spätere Umkehr denkbar. Wenn es gleichwohl für den Betroffenen besser sein soll, die Strafe anzunehmen, zeigt sich erst, als wie konstitutiv die Bindung an den Gewissensentscheid zu sehen ist.

Diese von THOMAS VON AQUIN geforderte Akzeptanz des irrenden Gewissens hat folglich nichts mit einer subjektivistischen, neuzeitlichen Verengung des Gewissens zu tun. Sie ist vielmehr ureigene kirchliche Positionierung. Der – hier nicht zu thematisierende – Streit zwischen subjektivistischen Positionen einerseits und denjenigen Ansichten andererseits, die die unabdingbare Rolle des Lehramts betonen, liegt auf einer anderen Ebene: Im Kern geht es darum, auf welche Weise Gewissensbildung zu geschehen hat und inwieweit von einem moralischen Versagen derjenigen auszugehen ist, die sich von kirchlichen Positionierungen in der Sache abwenden.

Auf dieser anderen Ebene gibt es darüber hinaus eine Vielzahl an möglichen Handlungsfeldern: Es ist zu erörtern, wie man das Entstehen irrender Gewissensentscheidungen verhindern kann. Gleiches gilt für die Reaktion auf solche Gewissensentscheide, da – dies sei vorweggenommen – selbstredend eine Vielzahl kirch-

---

97 Vgl. KNEIB, Entwicklungen im Verständnis der Gewissensfreiheit, Frankfurt a. M. 1996, 38; BÖCKENFÖRDE, Geschichte der Rechtsphilosophie, Tübingen 2002, 250; GUGGENBERGER, Würde, in: Kirche in der Welt von heute, Würzburg 1966, 19. SCHOCKENHOFF, Wie gewiss ist das Gewissen?, Freiburg 2003, 115 zitiert 4 Sent. d.38, a.4 ad 3 (Ed Vives, 760): „Ecclesia enim iudicat secundum ea quae exterius apparent, sed per conscientiam aliquis obligatur ad iudicium Dei qui cor intuetur: et ideo standum est conscientiae, quantumcumque Ecclesia exterius cogat." Übersetzt: Die Kirche nämlich urteilt demgemäß, was nach außen hin erscheint. Aber durch sein Gewissen wird ein jeder verpflichtet auf die Entscheidung für Gott, der auf das Herz schaut: und daher ist dem Gewissensurteil zu folgen, wie sehr auch die Kirche das Sichtbare bedenkt.

98 Vgl. im Zusammenhang mit der Erörterung, inwieweit der Hl. THOMAS als Vordenker der Gewissensfreiheit anzusehen sei, die Übersetzung von IV sentent., d. 13. Qu. 2 resp. bei BÖCKENFÖRDE, Geschichte der Rechtsphilosophie (Fn. 97, 2002), 252: „Die weltliche Obrigkeit hat das Recht, die Häretiker hinzurichten, selbst wenn sie nicht die anderen gefährden, denn sie sind Lästerer gegen Gott, weil sie einem falschen Glauben folgen."
Siehe andererseits auch SCHENK, Evangelisierung und Religionstoleranz: Thomas von Aquin und die Gewissenslehre des II. Vatikanums, Forum Katholische Theologie 8 (1992), 15–17 zur Zeitgeschichtlichkeit sowie zur verbleibenden Übereinstimmung heutiger Gewissenslehre mit den Prinzipien des THOMAS sowie zur Bewertung der Ketzerbemerkung, die nicht das Wesentliche betreffe, sondern falsche Konsequenz aus den zuetreffenden Prämissen sei.

licher Handlungsformen keineswegs das Gewissensurteil selbst unterminieren, sondern nur legitime Appelle an den Betroffenen darstellen.

Um all dies geht es hier nicht, da im Folgenden einzig entscheidend sein wird, dass es (irrende) Gewissensurteile gibt, gegen die mit Zwang vorzugehen der Kirche untersagt ist. Selbst wenn man nun die viel – und nicht immer ganz fair – gescholtenen[99] Ansichten zum Gewissen sich eins zu eins zu eigen machte, die vom kirchlichen Lehramts des 19. Jahrhundert vorgetragen wurden, so änderte dies schließlich an Folgendem nichts: Wenn jemand – gleich mit welcher persönlichen Schuld samt deren Folgen – ein irrendes Gewissensurteil getroffen hat, so bleibt er aufgerufen, bis zur Umkehr diesem Urteil zu folgen. Nach katholischer Lehre bleibt das Gewissenurteil bindend, gleich welche Schuld der Betreffende bei der Bildung dieses Gewissensurteils auf sich geladen hat.

Diese Bindung an den Gewissensspruch ist dabei jedenfalls keine Erkenntnis, die erst auf dem II. Vaticanum gewonnen bzw. wieder freigelegt wurde. Dass, was insoweit schon der Hl. THOMAS ausführte[100] und an prominenter Stelle durch Kardinal NEWMAN[101] Entfaltung fand, bedurfte keiner „Neuentdeckung" auf dem letzten Konzil.

Die unbedingt zu achtende Bindung an das Gewissen wird allerdings erst in dem Augenblick kirchlicherseits angetastet, wenn der Betroffene *gezwungen* würde,

---

[99] So etwa MIETH, Die Moralenzyklika, in: Moraltheologie im Abseits?, hrsg. v. dems., Freiburg 1994, 16, der von der „finsteren Zeit kirchlicher Freiheits- und Gewissensverachtung im 19. Jahrhundert" spricht (in die JOHANNES PAUL II. die Kirche zurücktreibe). Vgl. auch die Kritik der päpstlichen Lehre bei WIEDMANN, Die Strategie des Gentleman, in: Das Gewissen, hrsg. v. *Gründel*, Düsseldorf 1990, 83, ohne hierzu – in einer Beschreibung der Lehre NEWMANS (!) – dessen entgegengesetzte eigene Einschätzung auch nur zu erwähnen.
Insoweit sei hier hingewiesen auf die äußerst detailreiche Untersuchung von KNEIB zu den Entwicklungen im Verständnis der Gewissensfreiheit zwischen 1832 und Abschluss des Zweiten Vatikanischen Konzils. Er kommt dabei zum Schluss, dass „von einem Widerspruch in der kirchlichen Lehre zur Gewissensfreiheit, wie sie heute allgemein verstanden wird, nicht die Rede sein kann", siehe KNEIB, Gewissensfreiheit (Fn. 97, 1996), 420. KNEIB arbeitet insbesondere heraus, dass sich die Verurteilungen in den Enzykliken nicht auf Konzeptionsfragen des Gewissens beziehen, sondern genauer betrachtet fast ausschließlich auf die Frage nach einem staatlicherseits zu gewährenden Recht auf Religionsfreiheit für jedermann (d. h. auch nicht bezogen auf die Religionsfreiheit als solche).

[100] So wies der Aquinat beispielsweise ausdrücklich die Anschauung zurück, die Gewissenslehre sei nur für noch nicht eindeutig kirchlich entschiedene und deshalb noch sittlich indifferente Fragen anzuwenden. Siehe etwa STh I–II q. 19, art. 5, etwa mit dem Verweis darauf, dass selbst „credere in Christum" zunächst im Gewissen erkannt sein muss, da solch ein Glaube andernfalls „in der Erfassung durch die Vernunft in akzidentieller Weise schlecht ist" (Übersetzung *Schönberger*, S. 107). Vgl. dazu etwa LAUN, Das Gewissen, Innsbruck 1984, 96–97. Vgl. ferner zum Hl. THOMAS etwa mit Nachweisen SCHOCKENHOFF, Wie gewiss ist das Gewissen? (Fn. 97, 2003), 110-111; auf S. 112 findet sich die Übersetzung „Somit ist zu sagen, dass jedes Gewissen, sei es das rechte, sei es das irrende verbindlich ist, und dies dergestalt, dass sündigt, wer gegen sein Gewissen handelt" (Quodlibetum III q.12, a.2).

[101] Vgl. zusammenfassend NEWMAN, Letter to the Duke of Norfolk, in: Difficulties Felt by Anglicans, London 1900, 55–66. Mit diesem Werk ist NEWMAN auch im KKK zitiert, Nr. 1778. Er selbst ging dabei ausdrücklich davon aus, seine Ausführungen auf dem Boden der Lehre der Kirche auch des 19. Jahrhunderts zu entfalten, vgl. NEWMAN, ebd., 64–65.

gegen sein Gewissensurteil zu handeln. Was aber genau diesen Zwang ausmacht, wird in der Diskussion – soweit ersichtlich – kaum erklärt. Weder in den Verlautbarungen des Lehramtes noch in der theologischen Aufarbeitung finden sich eindeutige Stellungnahmen, die die Charakteristika dieses Zwanges aufzeigten.

Hingewiesen werden mag an dieser Stelle auf zwei allgemeinere Ausführungen. So insistiert SCHOCKENHOFF darauf, dass nach kirchlicher Lehre jedwede kirchliche Erklärung über das Sittliche zunächst auf dem Weg über das Gewissen zur eigenen Einsicht des Betroffenen werden muss.[102] Gerade weil dies so sei, könne in Konfliktfällen nicht „durch disziplinäre Sanktionen oder die Reklamation eines höheren Verpflichtungsgrades für die vorgetragene Lehre" eine Lösung herbeigeführt werden.[103] Weitere Ausführungen finden sich allerdings nicht.

GOLSER nennt als Grenze der Einwirkung einzig, dass – anders als in der katholischen Moraltradition – „die effektiven Grenzen sowohl für die Gewissenseinsicht wie auch für das sittliche Können" zu berücksichtigen seien. Der „Reifestand des einzelnen Gewissens" sei stärker zu beachten.[104] Hieraus kann man folgern, dass bei der Bewertung, was als unzulässiger Zwang zu gelten hat, auf individuelle Faktoren Rücksicht zu nehmen ist. Eine eingehendere Beschreibung fehlt indes.

Nach allem kann also nur festgehalten werden, dass zwar anerkannt ist, dass niemand gezwungen werden darf, gegen sein Gewissensurteil zu handeln. Wodurch indes sich Zwang von sonstigen Handlungen unterscheidet, wird nicht weiter ausgeführt. Hier muss das kanonische Recht selbst um Einzelheiten ringen, soll die kirchliche Gewissenslehre tatsächlich justitiabel werden.

---

102 Vgl. SCHOCKENHOFF, Wie gewiss ist das Gewissen? (Fn. 97, 2003), 232.

103 Vgl. SCHOCKENHOFF, Wie gewiss ist das Gewissen? (Fn. 97, 2003), 233; ebenso schon ders., Das umstrittene Gewissen, Mainz 1990, 144.

104 Vgl. GOLSER, Gewissen, in: Neues Lexikon der christlichen Moral, Innsbruck 1990, 285.

D) STREITENTSCHEIDUNG DURCH KONKRETISIERUNGEN: IST STRAFE ZWANG? WAS GILT IM ZWEIFEL?

Nunmehr ist zu beantworten, ob Strafe Zwang und was bei verbleibenden Zweifeln zu folgern ist. Dies wird dann die Grundlage sein, zur Zulässigkeit des Besserungsstrafzwecks im CIC Stellung zu nehmen.

I. Vorbemerkungen

Auf zweierlei sei vorab hingewiesen, nämlich zunächst darauf, ob man überhaupt leichthin die implizite Prämisse der Diskussion übernehmen darf, dass der Gewissensfreiheit Vorrang vor strafrechtlichen Bestimmungen des kirchlichen Gesetzgebers zukommt. Danach bedarf es noch einer Erläuterung, weshalb überhaupt die Frage nach der Gleichsetzung von Strafe und Zwang im Sinne der Gewissensfreiheit die entscheidende Streitfrage sein wird.

1. Hinweise zu einer Prämisse: Zur rechtsmethodischen Herleitung der Gewissensfreiheit als ein übergeordnetes Rechtsprinzip

Es ist im Rahmen kirchlichen Rechts (im Vergleich zum staatlichen Recht) rechtsmethodisch schwieriger, aus dem Rechtsprinzip der Gewissensfreiheit kategorische, auch den kirchlichen Gesetzgeber schon jetzt[105] bindende Grenzen zu folgern. Zweierlei ist klärungsbedürftig. Es stellt sich das Problem, inwieweit der Gewissensfreiheit eine übergeordnete, den kirchlichen Strafgesetzgeber bindende Normqualität zukommt. Des Weiteren ist zu hinterfragen, nach Maßgabe welcher konkreten Methodik im Kirchenrecht eine höherrangige Norm oder ein höherrangiges Prinzip auf den kirchlichen Gesetzgeber einzuwirken und diesen zu binden vermag.

a) Vorrang der Gewissensfreiheit vor dem einfachen Recht

Die Gewissensfreiheit ist nicht – wie im staatlichen Bereich die Gewissensfreiheit als verfassungsrechtliches Grundrecht – in einem Rechtssatz kodifiziert.[106] Gleich-

---

105 Siehe schon oben bei der Eingrenzung des Untersuchungsgegenstands („Keine kirchenpolitische Stellungnahme bzw. Kritik de lege ferenda") S. 2.

106 Zur fehlenden Kodifizierung vgl. ERDÖ, Theologie des Kanonischen Rechts, Münster 1999, 162.

Anzufügen ist, dass die Gewissensfreiheit auch nicht Bestandteil des – zudem gescheiterten – „Lex Ecclesiae Fundamentalis"-Entwurfs war. Vgl. hierzu CORRECO, Der Katalog der Rechte und Pflichten des Gläubigen im CIC, in: FS *Heinemann*, hrsg. v. *Gabriels* u. a., Essen 1985, 182–186; AYMANS, Kirchliche Grundrechte und Menschenrechte, AfkKR 149 (1980), 389–392, gerade auch zur Frage nach dem Sinn einer formalen Überordnung, sowie 398 zum immerhin auch hier enthaltenen Zwangsverbot beim Kircheneintritt.

Ferner ist der Versuch gescheitert, einzelne Normen dadurch im Codex hervorzuheben, indem sie als „iura fundamentalia" bezeichnet werden.

Zur Differenz zwischen Kirche und Staat mit Blick auf die Normierung von Grundrechten vgl. CORRECO, ibid., 194–196.

Einen Anwendungsfall der Gewissensfreiheit kann man allerdings in can. 748 § 2 CIC erblicken, siehe dazu ALTHAUS, Konversion, in: Recht auf Mission contra Religionsfreiheit?, wohl kennt das kirchliche Recht auch ohne schriftliche Fixierung eine Normenhierarchie. Kein kirchliches Gesetz darf gegen göttliches Recht oder Naturrecht verstoßen.[107] In diesem Sinne wird vorgetragen, die Gewissensfreiheit sei naturrechtlich verankert. So wird ausgeführt, dass allgemeine Grund- und Menschenrechte dann in der Kirche – somit auch von der gesetzgebenden Gewalt – auch ohne Kodifizierung Beachtung beanspruchen, wenn sie Bestandteil der Schöpfungsordnung seien.[108] Darunter wird auch die Gewissensfreiheit zu fassen sein.[109]

Weiterer Bezugspunkt, eine Überordnung der Gewissenslehre gegenüber dem CIC anzunehmen, ist deren Verankerung in den Dokumenten des Zweiten Vatikanischen Konzils. Unbestreitbar ist aufgrund der Bedeutung und Wertschätzung dieses Konzils auch durch das Lehramt zunächst eine faktische Bindung: Es ist schlechterdings nicht vorstellbar, dass ein Papst sich in direkten Widerspruch zu zentralen Aussagen dieses Konzils setzen würde.

Die Frage, inwieweit zudem eine rechtliche Überordnung zu begründen sein könnte, braucht hier allerdings nicht vertieft zu werden.[110] Nun ist es so, dass es im

---

hrsg. v. *Krämer* u. a., Berlin 2007, 194–198, der dabei die Frage stellt, inwieweit eine Hinwendung zu anderen Weltanschauungen bzw. Religionen von diesem Grundsatz erfasst sein könnte. Vgl. dazu auch KRÄMER, Religionsfreiheit und Absolutheitsanspruch der Religionen in: Recht auf Mission contra Religionsfreiheit?, ibid., 47; KASPER (Fn. 10) Sitzungsberichte der Heidelberger Akademie der Wissenschaften, Philosophisch-historische Klasse, 1988, 8. Siehe darüber hinaus auch DEMEL zur Verankerung der Religionsfreiheit im kodifikarischen Missionsrecht (das im CIC/1917 noch das ausdrückliche Zwangsverbot bei Glaubensannahme enthielt) in: Zwischen Seelsorge und Ökumene, in: Recht auf Mission contra Religionsfreiheit?, ibid., 108–109.

Einen Bezug zwischen Gewissensfreiheit und can. 1351 CIC/1917 sowie der das Zwangsverbot *bei Glaubensannahme* stützenden kirchlichen Tradition stellt ausdrücklich auch PIUS XII. her, siehe die Ansprache an die Römische Rota 1946, *Utz/Groner* (Rn. 22), Bd. II, Nr. 2730–2731.

107 Göttliches Recht bzw. Naturrecht müssen ihrerseits rechtlich fassbar sein, um Wirkung zu erzeugen (vgl. allerdings zum unabhängig davon gegebenen Geltungsanspruch göttlichen Rechts HERVADA/LOMBARDÍA, Prologue I – Introduction to Canon Law, in: Exegetical Commentary on the Code of Canon Law, Vol. I, hrsg. v. *Marzoa* u. a., Montréal 2004, etwa S. 20). Der Anspruch des Sittlich-Gerechten im Allgemeinen ist zwar Grundlage des Rechts, ist diesem indes nicht formal übergeordnet, vgl. PREE, Das Gewissen vor dem Forum des Kirchenrechts, Folia Theologica 15 (2004), 97.

108 Vgl. REINHARDT, in: Münsterischer Kommentar zum CIC, Einführung vor 208, Rn. 4 (Bearb. 1987); PUTZ, Christentum und Menschenrechte, Innsbruck 1991, 331 m. w. N.; LORETAN, Die Konzilserklärung über die Religionsfreiheit, KuR 1998, 83; vgl. auch dens., Grundrechte in den Kirchen?, in: Wo bleibt die Gerechtigkeit?, hrsg. v. *P. Richli*, Zürich u. a. 2005, 232 f. m. w. N.; HAFNER, Kirchen im Kontext der Grund- und Menschenrechte, Freiburg (Schweiz) 1992, 218–221 m. w. N.; MAHRAUN, Grundrechte in den Kirchen?, in: Wo bleibt die Gerechtigkeit?, ibid., 208 f.

109 Vgl. auch zum Zusammenhang des Rechts auf religiöse Freiheit und der christlichen Offenbarung KRÄMER, Religionsfreiheit in der Kirche, Trier 1981, 11–12; ALTHAUS, Konversion, in: Recht auf Mission contra Religionsfreiheit? (Fn. 106, 2007), 197.

110 Da ein Konzil nicht als dem Papst übergeordnete Instanz zu betrachten ist (vgl. die dies widerspiegelnden Regeln der cann. 336, 337 § 1, 338, 340, 341 § 1 CIC), ist dies eben nur dergestalt denkbar, dass die Lehren des Zweiten Vatikanischen Konzils insoweit als erneuerte

Kern nicht schwer fallen wird, eine Zuordnung der Zwangsfreiheit im Glauben sowie der Grundsätze der Gewissenslehre zum göttlichen Recht nachzuvollziehen.

Doch fragt es sich, in welchem Ausmaß diese im göttlichen Recht wurzelnde Erkenntnis den Gesetzgeber binden mag. Hier nun liegt die Crux. Es geht hier nicht allgemein darum nachzuweisen, dass die Gewissensfreiheit Teil des göttlichen Rechts ist, sodass kirchliches Strafrecht sich hierzu nicht in Widerspruch setzen darf. Hier geht es vielmehr darum, ob eine ganz konkrete Auslegungsfrage teilnimmt an der Einordung als göttliches Recht. Fest umrissen steht hier die Einzelaussage in Rede, ob ein Besserungsversuch mit den Mitteln des Strafrechts sicher als ein nunmehr qua göttlichen Rechts ausgeschlossener Zwang zu qualifizieren ist. Könnte auch solch eine ganz konkrete Aussage mit der nötigen Sicherheit getroffen werden?[111] Genauer: Kann mit Sicherheit gesagt werden, solch eine Aussage sei nicht nur das systematisch-kanonistisch und theologisch Stimmigste, sondern ihm komme auch der Rechtsstatus göttlichen Rechts zu?

Die Tragweite einer solchen Behauptung lässt sich schnell belegen. Immerhin bedeutet eine solche Deduktion dann nicht allein den impliziten Vorwurf an das

---

und vertiefende Erkenntnis des göttlichen Rechts bzw. des Naturrechts zu werten sind. Siehe dazu nun auch sogleich im Text.

Wenn HÜNERMANN, Hermeneutische Reflexion, in: Herders Theologischer Kommentar Vat. II, Bd. 5, Freiburg 2006, 11–17, 82–85, den Konzilstext als konstitutionellen Text bezeichnet, so wird damit versucht, die Autorität des Konzils in den Blickpunkt zu rücken (Bedenken gegen einen solchen Sprachgebrauch lassen sich der Positionierung BENEDIKTS XVI. entnehmen, siehe Ansprache an das Kardinalskollegium und die Mitarbeiter der römischen Kurie beim Weihnachtsempfang am 22. Dezember 2005, wiedergegeben bei http://www.vatican.va/holy_father/benedict_xvi/speeches/2005/december/documents/hf_ben_xvi_spe_20051222_roman-curia_ge.html (eingesehen am 20.3.2008)). Allerdings fällt auf, dass beim Vergleich zunächst nicht der neuralgische Punkt der Höherwertigkeit benannt wird: Weltliche Verfassungen sind schließlich insbesondere dadurch charakterisiert, dass bei ihnen die Überordnung gegenüber dem einfachen Gesetz in der Weise gekennzeichnet ist, dass zumindest ein Mechanismus zur erschwerten Abänderbarkeit geregelt ist (etwa 2/3-Mehrheit) und dass häufig – anders bei der Weimarer Reichsverfassung – ein effektiver Schutz des Vorranges gewährleistet wird (etwa Verfassungsgerichtsbarkeit). Was an die Stelle dieser explizit geregelten Überordnung mit Blick auf das Zweite Vatikanische Konzil tritt, ist die eigentlich entscheidende Frage, will man aussagekräftige Vergleiche ziehen. Siehe deshalb zutreffend ibid. 85: „Ein konstitutioneller Text ist soviel wert, wie er eine verpflichtende, orientierende Kraft ausübt." Als Mittel zur Umsetzung schlägt HÜNERMANN eine Effektivierung der Rezeption vor (85–87).

Vgl. zum Anliegen, näher die Bedeutung des II. Vaticanums herauszuarbeiten, auch SCHOCKENHOFF, Wie gewiss ist das Gewissen? (Fn. 97, 2003), 152–153.

111 Hinzu kommt noch folgende Überlegung: Wenn denn die Konzilsväter eine vertiefte Kenntnis des göttlichen Rechts gerade mit Blick auf die Zwangsgewalt erkannt hätten, wäre dann nicht ein deutlicherer Hinweis in den Debatten und Stellungnahmen zum Konzil zu erwarten gewesen? Auch wenn ein Konzil keine juridischen Einzelfeststellungen zu treffen hat: Mit Blick auf die doch insoweit allgemein bekannte Strafrechtsdoktrin hätte eine Aussage nahe gelegen, die über das allgemeine pastorale Unbehagen hinsichtlich kirchlichen Strafrechts hinausreicht. Solches wird aber – soweit ersichtlich – nirgends referiert.

aktuelle Lehramt, bei Erlass des CIC 1983[112] das göttliche Recht verkannt zu haben. Gleiches gilt für das herkömmliche Verständnis der betreffenden biblischen Perikopen[113] sowie einer weit zurückreichenden[114] strafrechtlichen kirchlichen Tradition[115], die mehr umfasst, als allein augenfällige Fehlgriffe in früheren Zeiten. Wenn also im Folgenden versucht wird, eine Antwort auf die Frage nach der Zulässigkeit des Besserungsstrafzwecks zu suchen, so ist zu bedenken, dass jedenfalls vorschnelle, nicht eingehend begründete Antworten fehl am Platz sind.

b) Rechtsmethodik zur Verdrängung bzw. Modifizierung kirchlichen Rechts durch höherrangiges Naturrecht

Fehlt es wie im kirchlichen Recht an einer formal kodifizierten Überordnung, so stellt sich zudem die Frage, anhand welcher Rechtsmethodik das untergeordnete Recht verdrängt bzw. modifiziert werden kann, umso dringlicher. Inwieweit also kann der Gesetzesanwender beispielsweise eine – der verfassungskonformen Interpretation vergleichbare – naturrechtskonforme Interpretation vornehmen? Inwieweit ist dabei aber – vgl. für kirchliche Gesetze can. 17 CIC – der Wortsinn als Grenze zu beachten?[116] Teilweise wird davon gesprochen, eine Übernahme prinzipiengeleiteter Rechtsverwirklichung biete sich mit Blick etwa auf die unverfügbaren

---

112 Dies gilt verschärfend mit Blick auf den CCEO. Ausweislich can. 1401 CCEO steht die Besserung des Täters als Zweck des Strafrechts deutlich im Vordergrund (mit Verweis auf die Sorge um das verlorene Schaf). Vgl. dazu näher FARIS (Fn. 23) Folia Canonica 2 (1999) 58–59; SCHAAF, Der Kirchliche Strafanspruch (Fn. 17, 2007), 213–215.

113 Bei GEROSA, Exkommunikation und freier Glaubensgehorsam (Fn. 10, 1995), 197, heißt es zu 1 Kor 5, 1–13: „Dass der von Paulus verhängte Ausschluss aus der Gemeinde stark auf die Besserung des Delinquenten ausgerichtet ist, *wird einmütig zugegeben* […]. Diesen Charakter haben alle Fälle, in denen im NT von Auschluss aus der Gemeinde die Rede ist" (mit Ausnahme von Apg 5, 1–11, wobei hierbei – Betrug von Hananias und Saphira – kein Deliktscharakter gegeben sei); Hervorhebung nicht im Original.

114 Man kann auch nicht unterstellen, dass sich die Kirche der Problemstellung nicht bewusst gewesen wäre. Verwiesen sei hier insoweit insbesondere auf den Aquinaten: Wenn er davon spricht, man müsse dem Gewissensurteil folgen, auch wenn die Kirche exkommuniziere (siehe oben S. 23), dann kann aus dem Schweigen im Übrigen geschlossen werden, dass er der Kirche wiederum keineswegs die Möglichkeit der Exkommunikation verbietet. Da also THOMAS von der Exkommunikation spricht, bestand für die kirchliche Lehre schon immer ein Ansatzpunkt, darüber nachzudenken, ob denn die Kirche ihrerseits trotz Maßgeblichkeit des Gewissens exkommunizieren sollte.

115 Siehe die Nachweise oben S. 5, Fn. 10.

116 Etwa bei der Frage, ob der Besserungszweck nicht gesetzesimmanent dergestalt ausgeschlossen werden kann, dass hiermit nur noch ein gewünschter Nebeneffekt, nicht aber ein Primärziel bezeichnet ist.
Im weltlichen Recht sind gerade dann strenge Maßstäbe anzusetzen, wenn eine Interpretation dazu führt, die Wortlautgrenze zu überschreiten (vgl. nur PAWLOWSKI, Juristische Methodenlehre, Heidelberg 2000, Rn. 203–207 m. w. N.). Der grundsätzlichen Übernahme juristischer Methodenlehre steht nichts entgegen (so PACK, Methodik der Rechtsfindung im staatlichen und kanonischen Recht, Essen 2004, 99–100). Ähnliche Ansatzpunkte finden sich dementsprechend auch bei MAY/EGLER, Einführung in die kirchenrechtliche Methode, Regensburg 1986, 187–192.

Grundlagen göttlichen Rechts im Rahmen des Kirchenrechts gerade an.[117] Eine Implementierung einer derart komplexen Theorie wie die der Prinzipienlehre ALEXYS[118] bedürfte jedoch substantiierter Erörterungen.

Zudem: Welche Rolle spielt das kirchliche Lehramt – sofern es hier von seiner Funktion her unterschieden werden kann vom kirchlichen Gesetzgeber –, das ja berufen ist, das Naturrecht darzulegen? Inwieweit könnte dabei – die Frage klang soeben schon an –[119] dem Zweiten Vatikanischen Konzil und dessen Darlegungen eine besondere Rolle zukommen?[120] Mit anderen Worten: Soweit man vertritt, das kirchliche Strafrecht verstieße partiell gegen den naturrechtlichen Grundsatz der Gewissensfreiheit, bedarf es methodischer Klärungen, will man de lege lata[121] schon den Besserungszweck ausschließen. Denn dass trotz Fehlens einer kodifizierten Strafzwecklehre der Wortlaut und das vordergründige Verständnis des geltenden CIC einer solchen Interpretation entgegenstehen, steht außer Frage.[122]

Es soll allerdings an dieser Stelle darauf verwiesen werden, dass BENEDIKT XVI. sehr bedenkenswerte Ausführungen dazu macht, Kirchenrecht systematisch fortzuentwickeln. Er erkennt ausdrücklich an, dass „überholte Normen aufgehoben und korrekturbedürftige modifiziert werden" müssen. Das Kirchenrecht müsse zudem ein „‚lex libertatis': ein Gesetz, das frei macht, Jesus nachzufolgen" sein. Der päpstliche Rat für die Interpretation von Gesetzestexten solle „helfen", all dies zu erreichen; gestellt ist diese Aufgabe aber jedem, der den „komplexen Rahmen" des Kirchenrechts systematisch auszulegen sucht.[123]

Hier nun bedarf es dieser Anstrengungen nicht, solange nicht zuvor das Ergebnis festgestellt werden könnte, dass der Ansicht zuzustimmen ist, dass aus der Gewissensfreiheit eine kategorische Grenze kirchlicher Strafgewalt zu folgern ist.

---

[117] LUF (Fn. 81), ÖAfKR 38 (1989) 34–36.

[118] Dazu beispielsweise ALEXY, Begriff und Geltung des Rechts, Freiburg 2002, passim.

[119] Siehe soeben S. 27 zur faktischen Wertschätzung des Zweiten Vatikanischen Konzils.

[120] Gegen die Anerkennung eines Auslegungsgrundsatzes, Kirchengesetze „unbedingt konzilskonform" zu verstehen, vgl. SOCHA, in: Münsterischer Kommentar zum CIC, 17, Rn. 13 (Bearb. 1990).

[121] Wie eingangs schon angeführt: Die Grenze zur Kritik de lege ferenda ist nur schwer zu ziehen.
So konstatiert LÜDICKE, in: MK-CIC, Einl. vor 1311, Rn. 4 (Bearb. 1992), mit Blick auf die Thesen GEROSAS, dass hiermit – entgegen der Auffassung des Autors – nur begrenzt ein Ist-Zustand wiedergegeben werde.

[122] Siehe oben ab S. 5. Vgl. auch LÜDICKE, in: MK-CIC, Einl. vor 1311, Rn. 10 (Bearb. 1992), wonach eine gesetzesimmanente Erklärung nicht möglich sei. Siehe darüber hinaus ibid. Einl. vor 1311, Rn. 4 (Bearb. 1992), die zusammenfassende Nennung von allein 16 Unvereinbarkeiten des geltenden Rechts mit einer theologisch fundierten Strafrechtsdoktrin.

[123] Dass die „Kanonistik nicht bei der Analyse des geltenden Rechts stehenbleiben" kann, wird m. w. N. vehement vertreten von MÜLLER, Warum und wozu kirchliche Sanktionen?, in: „Strafrecht" in einer Kirche der Liebe (Fn. 10, 2006), 193–194. Siehe auch GEROSA, in: Kirche ohne Recht? *Gerosa* und *Müller* im Gespräch, Paderborn 2003, 12 sowie MÜLLER, ibid., 22, 43, 48–49.

2. Herleitung der maßgeblichen Fragestellung

Vor dem Hintergrund des eher dürftigen Ergebnisses hinsichtlich kirchlicher Gewissenslehre sind wir nun zurückgeworfen auf die eingangs beschriebene Grundfrage: Wie steht es um den kirchlichen Strafzweck der Besserung des Täters; verstößt er gegen die von der Kirche anerkannte Gewissensfreiheit?

Diese Fragestellung hängt entscheidend davon ab, ob kirchliche Strafverhängung als Zwang im Sinne der Gewissensfreiheit zu qualifizieren ist. Es gibt keinen anderen Maßstab und damit auch keine andere Fragestellung, die hier nun zu beantworten wäre. Wenn nämlich die Auffassung Recht hätte, kirchlichem Strafen komme nicht unbedingt eine Zwangswirkung zu, dann entfällt insoweit der Konflikt mit der Gewissensfreiheit und folgerichtig könnte der Besserungsstrafzweck *in diesem Rahmen* auch beibehalten werden. Das nämlich die Kirche auf das Gewissen einwirken soll, wird von ihr sogar als ureigenste Aufgabe betrachtet: Die Kirche versteht sich als Anwältin des Gewissens. Ein Mittel dazu kann ihr nur dann verwehrt werden, wenn es tatsächlich unzulässig ist.[124] Man mag gleichwohl noch geteilter Meinung darüber sein, welche Handlungen für die Kirche opportun seien und welche nicht, um das Gewissen der Gläubigen zu bilden. Verboten nach Maßgabe der Gewissensfreiheit ist aber nichts anderes als Zwang. Fehlt es am Zwang, fehlt es auch am Konflikt. Es wäre zumindest nicht *verboten*, wenn die Kirche straft, um zu bessern.

Die Auffassung LÜDICKES – um sie hier beispielhaft zu benennen – steht und fällt daher mit der Behauptung, dass kirchliche Strafe Zwang ist. Es ist ein Kernsatz, wenn er schreibt, die Kirche dürfe niemanden „durch Androhung von Maßnahmen zu einer Änderung seiner Gesinnung *zwingen*".[125] An diesem Satz ist LÜDICKES Ansicht zu messen. Was auch immer genau man unter Zwang verstehen mag[126]: Wenn im Ergebnis keine Argumentation gefunden werden könnte, wonach kirchliche Strafe als Zwang im Sinne der Gewissensfreiheit zu qualifizieren ist, dann ist eben das Rechtsprinzip der Gewissensfreiheit nicht mehr einschlägig; die Auffassung wäre zurückzuweisen.

Zu erinnern ist dabei daran, dass nach dieser Ansicht generell *jedwede* Strafverhängung um zu bessern als Verstoß gegen die Gewisssensfreiheit betrachtet wird. Daraus folgt, dass Strafe *per se* als Zwang zu definieren sein muss. Wenn Strafe nur in bestimmten Konstellationen sich als Zwang auswirkt, so wäre auch der Besserungsstrafzweck nicht mehr gänzlich verfehlt, sondern eben nur in diesen besonderen Situationen. Auch von dieser Überlegung her ergibt sich, dass hier – im Einklang mit der eingangs getroffenen Einschränkung, dass es nicht auf die Wir-

---

[124] Dieser Gedanke wird später nochmals aufgegriffen, siehe S. 60, bei Fn. 236.

[125] LÜDICKE, in: MK-CIC, Einl. vor 1311, Rn. 11 (Bearb. 1992), Betonung nicht im Original.

[126] Es liegt auf der Hand, dass die Kirche mit ihrem Strafrecht kein Instrumentarium an der Hand hat, dass beispielsweise zu irgendwelchen Handlungen zwingen vermag. Es ist aber ebenso selbstverständlich, dass Zwang mehr umfasst als etwa die Androhung und Ausführung roher Gewalt. Natürlich ist es daher eine ernstzunehmende, genauestens im Folgenden zu analysierende Frage, ob nicht etwa der Ausschluss von Heilsmitteln, noch dazu eingedenk kirchlicher Binde- und Lösegewalt, sehr wohl als eine Form von Zwang zu qualifizieren ist.

kung von Strafe im Einzelfall ankomme –[127] zu überprüfen ist, ob abstrahierend die Strafen des CIC *als solche* als Zwang im Sinne kirchlich geschützter Gewissensfreiheit aufzufassen sind.[128]

Nochmals: Einzig die Frage, ob es gelingt, kirchliche Strafe als Zwang zu qualifizieren, ist zu beantworten, nicht mehr, aber auch nicht weniger. Gelänge dies, dann ist allein mit dieser Feststellung schon der Besserungsstrafzweck als unzulässig erwiesen. Ist kirchliche Strafe nämlich als Zwangseinwirkung zu betrachten, so verstößt der bloße[129] Besserungszweck kirchlicher Strafe gegen das Gewissen. Denn eine Besserung aus Zwang – statt aufgrund freiheitlicher Änderung des Gewissensurteils – bedeutet nichts anderes, als den Betroffenen zu sündhaftem Verhalten bzw. zumindest zu schwererer[130] Sünde zu bewegen: Der Sünde, gegen das eigene Gewissensurteil zu handeln. Auch kann kein Zweifel mehr daran bestehen, dass die Würde des Menschen – die eine Grundlage des Zwangsverbots darstellt – unabhängig davon betroffen ist, ob Zwang zum Zeitpunkt der Glaubensannahme oder aber bei (drohendem) Glaubensverlust eingesetzt wird: Der Kirche ist die Zwangseinwirkung in Glaubensdingen kategorisch verboten.[131] Dies gilt – nochmals sei es betont – unabhängig von den Einzelheiten des jeweiligen Gewissensverständnisses: Das Verbot des Zwangs und die Bindung an das Gewissensurteil unabhängig von der objektiven Richtigkeit sind allen (jetzigen) katholischen Auffassungen zum Gewissen gemein.

Es ist bei alldem zu vergegenwärtigen, dass es bei dieser Fragestellung nicht unbedingt darum geht zu überprüfen, ob die Kirche im Allgemeinen strafen bzw. „zwingen" darf: Selbst wenn sich hier herausstellte, dass Strafrecht Zwang sei, so heißt das eben nicht, dass der Kirche hiermit untersagt wäre zu strafen.[132] Wie für

---

[127] Siehe oben S. 3.

[128] Es mag hier dahinstehen, ob der Nachweis ausreichen könnte, dass Strafen zumindest regelmäßig als Zwang qualifiziert werden können. Aus dieser Regelhaftigkeit könnte dann geschlossen werden, dass auch das Institut als solches – der Besserungszweck – nicht aufrechterhalten werden kann. Theoretisch könnte es auch denkbar sein, dass ein einziger Fall eines Verstoßes gegen die Gewissensfreiheit zur Streichung des Besserungszweckes als isolierter Strafzweck führt. Diese theoretische Option, die so allerdings auch nirgends vorgetragen wird, bedarf mit Blick auf die eingangs getroffene Einschränkung auf die Spruchstrafe keiner Überprüfung. Bei einer Spruchstrafe kann Korrektur in Einzelfällen erfolgen, ohne dass das Institut als solches aufgegeben werden müsste.

[129] D. h. nicht durch sonstige, die Kollision mit dem Gewissen rechtfertigende Zwecke gerechtfertigte.

[130] Es versteht sich von selbst, dass die Entstehung eines Irrtums beim Gewissensurteil für sich schon sündhaft sein kann.

[131] Vgl. etwa mit Nachweisen HAFNER, Kirchen im Kontext der Menschenrechte (Fn. 108, 1992), 214.

[132] Daher ist oben in aller Deutlichkeit darauf hingewiesen worden, dass man der Ansicht LÜDICKES und anderer nicht gerecht würde, risse man den Kontext des Besserungsstrafzwecks aus dem umfassenden Konzept zur Erfassung der Strafzwecke heraus, siehe den Text beginnend ab S. 11.
Allgemein dazu, dass eine möglichst weitgehende Anerkennung der Gewissensfreiheit nicht dazu führe, den Vorrang der libertas ecclesiae vor der libertas fidelium zu leugnen, soweit es beispielsweise um das depositum fidei gehe, siehe etwa HAFNER, Kirchen im Kontext der

die Rechtsordnung im Allgemeinen, so gilt auch für das Strafrecht, dass sich dieses nicht einfachhin der „wechselnden Gewissensüberzeugung der Rechtsgenossen beugen [kann], ohne sich selbst aufzuheben."[133] Es geht hier also nicht allgemein darum, eine Art „Zwangsverbot" zu überprüfen.[134] Denn das Strafen könnte gleichwohl noch gerechtfertigt sein durch andere Strafzwecke, wie etwa den Schutz des Glaubensgutes oder allgemein der communio.[135] Wäre Strafe Zwang, so ist einzige Konsequenz, dass der *Besserungs*strafzweck – die „Einwirkung auf die Gewissensentscheidung des Täters mit den Mitteln des Strafrechtes"[136] – dann als unzulässig behandelt werden müsste.

Menschenrechte (Fn. 108, 1992), 213 m. w. N.; siehe auch REINHARDT, Anfragen an Libero Gerosa, in: „Strafrecht" in einer Kirche der Liebe (Fn. 50, 2006), 115.
SCHAAF, Der Kirchliche Strafanspruch (Fn. 17, 2007), 211–212 schließt aus der vom CIC verwendeten Begrifflichkeit (insbesondere „coercere" in can. 1311 CIC), aber auch unter Rückgriff auf Beispiele darauf, dass kirchliches Strafrecht Zwangsmaßnahmen beinhaltet.

133 Zur Rechtsordnung allgemein so PREE (Fn. 107) Folia Theologica 15 (2004), 97.

134 Wenn hier bisweilen nur von „Zwang" die Rede ist, dann ist also immer zu vergegenwärtigen, dass es um Zwang im Sinne der Gewissensfreiheit geht, nicht aber um eine abstrakte Erörterung von „Zwang" an sich.

135 Einschränkend ist hier daran zu erinnern, dass LÜDICKE den Thesen GEROSAS in wesentlichen Teilen sehr nahe steht, wonach bei der Exkommunikation nur der Selbstausschluss des Täters zur Kenntnis genommen werde. Da er jedoch Exkommunikationen auch ohne Selbstausschluss für möglich hält, gibt es bei ihm Strafen, bei denen zumindest das „deklaratorisch"-Argument nicht gilt und die demzufolge konzeptionell auch widerspruchsfrei als Zwang bzw. Eingriff in die Gewissensfreiheit aufgefasst werden könnten (siehe zu LÜDICKE insoweit oben S. 20, Fn. 83). Vgl. insoweit auch LÜDICKE, in: MK-CIC, Einl. vor 1311, Rn. 19 (Bearb. 1992), wo folgendes Zitat von HEIMERL (aus ThPQ 139 (1991), 29) wiedergegeben wird: „Einschränkung [sic!] der Glaubensfreiheit wegen der Identität der Kirche".

136 LÜDICKE, in: MK-CIC, 1312, Rn. 12 (Bearb. 1992); Einführung vor 1321, Rn. 5 (Bearb. 1992).

II. Qualifizierung kirchlicher Strafe als Zwang

Nun ist sich also der Frage nach der Begrenzung kirchlicher Strafgewalt durch die Gewissensfreiheit im Einzelnen anzunehmen. Ist kirchliche Strafe – idealtypisch sei die Exkommunikation betrachtet[137] – eine solche Zwangseinwirkung? Beeinträchtigt sie die Entscheidung des Einzelnen in solch einem Maße, dass diese nicht mehr als eigenverantwortet bewertet werden kann? Dies gilt es nun ausführlich zu prüfen. Einleitend sei hierzu eine Feststellung zur Wirkung kirchlicher Strafe wiedergegeben, die LING in einem Aufsatz trifft, in dem er weltlichen Juristen überblicksartig kirchliches Strafrecht näher bringen will. Es heißt dort: „Strafen, die eine tatsächliche, nicht auf der Basis der Freiwilligkeit im Gehorsam begründete Beschränkung von Freiheiten und Grundrechten beinhalten, und die auch, wie im staatlichen Strafrecht, gegen den Willen des Betroffenen vollstreckt werden könnten, gibt es nicht."[138]

Ist tatsächlich „Freiwilligkeit" das prägende Kennzeichen kirchlicher Strafe – begleitet von einer besonderen Form des Gehorsams[139], die ihrerseits nicht mit Zwang verwechselt werden darf?

1. Zur Definition des Zwanges im Sprachgebrauch

Doch was ist Zwang? In einem Lexikon wird zu diesem Stichwort ausgeführt: „1. Bestimmung zu einem Tun gegen den eigenen Willen durch physische Gewalteinwirkung oder deren Androhung; 2. (sozialer Zwang) Von sozialer Kontrolle schwer abgrenzbarer Begriff, der die Techniken sozialer Verhaltenssteuerung umschreibt (z. B. Sanktionsandrohung, Belohnung, an soziale Rollen gebundener Erwartungsdruck, Konformitätsdruck sozialer Gruppen auf die Mitglieder); im weiteren Sinne auch soziokulturelle Bestimmung menschlichen Verhaltens durch im Sozialisationsprozess verinnerlichte Werte und Normen."[140]

Mangels physischer Gewalteinwirkung[141] wäre hiernach das Vorliegen „sozialen Zwanges" zu prüfen. Heißt es dort, dies sei „schwer abgrenzbar", so ist damit

---

137 Insoweit soweit sei auch darauf hingewiesen, dass neben Exkommunikation und Interdikt „das kirchliche Recht kaum Strafen [kennt], die Laien treffen können, es sei denn, sie stünden im Dienst der Kirche oder übten wenigstens irgendeine Aufgabe aus, die ihnen entzogen werden könnte", so LÜDICKE, in: MK-CIC, Einl. vor 1311, Rn. 3 (Bearb. 1992), Rn. 7.

138 LING (Fn. 23) JZ 2004, 600.
Vgl. überdies auch HIEROLD, Vom Sinn und Zweck kirchlicher Strafe, in: FS *Heinemann* (Fn. 11, 1985) 338–339: „Im übrigen gibt es im neuen CIC […] keinen Hinweis mehr, daß die Strafe im Erleiden eines Übels bestehe. […] Das Abgehen von der Theorie der Strafe als Übel hätte den Vorzug für sich, einerseits erklären zu können, daß die Strafe durchaus etwas Positives im Leben des Straftäters bewirken will, andererseits sich nicht immer gegen den Einwand rechtfertigen zu müssen, daß eine Strafe und ein Strafrecht sinnlos seien, wenn sich der Bestrafte gar nicht darum kümmere oder eine Strafe nicht zu vollziehen oder durchzusetzen sei, weil der Kirche die Machtmittel dazu fehlen."

139 Siehe dazu LG 25.

140 MEYERS großes Taschenlexikon, Mannheim 1990.

141 Zu deren Definition vgl. instruktiv BVerfG, Beschl. v. 10.1.1995, NJW 1995, 1141, 1142–1143, auch zum sog. vergeistigten Gewaltbegriff.

zugleich das Entscheidende benannt: Hinreichende Kriterien aus dem allgemeinen Sprachgebrauch zur Zwangsdefinition gibt es nicht.[142]

2. Zwang als Spezifikum des Strafrechts

Zu untersuchen ist nun, ob nicht aus den Besonderheiten des Strafrechts sich ergibt, dass Strafe als Zwang zu qualifizieren ist.

a) Deduktion der Zwangswirkung aus der Begrifflichkeit „Strafe"

Festzuhalten ist zunächst, dass hierbei nicht auf den Begriff „Strafe" als solches[143] zurückgegriffen werden kann. Es wäre zirkulär, Strafe als Zwangseinwirkung zu definieren, um dann durch die Wortwahl des kirchlichen Gesetzgebers auf Zwangswirkung zurückzuschließen. Vielmehr bedarf es einer eigenständig materiellen Betrachtungsweise, ob das, was der CIC als Strafe bzw. hier als Exkommunikation versteht, tatsächlich als Zwangseinwirkung i. S. d. Gewissenskonzeptionen zu verstehen ist.

Auch die teilweise getätigten Versuche, allgemein ein Wesen der Strafe festzustellen, helfen nicht weiter. So führt REES als Definition der Strafe aus, diese sei „eine rechtliche Beschränkung, die die katholische Kirche jenen Gliedern auferlegt, die gegen die Ordnung der kirchlichen Gemeinschaft in wichtiger Sache und in schuldhafter und anrechenbarer Weise gefehlt haben".[144] Das „rechtliche Beschränkung" nicht ohne weiteres als Zwang i. S. d. Gewissensfreiheit verstanden werden kann, bedarf keiner näheren Erläuterung: Das angegebene Kriterium „Beschränkung" ist hierfür zu unscharf und ausufernd. Doch selbst wenn es gelänge, das Wesen der Strafe exakter zu benennen: Ob hiervon dann auch die Exkommunikation erfasst ist, wäre durch ein solches Mühen nicht beantwortet.[145]

---

142 Nichts anderes zeigt ein Blick in das „Neue theologische Wörterbuch" (Stuttgart 2000) von VORGRIMLER, wo unter dem Stichwort „Zwang" vermerkt ist: „Zwang heißt jene Situation eines Menschen, die es ihm unmöglich macht, sich konkret frei zu entscheiden oder die Entscheidung zu verwirklichen. Zwang kann durch äußeren Druck bewirkt werden oder von innen her entstehen. [...] Ein Mensch kann für sich selber das Vorliegen eines pathologischen Zwangs oder die genaue Grenze zwischen Freiheit und innerem Zwang nicht beurteilen."

143 Siehe aber später ab S. 49 dazu, dass das kirchliche Selbstverständnis, was sich in einer solchen Bezeichnung zeigt, von Bedeutung sein kann.

144 REES, Strafgewalt der Kirche (Fn. 17, 1993), 67 m. w. N. Als allgemeingültige Definition nimmt LÜDICKE, in: MK-CIC, Einl. vor 1311, 6 d (Bearb. 1992) an, dass Strafe Entzug eines Gutes sei.

145 Einen umfassenderen Definitionsversuch zur Strafe unternimmt GEROSA, Exkommunikation und freier Glaubensgehorsam (Fn. 10, 1995), 251–273. Der Begriff Strafe weise einige Elemente auf, die unabhängig von jeder konkreten Anwendung vorliegen.
Zumindest für den hier zu erörternden Kontext ist auch dessen Ansicht nicht zielführend. Selbst wenn nämlich tatsächlich allgemeingültige Elemente des Strafbegriffs zu erkennen wären: Dass diese auch der kirchliche Gesetzgeber sich zu Eigen machen wollte, ist hiermit nicht bewiesen (vgl. den oben im Text angesprochenen Zirkelschluss).
GEROSAS Anliegen ist allerdings auch ein ganz anderes: Er möchte gerade den gewählten Sprachgebrauch des kirchlichen Gesetzgebers als falsch herausarbeiten. Insoweit ist auch sein methodischer Ansatz verständlich.

b) Vergleich der Exkommunikation mit staatlichen Strafen

Gilt es deshalb, anhand materieller Kriterien zu ermitteln, ob kirchliche Strafe als Zwang zu werten ist, lohnt ein Vergleich der tatsächlichen Auswirkungen einer Exkommunikation mit denen staatlicher Strafe: Auf der einen Seite Entzug geistlicher Güter[146], auf der anderen Haft und Geldstrafe: Die unterschiedliche Qualität springt ins Auge.

Staatliches Strafen ist offenkundig Gewaltausübung. Selbst unterhalb der formal definierten Grenze des Strafens[147] bedient sich der Staat seines Gewaltmonopols, wenn etwa das sog. Zwangsgeld in der Verwaltungsvollstreckung eingesetzt wird (vgl. dazu §§ 55 ff. Verwaltungsvollstreckungsgesetz NRW). Dessen Höhe ist nur dann zutreffend festgelegt, wenn dadurch der entgegenstehende Wille des Adressaten voraussichtlich gebrochen wird.[148]

Verweigert die Kirche dagegen den Sakramentenempfang, so mangelt es an einer substantiellen Ähnlichkeit beider Strafformen. Denn dass jedwede direkte Gewaltanwendung die Freiheit entscheidend beeinträchtigt, bedarf keiner Erläuterung. Straft allerdings die Kirche, um den Täter dazu zu bewegen, seine Einstellung zu ändern, so ist das Strafmittel zwar auch hier ohne Zweifel ein Druckmittel. Doch ist es eben nicht mehr evident, dass dieser Druck so stark ist, dass von einer freiverantworteten Entscheidung nicht mehr gesprochen werden kann – darauf wird später zurückzukommen sein.[149] Hinzu kommt, dass Kirche, anders als der

---

[146] Dies gilt für die Jetztzeit. Dass im Mittelalter eine Exkommunikation allein faktisch viel tiefgreifendere Konsequenzen nach sich zog, sei hiermit nicht in Abrede gestellt, siehe etwa S. 42, Fn. 164 sowie SCHEUERMANN (Fn. 29) AfkKR 131 (1962), 396. Vgl. zur zeitlichen Perspektive auch ALTHAUS, Konversion, in: Recht auf Mission contra Religionsfreiheit? (Fn. 106, 2007), 199. Dieser geht davon aus, dass in früheren Zeiten durch Strafe Zwang ausgeübt worden sei, um den Betreffenden somit zur Kirche zurückzubringen und fragt dann: „Aber kann dieser Zweck in der Praxis heute noch erhebliche Relevanz beanspruchen? Oder will eine solche Sanktion nicht vielmehr gegenüber der kirchlichen Gemeinschaft zu deren eigenem Schutz offiziell deutlich machen, dass jemand selber die Grundlagen des gemeinsamen Glauben verlassen hat"?

[147] Vgl. dazu Art. 103 II, III GG.

[148] Hier geht es nur um den schlichten Vergleich kirchlicher und weltlicher Strafe. Dass es dem Staat aufgrund der Unterschiede zwischen ihm und einer Kirche auch leichter gelingen mag, derart „harte" Strafen zu rechtfertigen, soll nicht in Abrede gestellt werden. Siehe dazu oben (Staat kann nicht verlassen werden) S. 20 beginnend bei Fn. 80 sowie mit Blick auf LÜDICKE nochmals sogleich Fn. 151 auf S. 37.

[149] Nun können allerdings auch kirchliche Strafen finanzielle Auswirkungen haben. Die theoretisch denkbare, aber praktisch nie verhängte und auch nicht vollstreckbare Möglichkeit, direkt eine Geldstrafe als iuxta poena zu verhängen, kann hier zwar außer Betracht bleiben (siehe dazu die Nachweise eben S. 34 in Fn. 137). Doch kann die Vollstreckung kirchlicher Strafe im Einzelfall mittelbar dazu führen, dass kirchlich beschäftigte Täter ihren Beruf im kirchlichen Bereich aufzugeben haben. Folglich ist zu prüfen, ob insoweit nicht doch eine der staatlichen Geldstrafe vergleichbare Zwangswirkung anzunehmen ist.
Im Ergebnis ist dies zu verneinen. Zum einen ist es fraglich, ob die Strafe insoweit tatsächlich kausal wirkt, oder ob nicht aufgrund der entsprechenden arbeitsvertraglichen Verpflichtungen schon im Vorfeld strafrechtlicher Verantwortlichkeit die kirchliche Weiterbeschäftigung unmöglich wird (vgl. insoweit in Deutschland z. B. Art. 5 der „Grundordnung des

Staat, keinem Neutralitätsgebot unterliegt. Dies unterstreicht ein weiteres Mal, dass eine vergleichende Betrachtung nur sehr begrenzt ergiebig ist.[150]

Festzuhalten ist damit, dass die gleiche Terminologie „Strafe“ eine Wesensähnlichkeit kirchlicher und staatlicher Strafgewalt suggeriert, die insbesondere wegen der nur staatlicherseits gebrauchten physischen Gewalt so nicht zu halten ist.[151] Bei der Bestimmung der Zwangswirkung kommt man nicht umhin, sich vertieft mit den Eigenheiten kanonischen Strafrechts zu befassen.

---

kirchlichen Dienstes im Rahmen kirchlicher Arbeitsverhältnisse“ vom 22.9.1993, http://www.dbk.de/imperia/md/content/schriften/dbk1a.bischoefe/db051_9_auflage.pdf (eingesehen am 1.4.2008).

Zum anderen betrifft die Ausübung eines kirchlichen Berufes eben nicht nur den Einzelnen. Es ist zu berücksichtigen, dass dem Arbeitsverhältnis die frei verantwortete Entscheidung zugrunde liegt, in einem „Tendenzbetrieb“ wie der Kirche arbeiten zu wollen.

Wollte man kirchliche Strafe einschränken, um so dem Täter die Ausübung seiner nicht mit der Kirche übereinstimmende Gesinnung zu ermöglichen, so diente das nicht der Gewissensfreiheit. Vielmehr zementierte dies einen aus anderen Gründen nicht haltbaren Zustand: Nämlich das Bezahlt-werden-wollen von einer Gemeinschaft, deren Grundlage man aufgrund seines Gewissens nicht mehr teilt. Das Auseinandergehen ist hier nicht anderes als die logische Konsequenz der Gewissensentscheidung. Eine etwaige kirchliche Antwort wäre dann auch als Strafmaßnahme (aufgrund des Strafzweckes des Schutzes der communio fidelium und gegebenenfalls der communio fidei) gerechtfertigt, ohne dass hier die Anerkennung der Gewissensfreiheit zu etwas anderem zwänge. Diese kann hier also nicht als zusätzliche Schranke fungieren. Eine Vergleichbarkeit mit der staatlichen Geldstrafe scheidet daher auch in diesem Sonderfall aus.

150 Siehe hierzu näher PREE, Forum externum und forum internum – Zur Relevanz des Gewissensurteils im Kanonischen Recht, AfkKR 168 (1999), 41, Fn. 54; einschränkender HILPERT, Die Menschenrechte, Düsseldorf 1991, 253, 258. Allgemein gegen die schlichte Übertragbarkeit weltlicher Rechtsbegriffe auf das Kirchenrecht auch GEROSA, Exkommunikation und freier Glaubensgehorsam (Fn. 10, 1995), 95; siehe ferner DEMEL, Abtreibung zwischen Straffreiheit und Exkommunikation, Stuttgart 1995, 302–303, 309–310; EICHOLT, „Nullum crimen nulla poena sine lege“ im kanonischen Recht, Frankfurt a. M. 2006, 160–162. Vgl. ganz konkret zur Unterschiedlichkeit die Überlegungen bei BÖSE, Die Glaubens- und Gewissensfreiheit im Rahmen der Strafgesetze, ZStW 113 (2001), 40–75, wo aufgezeigt wird, inwieweit im Rahmen staatlichen Strafrechts eine Berufung auf das Gewissen Rechtsrelevanz erlangen könnte.

Vgl. ferner unter Bezugnahme auf DEMMER konkret gegen eine kirchliche „Kompromissmentalität“ oder die bloße „Festsetzung einer vertretbaren Grenze moralischen Einsatzmaßes“ SAGMEISTER, Das neue kirchliche Strafrecht, in: Festgabe *Schwendenwein* (Fn. 28, 1986), 495: Kirchliches Recht „‚setzt bei der gnadenhaft geschenkten Möglichkeit guten Gelingens an […]'. [Es ist zu verhindern,] den neutestamentlichen Radikalismus der Verkündigung Jesu zu verdunkeln. […] Während der staatliche Gesetzgeber zur Sicherstellung des Gemeinwohls sich auf eine Minimalforderung einpendeln kann, ist die Rechtsforderung im kirchlichen Recht von hoher moralischer Spannung getragen, weil sie immer die Glaubensentscheidung mit ihren moralischen Forderungen im Blick hat.“ [Kirchliches Recht] tritt daher mit einem unvergleichlich höheren Anspruch als staatliches Recht auf. ‚Es kann auch aus diesem Grunde nicht wie jenes moralisch tolerant sein; denn die Toleranz des staatlichen Gesetzgebers rührt nicht zuletzt aus dem Eingeständnis seines fehlenden moralischen Beistandes her […]'.“

151 Auch LÜDICKE, in: MK-CIC, Einl. vor 1311, Rn. 11 (Bearb. 1992), wirft die Frage nach der Vergleichbarkeit auf, allerdings in anderem Zusammenhang und mit anderen Schlussfolge-

3. Wirkung einer Exkommunikation als Zwang

Zu untersuchen ist daher, ob die Folgen einer Exkommunikation – siehe dazu insbesondere can. 1331 CIC – den Willen des Täters so beeinflussen, dass die Strafe auf ihn als Zwang wirkt.

a) Bezogenheit des Gewissens auf das objektiv Gute (Synteresis bzw. Anamnesis)

Möglicherweise kann an dieser Stelle die den katholischen Gewissensbegriff kennzeichnende Zweischichtigkeit fruchtbar gemacht werden. Danach wird einerseits von der Synteresis[152] bzw. Anamnesis[153] gesprochen. Hierbei handele es sich um eine gleichsam ontologische Schicht des Gewissens, eine „Urerinnerung an das Gute und an das Wahre"[154], die uns nicht von außen auferlegt, sondern dem Menschen im Voraus eingeprägt sei. Andererseits ist die Schicht des Gewissens zu erkennen, die als conscientia zu bezeichnen sei.[155] Sie bezeichnet kein dem Menschen anhaftendes Urwissen, sondern den konkreten actus, nämlich das im Innern jeweils neu zu vollziehende Widersprechen gegen das Böse und das Handeln zum Guten.

Die Gewissensschicht, die als Synteresis bzw. Anamnesis zu kennzeichnen ist, zeichnet sich also durch ihre Hinordnung auf das objektiv Gute aus. Soweit die Kirche sich darum müht, kraft des besonderen Beistands des Heiligen Geistes dieses objektiv Gute aufzuzeigen, so oktroyiert sie folgerichtig nicht dem Menschen etwas Fremdes auf. Sie entfaltet dem Gewissen des Einzelnen vielmehr das, worauf es ohnehin angelegt ist. Sie steht im Sinne NEWMANS im Dienst des Gewissens. Um es pointiert aufzuzeigen: Im Falle einer unfehlbaren Lehre, die dem Einzelnen per Strafurteil aufgezwungen werden soll, ist das Ziel kirchlichen Handelns objektiv betrachtet – mangels Irrtumsmöglichkeit – gerade das, worauf der Täter in seinem Innersten, ohne es zu wissen, selbst wartet.[156]

---

rungen: Ihm geht es darum aufzuzeigen, dass der Staat als Gemeinschaft, der man nicht entrinnen kann, eben deshalb notwendig härterer Mittel bedarf.

Gegen eine Vergleichbarkeit kirchlicher und weltlicher Strafe, darüber hinaus auch gegen eine Vergleichbarkeit theologischen und kanonistischen Verständnisses von Strafe siehe eindringlich DE PAOLIS, Penal Sanctions, Penal Remedies and Penances, in: The Penal Process (Fn. 13, 2005), 155 und öfter.

152 Zum Auftauchen des Begriffs Synteresis seit dem 12. Jahrhundert – nach überwiegender Auffassung infolge eines Schreibfehlers –, vgl. SCHOCKENHOFF, Wie gewiss ist das Gewissen? (Fn. 97, 2003), 103.

153 So RATZINGER, Gewissen und Wahrheit, in: Werte in Zeiten des Umbruchs (Fn. 94, 2005), 116–120.

154 RATZINGER, Gewissen und Wahrheit, in: Werte in Zeiten des Umbruchs (Fn. 94, 2005), 117–118.

155 Vgl. dazu RATZINGER, Gewissen und Wahrheit, in: Werte in Zeiten des Umbruchs (Fn. 94, 2005), 120–122.

156 Zu beachten ist auch, dass das irrende Gewissen nach traditioneller Auffassung ohnehin grundsätzlich als vorübergehender Zustand betrachtet wird, da er jederzeit durch die prinzipiell mögliche bessere Einsicht beendet werden kann und sollte, vgl. SCHOCKENHOFF, Wie gewiss ist das Gewissen? (Fn. 97, 2003), 207.

Dieser Gedankengang führt jedoch nicht weiter. Dass es die ureigenste Aufgabe der Kirche ist, das objektive Wahre zu verkünden, um gerade so jedem einzelnen Menschen zu dienen, ist wahr. Doch wie es der weltliche Jurist ausdrücken würde: Die bloße Aufgabenzuweisung sagt nichts über das Bestehen konkreter Befugnisse, mittels derer ein Eingriff erfolgen soll. Theologisch gewendet: Die Aufgabe, das depositum fidei unversehrt und den Erfordernissen der Zeit angepasst darzulegen, rechtfertigt nicht, zur Erreichung dieses Ziels moralisch schlechte Mittel zu verwenden. Gerade dies wäre aber der Fall bei einer Glaubensvermittlung durch Zwangseinsatz. Hier nun ist die Frage der Zwangswirkung gerade noch zu prüfen. Es folgt aber aus dem Gesagten, dass nicht etwa deshalb eine Zwangswirkung zu verneinen ist, weil auf objektiver Ebene etwas Gutes erreicht werden soll.

Nun könnte man allerdings noch, betrachtet man die Zweiteilung des Gewissensbegriffs, auf einen subtileren Gedankengang zur Verneinung der Zwangswirkung verfallen. Geschützt ist nach katholischem Verständnis schließlich allein die conscientia im engeren Sinne, d. h. das konkrete Gewissensurteil. Bezöge sich nun kirchliche Strafe allein auf die Ebene der Anamnese, entfiele ein Eingriff in das Gewissen. Wirkt kirchliche Strafe also allein auf die Anamnese im Wege einer zwanghaft erreichten Gewissensbildung, so zwingt sie den Täter nicht dazu, gegen ein Gewissensurteil zu handeln. Unzulässig wäre es – verfolgt man diesen Gedankengang – dagegen nur, wenn die Kirche den Täter zu einer Handlung zwänge, ohne dass dieser zuvor auch sein Gewissensurteil geändert hätte.

Kann Kirche die Strafbarkeit in diesem Sinne gestalten? Etwa wie folgt: Eine Exkommunikation, bei der dem Täter erklärt wird, sie beziehe sich auf eine bestimmte innere Einstellung. Wenn diese nun geändert werde, werde auch die Exkommunikation aufgehoben. Gleichzeitig sei darauf hingewiesen, dass vor Gesinnungsänderung der Täter tunlichst handele nach demjenigen Gewissensurteil, wie es sich aufgrund der alten inneren Einstellung ergibt.[157]

Eine groteske Vorstellung! Sie verdeutlicht, dass derartige Gedankenspiele ebenso wenig zielführend sind. Denn es kann bei einer Maßnahme, die von außen an einen Menschen herantritt, schlechterdings nicht unterschieden werden, welche Gewissensschicht sie betrifft. Mit gutem Grund wird daher das Gewissen etwa in den Texten des II. Vaticanums (etwa GS 16) zunächst einmal als Ganzes betrachtet. Und dieses Heiligtum ist auch als Ganzes von kirchlicher Strafe betroffen.

b) Verbleibende Freiheit bei der Reaktion auf die Exkommunikation

Die Frage fokussiert sich damit auf das, was sich in der einleitenden Stellungnahme von LING andeutet: Fehlt es an einer Zwangswirkung, weil dem Exkommunizierten weiterhin die Wahl bleibt, in seinem Verhalten zu verharren oder nicht?

[157] Nochmals: Der Zwang müsste also intentional erklärt werden. Er bestehe insoweit, als die Auffassung der Kirche über die objektive Wahrheit, die der Täter anders sieht, mittels des Zwangs nun zu übernehmen ist. Kein Zwang solle bestehen, ohne Überzeugung wie die Kirche zu handeln.

aa) Zwangseinwirkung verneinende Ansicht

In diesem Sinne führt DE PAOLIS aus: „Wenn andere Mittel sich als unzulänglich erweisen, greift die Kirche zu strafrechtlichen Mitteln, weil die Kirche nicht gleichgültig bleiben kann gegenüber einem Gläubigen, der auf das Wort Gottes und der Kirche nicht hört und in die Gefahr ewiger Verdammnis läuft, eine Gefahr, die auch die anderen Glieder der Gemeinschaft belastet, wenn der Täter nicht zurecht gewiesen wird. Aber die Strafe ist in diesem Fall [...] eine dringende Einladung, ein letzter Anruf, mit dem die Kirche ihren eigenen Schmerz und ihre pastorale Angst dem Täter sagt, damit er sich der Gefahr bewusst wird, in der er schwebt, und zu einem guten Weg findet, damit er gerettet wird. In dieser Sicht hat der Einwand gegen die kanonischen Strafen, dass sie gegen die Religionsfreiheit verstießen, offenbar kein Fundament."[158]

Auch andere verweisen darauf, dass der freie Wille des Täters durch einen bloß *indirekten* Zwang vor die Entscheidung gestellt werde. Letztlich hänge der Ausgang der Entscheidung nicht an der Strafe, sondern am freien Willen des Täters.[159] Deutlich spricht dies zudem KRÄMER insbesondere mit Blick auf die Exkommunikation nach can. 1364 CIC aus: „Letztlich kann diese Strafe nur als Appell an das

---

[158] DE PAOLIS, Aspectus theologici et iuridice in sistemate poenali canonico, PerRMCL 75 (1986), 234–235, Übersetzung des lateinischen Textes von LÜDICKE, in: MK-CIC, 1312, Rn. 16 (Bearb. 1992). Ohne dies im Einzelnen ausführen, spricht DE PAOLIS dort zudem davon, dass kirchliche Strafe mit ihrer geistlichen Zielsetzung ohnehin nichts mit einer säkularen Bestrafung gemein habe. In Penal Sanctions, Penal Remedies and Penances, in: The Penal Process (Fn. 13, 2005), 181, hält DE PAOLIS es gar für weit hergeholt, überhaupt daran zu denken, ein Konflikt mit dem 'principle of religious liberty' könne vorliegen.
Siehe darüber hinaus auch DE PAOLIS, The Application of Penalties, in: Exegetical Commentary (Fn. 13, 2004), Rn. 5 (S. 361), wo die pastorale Bedeutung des Strafrechts auch für den Täter hervorgehoben wird.
Ein umfassender Überblick über die Auffassung von DE PAOLIS findet sich bei SCHAAF, Der Kirchliche Strafanspruch (Fn. 17, 2007), 240–251, hinsichtlich der Vereinbarkeit von Strafe und Gewissensfreiheit insbesondere S. 250–251.

[159] So die Wiedergabe von BORRAS, auf den im Übrigen auch DE PAOLIS sich beruft, bei LÜDICKE, in: MK-CIC, 1341, Rn. 5 (Bearb. 1993). Die mit DE PAOLIS übereinstimmende Position von BORRAS wird ebenso wiedergegeben von SCHAAF, Der Kirchliche Strafanspruch (Fn. 17, 2007), 230, Fn. 30; ausführliche Darlegung von dessen Auffassung ibid. 228–233. Ferner so REES, Glaubensschutz durch Strafmaßnahmen, in: FS *Geringer* (Fn. 23, 2002), 374, unter ausdrücklicher Berufung auf KRÄMER.
SCHAAF selbst, ibid., S. 273–275, schließt sich dann den sogleich genannten Argumenten KRÄMERS an. Ihre Dissertation befasst sich dabei in aller Ausführlichkeit mit der hier im Raum stehenden Frage und erschließt umfassend die kanonistische Diskussion, soweit sie diese Frage behandelt. Siehe zu ihrer Position im Einzelnen sogleich Text beginnend ab S. 45.
Siehe ferner ganz ähnlich SAGMEISTER, zitiert oben S. 10, in Fn. 28, nur mit dem Unterschied, dass er von Fällen spricht, in denen „auch" echter Zwang gegeben sein könne. Siehe auch, allerdings ohne die Fragestellung direkt aufzugreifen, unter Berufung auf SAGMEISTER, DEMEL, Abtreibung zwischen Straffreiheit und Exkommunikation (Fn. 150, 1995), 306–307.

Gewissen verstanden werden, die eigene Entscheidung zu überdenken".[160] KRÄMER beharrt auf diesem Standpunkt auch in Kenntnis und in Auseinandersetzung mit der Position LÜDICKES. Er hält insoweit im Einklang mit diesem unter Berufung auf DH 10 fest, dass „kirchliche Sanktionen oder Strafen [...] also niemals so tief in den Glaubensakt eingreifen [dürfen], dass durch sie die im Glauben gelegene freie Entscheidung angetastet oder gar zerstört würde. Es bedarf einer großen Sensibilität, um kirchliche Sanktionen oder Strafen von Zwangsmitteln zu unterscheiden, die in Widerspruch stehen zur Natur des Glaubensaktes."[161] Abermals wiederholt er, dass die Exkommunikation nur einen Appell zum Überdenken darstelle, um anzufügen: „Eine solche Reaktion der Kirche darf nicht als Nötigung oder Zwang verstanden werden, die sich gegen die Freiheit des Glaubensaktes richten, sondern

---

160 KRÄMER, Menschenrechte – Christenrechte, in: FS Heinemann, hrsg. v. *Gabriels* u. a., Essen 1985, 172. In seinen Ausfühungen in Religionsfreiheit in der Kirche: Das Recht auf religiöse Freiheit in der kirchlichen Rechtsordnung, Trier 1981, 29–30 tendierte KRÄMER de lege ferenda noch zu einer Ansicht, die derjenigen von LÜDICKE ähnelt, sie letztlich übersteigt. „Wer sich von der Kirche lossagt oder von ihrem Glaubensverständnis distanziert, wird sich in aller Regel auf ein subjektiv gutes Gewissen berufen und gerechte Gründe dafür geltend zu machen versuchen." Damals forderte er deshalb den Verzicht auf Strafmaßnahmen für diejenigen, die sich vom Glaubensverständnis der Kirche distanzieren. Es reichten Ordnungsmaßnahmen ohne Strafcharakter, welche die gleichen Sperrwirkungen wie die Strafe haben (unter Rückgriff auf eine Stellungnahme deutscher Kirchenrechtler aus 1974). Hiernach soll Strafe mit Blick auf Glaubensfragen also gänzlich fallengelassen werden (und noch nicht einmal wie bei LÜDICKE aus anderen Strafzwecken heraus möglich bleiben) und einzig der Schutz der communio gesichert werden (und zwar durch Maßnahmen gleicher Wirkung).
Vgl. ferner der aktuellen Ansicht KRÄMERS ähnelnd HAFNER, Kirchen im Kontext der Menschenrechte (Fn. 108, 1992), 233 (siehe auch 214) unter Verweis auf KRÄMER. Er schreibt gar, „die latae sententiae-Exkommunikation [... sei] als bloße ‚geistliche' Strafe nur im Sinne eines Gewissensappells zum Überdenken des Entscheids" zu verstehen. Mit ihr werde „kein physischer oder psychischer Druck auf die austretende Person ausgeübt". In der zugehörigen Fußnote heißt es dann allerdings – ohne nähere Abgrenzung hierzu –, dass mit dieser Strafe gleichwohl „Glaubenszwang [sic!] gegenüber Haeretikern" zugelassen werde im Anschluss an THOMAS VON AQUIN.
Vgl. des Weiteren die Wiedergabe einer Stellungnahme des seinerzeitigen Bischofs von Innsbruck aus 1985 zum Interdikt betreffend einen 24jährigen Tischler, der sich in einer Ortschaft namens Schwaz über Wochen als Priester ausgab und u. a. Eucharistiefeiern vortäuschte, bei PAARHAMMER, Das spezielle Strafrecht des CIC, in: Festgabe *Schwendenwein* (Fn. 70, 1986), 451–452: „Der Ausschluss von den Sakramenten soll ein Wecker für ein Gewissen sein, das offenkundig die normalen Stopptafeln gleichgültig überfährt. Und das Ziel der Exkommunikation ist eindeutig das Erwachen und Zu-sich-Kommen dieses Gewissens, das sich in der Gemeinschaft der Kirche wie ein Geisterfahrer auf der Autobahn benimmt. [...] Die Androhung der Exkommunikation [...] wird sozusagen als letzter Schutz um die heiligsten Dinge gelegt. Sie ist das Blinkfeuer für den Falschfahrer, der vor der Umleitung alle Tempolimits und Bodenmarkierungen überrast. [...] Vielleicht müsste man bei der Benützung dieser fremd gewordenen Begriffe, die im tiefsten doch seelsorglich gemeint sind, eine entsprechende Erklärung mitgeben."

161 KRÄMER, Strafen in einer Kirche der Liebe, in: „Strafrecht" in einer Kirche der Liebe, hrsg. v. *Müller* u. a., Berlin 2006, 16.

ist eine eindringliche Einladung zur Umkehr, mit der freilich auch konkrete Rechtsfolgen verbunden sind."[162]

Diese Ansicht hat Berührungspunkte mit derjenigen MAYS, der ausführt: „Die Bewehrung kirchlicher Gesetze mit Sanktionen ist keine Beeinträchtigung der Gewissensfreiheit, sondern deren Steigerung, weil sie den Menschen zu vermehrter Sorgfalt bei der Gewinnung seines Gewissensurteils veranlasst." Dass jemand „Nachteile ertragen muss, ist kein Verstoß gegen die Gewissensfreiheit, sondern deren Konsequenz. Die Hinnahme etwa eintretender Rechtsminderungen ist die Probe auf die Echtheit seiner Gewissensentscheidung. Es gehört zu einer Gewissensentscheidung, dass ihr Träger bereit ist, nach ihr zu handeln, auch wenn dies Schaden oder Verluste für ihn mit sich bringt. Kirchliche Sanktionen bezwecken also nicht, ein Handeln gegen den (irrigen) Gewissensspruch zu erreichen, sondern sichern seine Lauterkeit. Auch die kirchliche Strafgewalt steht im Dienst der Gewissensbildung."[163]

In anderem Zusammenhang führt überdies auch LÜDICKE aus, dass die Wirkung von Strafe nur relational erfasst werden kann.[164] Sie bleibe nämlich wirkungslos, „wo das vorwiegend geistliche Gut, das durch die Strafe entzogen wird, nicht mehr als Wert empfunden wird."[165] Ferner findet sich die Formulierung: „Die Kirche besitzt nicht die Mittel, einen Menschen gegen seinen Willen und gegen sein Gewissen zu seinem Wohlverhalten zu zwingen [sic!]"[166] Es zeigt sich also, dass – abhängig von der Betrachtungsweise – eine Zwangswirkung zunächst grundsätzlich mit guten Gründen verneint werden kann.

---

162 Ibid. S. 18. Siehe ebenso KRÄMER, Religionsfreiheit und Absolutheitsanspruch der Religionen, in: Recht auf Mission contra Religionsfreiheit? (Fn. 106, 2007), 48. Dort stützt er sich zudem ausdrücklich auf die Konzeption GEROSAS zur Begründung, dass nämlich nur „die notwendige Konsequenz aus dem Verhalten des Gläubigen gezogen" werde, der sich im Sinne der cann. 751, 1364 CIC vom kirchlichen Glauben abwendet.

163 MAY, Das Verhältnis von Gesetz und Gewissen angesichts der kanonischen Rechtsordnung, in: Neue Positionen des Kirchenrechts, hrsg. v. *Lüdicke* u. a., Graz 1994, 58, 76–77. Er führt dann aus, die Kirche sei kein Zwangsverband, man könne austreten.

164 Vgl. hinzukommend zu den sogleich genannten Verweisen auch LÜDICKE, in: MK-CIC, 1314, Rn. 10 (Bearb. 1992), allerdings nicht zur Strafe allgemein, aber immerhin – insoweit schließlich das geltende Recht in weiten Teilen rechtfertigend, wenn diesbezüglich keine Zwangswirkung gegeben wäre – zur Strafform Tatstrafe: „Man wird feststellen müssen, dass die Strafdrohung *latae sententiae* ihre Abschreckungswirkung völlig eingebüßt hat. Weder besitzen Adressaten der Strafdrohung eine Kenntnis des kanonischen Strafrechts …[dieses Argument betrifft die rechtliche Wirkungslosigkeit] noch übt die kirchliche Gemeinschaft auf den Straftäter irgendeinen Druck aus, sich der Strafe gemäß zu verhalten. Beides war im Mittelalter ermöglichende Voraussetzung dafür, die *poena latae sententiae* als Mittel zur Erhaltung der kirchlichen Disziplin einzusetzen."

165 LÜDICKE, in: MK-CIC, 1311, Rn. 5 (Bearb. 1992).

166 LÜDICKE, in: MK-CIC, Einl. vor 1311, Rn. 3 (Bearb. 1992); weiter heißt es: „– und sie darf diese Mittel angesichts der notwendigen Freiwilligkeit auch nicht beanspruchen". Nimmt man den im Text zitierten Teil ernst, hätte es hier nun „dürfte" heißen müssen. Der Aussagegehalt bleibt von daher ein wenig unklar.

bb) Gegenargumente

LÜDICKE selbst empfindet die eben genannte Ansicht (u. a.) von DE PAOLIS, die aus der Wirkung auf das Fehlen von Zwang zurückschließen will, als idealisierend. Außerdem nehme sie dem kirchlichen Strafrecht „seinen Ernst als Selbstschutzmaßnahme der Gemeinschaft“.[167] Diese Kritik dürfte nicht voll verfangen. Ob das von DE PAOLIS, KRÄMER und anderen entfaltete Konzept einer durch Strafe ausgedrückten Heilssorge die Wirklichkeit trifft oder nicht: Die Beschreibung fehlender Zwangswirkung ist insoweit ein sehr realitätsnahes, weil schlicht deskriptives Argument. Nochmals ist darauf hinzuweisen, dass – wie soeben gesehen – es als solches an anderer Stelle eben auch von LÜDICKE selbst geteilt wird.[168]

(1) Zirkulärer Schluss anstelle einer präzisen Beschreibung fehlender Zwangswirkung

Wenn sich damit zeigt, dass die Zwang verneinende Auffassung nicht vorschnell als idealisierend abgetan werden kann, wenn und weil sie eine Tatsachenbeschreibung vorträgt, so ist sie daran allerdings auch zu messen. Festzustellen ist dann nämlich, dass die deskriptive Dimension beim Vortragen dieser Ansicht zwar enthalten ist, aber es keine weitergehenden Bemühungen gibt, diesen Gedanken näher zu entfalten. Es wird gerade nicht im Einzelnen aufgezeigt, warum beispielsweise die Betroffenen heutzutage[169] keinen Zwang mehr spüren würden oder aber warum etwaige Ausnahmefälle an dieser Qualifizierung nichts ändern würden. Im Wesentlichen wird nur apologetisch das Ergebnis festgestellt. Wenn man nämlich etwa die Ausführungen KRÄMERS[170] näher betrachtet,[171] fragt man sich, worin er selbst die „Sensibilität“ erblickt, mittels deren kirchliche Strafe von Zwang zu unterscheiden sei. Ein substantielles Argument, *weshalb* denn nun konkret Strafe hier kein Zwang sei, sucht man vergebens.[172] Es wird sich damit begnügt, schlicht das Ergebnis festzuhalten. Der Eindruck bleibt, dass hier nicht sein kann, was nicht sein darf:

---

[167] LÜDICKE, in: MK-CIC, 1312, Rn. 16 (Bearb. 1992).

[168] Darüber hinaus kann hier darauf hingewiesen werden, dass hinsichtlich eines weiten Teils in Betracht kommender Strafen LÜDICKE der Ansicht GEROSAS zuneigt, dass nämlich „nur“ die Konsequenzen aus der Entscheidung des Täters gezogen werden, vgl. zur Darstellung oben den Abschnitt beginnend auf S. 20. Auch danach kann zumindest für viele Fälle festgehalten werden, dass LÜDICKE nicht schlichtweg von Zwang sprechen würde.
Es mag hier nun dahinstehen, inwieweit LÜDICKE Unterschiede machen würde mit Blick auf den Strafzweck: Aus seinen Ausführungen mag man schließen, dass in dem Augenblick, wo die Kirche als primären Zweck von Strafe auf die Besserung abzielen wollte, dann doch verbotener Zwang vorläge. Jedenfalls würde man diesbezüglich wohl erwarten dürfen, dass zunächst näher erklärt werden müsste, weshalb dieselbe Maßnahme je nach kirchlicher Intention einmal Zwang, ein anderes Mal aber zwangfreies Ziehen der Konsequenzen sei. Zu dieser Fragestellung siehe näher sogleich im Text zur Frage nach konzeptionellen Widersprüchen ab S. 45.

[169] Zur Ansicht MAYS siehe sogleich Fn. 174.

[170] Siehe insbesondere die Zitate beginnend S. 41 bei Fn. 160.

[171] KRÄMER kann hier beispielhaft auch für die anderen Autorinnen und Autoren herangezogen werden.

[172] Dies gilt insoweit auch für DE PAOLIS.

Eben weil kein Zwang erlaubt ist, haben wir es also mit einem bloßen Appell zu tun. Das jedoch ist zirkulär. Es reicht eben nicht, sich Gedanken zu machen, was sein solle und dies dann als tatsächliche Gegebenheit zu präsentieren. Vielmehr ist nüchtern festzustellen, was ist, um daraufhin dann das gefundene Ergebnis am der Gewissensfreiheit geschuldeten Sollen zu überprüfen.[173]

Beide Ansichten – und eben nicht nur diejenige, die eine Kollision zwischen Besserungszweck und Gewissensfreiheit behauptet – scheitern am Erfordernis, das jeweils behauptete Ergebnis faktisch oder normativ ausreichend zu belegen. Dies ist nicht zuletzt Konsequenz dessen, dass von keiner Seite aus versucht wird, konkret zu benennen, was definitorisch Zwang ausmacht, wo also die hier maßgebliche Grenzlinie zu ziehen ist.

Gleichwohl kann festgehalten werden, dass die Behauptung, Strafe sei zumindest heutzutage[174] nur noch dringlicher Appell, eine gewisse Evidenz für sich beanspruchen kann. Dies gilt insbesondere eingedenk dessen, dass eben auch LÜDICKE die Effektivität geistlich wirkender Sanktionen bezweifelt. Es lohnt daher, einige weitere kritische Nachforschungen anzustellen, ob es nicht doch zutreffend sein könnte, mit dieser weit verbreiteten Ansicht eine Zwangswirkung kirchlicher Strafe generell zu verneinen.

---

173 Nun könnte man zwar sagen, das Ist entscheide sich einzig nach der Intention des Gesetzgebers. Dann müsste die Maßgeblichkeit der Intention des Gesetzgebers aber zunächst behauptet und belegt werden. Siehe dazu im Übrigen sogleich – allerdings bezogen auf eine im Ergebnis entgegengesetze Argumentation – die Ausführungen beginnend ab S. 49.

174 MAY argumentiert allerdings nicht bezogen auf die heutige Lage, sondern dass generell die Strafe im Dienst der Gewissensbildung stehe. Gerade weil er dabei eine Verbindungslinie bis hin zu THOMAS VON AQUIN zieht, der auch vom Häretiker forderte, er müsse die Folge der Exkommunikation dann tragen (ibid. S. 78 mit Nachweis), wird diese Auffassung fragwürdig (zur Frage, inwieweit THOMAS seinerseits die zutreffenden Folgerungen seiner Prämissen bildet vgl. überdies SCHENK (Fn. 98) Forum Katholische Theologie 8 (1992), 15–17). Denn zumindest in der mittelalterlichen Gesellschaft gingen von der Exkommunikation derartig beeinträchtigende Rechtswirkungen aus, dass es nahe lag, dass Menschen durch die Strafdrohung verleitet werden, gegen ihr Gewissensurteil zu handeln, nur um die immensen (sozialen) Folgen zu vermeiden (vgl. auch Fn. 194). Ist aber eine solche Möglichkeit nahe liegend, liegt eben auch die Vermutung nahe, dass dann die Strafverhängung, da solche Folgen objektiv voraussehbar und daher womöglich zurechenbar sind, ihrerseits als Zwang zu werden ist. Es hätte deshalb hier näherer Erläuterung bedurft (vgl. auch schon soeben Fn. 173).
Zudem sei auch an dieser Stelle nochmals die konzeptionelle Besonderheit der Ansicht LÜDICKES hervorgehoben. Danach ist ja Zwang zulässig, die Rechtsordnung nimmt sich ernst. Einzig der – quantitativ sehr unbedeutsame (sieht man von der „geheimen" Tat ab) – Fall, dass kein anderer Strafzweck übrig bleibt, steht bei LÜDICKE in Rede. Der von MAY etwa erhobene Einwand, es könne „Anarchie in der Kirche" heraufbeschworen werden (Das Verhältnis von Gesetz und Gewissen im kanonischen Recht, dargestellt an den cc. 915/916 CIC/1983, Forum Katholische Theologie 9 (1993) 130), ist mit Blick auf LÜDICKES Konzeption gegenstandslos.

(2) Konzeptioneller Widerspruch zwischen Annahme eines Appellcharakters mit Blick auf die Gewissensfreiheit und Bejahung der Zwangsgewalt im Übrigen

Mit Bedacht wurde oben formuliert, die Kritik LÜDICKES an der Gegenposition verfange nicht vollständig. Wenn er ausführt, dem Strafrecht dürfe sein Ernst als Selbstschutzmaßname nicht genommen werden, so ist dies sehr wohl bedenkenswert. Dies gilt zunächst im Hinblick auf eine solche Ansicht, wonach dem Strafrecht generell keine echte Zwangswirkung zukomme (vgl. insoweit z. B. das oben erwähnte Zitat von LING[175]). Mit Blick hierauf wird an späterer Stelle[176] das kirchliche Selbstverständnis aufgegriffen, das solch behaupteter „Zwangsfreiheit" entgegenstehen könnte. Ferner ist hinsichtlich einer solchen Auffassung zu vergegenwärtigen, dass eine Neigung bestehen kann, Zwang nur deshalb zu verneinen, um die singuläre Frage nach der Vereinbarkeit kirchlichen Strafrechts mit der Gewissensfreiheit zu beantworten. Dabei kann dann die Gefahr bestehen, den Blick auf das Ganze zu verlieren. Die Auslegung eines Einzelproblems darf jedoch nicht dazu führen, dieses aus dem Gesamtzusammenhang des Gesetzes zu reißen. Gemäß den Auslegungsprinzipien des can. 17 CIC ist eine *Gesamtschau* verpflichtend. Dies ergibt sich zudem als Forderung schon aus den Digesten.[177] Wer also Zwang verneint, muss sich fragen lassen, ob er dasselbe auch mit Blick auf andere Strafzwecke vertreten will, wenn es beispielsweise darum geht, dass die Kirche das ihr anvertraute depositum fidei schützen will, eine Aufgabe, die sie etwa nach LÜDICKES Ansicht wohl[178] mit Zwang durchsetzen könnte.

Darüber hinaus ist aber auch die Auffassung derjenigen zu überprüfen, die möglicherweise kirchlichem Strafen eine Zwangswirkung beimessen und damit auf den ersten Blick hin nicht in Gefahr stehen, generell die Ernsthaftigkeit kirchlichen Strafrechts in Abrede zu stellen. Das Anliegen, kanonisches Strafrecht insoweit zu verteidigen, könnte aber diskreditiert sein, wenn gleichzeitig vorgetragen wird, ein Zwang *im Sinne der Gewissensfreiheit* läge nicht vor. Es steht also die Frage im Raum, ob solche auf den ersten Blick schwankend erscheinenden Aussagen zu rechtfertigen sind. Möglicherweise könnte auch hier unzulässig eine Aussage nur mit Blick auf die jeweils zu beantwortende Einzelfrage getroffen worden sein, anstatt eine schlüssige Gesamtkonzeption vorzulegen, d. h. voneinander isolierte Aussagen zur Charakterisierung des Strafrechts im Allgemeinen sowie dann zur Vereinbarkeit von Besserungsstrafzweck mit der Gewissensfreiheit.

---

175 Siehe S. 34 bei Fn. 138.

176 Siehe unten ab S. 49.

177 Digesten 1.3, 24 (Celsus, libro VIII digestorum): Incivile est nisi tota lege perspecta una aliqua particula eius porposita iduicare vel respondere (Es ist unjuristisch, ohne das Gesetz als Ganzes zu berücksichtigen, nach irgendeinem Teil desselben ein Urteil zu sprechen oder ein Gutachten zu erteilen), Text und Übersetzung zitiert nach Corpus Iuris Civilis, Text und Übersetzung, Bd. II (Digesten 1–10), gemeinschaftlich übersetzt und herausgegeben von *Behrends* u. a., Heidelberg 1995 (S. 114).

178 Siehe näher S. 33 bei und in Fn. 135.

Diese Problematik mag an der Auffassung von SCHAAF in ihrer Dissertation zum kirchlichen Strafanspruch verdeutlicht werden. Sie kommt nach äußerst detaillierter Darstellung der diesbezüglichen kanonistischen Literatur zum Ergebnis, dass die Argumentation KRÄMERS (und DE PAOLIS') zuträfe. Dem Gläubigen, der schließlich verpflichtet sei, die Gemeinschaft mit der Kirche zu wahren, könne seine dagegen gerichtete Verfehlung aufgezeigt werden. Dies sei kein Zwang, „der der Freiheit des Glaubensaktes entgegensteht", sondern vielmehr „eine eindringliche Einladung zur Umkehr, ein Appell an den Gläubigen zum Umdenken seines Verhaltens".[179] Die Überzeugungskraft dieser Aussage leidet jedoch darunter, dass sie gleichzeitig in aller Deutlichkeit hervorhebt, das kirchliches Strafen generell sehr wohl Zwangsausübung ist.[180] Es kann – so heißt es später zusammenfassend – „keinen Zweifel daran geben, dass mit dem Begriff *coercere* in can. 1311 CIC ein wirklicher Zwang und nicht nur eine moralische Zurechtweisung oder brüderliche Ermahnung gemeint ist. Die Kirche übt insofern wirklichen Zwang aus [...] auch gegen den Willen des Betroffenen."[181] Unvermittelt heißt es daran direkt anschließend: „Die von der Kirche in diesem Sinn ausgeübte Zwangsgewalt steht jedoch [...] nicht im Gegensatz zu der vom II. Vatikanum postulierten Glaubensfreiheit". Dann wird nochmals der Appellcharakter einer Exkommunikation vorgetragen, weswegen diese „nicht zur Umkehr" zwinge.[182]

Hier besteht also ein Widerspruch zwischen genereller Bejahung einer Zwangswirkung und der Behauptung des bloßen Appellcharakters mit Blick auf die Gewissensfreiheit. Ein wenig Zwang, aber doch nicht so richtig?[183] Oder sollen hier zwei verschiedene Zwangsbegriffe gelten, wobei derjenige der Gewissensfreiheit

---

[179] SCHAAF, Der Kirchliche Strafanspruch (Fn. 17, 2007), 274.

[180] SCHAAF, Der Kirchliche Strafanspruch (Fn. 17, 2007), 211–212 schließt aus der vom CIC verwendeten Begrifflichkeit (insbesondere „coercere" in can. 1311 CIC), aber auch unter Rückgriff auf Beispiele darauf, dass kirchliches Strafrecht Zwangsmaßnahmen beinhalte.

[181] SCHAAF, ibid., S. 284.

[182] SCHAAF, ibid. Vgl. darüber hinaus ebenda die Fn. 275: „Auch Strigl weist darauf hin, dass die Kirchenstrafe ihren vollen Sinn nur habe, wenn sie eine Verpflichtung im Gewissen mit sich brächte, nicht nur ein äußeres Sich-beugen [mit Nachweis]. Dies heißt jedoch nicht, dass die Strafe der Exkommunikation, die konkrete Rechtsfolgen nach sich zieht (vgl. can. 1331 CIC), *nur* ein Appell wäre, diese Funktion kommt ihr aber in manchen Fällen, v. a. im Hinblick auf die Besserungsstrafen, zusätzlich zu."
Was mit „zusätzlich" gemeint sein soll (soll in diesem Sonderfall dann der Zwangscharakter „überdeckt" und verdrängt werden? Warum?), wird nicht erläutert.

[183] Oder geht es darum, dass schon deshalb Zwang da sein solle, insoweit rein faktisch etwas verboten ist, ob man es nun will oder nicht. Ob darüber hinaus spezifisch zur Umkehr gezwungen werde, sei aber damit noch nicht beantwortet und könne widerspruchsfrei verneint werden. Auch ein solcher möglicher Einwand zur Vermeidung des Widerspruchs griffe nicht. Zwang ist immer relational, indem er den Einzelnen zu einem bestimmten Ziel hin bestimmen will. Zwang erschöpft sich nicht allein im bloßen Verbot. Das Verbot ist nur das (möglicherweise als Zwang zu wertende) Mittel, mit welchem das Ziel erreicht werden soll. Und dieses Ziel sind hier die Strafzwecke. Wenn Strafrecht etwa als Zwang mit Blick auf den Schutz des Glaubensgutes verstanden wird, fragt es sich eben, weshalb Strafrecht dann nicht als Zwang mit Blick auf den Besserungszweck zu werten ist.

strengere Maßstäbe beinhaltet?[184] Dies hätte zumindest eine nähere Begründung erfordert. Oder meint der Verweis auf die Pflicht, die Gemeinschaft mit der Kirche zu wahren, dass in einem solchen Fall von Zwang nicht so schnell die Rede sein kann? Auch das kann als Begründung nicht greifen. So findet, wer sich etwa die Gewissensfreiheit im Weltkatechismus betrachtet, keinen Anhaltspunkte dafür, diese gelte nur für Nichtgetaufte bei der Glaubensannahme, nicht aber für das Verharren im Glauben.[185]

Hinzuweisen ist auch auf die Darlegungen von DE PAOLIS. Er lässt ebenfalls keinen Zweifel daran, dass kirchlichem Strafrecht generell Zwangsgewalt zukommt.[186] Andererseits beschreibt er eindringlich, dass das Strafrecht ein „alarm-call“ sei, um eine innerlich im Gewissen angenommene Läuterung auf den Weg zu bringen. Insoweit ist es eine bloße Einladung.[187] Die Religionsfreiheit als solche sei dabei nicht betroffen, da niemand gezwungen sei, in der Kirche zu verbleiben.[188]

Zwar ist zutreffend, dass kirchliche Sanktionen aus dem Blickwinkel staatlich garantierter Religionsfreiheit keine rechtfertigungsbedürftigen Eingriffe darstellen, da die Möglichkeit des Austritts gegeben ist.[189] Das ist aber irrelevant für die Frage, ob kanonische Strafe in die Gewissensfreiheit nach *kirchlichem* Verständnis eingreift. Insoweit beschreibt auch DE PAOLIS nur, wie es – im Idealfall – sein sollte, dass nämlich der Betroffene die Strafe als letzten Appell begreift und daher eine innerliche Umkehr beginnt. Es ist aber damit nichts dazu ausgesagt, ob nicht kanonische Strafe die Wirkung haben kann, dass jemand ohne innerliche Umkehr sich gezwungen sieht, gemäß der Strafe zu handeln und ob das dann gegen die Gewissensfreiheit verstößt. Es bleibt also ein Zwiespalt, wenn bei DE PAOLIS einerseits abstrakt betrachtet eine Zwangsgewalt beschrieben wird, dann aber apologetisch der Eingriff in die Gewissensfreiheit verneint wird.

Diese auch von SCHAAF nicht ausreichend erläuterte Widersprüchlichkeit kann hier allerdings dahinstehen, da die Ansicht, Strafe sei nur dringlicher Appell, prinzipiell sehr wohl vertreten werden kann, indem man entweder Strafe generell Zwangscharakter abspricht oder aber einen differenzierten Zwangsbegriff vertritt, der mit Blick auf die Gewissensfreiheit anders zu bestimmen wäre (letzteres gilt insbesondere für DE PAOLIS, da dieser Zwang als Spezifikum kirchlicher Strafe

---

184 Vgl. auch den Hinweis, die Kirche dürfe keine „psychischen Druckmittel“ benutzen, ibid. S. 298. Weshalb eine Exkommunikation allerdings – zumindest im Einzelfall – nicht als psychisches Druckmittel wirken könnte, lässt sich nicht ohne weiteres nachvollziehen.

185 Zudem gilt das Strafrecht ohnehin nur für Getaufte, genauer gesagt, für Katholiken.

186 DE PAOLIS, Penal Sanctions, Penal Remedies and Penances, in: The Penal Process (Fn. 13, 2005), beispielsweise 147: ‘Coercive power … must be seen as intrinsic to the very nature and mission of the Church’, siehe auch S. 150, Fn. 3, zur theologischen Einordnung der Zwangsgewalt; vgl. weiterhin noch 168–169; 178–179.

187 Ibid. S. 158–159.

188 ‘In reality the nature of the penalties in the Church is such as to have a restraining force only in the degree to which a person wishes to remain a member of the community. But it does not force anyone to remain within it, or stop anyone from leaving.’ Ibid., S. 168, Fn. 19.

189 Siehe dazu detailliert unten beginnend ab S. 151.

explizit nicht theologisch, sondern nur kanonistisch beschreiben will[190]). Es bleibt also weiterhin zu prüfen: Ist Strafe nur eine Einladung an das Gewissen, aber kein Zwang im Sinne der Gewissensfreiheit?

(3) Unbegrenzte Willensfreiheit verhindert sichere Rückschlüsse

Zunächst ist dazu festzuhalten, dass das Argument keineswegs zwingend ist, ein Gewisseneingriff sei ausgeschlossen, da dem Exkommunizierten noch immer sein freier Wille verbleibe. Denn in einer solchen Argumentation liegt immer auch eine Gefahr. Wie wäre überhaupt ein *un*freier Wille zu definieren?[191] Zeigt nicht gerade die kirchliche Geschichte in vollem Reichtum, dass für den Christen sein Wille nicht durch äußere Maßnahmen gebrochen werden kann?

Die zahlreichen Märtyrer sind es, die das Wort mit ihrem Blut bezeugen, dass die äußeren Mächte der Welt nicht zu fürchten sind: „Fürchtet euch nicht vor denen, die den Leib töten, die Seele aber nicht töten können" (Mt 10, 28). Gerade die um Christi willen Verfolgten haben die Freiheit in ihrer radikalsten Form gelebt: „Von allen Seiten werden wir in die Enge getrieben und finden doch noch Raum" (2 Kor 4, 8). Folglich bedeutet selbst ein Todesurteil keinen *absoluten* Zwang. Doch zynisch ist, wer behauptet, die freie Annahme des Todes zeige, dass nicht Zwang war, was dort geschah. Mit dem Argument verbleibenden freien Willlens könnte beinahe jede denkbare Handlung als eine solche ohne Zwangswirkung beschrieben werden.[192]

Eines ist deutlich geworden:[193] Die Wirkung gerade einer kirchlichen Strafe wie der Exkommunikation ist konstitutiv abhängig vom Bestraften selbst. Im alltäglichen Sprachgebrauch bestünde keine Schwierigkeit, Gefängnis, Folter und To-

---

[190] Siehe die Nachweise in Fn. 186.

[191] Nicht näher aufgegriffen werden kann hier die philosophische Anfrage des Determinismus an das Christentum. Hingewiesen sei auf die allerdings teils sehr fraglich begründete Auffassung, der Ausschluss freien Willens sei klar durch die Wissenschaft bewiesen. Neurobiologische Forschungen bewiesen nämlich die Determiniertheit menschlichen Handelns (vgl. SINGER, Neues Menschenbild? Frankfurt a. M. 2003, 13: die Vorstellung, frei zu sein, sei „inkompatibel mit dem, was wir über die Funktion unserer Gehirne gelernt haben".) Siehe dazu ferner ROTH, Sicht des Gehirns (2003), S. 169–170; SCHIEMANN, NJW 2004, 2056, 2059.
Zur zutreffenden Gegenansicht siehe OTTO, Grundkurs Strafrecht, AT, Berlin 2004, § 1, Rn. 63; REINELT, NJW 2004, 2792 passim; SCHOCKENHOFF, Beruht die Willensfreiheit auf einer Illusion?, Basel 2004, passim, insbesondere 14–28.

[192] In dieser Richtung recht weitgehend vgl. auch MAY (S. 42 bei Fn. 163), wenn er davon spricht, kirchliche Strafe sichere nun einmal die Lauterkeit des Gewissensurteil des Abweichlers, da dieser sich jetzt echtem Widerstand gegenüber sähe. Hier muss stattdessen ernsthafter die Möglichkeit einer Qualifizierung als Zwang geprüft werden, zumal eben den Bedenken MAYS, das Rechtssystem könnte bei mehr Beachtung der Gewissensfreiheit zusammenbrechen, durch die selbständige Betonung anderer Strafzwecke die Grundlage entzogen werden kann.

[193] Ludwig THOMA berichtet vom Vagabunden, der sich jeweils im Herbst bemüht, Seine Majestät zu beleidigen: Strafe muss sein, doch der harte Winter lässt sich im Gefängnis besser verbringen als auf der Straße. Auf diese Ausführung zur Wirkung der Strafe macht GEROSA, Exkommunikation und freier Glaubensgehorsam (Fn. 10, 1995), 263, aufmerksam.

desurteil als Zwang, eine ernsthafte Ermahnung dagegen als Respekt bewahrende, gewaltfreie Aufforderung zu qualifizieren. Die Exkommunikation jedoch einer der beiden Gruppen zuzuordnen, fällt schwerer.[194] Auch gibt es gerade mit Blick etwa auf die Glaubensstraftaten des can. 1364 CIC keinen „Durchschnittstäter", der zur näheren Bestimmung der Zwangswirkung nach Mitteln der Demoskopie hätte herangezogen werden können.

Einstweilen mag unentschieden bleiben, welche Folgerungen daraus zu ziehen sind. Doch gilt es nun, ein mögliches Kriterium zur Bestimmung der Zwangswirkung näher in den Blick zu nehmen. Bleibt nämlich die Reaktion des Exkommunizierten schwer vorhersehbar, liegt der Gedanke nahe, die Qualifizierung abhängig von der Intention des Strafenden vorzunehmen, und zwar hier zunächst abstrakt betrachtet von der Intention der Kirche selbst.

(4) Kirchliches Selbstverständnis

Die Argumentation, kirchliche Strafen dadurch vor der Gewissensfreiheit zu rechtfertigen, dass es diesen an der Zwangswirkung mangele, mag sich von daher als zweischneidiges Schwert erweisen. Will nämlich die Kirche ihre Strafmaßnahmen überhaupt als bloßen Appell bzw. Einladung verstanden wissen?[195] Wird zudem – objektiv betrachtet – die Auffassung, es gebe keine Zwangswirkung, der konstitutiven Bedeutung gerecht, die die Sakramente als geistige Wirklichkeit bezeichnen?[196]

Die Kirche hat sich in ihrer Vergangenheit vehement der Auffassung widersetzt, sie sei nicht von Christus auch bevollmächtigt worden, mit allen als notwendig erscheinenden Mitteln ihre Rechte zur Geltung zu bringen. Geht es um Strafzwecke, die wegen überwiegender Interessen prinzipiell nicht durch die Gewissensfreiheit begrenzt werden (etwa Schutz der communio fidei), soll da die Möglichkeit und das Vorhandensein von Zwang a priori ausgeschlossen sein? Pointiert gefragt: Begibt man sich damit nicht unbewusst in die Nachfolge des MARSILIUS VON

---

194 Wobei dies gerade in heutiger Zeit schwer fällt; dass in früheren Zeiten aufgrund der damit einhergehenden gesellschaftlichen Wirkungen eine Exkommunikation als Zwang zu werten war, ist leichter zu begründen, siehe etwa HUINZING (Fn. 30) Concilium 3 (1967), 658.

195 Vgl. insoweit beispielsweise die Argumentation, wonach auch zwingende Maßnahmen nötig sein können, bei MARZOA, Introduction cc. 1311–1399, in: Exegetical Commentary on the Code of Canon Law, Vol IV/1, hrsg. v. dems. u. a., Montréal 2004, 200–201.

196 Zu bedenken ist insoweit auch, dass bei der Verweigerung der Sakramente zumindest mitzubedenken ist, dass der Kirche Binde- und Lösegewalt zukommt (auf diesen Gedanken machte mich Prof. LÜDICKE aufmerksam).
Vgl. auch die Beschreibung der Wegnahme der Heilsmittel durch die Kirche im Wege der Strafverhängung bei DE PAOLIS, Penal Sanctions, Penal Remedies and Penances, in: The Penal Process (Fn. 13, 2005), 156: 'A person is deprived of a good which is necessary for his or her spiritual journey, for salvation. Without these goods, salvation becomes shomehow more difficult to achieve'. Bezeichnender Weise besteht bei DE PAOLIS daher auch ein gewisser Widerstreit zwischen seiner Position, einen Eingriff in die Gewissensfreiheit abzulehnen, gleichzeitig aber sehr wohl die Ernsthaftigkeit und auch die Zwangswirkung kirchlichen Strafrechts zu betonen, siehe soeben beginnend S. 47, bei Fn. 186.

PADUA, dessen Thesen zur Unerlaubtheit kirchlicher Zwangsausübung schließlich kirchlich ausdrücklich zurückgewiesen wurden[197]?

So führt denn auch STRIGL aus, die Qualifizierung dürfe keineswegs von der schwankenden Reaktion des Bestraften abhängig gemacht werden, sondern Strafe sei nach ihrem Wesen[198] zu erfassen: „Wie immer es ein Bestrafter auffassen mag, von der objektiven Naturordnung her gesehen ist Strafleiden eine Sühne".[199]

Ein endgültiges Argument nunmehr *für* die Qualifizierung als Zwang ist jedoch auch hiermit nicht gewonnen.[200] Bei dem soeben aufgezeigten kirchlichen

---

197 MARSILIUS vertrat die Ansicht, das Ergreifen von Zwangsmaßnahmen, um einen Häretiker zum Seelenheil zu führen, widerspreche dem von Christus geforderten freien Glaubensakt. Allerdings ist zu ergänzen, dass eine politische und zum Teil dabei recht polemische Stoßrichtung dieser hier theologisch begründeten These zu erkennen ist, der Kirche sämtliche weltliche Macht abzusprechen. Auf diese Weise sollte nämlich im Umkehrschluss der Kaiser oder allgemeiner die staatliche Obrigkeit als alleinige Herrschaftsinstanz gestärkt werden (um so mangels Konfliktpotentials aufgrund der äußeren Alleinherrschaft Frieden zu schaffen).
Vgl. jedenfalls zu MARSILIUS die Zusammenfassung bei GEROSA, Exkommunikation und freier Glaubensgehorsam (Fn. 10, 1995), 29–40, zum hier interessierenden theologischen Argument siehe 36–37. Siehe zur Verurteilung der Lehre des MARSILIUS die Konstitution „Licet iuxta doctrinam" von Papst JOHANNES XXII. vom 23. Oktober 1327, wiedergegeben und übersetzt bei DENZINGER/HÜNERMANN, Kompendium der Glaubensbekenntnisse und kirchlichen Lehrentscheidungen, Freiburg 2005, Nr. 941–946, insbesondere Nr. 945. In der Verurteilung dieser Thesen von MARSILIUS und anderen nahm die Kirche die spezifisch theologische Anfrage nicht auf. Vielmehr wurde ganz allgemein festgehalten, dass Kirche auch weltliche Zwangsgewalt innehaben dürfe.
In Richtung eines oben im Text benannten Vorwurfs gegenüber der Vorstellung einer „Kirche der freien Gefolgschaft" tendiert die Auffassung von SEBOTT, Das kirchliche Strafrecht (Fn. 23, 1992), 21, Fn. 11.
Siehe ferner PLÖCHL, Geschichte des Kirchenrechts, Bd. V (Fn. 10, 1969), 31–33, insbesondere 31 zu von der Kirche bekämpften Ansichten, die den Strafcharakter der Exkommunikation leugneten.

198 Auch der Verweis darauf, man nehme im Sinne eines Selbstausschlusses einzig das Handeln des Täters ernst, in dem man ihm die Konsequenzen aufzeige, *bestrafe* ihn aber nicht (vgl. etwa oben S. 42, in Fn. 162), kann mit Verweis auf die staatliche Sphäre zumindest hinterfragt werden. Denkt man an KANT und HEGEL als Verteter der sog. absoluten Straftheorie, dann ist Strafe notwendig nichts anderes als ein Ernstnehmen des Handelns des Täters – Auge um Auge bzw. „Negation der Negation" (HEGEL) –, und bleibt trotz dessen sehr wohl Strafe, siehe hierzu KANT, Metaphysik der Sitten (1797), nach § 49, Anm. E I (S. 158–162); HEGEL, Philosophie des Rechts (1821), § 99, Zusatz (S. 186).

199 STRIGL, Kirchenstrafen, in: HdbKathKR (Fn. 28, 1983), 924.

200 Mit Blick auf MARSILIUS sei angemerkt, dass ihn eine antikirchliche Stoßrichtung kennzeichnete, die einer Vergleichbarkeit entgegensteht. Das Weniger an Zwang auf Seiten der Kirche sollte das Mehr auf Seiten der weltlichen Macht begründen. Um solches Argumentieren geht es hier nicht.
In diesem Sinn ist zu erkennen, dass es hier nicht das Anliegen ist, der Kirche insgesamt Zwang zu verweigern, wie dies bei denjenigen geschieht, die in der Tradition des MARSILIUS stehen. Hier geht es enger nur darum, die Frage nach dem Zwang mit Blick auf den bloßen Besserungszweck zu behandeln. Unterstellt, es gebe einen weltlichen Staat, innerhalb dessen die Kirche – ohne Verstoß gegen die Religionsfreiheit – Geldstrafen gegen ihre Glieder verhängen könnte: Das hier diskutierte Verbot des Zwanges gälte dann nur für den Besserungs-

Selbstverständnis klingt schließlich auch die societas-perfecta-Lehre an. Kann dieser aber, auch wenn sie noch nicht als vollständig überwunden gelten mag, entscheidende Bedeutung zukommen?[201]

Für eine Qualifizierung als Zwang spricht allerdings die geistige Dimension, die nach kirchlichem Verständnis – ganz unabhängig vom Streit um die societas perfecta – keineswegs weniger wahr ist als die sichtbare.[202] Die Bedeutung der konsekrierten Hostie etwa ist mit rein weltlich-immanentem Verständnis nicht zu begreifen. Wenn und weil die Eucharistie „Quelle und Höhepunkt des ganzen christlichen Lebens" (LG 11)[203] sowie „Inbegriff und Summe unseres Glaubens" (KKK Nr. 1327) ist, kann man da noch das – u. a. – aus der Exkommunikation folgende Verbot der Kommunion anders als einen höchst ernsten Zwang begreifen?[204] Spricht etwa Papst PAUL VI. nicht mit Recht von einer „so harten Maßnahme"?[205]

---

zweck, nicht aber für andere Strafzwecke. Dass also hier die Zwangswirkung notwendig auch mit Blick auf andere Strafzwecke geprüft wird, liegt an der bloß faktischen zzt. bestehenden Einheitlichkeit der Strafe, nicht aber an der „kirchenkritischen" Intention des Überprüfenden.

Insbesondere aber gilt es darauf hinzuweisen, dass es möglicherweise Ergebnis des hier vorgelegten Gedankenganges sein kann, dass *nicht immer* Zwang vorliegt. Wenn es in diesem Sinne nun sich zeigte, dass zumindest mitunter oder sogar oft Zwang im Einzelfall vorliegt, so sind die hier dargestellten Bedenken von vornherein gegenstandslos: Der Kirche würde dann nicht mehr abgesprochen, es stehe nicht in ihrer Macht, Zwang auszuüben.

201 Vgl. die Kenntnisnahme des Misstrauens gegen Spuren absolutistischer Macht bei Papst PAUL VI., sogleich Fn. 205.

202 Unbefangen ist nämlich über die Frage dann zu diskutieren, wenn man zuvor – wie bei LÜDICKE möglich – deutlich gemacht hat, dass allgemein Zwang möglich ist, um die communio bzw. das depositum fidei zu schützen. Hinzufügen mag man mit MARZOA, dass insoweit der Einzelne zudem an die Möglichkeit zu erinnern ist, die Kirche verlassen zu können, wenn er mit solchem Zwang nicht zurecht kommt. Der Sache nicht gerecht jedoch wird MARZOA, wenn er aus der Austrittsmöglichkeit schließt: 'Where, then, is the opposition between "the freedom of the act of faith" and penal law?' (MARZOA, Introduction cc. 1311–1399, in: Exegetical Commentary (Fn. 195, 2004), 200).

Die Antwort ist: Wenn ein Mensch aufgrund kirchlicher Strafe von den sakramentalen Heilsmitteln ausgeschlossen wird, dann ist zu prüfen, ob dies nicht dazu führt, dass er allein aufgrund des dadurch erzeugten psychischen Drucks von der bestraften Haltung ablässt, ohne zuvor sich im Gewissen überzeugen zu lassen. Hier *kann* ein Konflikt vorliegen. Eben weil gleichzeitig klar ist, dass die Rechtsordnung aufgrund anderer Strafzwecke sich sehr wohl zu verteidigen weiß, gilt es, die Situation vorbehaltlos zumindest dann zu überprüfen, wenn eben kein anderer tragender Sinn in der Strafverhängung besteht, als diesen Täter zu bessern. Bei bloß mechanischer Erfüllung des Gebots steht überdies nicht nur die Frage eines Verstoßes gegen das Zwangsverbot in Rede. Zudem ist dann das bezweckte Ziel nicht erreicht, da Besserung ohne Freiwilligkeit nicht gegeben sein kann. Das Vorliegen von Zwang ist dann ein untaugliches Mittel, das immer zur Zweckverfehlung führt.

203 Übersetzung nach KKK Nr. 1324.

204 Zumindest insoweit ist mit STRIGL bei der Qualifizierung der Strafe als Zwang davon zu abstrahieren, ob ein Exkommunizierter sich an ein solches Verbot tatsächlich hält – ganz unabhängig von der Frage nach der Fruchtbarkeit eines solch verbotenen Sakramentenempfanges.

205 Siehe dessen Ansprache an die Sacra Rota Romana vom 29. Januar 1970, AAS 62 (1970), 111–118 zur geplanten Revision des CIC, bei dem die Frage nach der Strafgewalt damals noch als offen betrachtet wurde: „Dies alles betrifft z. B. […] Exkommunikationen, welche

Andererseits: Bei aller Betonung der geistigen Dimension: Die Bedeutung freien Willens ist ebenso eine Weisheit, die die Kirche in ihrem Glaubensgut verankert hat. Auch dies ist bei der Beurteilung der Wirkung zu beachten. Entzieht sich die Wirkung einer Exkommunikation nicht ohnehin solchen Kategorisierungen? Ist sie möglicherweise nicht allein treffend mit dem Wort beschrieben, dass so häufig bei Zweideutigkeiten von Juristen bemüht wird: Handelt es sich um eine Maßnahme sui generis?

c) Fehlende Zwangswirkung mit Blick auf das kirchliche Recht, die Spendung der Sakramente zu ordnen

Bei unbefangener Betrachtungsweise kommt jedoch ein Gedanke zum Tragen, der möglicherweise den Ausschlag gibt, eine Zwangswirkung der Strafe abzulehnen. Schließlich kann man – denkt man sich den Straftäter und die Kirche als zwei im Streit liegende Kontrahenten – das Begehren des Exkommunizierten dahingehend verstehen, dass es ihm um die Erweiterung seines eigenen Freiheitsraumes geht. Spricht man der Kirche das insoweit selbstverständliche Recht zu, die Spendung ihrer Sakramente zu ordnen (vgl. can. 841 CIC), so wird die Exkommunikation zur bloßen Verweigerung der Rechtserweiterung. Eine Zwangswirkung wegen „Wegnahme“ scheidet aus. Denn hier wird nicht genommen, was dem Täter zuvor schon zustand, sondern aus dem, was der Kirche als ihr Eigenes zugeordnet ist, wird etwas nicht (mehr) gewährt.[206]

---

die heutige große Sensibilität gegenüber Begriffen der Ausgrenzung hervorrufen wie gegenüber Spuren einer absolutistischen Macht, die längst untergegangen ist. Und dennoch darf man nicht vergessen, dass auch die Zwangsgewalt [sic!] in der Erfahrung der Urkirche verwurzelt ist“, dass sich also letztlich eine „so harte Maßnahme“ verstehen lasse (mit Blick auf den Ausschluss bei 1 Kor 5). Übersetzung des Textes nach GEROSA, Exkommunikation und freier Glaubensgehorsam (Fn. 10, 1995), 117. Wiedergabe der Rede bei http://www.vatican.va/holy_father/paul_vi/speeches/1970/documents/hf_pvi_spe_19700129_anno-giudiziario_it.html (eingesehen am 20.2.2008) unter Punkt 3 c (entspricht S. 117 bei AAS).

206 Der Gedanke, der dieser Fragestellung zugrunde liegt, kann auch wie folgt entfaltet werden: Im staatlichen Recht, beispielsweise bei der Diskussion über die widerrechtliche Drohung bei Abgabe einer Willenserklärung, stellt sich die Frage, woraus die *Widerrechtlichkeit* resultieren kann. Dabei heißt es, dass es an einer Widerrechtlichkeit dann fehle, wenn das Einwirkungsmittel des Drohenden rechtmäßig sei (Beispiel: Jemand „droht“ nach einem Verkehrsunfall damit, die Polizei hinzuzuziehen, sofern nicht (Zwang!) der Unfallgegner schriftlich bescheinige, die Alleinschuld zu tragen). Ähnlich hierzu ist mit Blick auf die Einwirkung auf die Gewissensfreiheit durch kirchliche Strafe nachzuprüfen, ob das Strafmittel als solches besonders legitimiert (im Vergleich: „rechtmäßig“) sein könnte. Diese Legitimation wiederum könnte daraus erwachsen, dass die Kirche mit einer Exkommunikation nur das ordnet, was ohnehin ihr eigenes Recht i. S. d. can. 841 CIC darstellt.

Wäre das der Fall, so könnte dann geschlossen werden: Die Einwirkung aufgrund eines derartig legitimierten Strafmittels darf stärker sein als die Einwirkung aufgrund eines sonstigen „neutralen“ Strafmittels. Dies ist vom Einzelnen (resp. seiner Gewissensinstanz) in höherem Maße hinzunehmen, vergleichbar der eben beschriebenen Situation aus dem staatlichen Rechtskreis.

Das staatliche Strafmittel Gewalt (sei es durch Freiheitsentzug, sei es durch Geldstrafe) hat jedenfalls keinerlei derartige Legitimation auf seiner Seite.

Auch solches Verständnis wird der Lebenswirklichkeit Kirche jedoch keineswegs gerecht: Kirche ist als Heilssakrament immer auf die Einzelnen hingeordnet. Ihr sakramentales Wirken ist nicht kirchlicher Selbstzweck, sondern konkreter Weg zum Heil. Die Kirche kann nicht anders, als gerade diesen Weg einem jeden Einzelnen aufzuzeigen. Wenn deshalb die Kirche – schon immer –[207] ein grundsätzliches Recht des Gläubigen auf Sakramentenempfang kannte (vgl. can. 213 CIC), so zeigt das an, dass dem Gläubigen hier nicht etwas von außen Kommendes gewährt wird. Vielmehr kann die Kirche nicht anders, als aufgrund der zentralen Bedeutung der Sakramente dem Einzelnen ein solches Recht zu gewähren.[208] Auch wird Kirche durch jeden einzelnen Getauften mitkonstituiert, sodass schon ein solch strenger Gegensatz beider Streitenden als zweifelhaft erscheint.

Deshalb ist das Recht auf Sakramentenempfang eine Position, die dem Einzelnen in solch einer Weise zugeordnet ist, dass ihre Wegnahme nicht bloß derart betrachtet werden kann, dass hier ein Freiheitswunsch auf Erweiterung des eigenen Rechtskreises abgelehnt wird.

d) Fehlende Zwangswirkung mit Blick auf die ohnehin fehlende Disposition der Straftäter

Schwerer wiegt ein anderer Gedankengang, auf den sich in anderem Zusammenhang gerade auch GEROSA beruft.[209] Sollte nämlich die schwere Sünde Voraussetzung der Exkommunikation sein, so ist Letztere nicht mehr kausal für das Verbot des Sakramentenempfangs. Mangels rechter Disponierung i. S. d. can. 843 § 1 CIC bzw. mit Blick auf die hier im Vordergrund stehende Eucharistie nach

---

207 Zur Anciennität dieses Rechtes, dass durch das Zweite Vatikanische Konzil in seinem Stellenwert besonders betont wurde, vgl. REINHARDT, Das Recht der Gläubigen auf Sakramentenempfang, Katechetische Blätter 1991, 614.

208 Vgl. mit Blick auf die Eucharistie beispielsweise die Beschreibung und Qualifizierung als Grundrecht bei AHLERS, Eucharistie, in: Ecclesia a sacramentis, hrsg. v. ders. u. a., Paderborn 1992, 18–19.

209 Vgl. GEROSA, Exkommunikation und freier Glaubensgehorsam (Fn. 10, 1995), beispielsweise 227, 245: Die Zwangswirkung der Exkommunikation bestehe aufgrund dessen, dass der Sakramentenempfang schon wegen der schweren Sündhaftigkeit ausgeschlossen sei, nur mit Blick auf die erschwerte Beichtmöglichkeit. Dies wiederum könne als Buße verstanden werden, sodass GEROSA i. E. jeden Zwang ablehnt, vgl. dazu schon oben S. 19, Fn. 75.
Diese Argumentationsweise wird aber sehr wohl – theologisch gewendet – auch von anderen, insbesondere von LÜDICKE aufgegriffen. Denn die fehlende Kausalität wird doch auch von LÜDICKE als Argument herangezogen, um eine Zwangswirkung zumindest für einen bedeutenden Teil in Betracht kommender Straftaten zu verneinen, nämlich im Fall des bloß „deklaratorischen" Exkommunizierens in Folge eines zuvor schon erfolgten Selbstausschlusses. Nun fragt es sich, weshalb nicht derselbe Gedanke mit Blick auf diese Strafe (Exkommunikation) auch im Allgemeinen fruchtbar gemacht werden kann?
Vgl. zu allem jedenfalls LÜDICKE, zitiert oben S. 23, Fn. 85. Er führt für diese Fallgruppe also aus, dass nicht etwa Zwang *gerechtfertigt* sei wegen des höherwertigen Schutzes der communio fidei, sondern dass Zwang gar nicht erst vorliege. Er bedient sich hierbei also nicht der Argumentation, derer er erst für die Fallgruppe der Exkommunikation ohne vorherigen Selbstausschluss (zumindest implizit) dann bedarf: Dass nämlich das höherwertige Rechtsgut hier die Berufung auf die Gewissensfreiheit verdrängt und daher auch Zwang rechtfertigt.

can. 916 CIC (lex specialis) dürfte der sich einer schweren Sünde Bewusste ohnehin nicht den Leib des Herrn empfangen.

Es ist allerdings zumindest nicht unumstritten, ob tatsächlich die dem forum internum zuzuordnende Frage der schweren Sünde tatsächlich zum Tatbestand der Strafnormen zu rechnen ist.[210] Hinzu kommt, dass auch bei denjenigen, die eine solche Voraussetzung fordern, anerkannt wird, dass die Prüfung dieses Merkmals nach für das forum externum angepassten Regeln vonstatten gehe.[211] Schon dies impliziert aber die Möglichkeit eines sich widersprechenden Ergebnisses und spricht damit auch gegen einen zwingenden Rückschluss von Bestrafung auf eine gleichzeitig damit einhergehende fehlende Disposition i. S. d. can. 916 CIC. Überdies: Zeigt nicht die von LÜDICKE aufgezeigte Notwendigkeit, dass sich die Kirche zuweilen von einem Straftäter allein um des Schutzes des depositum fidei willen muss trennen können, dass es folglich auf eine schwere Sündhaftigkeit nicht ankommen sollte?[212] Der Gedanke, inwieweit die etwaig mit der Tat einhergehende schwere Sünde schon vor Strafverhängung wesentliche Folgen der Exkommunikation vorwegnimmt[213] und auf diese Weise die Zwangswirkung entfallen lässt, soll hier jedenfalls nicht weiterverfolgt werden.[214]

Dies gilt umso mehr, wirft man einen Blick auf die faktischen Folgen kirchlicher Strafe sowie auch auf can. 915 CIC. Schließlich wird von Autoren bei der

---

[210] Vgl. die Nachweise oben S. 19, Fn. 78. Allgemein zu diesem Streit, der auch unabhängig von der hier nachgezeichneten Strafzweckdiskussion besteht, siehe ausführlich PREE, Imputabilitas, ÖAfKR 38 (1989), 226–243, mit Nachweisen zur Ansicht, die schwere Sünde verlangt, in 226, Fn. 4; vgl. so etwa – explizit gegen PREE – auch MÜLLER, Warum und wozu kirchliche Sanktionen?, in: „Strafrecht" in einer Kirche der Liebe (Fn. 10, 2006) 199, Fn. 51; siehe auch die Auseinandersetzung in Fn. 52. PREE selbst will in diesem Aufsatz de lege ferenda auf das Vorliegen schwerer Sünde verzichten.

[211] Siehe die Nachweise auf MICHIELS u. a. bei PREE, ibid., 229.

[212] Siehe dazu oben die Darstellung der überzeugenden Auffassung ab S. 17. Ähnlich auch PREE, ibid., 231 sowie 241, Fn. 42, zum Fall eines bona fide vollzogenen Bruchs mit der Kirche: Auch ohne schwere Sünde müsse hier die Möglichkeit der Exkommunikation gegeben sein. Siehe andererseits gegen die Praxisrelevanz eines solchen Falles MÜLLER, Warum und wozu kirchliche Sanktionen?, in: „Strafrecht" in einer Kirche der Liebe (Fn. 10, 2006), 200, Fn. 52. Das Beispiel PREES scheint allerdings sehr wohl praxisrelevant werden zu können. Unterstellte man, dass die fest und exklusiv mit der Priesterbruderschaft St. Pius X (LEFEBVRE) verbundenen Anhänger sich seit den verbotenen Bischofsweihen 1988 im Schisma befinden, so ist unschwer zu erkennen, dass diese Gemeinschaft alles daran setzt, ihren Anhängern den „guten Glauben" an das Nichtvorliegen eines Schismas möglich zu machen (vgl. überdies den Abdruck einiger einschlägiger kirchlicher Dokumente bei WOESTMAN, Ecclesiastical Sanctions and the Penal Process, Ottawa 2000, 192–197).

[213] Selbst wenn man das Gegebensein schwerer Sünde als Voraussetzung jeder Straftat sieht, bliebe zu überlegen, inwieweit die dann gegebene Verquickung von Sünde und Straftat es zulässt, die Vorschriften zur rechten Disponierung als gänzlich eigenständige Regelung zu sehen, von der die strafrechtliche Sanktionierung scharf abzugrenzen ist. Dies hätte schließlich die Folge, dass dann die strafrechtliche Sanktionierung tatsächlich weitestgehend nur noch deklaratorischen Charakter hätte.

[214] Erwähnt sei, dass die Rechtsfolgen der Exkommunikation ohnehin weitergehend sind, vgl. SCHAAF, Der Kirchliche Strafanspruch (Fn. 17, 2007), 264.

Frage des Zwangs – wohl zu Recht – auch auf faktische Folgen verwiesen.[215] Insoweit aber gilt, dass der Übergang von schwerer Sünde zur Strafe ganz unabhängig von der Frage nach dem Sakramentenempfang einen markanten Schritt bedeutet. Es bedarf hierzu nicht einer theologischen Erörterung, inwieweit der Sündenbegriff zwingend subjektive Elemente enthält. Ausreichend ist, sich zu verdeutlichen, dass – *insoweit* jedenfalls subjektiv – ein etwaiger Delinquent den Gedanken, eine schwere Sünde zu begehen, auch gegen die lehramtliche Auffassung gut zu verdrängen bzw. nicht anzuerkennen vermag. Beispielhaft angenommen, die Bewegung der Anhänger LEFEBVRES befinde sich im Schisma,[216] so werden diese Anhänger wohl wenig Sorge darum haben, *sie* seien es, die eine schwere Sünde begingen. Wird aber die schwere Sünde nicht anerkannt, so ergeben sich – zumeist –[217] auch keine messbaren Folgen bei der Sakramentenspendung.

Der äußere Akt kirchlicher Strafverhängung nun markiert eine entscheidende Weichenstellung, als die eigene Auffassung sich in ganz anderem Maße mit der kirchlichen Sichtweise konfrontiert sieht als bei der Frage nach dem Vorliegen schwerer Sünde.[218] Kirchliches Strafhandeln „nötigt" dann in einer Weise zur Selbstüberprüfung, die vorher keineswegs in vergleichbarer Weise erreicht war. Auch wird das Außenverhältnis zu anderen Personen entscheidend geprägt, wenn mit kirchlicher Autorität ein solches Verdikt gesprochen ist, das eben nicht gegenüber anderen leichterhand verdrängt werden mag. Diese faktische Änderung, allein durch kirchliche Bestrafung ausgelöst, kann also sehr wohl deutliche Folgen haben, wie auch can. 915 CIC mit Blick auf Spruchstrafen bzw. deklarierte Tatstrafen aufzeigt. Doch auch die nicht deklarierte Tatstrafe mag nicht ohne weiteres von dieser Wirkung ausgenommen werden. Schließlich droht zumindest – wenn die Voraussetzungen einer poena latae sententiae tatsächlich vorliegen – eine Deklarierung durch die zuständige Autorität. Würden beispielsweise einige Anhänger einer schismatischen Bewegung auch deklaratorisch exkommuniziert, so hätte dies auch Signalwirkung für die (noch) nicht mit einem solchen Strafverfahren konfrontierten, nur latae sententiae Exkommunizierten. Kirchlicher Strafe kann zumindest im Einzelfall (noch immer) eine Art Pranger-Wirkung zukommen, die es vertretbar er-

---

215 In einer homogenen mittelalterlichen Gesellschaft mag eben allein aufgrund solcher Folgen eine Zwangswirkung einer Exkommunikation gegeben sein, wie dies bisweilen hervorgehoben wird, siehe S. 36, Fn. 146, S. 42, Fn. 164.

216 Es versteht sich von selbst, dass eine kanonistische Überprüfung der tatsächlichen Sachlage hier nicht stattfinden kann. Neben der objektiven Frage des Vorliegens eines Schismas wäre gerade auch die subjektive Seite eingehend zu erörtern.

217 In welchem Rahmen mit Blick auf can. 915 CIC anderes gelten kann, sprich allein aus schwerer Sünde in foro externo Konsequenzen gezogen werden, muss hier nicht weiter überprüft werden, da zumindest erkennbar ist, dass in der kirchlichen Praxis kaum umfassend Konsequenzen gezogen werden. Vgl. zum Auslegungsstreit um diese Norm etwa die Darstellung bei ALTHAUS, MK-CIC, c. 915, Rn. 5 (Bearb. 2004), insoweit Wiedergabe der Kommentierung LÜDICKES im MK-CIC aus 2001.

218 Hier ist nicht zu thematisieren, inwieweit das auch daran liegt, dass die Rolle des Lehramts für die Bildung des Gewissens nicht in dem Maß angenommen wird, wie dies katholischem Verständnis nach der Fall sein müsste.

scheinen lässt, auch von daher die Frage nach der vorgängigen Rechtswirkung schwerer Sünde an dieser Stelle nicht weiterzuverfolgen.

e) Fehlende Zwangswirkung im Vergleich mit der Wirkung des authentischen Lehramts

Jedenfalls eines dürfte schon bislang deutlich geworden sein: Die Schwierigkeiten, die schon die Zwangsdefinition nach Maßgabe allgemeinen Sprachgebrauchs bereitet hat, werden durch stärkere kanonistisch-theologische Reflexion keineswegs beseitigt.

Ein letzter Gedanke soll dies unterstreichen: Ein skrupulöser Mensch, der eine Auffassung[219] des authentischen Lehramts hört, beispielsweise eine solche, die ein Verhalten als in sich schlecht qualifiziert: Kann es bei einem solchen Menschen nicht geschehen, dass er der Auffassung nur mehr aus innerem Zwang folgt, ohne zuvor – wie nach katholischem Verständnis gefordert –[220] diese Lehre in seinem Gewissen anzunehmen?[221]

Außer Frage steht allerdings nach katholischem Verständnis die prinzipielle Zulässigkeit, das authentische Lehramt auszuüben,[222] ohne dass dies deshalb bezweifelt werden könnte, dass bei Einzelnen eine kirchlicherseits nicht bezweckte Zwangswirkung eintritt. Besteht nun letztlich nicht hinsichtlich der Zwangswirkung nur ein gradueller Unterschied zwischen einer Exkommunikation und der Ausübung authentischen Lehramts? Ist zumindest nicht auch mit diesem Beispiel dargelegt, dass die Frage nach dem Zwang eine solche des Einzelfalls ist, die sich abstrakter Beurteilung entzieht?

---

219 Die im hier zu bildenden Beispielsfall so konkret sein soll, dass sie eine direkte Umsetzung im täglichen Leben ermöglicht.

220 Vgl. nur SCHOCKENHOFF, Wie gewiss ist das Gewissen? (Fn. 97, 2003), 232.

221 Die Streitfrage, zu welchem Grad vom Menschen ein inneres Verständnis der von der Kirche vorgelegten Lehren für das Vorliegen eines sittlich guten Handelns notwendig ist, sei hier außen vorgelassen; vgl. hierzu WEBER, Konkurrenten oder Weggenossen?, in: Das Gewissen, hrsg. v. *Gründel*, Düsseldorf 1990, 95–96. Die hinreichende Plausibilität betonend siehe etwa GRÜNDEL, Verbindlichkeit des Gewissensspruches, in: Das Gewissen, ebd., 109; HEINZMANN, Gewissen bei Thomas von Aquin, in: Das Gewissen, ebd., 49–50. Vgl. dagegen unter Berufung auf einen Aufsatz von RAHNER aus 1949 gegen die Notwendigkeit, dass die Gründe einleuchten müssten, SALA, Gewissensentscheidung, Innsbruck 1993, 117. Siehe überdies dessen Kritik an der deutschen Bundesministerin für Forschung und Bildung SCHAVAN hinsichtlich deren Berufung auf ihr Gewissen, um mit Blick auf von der Forschung in Aussicht gestellter zukünftiger Heilungschancen die Tötung von Embryonen nach Maßgabe einer erneuten Stichtagsregelung zu fördern, in einem Leserbrief in der FAZ v. 26.4.2008, S. 10. Umgekehrt beklagt SALA hier, dass SCHAVAN zumindest verpflichtet gewesen wäre, einen Spruch des Gewissens zu benennen, der seinerseits „argumentationsfähig" gewesen wäre. Dies könne nicht ersetzt werden durch einen bloßen, wenn auch leidenschaftlichen Verweis auf ihr eigenes Gewissen. Da sie aber nicht klar gesagt habe, ob für sie ein Embryo ein Mensch ist oder nicht, sei sie dieser Pflicht nicht nachgekommen.

222 Siehe LG 25.

f) Zweifel als Zwischenergebnis

Als Ergebnis ist festzuhalten, dass es keines gibt, oder zutreffender formuliert: Keines, das mit Ja oder Nein zusammengefasst werden könnte: Je nach Schwerpunktsetzung kann mit guten Gründen vertreten werden, dass ein Zwang zu bejahen ist (gerade mit Blick auf das kirchliche Selbstverständnis sowie die zentrale Bedeutung der Sakramente), oder dass dies an der in konstitutivem Maße bestehen bleibenden Willensfreiheit scheitert.[223] Zwischenergebnis ist somit, dass hinsichtlich der Zwangsqualifizierung Zweifel bestehen.

Ob vor diesem Hintergrund dieser Ergebnisoffenheit de lege lata vertreten werden kann, dass der Gesetzgeber des CIC unter Verstoß gegen göttliches Recht bzw. gegen Naturrecht die Exkommunikation zu Besserungszwecken zuließ, ist abschließend zu hinterfragen.

---

[223] Dies zeigt sich im Übrigen auch daran, dass es auch bei den Darlegungen LÜDICKES Positionierungen gibt, die isoliert betrachtet die Auffassung stützen, es liege kein Zwang vor, siehe oben S. 41.

III. Zur Beachtung der Tradition als verbindliche Regel in Zweifelsfällen

Das Recht verlangt nach klaren Antworten. Zweifel dürfen nicht das letzte Wort sein. Nicht nur Beweislastregeln sind dem Recht daher eigen, sondern auch Zweifelsregeln, anhand derer sich bestimmen lässt, welches Ergebnis im Zweifel zu gelten hat. Auch hier ist nun zu prüfen, ob sich nicht durch Auslegung eine Zweifelsregel ermitteln lässt. Anhaltspunkt hierfür ist in einem ersten Schritt, die Rolle der Tradition zu würdigen, die dieser im kanonischen Recht allgemein und mit Blick auf den Besserungsstrafzweck eingeräumt ist.

Es wurde schon darauf hingewiesen, dass die kirchliche Tradition nach einmütiger Auffassung die Besserung als tauglichen Zweck kirchlichen Strafens ansieht.[224] Nun heißt es in can. 27 CIC „consuetudo est optima legum interpres", sowie in can. 6 § 2 CIC: „Canones […], quatenus ius vetus referunt, aestimandi sunt ratione etiam canonicae traditionis habita."[225] Diese Grundsätze werden betont von Papst JOHANNES PAUL II., wenn er ausführt: „Man darf […] bei der Interpretation des geltenden Codex keinen Bruch mit der Vergangenheit annehmen, als wenn im Jahre 1983 ein Sprung in eine völlig neue Wirklichkeit erfolgt wäre."[226]

Hiervon ist unmittelbar nur die Auslegung des CIC betroffen. Die hier zu beantwortende Frage ist dabei zwar, ob der *kodifikarische* Besserungsstrafzweck gegen die Gewissensfreiheit verstößt. Auszulegen ist dabei jedoch nicht der CIC – dass Besserung gefordert ist, bleibt unstreitig und damit ohne Auslegungszweifeln –, sondern die Reichweite und das Verständnis unzulässigen Zwanges i. S. d. Gewissenslehre.

Die genannten Normen sind über ihren Anwendungsbereich hinaus jedoch ein erster Beleg für einen allgemeinen Grundsatz, der Tradition mitunter eine streitentscheidende Rolle beizumessen. Diese allgemeine Regel findet sich wieder in den Digesten, wo es heißt: „Minime sunt mutanda, quae interpretationem certam semper habuerunt."[227] Wo also hinsichtlich einer Fragestellung eine unstreitige Auslegung schon immer – traditionell – herangezogen wurde, da soll möglichst nicht eine Veränderung herbeigeführt werden. So bestätigt auch BENEDIKT XVI. frühere Ausführungen JOHANNES PAUL II., dass es ganz allgemein „für eine gesunde Hermeneutik […] unerlässlich [ist], die Gesamtheit der Weisungen der Kirche zu erfassen und *jede Aussage organisch in die Tradition einzubinden.* Auf diese Weise werden

---

224 Siehe die Nachweise oben S. 5, Fn. 10.

225 Vgl. des Weiteren die Bezugnahme in can. 19 CIC, als Anknüpfungspunkt zur Geltung allgemein geltender Rechtsprinzipien genannt bei PREE, Kirchenrecht in der Ökumene, in: FS *May*, hrsg. v. *Egler* u. a., Berlin 2006, 529; siehe dazu auch SOCHA, in: Münsterischer Kommentar zum CIC, 19, Rn. 9 (Bearb. 1990).

226 Ansprache an die Römische Rota 1993, hier zitiert nach AfkKR 162 (1993) 148.

227 Digesten 1.3, 23 (Paulus, libro quarto ad Plautium), zitiert nach Corpus Iuris Civilis, Text und Übersetzung, Bd. II (Digesten 1–10) (Fn. 177, 1995), 114. Nicht ganz glücklich erscheint mir die Übersetzung, ibid.: „Was stets eine bestimmte Auslegung gehabt hat, sollte keinesfalls geändert werden." Insbesondere träfe es den Sinn besser (und wäre zudem nicht mehrdeutig, wie es jedoch „bestimmt" in diesem Zusammenhang ist), hier von einer unstreitigen Auslegung zu sprechen.

selektive und verzerrte Auslegungen sowie unfruchtbare Kritiken an einzelnen Passagen vermieden".[228] Danach ist festzuhalten, dass die Beachtung der Tradition ein hoher Wert ist, um kirchliche Regelungen auszulegen.[229] Solch ein Grundsatz ist auch heranzuziehen, wenn es gilt, die Reichweite der Gewissensfreiheit festzustellen. Letzterer kommt hier Rechtsqualität zu,[230] sodass damit auch die Anwendbarkeit allgemeiner rechtlicher Auslegungsgrundsätze gegeben ist.

An dieser Stelle soll indes nicht behauptet werden, kanonisches Recht kenne keine Erneuerung, die sich auch gegen altehrwürdige Traditionen richten könnte. Die Tradition gilt nicht absolut.[231] Dem entsprechend geht es auch hier nicht darum, neuen Einsichten unter Verweis auf die Tradition per se die Daseinsberechtigung abzusprechen. Mit den eben genannten Nachweisen soll schließlich nur die oben angedeutete Zweifelsregel begründet werden. Hierzu sei nun BENEDIKT XVI. zitiert: „Kontroverse Normen müssen im Licht des lebendigen Lehramtes der Kirche interpretiert [...] werden."[232] In jenem Wort „kontrovers" verbirgt sich ein entscheidender Gedanke, wenn es darum geht, das Ausschlaggebende der Tradition gegenüber Neuinterpretationen verbindlich abzustecken. Schließlich ergibt sich hieraus eine bindende Zweifelsregel. Es geht also nicht darum – wie es bei der eben genannten Rechtsregel aus den Digesten anklingen mag –[233], grundsätzlich eine rückwärts gewandte Interpretation zu fordern, selbst wenn bessere sachliche (systematische oder theologische) Gründe für ein Abrücken sprächen. Bei „Unvollkom-

---

228 BENEDIKT XVI., Ansprache an die Römische Rota 2008, hier zitiert nach ORdt 38 (2008), Nr. 7, S. 7, Hervorhebung nicht im Original. Hierbei handelt es sich um ein wörtliches Zitat von JOHANNES PAUL II. in AAS 97 [2005] S. 166, Nr. 6, das hier wiedergeben wird.

229 Vgl. zur Bedeutung der Tradition auch ERDÖ, Die Quellen des Kirchenrechts, Frankfurt a. M. 2002, S. III; WALDSTEIN, Fragen der Wirkung falscher Interpretationen kirchenrechtlicher Normen, in: FS *May*, hrsg. v. *Egler* u. a., Berlin 2006, 643 (der dort auf die (eben erwähnte) Regel in den Digesten hinweist).

230 Siehe BENEDIKT XVI., Ansprache an die Römische Rota 2008, hier zitiert nach ORdt 38 (2008), Nr. 7, S. 7: „In Wirklichkeit hat die authentische Auslegung des Wortes Gottes, die vom Lehramt der Kirche vorgenommen wird, rechtliche Bedeutung in dem Maß, in dem sie den Rechtsbereich betrifft, und sie benötigt keinen weiteren formellen Übergang, um rechtlich und moralisch bindend zu werden."

231 Siehe BENEDIKT XVI., Ansprache anlässlich des 25. Jahrestages der Promulgation des CIC 2008, hier zitiert nach ORdt 38 (2008), Nr. 6, S. 10: „Damit das Kirchenrecht diesen wertvollen Dienst [eine auf Liebe fußende Gerechtigkeit zum Heil der Seelen sicherzustellen] leisten kann, muss es vor allem ein gut strukturiertes Recht sein. Es muss also einerseits an jene theologische Grundlage gebunden sein, die ihm Berechtigung verleiht und die der wesentliche Rechtsgrund kirchlicher Legitimität ist; andererseits muss es den sich wandelnden Gegebenheiten der geschichtlichen Wirklichkeit des Gottesvolkes entsprechen. Außerdem muss es klar formuliert werden, ohne Doppeldeutigkeiten und stets im Einklang mit den übrigen Gesetzen der Kirche. Daher müssen überholte Normen aufgehoben und korrekturbedürftige modifiziert werden. Kontroverse Normen müssen im Licht des lebendigen Lehramtes der Kirche interpretiert [...] werden."

232 Siehe das Zitat a. E. soeben Fn. 231.

233 Dies gilt insbesondere, wenn man diese Regel im Verständnis der eben genannten Übersetzung heranzieht, die „minime" hier als „keinesfalls" übersetzt, siehe S. 58, Fn. 227; es könnte aber auch mit „sehr wenig" übersetzt werden.

menheiten" kirchlichen Rechts[234] muss gebenenfalls auch die Tradition zurücktreten. Worum es hier stattdessen geht, ist die Situation, in dem die vermeintlich besseren Gründe eben nicht so überzeugend sind, dass alle vernünftigen Zweifel ausgeräumt werden können. Verbleiben aber Zweifel – ist die Streitfrage also noch immer „kontrovers" – so ist nach der hier nun hergeleiteten allgemeinen Rechtsregel der traditionellen Auslegung der Vorzug zu geben – und zwar zwingend. Der vom Papst verwendete Verweis auf „lebendig" zeigt an, dass es natürlich am Lehramt liegt zu prüfen, ob nicht eine Veränderung de lege ferenda herbeigeführt werden sollte. Dies kann selbstredend auch von der Kanonistik angeregt werden. Dem Interpreten des Rechts jedoch bleibt in solchen Fällen eine schon jetzt Geltung beanspruchende rechtsfortbildende Auslegung des kirchlichen Rechts verwehrt. Somit ist eine Neuinterpretation immer dann abzulehnen, wenn (1.) in der Tradition sich konkrete Antworten auf die gestellte Frage finden lassen sowie (2.) ernste Zweifel bei der Auslegung verblieben sind.

Wenn also die Tradition den Besserungszweck des Strafens unterstützt,[235] so kommt dem hier maßgebliche Bedeutung zu: Die Gewissensfreiheit kann nicht als Grenze verstanden werden, die es kategorisch verbietet, mit dem Zweck der Besserung des Täters zu strafen. Damit führt die Bedeutung, die der Tradition innerhalb der Kirche zuzumessen ist, zu einer Zweifelsregel und diese wiederum zu einem eindeutigen Endergebnis: Weil nicht zweifelsfrei festzustellen ist, dass kirchliches Strafen zum Zwecke der Besserung immer als Zwang aufzufassen ist, muss daher die Auffassung abgelehnt werden, die den Besserungsstrafzweck kategorisch ausschließen will. Denn es kann nicht nachgewiesen werden, dass die Gewissensfreiheit eine kategorische Grenze kirchlicher Strafgewalt ist. Die Kirche kann in ihrer strafrechtlichen Kodifikation also die „emendatio rei" verankern, ohne dass sie sich schon dadurch in Widerspruch zur gleichfalls anerkannten Freiheit des Gewissens setzte.

Mit Blick auf die Rolle der Kirche bei der Bildung des Gewissens, die ihr nach katholischem Verständnis zuerkannt wird,[236] darf solch ein Ergebnis nicht überraschen. Dies gilt gerade, weil es Wesen der Kirche sein soll, sich mit größtmöglicher Entschiedenheit für die salus animarum eines jeden Einzelnen einzusetzen (siehe can. 1752 CIC). „Kraft ihres Sendungstrages gehört es geradezu zum Wesen der Kirche, sich in die religiöse Sphäre des [einzelnen] Menschen einzumischen".[237] Kirchliches Handeln ist dabei nicht allein auf das äußerlich Sichtbare beschränkt. Es ist vom kirchlichen Recht – zu Recht – vorausgesetzt, dass auch „die innere

---

[234] Vgl. JOHANNES PAUL II., Ansprache an die Römische Rota 1993, hier zitiert nach AfkKR 162 (1993) 147.

[235] Vgl. statt vieler die Darstellung bei REES, Strafgewalt der Kirche (Fn. 17, 1993), 65–68 sowie die Nachweise oben S. 5, Fn. 10.

[236] Zur besonderen Bedeutung dieser Pflicht sei an dieser Stelle statt vieler nur erinnert an THOMAS, STh I–II q. 19, art. 6 und dazu SCHENK (Fn. 98) Forum Katholische Theologie 8 (1992), 9.

[237] AYMANS (Fn. 106) AfkKR 149 (1980), 397.

Dimension des Menschen, dort, wo dieser Gott gegenübersteht", angesprochen werden soll, „wenngleich nicht [...] das Gewissensurteil als solches".[238]

Wenn nun (1.) ein Mittel wie die Exkommunikaton *nicht* gegen die Gewissensfreiheit verstößt, d. h. keine „Zwangsgewalt" bzw. kein „artfremde[s], ungeistige[s] Mittel ist" und (2.) nach Abwägung im Einzelfall durch die Anwendung dieses Mittels auch nur ein Einziger gerettet werden könnte, so fragt es sich, wie dann noch ein kategorisches Verbot gerechtfertigt werden könnte.[239] Es wäre also falsch, sich vorschnell[240] ein Urteil zu bilden aufgrund negativer Konnotationen, die der Exkommunikation beigemessen werden, und der damit kontrastierenden Wirkung eines Begriffs wie der „Gewissensfreiheit": Es darf nicht voreilig ein Mittel aus dem „Arsenal" kirchlicher Hirtensorge entrissen werden. Auch Strafe kann eben sehr wohl als pastorale Maßnahme verstanden werden.[241]

---

[238] PREE (Fn. 150) AfkKR 168 (1999), 27–28; siehe auch SOCHA, in: Münsterischer Kommentar zum CIC, 130, Rn. 2 sowie 6 (Bearb. 1986) im Vergleich zum CIC/1917), vgl. insoweit auch can. 130 CIC und dazu etwa PREE, Die Ausübung der Leitungsvollmacht, § 12, in: Handbuch des katholischen Kirchenrechts, hrsg. v. *Listl* u. a., Regensburg, 2. A. 1999, 156–158. Vgl. ferner, MÖRSDORF wiedergebend, zum Zusammenhang zwischen substantieller Lage – Selbstausschluss des Täters – und rechtlicher Entsprechung auch CATTANEO, Grundfragen des Kirchenrechts (Fn. 49, 1991) 35–36, mit dem Hinweis darauf, dass nicht etwa ein Rechts- und ein Gewissensbereich als zwei wesensverschiedene Bereiche verstanden werden dürfen; ferner zum Rechtscharakter des inneren Bereichs mit Blick auf den CIC/1917 S. 50–51.

[239] Zitat bei AYMANS (Fn. 106) AfkKR 149 (1980), 398, siehe überdies auch ibid. 403, Fn. 35.

[240] Dass allerdings mit entsprechender Argumentation im Ergebnis de lege ferenda an den Verzicht auf den Besserungsstrafzweck hinsichtlich der Exkommunikation gedacht werden kann, wird an späterer Stelle noch darzulegen sein. Die Argumentation des einen „verlorenen Schafes" darf nicht einseitig benutzt werden. Ein System, dass um seiner Wirkung nach außen, um seiner Glaubwürdigkeit willen auf Strafe allein zur Besserung verzichtete, mag auch auf diese Weise dazu beitragen, dem Seelenheil zu dienen. In anderem Zusammenhang wurde z. B. teilweise so hinsichtlich des Austretens der katholischen Kirche aus dem Abtreibung ermöglichenden staatlichen System in Deutschland argumentiert.

[241] Vgl. ERDÖ, Die Wirksamkeit des kanonischen Strafsystems, in: FS *Geringer* (Fn. 13, 2002), 87. Auch Gehorsam – wie er auch als Reaktion auf die Strafe angemessen sein sollte – ist dabei ein Wert an sich, um den *trotz* Vorrang des Gewissens zumindest gerungen werden soll, vgl. insoweit auch mit Blick auf NEWMAN dens., The Theological Foundations of Canon Law According to the Works of John Henry Newman, in Folia Theologica 1 (1990), 128.

IV. Zusammenfassung und Konsolidierung

Nun gilt es, dieses Ergebnis, das zugleich Zweifel und eindeutige Schlussfolgerung umfasst, nochmals illustrierend zusammenzufassen: Betrachtet man die Bedeutung der Sakramente für das Leben der Kirche und der Gläubigen, so ist hiermit ein gut vertretbarer Grund benannt, zumindest die konstitutiv wirkende Exkommunikation mit Blick auf das Verbot des Sakramentenempfanges als Zwang zu qualifizieren. Daraus ergibt sich auch, weshalb die Literaturauffassung zurückzuweisen ist, die – teilweise in Auseinandersetzung mit LÜDICKE – schlichtweg eine Zwangswirkung verneint.[242] Das ist nicht nur nicht tragfähig, da die zentrale Rolle der Sakramente nicht hinreichend gewürdigt wird. Vielmehr wäre diese Auffassung in der Pflicht gewesen, ihrerseits zu benennen, ab wann genau denn die Schwelle zum unzulässigen Zwang überschritten sei. Die kirchlicherseits feierlich verkündete Gewissensfreiheit drohte sonst, zum zahnlosen Tiger, zum bloßen Lippenbekenntnis zu verkommen.

Die Gegenansicht LÜDICKES trägt allerdings ebenso wenig. Unterstellte man, die Kirche könne Hans KÜNG exkommunizieren und täte dies, so zeigte sich an diesem Beispiel der Grund, weswegen gleichwohl Zweifel an einer solchen Qualifizierung als Zwang verbleiben: KÜNG sähe sich – unterstellt, die kirchliche Argumentation überzeugte ihn in der Sache nicht – sicherlich nicht gezwungen, nur aufgrund dieser kirchlichen Maßnahme entgegen seinem abweichenden Gewissensurteil nunmehr danach zu handeln, was mit der Exkommunikation von ihm gefordert wäre. Viele Stellungnahmen zum kirchlichen Strafrecht weisen demnach nicht zu Unrecht daraufhin, dass die Wirkung der Strafe entscheidend von der jeweiligen inneren Verfassung des Exkommunizierten abhängt. Ferner ist – neben diesem ganz zentralen Willensargument – auf die übrigen Gesichtspunkte hinzuweisen, die die Zweifel stützen:

(1.) Im Zweiten Vatikanischen Konzil finden sich keineswegs derartige Neuerungen, die nunmehr (a) die Tradition zur Makulatur werden lassen könnten und die (b) in der Sache „subsumtionsfähige" Klarheit über die Grenze unzulässiger Zwangseinwirkung geschafft hätten.

(2.) Auch beinhaltet die kirchliche Strafe der Exkommunikation weder mittelbar – wie dies früher der Fall gewesen sein mag – noch unmittelbar irgendeine Form von Gewalt. Schon der allgemeine Sprachgebrauch zeigt jedoch, dass bei Fehlen physischer Gewalt eine genaue Qualifizierung als Zwang nur schwer zu erzielen ist.

(3.) Die traditionelle Begrifflichkeit „Strafe" suggeriert aufgrund der heute im staatlichen – und früher zudem im kirchlichen – Bereich eindeutigen Zwangswirkung eine Wesensähnlichkeit der Exkommunikation, die sich so aber nicht durch Tatsachen bestätigen lässt.

(4.) Wollte man entgegen der hiermit nun vorgetragenen Auffassung gleichwohl zweifelsfrei von einer Zwangswirkung ausgehen, so müsste man zudem noch nachweisen, dass die Hauptwirkungen der Exkommunikation durch die Strafe

[242] Siehe oben die Darstellung beginnend auf S. 40.

überhaupt kausal verursacht werden. Denn in Rede steht, dass diese Wirkungen größtenteils schon durch die möglicherweise als schwere Sünde zu qualifizierende Tathandlung selbst verursacht wurden, nicht aber erst durch die kirchliche Strafreaktion[243] hierauf.

Als letzte Kontrollüberlegung soll hier nun der Versuch unternommen werden, eigenständig eine Definition desjenigen Zwangs zu formulieren, der eine unzulässige Einwirkung auf das Gewissen bedeutet. Dass die Gewissensfreiheit frei verantwortetes sittliches Handeln ermöglichen soll, ist dabei entscheidende Grundlage der folgenden Definition:

Zwang liegt vor, wenn die erneute Bildung eines Gewissensurteils[244] ausfällt oder durch subjektiv überzeugende Gründe ernsthaft gefährdet[245] ist, weil die angedrohten Folgen der kirchlichen Maßnahme für sich genommen schon ein solches Gewicht besitzen[246], dass allein die denkbare Verwirklichung dieser Folgen grundsätzlich schon hinreichende[247] Bedingung ist, nunmehr so zu handeln, wie dies von der kirchlichen Maßnahme her intendiert ist.[248]
Kurz gefasst: Zwang liegt vor, wenn die angedrohten Folgen so schwer wiegen, dass es aus subjektiver Sicht des Betroffenen heraus gut begründbar ist, ohne über die Sache nachzudenken das Handeln dem kirchlichen Willen zu unterwerfen.

Hiermit ist m. E. nach eine Definition gegeben, die den Sinn der Gewissensfreiheit hinreichend erfasst, die aber gleichzeitig auch die genannten Zweifel bestätigt. Um bei einem Beispiel zu bleiben, und zwar beim Beispiel eines Theologen, der möglicherweise Gefallen am Ausleben einer Rebellenrolle in der Öffentlichkeit gefun-

---

243 Die auch bei einer Tatstrafe frühestens erst eine logische Sekunde später erfolgt.

244 Wenn also der sachliche Urteilsfindungsprozess nicht wieder in der Weise ernsthaft aufgenommen wird, dass dessen inhaltliches Ergebnis dann maßgeblich für die danach durchgeführte Handlung wäre (oder aber, siehe dazu sogleich das nächste Definitionselement: wenn eine solche Wiederaufnahme stark gefährdet ist).

245 Bei der Definition war darauf zu achten, nicht etwa das tatsächliche Nachgeben des Betroffenen als Voraussetzung zu benennen: Die bloße Gefährdung ist ausreichend. Die Zwangswirkung einer kirchlichen Maßnahme sollte womöglich nicht daran gemessen werden, ob sie tatsächlich „erfolgreich" war. Schließlich war das Todesurteil für den Märtyrer so betrachtet auch nicht erfolgreich.

246 Wenn sie aber noch nicht *allein* das von dieser Definition hier verlangte Gewicht besitzen, dann ist damit ausgesagt, dass die Folgen des kirchlichen Mittels insoweit nicht mehr sind als ein – wenn auch im hier fiktiv zu bildenden Grenzfall prozentual ausgedrückt mit „49 %" womöglich sehr schwerwiegender – Gesichtspunkt innerhalb des freiheitlichen Entscheidungsprozesses. Die fehlenden „1 %" in diesem Beispielsfall sind es, die es m. E. verbieten, hier eine eigen verantwortete sittliche Handlung des Betroffenen abzulehnen. Dies bedeutet im Umkehrschluss, dass auch kein Zwangseingriff vorliegt.

247 Unerheblich ist daher, wenn neben der ursächlichen Bedeutung der angedrohten Folgen zusätzlich auch eine inhaltliche Auseinandersetzung aufgenommen wird.

248 Siehe auch im Folgenden Weiterführendes zu dieser Definition, und zwar hinsichtlich der Frage der subjektiven Ausrichtung von Seiten des Betroffenen sowie zur Frage, ob nicht zudem eine Intention bzw. objektive Voraussehbarkeit der Folgen auf Seiten des Zwangsausübenden gegeben sein muss, sogleich ab S. 66.

den hat: Würde dieser nun exkommuniziert, so ist es zumindest gut vorstellbar, dass allein die Folgen der Exkommunikation für ihn noch *nicht* so schwer wiegen, als dass er es als gut begründbar empfindet, sich allein deshalb dem kirchlichen Willen zu unterwerfen. Die Exkommunikation – wie sinnig oder unsinnig sie im Übrigen auch immer wäre – bedeutete also für ihn keinen Zwang. Es zeigt sich, dass sich nach Maßgabe dieses Definitionsversuchs[249] Beispiele bilden lassen für Fälle, in denen Zwang zu bejahen, aber eben auch für Fälle, in denen dies zu verneinen ist.

Verbleiben solchermaßen ernste Zweifel an einer generellen – nur danach ist gefragt! – Zwangswirkung, so muss im Einklang mit der kirchlichen Tradition daran festgehalten werden, im Besserungsstrafzweck keinen Verstoß gegen göttliches Recht zu erkennen.[250] Daran ändert sich nichts dadurch, dass hier ebenso wenig

---

[249] Wichtig ist: Dies stellt tatsächlich nur einen bloßen Versuch dar, denn schon die Frage, ob mit dieser Definition die Wichtigkeit der Sakramente aus Sicht der strafenden Kirche hinreichend eingefangen ist, bleibt offen. Der Versuch soll nur zeigen, dass es zumindest plausibel zu machen ist, auf der Basis dieser Gedanken eine Zwangswirkung zumindest im Einzelfall auch verneinen zu können.
Es ist insoweit ein Versuch im Wissen darum, dass es der Definition bedarf, um Justitabilität zu erreichen. Dass dies kaum ohne Defizite zu erreichen ist, ergibt sich auch daraus, dass die Darlegung der theologischen Lehre vom Gewissen sich nicht in das enge Korsett eines Rechtssatzes zwingen lassen will und lässt. So findet sich dort z. B. noch nicht einmal Zwang als ausschließlicher *Oberbegriff* für verbotene Eingriffe in das Gewissen wieder, vgl. DH 2, wo dem bloß als äußerlich verstandenen Zwang die notwendige „innere, pychologische Freiheit" gegenüber gestellt wird. Definiert man wie hier also Zwang, so verengt man damit theologische Aussagen auf einen einzigen Begriff, um mit Auslegung dieses einen Begriffes dann wiederum den gesamten Aussagegehalt greifbar zu machen.

[250] Daher war nicht mehr der Frage nachzugehen, ob nicht der Besserungsstrafzweck zumindest insoweit legitim ist, als er neben einen anderen zulässigen Strafzweck tritt. Auch nach LÜDICKE ist die Besserung des Täters als Nebenfolge immer erwünscht. Aber mit der hier nun aufgeworfenen Frage ist etwas anderes angesprochen: Soll der kirchliche Richter beispielsweise über die Anwendung des can. 1364 § 2 CIC entscheiden, ist es wichtig, ob die Besserung über eine erwünschte Nebenfolge hinaus auch *primäres* Entscheidungskriterium sein darf. Hierfür spräche, dass die fehlende Zwangswirkung in den entsprechenden Fallkonstellationen schon deshalb entfiele, weil hier ein konstitutiver Selbstausschluss vorliegt. Die Zwangswirkung wird aber nur einheitlich festgelegt werden können. Selbst wenn nun also auch die konkrete Besserung des Täters bei der Entscheidung über can. 1364 § 2 CIC als zweiter Strafzweck mitberücksichtigt würde, so läge mangels Zwangs trotz Besserungsabsicht wohl kein Eingriff in die Gewissensfreiheit vor.
Da der Besserungszweck ohnehin nicht kategorisch auszuschließen ist, bedarf es aber keiner abschließenden Entscheidung hierüber.
Erwähnt sei zudem noch, dass es ohnehin nicht einfach ist, Fälle mit prinzipiell hinreichend „strafwürdigem" Verhalten zu bilden, bei denen es isoliert auf den Besserungszweck ankommen könnte, weil andere Zwecke nicht auch eingreifen. Wenn also zumeist ohnehin auch andere Zwecke das Strafmittel rechtfertigen, fragt es sich von daher, ob – da das „Ob" der Strafe ohnehin schon gerechtfertigt ist – nicht hinsichtlich des „Wie" der Besserungszweck gleichwertig (und nicht bloß als gern hingenommene Nebenfolge) im Sinne einer Art „Vereinigungstheorie" (so der Begriff für die kumulative Anwendung mehrerer Strafzwecke im deutschen Strafrecht) hinzuzuziehen ist.

bewiesen werden konnte, dass eine Exkommunikation prinzipiell zwangsfrei ist.[251] Denn wenn nur partiell ein Zwang gegeben ist, dann reicht es zum Schutz der Gewissensfreiheit aus, im Einzelfall darauf zu reagieren[252]: Eine kategorische Grenze ist zur Abwehr dieser Gefahr jedenfalls nicht erforderlich.

---

251 Es ist daher zutreffend, wenn SAGMEISTER, Das neue kirchliche Strafrecht, in: Festgabe *Schwendenwein* (Fn. 28, 1986), 497, zitiert oben S. 10, in Fn. 28, davon spricht, dass neben Zwangsfreiheit auch Fälle echten Zwangs gegeben sein könnten.
Darüber hinaus sollte hier nicht einmal die Aussage getroffen werden, dass nicht letztlich doch die Annahme genereller Zwangswirkung zutreffend ist. Diese Ansicht ist nur mit zu vielen Zweifeln belastet.

252 Nochmals ist daran zu erinnern, dass hier die Betrachtung der Spruchstrafe im Vordergrund steht, bei der ein solches Eingehen auf den Einzelfall möglich bleibt.

E) Zwischenergebnis und Weiterführendes

Als Zwischenergebnis ist damit festzuhalten, dass der kirchliche Gesetzgeber die Besserung des Täters als Strafzweck verankern darf, ohne damit gegen die Gewissensfreiheit im kirchlichen Sinne zu verstoßen. In dreierlei Hinsicht sollen nun noch einmal Aspekte zu jenen Zweifeln aufgegriffen werden, die für das Finden des Ergebnisses so entscheidend sind. Nur weil eben diese Zweifel bestehen, sind beide klare Lösungen behauptende Ansichten – Verstoß oder kein Verstoß des Besserungszwecks gegen die Gewissensfreiheit – zurückzuweisen. Nur wegen deren Existenz kommt es zur ein Ergebnis erst herbeiführenden Anwendung der Zweifelsregel, die auf die Tradition als entscheidendes Element abstellt.

I. Zum Definitionsversuch „Zwang"

Die Ablehnung der herkömmlichen Auffassungen – mitursächlich für den Zweifel – beruht auch darauf, dass jeweils auf beiden Seiten kaum versucht wurde, überhaupt zu definieren, was denn Zwang bedeuten solle. Wenn nun hier eine Definition versucht wurde, so nur, um aufzuzeigen, dass dies kein unmögliches Unterfangen ist. Ferner wird durch die hier dargelegte Definition verdeutlicht, dass dem Zwangsbegriff eine derart subjektive Komponente eigen ist, dass pauschale Wertungen – in welche Richtung auch immer – allein dadurch sehr erschwert sind. Im Übrigen will diese Definition nicht mehr sein als ein Fingerzeig in die richtige Richtung.[253] Das zeigt sich, denkt man beispielsweise vertiefter über das Ausmaß eben jener subjektiven Ausrichtung der Zwangsdefinition nach.

Es hieß oben, Zwang liege u. a. vor, wenn die erneute Bildung eines Gewissensurteils durch subjektiv überzeugende Gründe ernsthaft gefährdet ist. Diese „ernsthafte Gefährdung" könnte so ausgelegt werden, dass sie bei einem sittlich sehr gefestigten bzw. willensstarken Menschen auch dann vorliegt, wenn gute Gründe für ein Nachgeben sprechen, aber es de facto aufgrund der Willensstärke von vornherein dazu nicht kommen wird. Dann nähme man diesen Begriff als Ansatzpunkt, um ein objektivierendes Element in die Zwangsdefinition zu integrieren. Bei besonders harschen Maßnahmen würde man objektivierend Zwang bejahen, obschon beim Betroffenen ein innerliches Umdenken nicht ernsthaft in Frage kommt. Es fragt sich nämlich, ob man gewisse Eingriffe rein objektiv aufgrund ihrer Wirkung als Zwang einzuordnen hat. Mit Blick auf den allgemeinen Sprachgebrauch würde eben dies mit Blick auf eine physische Maßnahme wie eine Einkerkerung sicherlich getan. Gleiches könnte auch denkbar sein für schwerwiegende psychisch vermittelte Maßnahmen.

Ob man mit solchen Überlegungen allerdings der Gewissensfreiheit tatsächlich gerecht wird, bleibt zweifelhaft. Müsste man nicht, auf der Suche nach einer insgesamt stichhaltigen Definition des Zwanges, die so sehr subjektive Ausrichtung des Gewissens als Ort der Entscheidung noch ernster in den Blick nehmen? Denn diese subjektive Ausrichtung besteht gänzlich unabhängig von der Frage, in welcher Weise das Gewissen auf objektive Wahrheit hin ausgerichtet wird (Synteresis bzw.

---

[253] Siehe schon oben Fn. 249.

Anamnesis). Zwang ist verboten mit Blick auf die eigentliche Gewissensentscheidung (conscientia im engeren Sinne), was allein daraus ersichtlich ist, dass schließlich auch der irrende Gewissensentscheid mit geschützt ist.[254] Wenn und weil nun das Gewissen „der verborgenste Kern und das Heiligtum des Menschen [ist], in dem er allein ist mit Gott, dessen Stimme in seinem Innersten widerhallt" (GS 16), dann ist es schwer, objektive Elemente zum Teil der Definition zu machen, was denn Zwang sei. Ein rechter Grobian, den nichts erschüttert, kann von daher nicht über einen Kamm geschoren werden mit einer äußerst skrupulösen Persönlichkeit. Das kann dann bedeuten, dass selbst heftigste Einwirkungen auf Ersteren nicht zwangsläufig zur Einordnung als Zwang führen müssten. Es wäre gar zu überlegen, ob dies nicht auch für körperliche Einwirkungen gilt. Wenn man nun jemand, die brennend nach dem Martyrium verlangt, zum Tode verurteilt wird, ist dies dann tatsächlich Zwang im Gewissensbereich? Sind die Versuchungen, die sie treffen, nicht anderer Art als es vor dem Hintergrund ihres sehnlichen Wunsches nach Martyrium ein weltliches Strafurteil überhaupt je sein kann? Eines wäre bei solchen Überlegungen nicht außer Acht zu lassen: Die Frage nach dem, was als Zwang verboten ist, bleibt mitnichten die einzige moralische Messlatte, anhand derer über die betreffende Handlung zu richten ist. Ein ungerechtes Todesurteil ist verwerflich, selbst wenn man es nicht als Zwang für das Gewissen der überzeugten Gläubigen begreift. Die Frage nach der subjektiven Ausrichtung der Zwangsdefinition bleibt äußerst schwer zu beantworten.

Nach allem zeigt sich, was nicht anders sein kann: Wenn und weil allgemeine Erörterungen der Gewissensfreiheit so diffizil sind, kann man nicht mit einem bloßen Definitionsversuch die Probleme vom Tisch wischen. Sieht man Gewissensfreiheit allerdings als rechtliche Regel[255] – und das muss man hier, will man de lege lata die Gültigkeit strafrechtlicher Normen überprüfen –, wird man nicht umhinkommen, gewisse Vergröberungen in Kauf zu nehmen, um überhaupt eine Justitiabilität zu erreichen. Eine Zwangsdefinition muss sich daher nicht auf der vollen Höhe theologischer Reflektion befinden und kann sich des Weiteren unbeeinflusst von theologischen Vertiefungen oder Abweichungen tragend auf die lehramtlichen Ausführungen stützen.[256] Doch selbst die Erörterung schon eines solch

[254] Überdies wird man mit Blick auf die Frage nach verbotenem Zwang wohl sagen müssen, dass sich hier die kirchliche Lehre kaum vom allgemeinen Sprachgebrauch unterscheidet: Die Dimension, dass der Mensch einen Gewissensentscheid trifft, diesem aber zuwider handelt, spielt keine nennenswerte Rolle. Der Schutz gegen Zwang ist de facto nicht nur dem gewährt, der seinem irrenden Gewissensentscheid folgen wird. Auch den bewusst gegen sein Gewissen Handelnden kann man nicht zwingen, gemäß dem eigenen subjektiven Gewissensentscheid zu handeln – abgesehen von der Frage, wie dies von außen festgestellt werden könnte.

[255] Vgl. oben S. 59, bei und in Fn. 230.

[256] Auch den vertiefenden Erörterungen der Gewissensfreiheit im Schrifttum täte es allerdings gut, legte man auch dort ein wenig mehr Stellenwert auf die Frage, was als Zwang verboten ist. Dies konkretisierte dann plastischer, was die Gewissensfreiheit als Schutz gegenüber anderen wert wäre.

zentralen Merkmals wie dem Stellenwert der Subjektivität erweist, wie schwierig der Weg zu einer praktikablen Definition ist, was als Zwang verboten ist.

Wenn also soeben nochmals hervorgehoben wurde, dass die herkömmlichen Auffassungen auch wegen ihres Versäumnises abzulehnen sind, Zwang definitorisch greifbar zu machen, so kann dies nicht damit belegt werden, dass eben jenes hier nun schon gelungen sei.

II. Exkurs: Zur Lage bei der poena latae sententiae

Diese Arbeit hat sich darauf konzentriert, die Problematik anhand der Spruchstrafe zu erörtern.[257] Hintergrund dieser Eingrenzung war, dass im Verlauf eines ordentlichen Strafverfahrens das kirchliche Gericht vor der Verurteilung eigens in Betracht ziehen kann, ob eine bestimmte Strafverhängung nicht zu unzulässigem Zwang führt. Mit den in dieser Arbeit versuchten Präzisierungen dürfte deutlicher geworden sein, dass die Frage nach dem Vorliegen von Zwang stark subjektiv geprägt ist. Dies wiederum führt auch dazu, dass es wahrscheinlicher ist, dass es tatsächlich solche Einzelfälle gibt, bei denen eine Zwangswirkung gegeben ist, auf die nun zu reagieren ist.[258]

Das kirchliche Gericht kann allerdings bei Verhängung einer Spruchstrafe auf Einzelfälle sehr wohl reagieren. Es könnte bei einer skupulösen Persönlichkeit darauf verzichten, mit einer Exkommunikation zu strafen, sofern andere Strafzwecke nicht einschlägig wären, es also einzig um den Strafzweck ginge, diese Person durch Strafverhängung zu bessern.[259] Dass also in Einzelfällen ein Verstoß gegen die Gewissensfreiheit vorliegen könnte, führt insoweit nicht zu Konsequenzen für das geltende kanonische Strafrecht.

Nähme man demgegenüber die poena latae sententiae in den Blick, so stellte sich die Frage nach dem Verstoß gegen die Gewissensfreiheit mit anderer Intensität. Schließlich ist das Institut der Tatstrafen im CIC gerade deshalb beibehalten worden, um „verborgene Delikte zum Schutz der Seelen“[260] durch das Strafrecht

[257] Siehe oben S. 3.

[258] Da Zweifel ausreichten, um das hier gefundene Ergebnis zu stützen, war es allerdings nicht notwendig, eine Entscheidung zu treffen, ob nicht etwa doch die Ansicht Recht hat, wonach Strafe niemals über das Maß eines bloßen moralischen Appells hinauskommt. Wahrscheinlich ist das allerdings wohl nicht.

[259] Um die Diskussion nicht noch weiter zu verkomplizieren, wurde eingangs der Darstellung der eigenen Ansicht festgehalten, dass hier exemplarisch nur die Exkommunikation behandelt werde (siehe S. 34, bei Fn. 137). Wenn im Einzelfall einer Exkommunikation Zwangswirkung zukäme, ist es natürlich sehr gut denkbar, dass das Gericht zu einer milderen Strafform griffe. Im Extremfall, dass selbst die mildest denkbare Strafform Zwangsfolgen zeitigte, wäre das Gericht wohl gezwungen, auch bei obligatorischen Strafen auf eine Strafverhängung zu verzichten, sofern überhaupt ein Fall vorläge, bei dem einzig der Besserungszweck für eine Bestrafung spräche. Hierzu könnte das Gericht sich auf can. 1344 Nr. 1 CIC stützen. Die dort erwähnte opportunere Zeit für eine Bestrafung wäre der Zeitpunkt, in dem der Betroffene seine übermäßige Skrupulösität überwunden hätte.

[260] LÜDICKE, in: MK-CIC, 1314, Rn. 4 (Bearb. 1992), die Reform-Kommission wiedergebend. Vgl. im Übrigen auch auf den Gesichtspunkt der Wirksamkeit abstellend can. 1318 CIC.

noch erreichen zu können.[261] Damit werden solche Konstellationen gut vorstellbar, in denen mit Blick auf die größere „Verborgenheit" es tatsächlich dazu kommt, dass kein anderer Strafzweck ersichtlich ist als eben der der Besserung des Täters. Nun ist es der Kirche nicht verboten, durch strafrechtliche Maßnahmen bessern zu wollen. Wie aber ist nun damit umzugehen, dass es Einzelfälle geben könnte, bei denen jemand, der von der Tatstrafe Kenntnis hat[262], sich hierdurch gezwungen sieht, gegen sein Gewissen zu handeln?

Wenngleich angesichts der eingangs getroffenen Eingrenzung der Thematik hierzu keine abschließende Aussage getroffen werden braucht, mag hier Folgendes zu bedenken sein. Zum einen stellt sich zunächst die Frage, inwieweit Einzelfälle als an sich unerwünschte Nebenfolge hinnehmbar sein könnten, ohne dass dadurch zugleich das Gesetz selbst als Verstoß gegen die Gewissensfreiheit zu betrachten ist. Denn wie oben aufgezeigt wurde, kann auch das bloße Schreiben einer Enzyklika dazu führen, dass sich skrupulöse Persönlichkeiten deren Inhalt zwanghaft zu eigen machen, auch wenn dies ihrem Gewissensentscheid entgegenstünde.[263] Diese nicht intendierte Nebenfolge führt jedoch nicht dazu, das Verfassen der Enzyklika als verbotenen Zwang in Gewissensfragen zu begreifen. Gleiches könnte auch hier bei der Tatstrafe gelten. Zum anderen fragt sich, wie jemand etwas von dem für Nichtkanonisten in heutiger Zeit wahrlich nicht mehr eingängigen Konzept der Tatstrafe hören soll, ohne dabei nicht auch schon Kenntnis von dem Korrektiv der Gewissensfreiheit bekommen zu haben.[264] Möglich mag dies zwar sein, doch könnte der Hinweis auf nicht intendierte Einzelfälle mit einer solchen Argumentation noch eher als hinnehmbar erklärt werden.

Sichtbar wird mit diesem Exkurs zur Frage der Tatstrafe, dass Zweifel an der Rechtsfrage auch daraus resultieren können, dass die subjektive Intention des kirchlichen Gesetzgebers – möglicherweise zusammengenommen mit (oder ersetzt durch) die objektive Voraussehbarkeit der Folgen –[265] eine Rolle spielen könnten bei der Frage nach dem Vorliegen von Zwang.[266] Das würde ein weiteres Mal verdeutlichen, wie schwer es ist, hier verbleibende Zweifel an der Feststellung zu beseitigen, ob Zwang vorliegt.

Siehe ferner KRÄMER, Strafen in einer Kirche der Liebe, in: „Strafrecht" in einer Kirche der Liebe (Fn. 161, 2006), 19. Weitere Nachweise oben S. 6, Fn. 16.

261 Vgl. allerdings gegen den Sinn solchen Verständnisses argumentierend GREEN (Fn. 11) The Jurist 50 (1990), 236–237.

262 Das ist Strafvoraussetzung, can. 1324 § 1 Nr. 9, § 3 CIC.

263 Siehe oben S. 56.

264 Rein praktisch betrachtet kommt hinzu, dass skrupulöse Personen, die in einer Exkommunikation einen Gewissenszwang erblicken, wohl weniger in Gefahr geraten, sich beispielsweise in einer Häresie (Tatstrafe i. S. d. can. 1364 CIC) zu verhärten. Skrupulösität geht hier wohl mit einer Tendenz zur „Rechtgläubigkeit" einher.

265 Objekiv voraussehbar könnte dann bedeuten, dass dem Gesetzgeber ein Gesetz dann als Verstoß gegen die Gewissensfreiheit zuzurechnen ist, wenn dessen Anwendung nicht nur in atypischen Fällen, sondern mit größerer Regelmäßigkeit dazu führt, dass Betroffene deshalb einem Zwang ausgesetzt sind.

266 Im staatlichen Recht bedarf es jedenfalls genauerer Ausführungen zur Rolle des Täters, vgl. dazu unten den Definitionsversuch ab S. 187.

III. Zweifel als Ergebnis? – Rechtsvergleich zum Völkerrecht

Nun mag einem ein wenig unwohl sein, unter Rückgriff auf eine Zweifelsregel auf ein eindeutiges Zwischenergebnis – ist Strafe Zwang oder nicht? – zu verzichten. Ist dies Fehlen einer klaren Antwort auf die eigentliche Frage nicht auch als ein teilweises Versagen zu bewerten? Bei dem jetzigen Stand der Doktrin scheint mir jedoch keine handfestere Antwort möglich zu sein. Weitergehende, bisher von der Kanonistik bzw. Theologie noch nicht erarbeitete Grundlegungen wären nötig, die den Rahmen dieser Arbeit sprengten. Doch ist es der Rechtsvergleich mit dem Völkerrecht, der dieses Desiderat nach mehr Klarheit in das rechte Licht rücken wird: Wenn und weil nämlich die internationale Rechtsgemeinschaft – trotz der evidenten Wichtigkeit der Religions- und Gewissensfreiheit im völkerrechtlichen Rahmen – ihrerseits nicht in der Lage ist, klare Antwort auf strukturell gleich gelagerte Fragestellungen zu geben, so ist das auch hier von Bedeutung. Zweifel als Zwischenergebnis sind nichts, dessen sich die Kanonistik schämen müsste.

2. TEIL: DER SCHUTZ DES FORUM INTERNUM IM VÖLKERRECHT

A) Einführung

Dem Schutz der Gewissensfreiheit kommt in der internationalen Menschenrechtsordnung eine herausgehobene Bedeutung zu, wie sich aus den hier nun zu analysierenden Normen, sprich Art. 18 ICCPR sowie Art. 9 EMRK, erschließen lässt. Das Gewissen kann dabei zunächst als ein Aspekt der Glaubens- und Religionsfreiheit verstanden werden, der auf die *innere* Überzeugung verweist.[267] Das sog. forum internum[268] wird dabei als unverletzlich kategorisiert: 'Under international law, freedom of conscience is absolute and cannot suffer any limitation'.[269] Infolgedessen vermag zum Beispiel die Freiheit von Zwang in keiner Weise beschränkt werden.[270]

Hiermit wird ein ambitioniertes Versprechen gegeben. Es gilt nun zu prüfen, ob es eingelöst werden kann, denn nicht wenige Fallstricke sind zu vermeiden. So bedürfte es beispielsweise einer ausreichenden Definition dessen, was als Zwang bezeichnet wird, um überhaupt dieser Gefahr für das forum internum wirksam begegnen zu können. Schließlich wird vorgetragen, es gäbe „sehr subtile Wege der Beinflussung" und des Eingreifens in das „Recht, frei zu sein von Zwang in Sachen Religion oder Weltanschauung", so z. B. in der „Beeinflussung durch die Massenmedien".[271] Zwang könne deshalb auch in der Weise definiert werden, dass „jedwede Form des Manifestierens[272] einer Religion oder eines Glaubens gegenüber Anhängern anderer Religionen als ‚Zwang' verstanden werden könne."[273] Nimmt

---

[267] Vgl. die Verwendung des Begriffs "freedom of conscience" bei UNGA, 'Report of the Special Rapporteur on freedom of religion or belief' (Asma JAHANGIR) (13.9.2006) UN Doc A/61/340, S. 59 (§ 11–12). Detaillierter siehe später ab S. 77.

[268] Die Terminologie ist uneinheitlich, vgl. S. 78, Fn. 297.

[269] UNGA, 'Report of the Special Rapporteur on freedom of religion or belief' (Asma JAHANGIR), ibid.

[270] UNHCR, 'General Comment No. 22 (1993)' in 'Note by the Secretariat, Compilation of General Comments and General Recommendations Adopted by Human Rights Treaty Bodies' (2006), UN Doc HRI/GEN/1/Rev.8, § 8 (S. 196).

[271] 'Very subtle ways of influencing' and interfering with the 'right to be free from coercion in matters of religion or belief', which may be seen in 'the influence of mass media': DE JONG, The Freedom of Thought, Conscience and Religion or Belief in the United Nations, Antwerpen 2000, 19, Fn. 3. Vgl. auch M. D. EVANS, Religious Liberty and International Law in Europe, Cambridge 1997, 295 hinsichtlich Werbung.

[272] Der englische Begriff 'manifestation' wird anstelle der gebräuchlicheren Übersetzung „Bekenntnis" auch in Zukunft zumeist als „Manifestieren" oder „Manifestation" übersetzt, da so deutlicher wird, dass es sich hierbei um die *äußere* Kundgabe innerer Überzeugungen handelt.

[273] 'Every form of manifestation of one's religion or belief vis-à-vis adherents of other religions or beliefs might be considered "coercion".' Vgl. DE JONG, Freedom of Thought, Conscience and Religion or Belief (Fn. 271, 2000) 44.
Als praktisches Beispiel für eine maßlose Auslegung von sog. „Proselytismus" als Eingriff in die Gewissensfreiheit vgl. das das erstaunliche Sondervotum von Richter VALTICOS, *Kokkinakis* v. *Greece* (25.5.1993, Nr. 14307/88) (1994) 17 EHRR 429–432; kritisiert von GUNN, Adjudicating Rights of Conscience Under the ECHR, in: Religious Human Rights in

man solche Äußerungen ernst, wären folgerichtig umfassende Schutzmechanismen herauszuarbeiten, die dann auch die Abwehr von Beeinträchtigungen nicht-staatlicher Akteure beinhalten müssten. Solch ein umfassender Ansatz provozierte jedoch Konflikte mit etwaigen Gegenrechten derjenigen Privatpersonen, die sich auf solche Weise auf der Anklagebank der Gewissensfreiheit wiederfänden.

Man mag allerdings bezweifeln, ob das Versprechen absoluten Schutzes des forum internum überhaupt solch längerer Erörterungen wert ist. Schließlich könnte bei nüchterner Auslegung in sachlicher Hinsicht ein solch enger Schutzradius gegeben sein, dass es – zumindest in der Praxis eines Rechtsstaates – auf dieses Menschenrecht kaum wird ankommen können. Das Schutzobjekt sind schließlich die *inneren* Überzeugungen. Was aber jemand wahrhaft innerlich glaubt oder nicht, bleibt doch dem einzelnen Subjekt überlassen: Die Gedanken *sind* schon frei. 'Viewed from this angle, one would assume that any intervention from outside is … impossible.'[274]

Über derartige strukturelle Probleme hinaus zwingen auch aktuelle Entwicklungen dazu, sich näher mit dem Schutzbereich des forum internum zu befassen.[275]

Global Perspective, hrsg. v. *van der Vyver* u. a., Den Haag 1999, 328 als 'vituperative' und als Ausdruck eines 'bold-faced prejudice against a religion with which he differs'.

274 KRISHNASWAMI, 'Study of Discrimination in the Matter of Religious Rights and Practices' (1960) UN Doc E/CN.4/Sub.2/200/Rev.1, S. 16. Vgl. auch TAHZIB, Freedom of Religion or Belief, Den Haag 1996, 88; ELTAYEB, Legal Protection of the Right to Freedom of Thought, Conscience, and Religion or Belief in Muslim Countries, in: Freedom of Religion, hrsg. v. *Naber*, Assen 2000, 101; C. EVANS, Freedom of Religion Under the European Convention, Oxford 2001, 68; LERNER, Religion, Secular Beliefs and Human Rights, Leiden 2006, 127. Vgl. m. w. N. S. 114, Fn. 444.

275 Diese Arbeit untersucht, wie mit dem Schutz des forum internum praktikabel zu arbeiten ist und wo dogmatische Schwierigkeiten liegen. Sie kann aber nicht – sieht man von der Beschreibung der einschlägigen Judikatur ab – zudem die tatsächliche Situation hinsichtlich der Gewissensfreiheit beschreiben. Nur als Beispiel sei das Folgende genannt, um die oben angesprochene Aktualität zu belegen:
Vor nicht allzu langer Zeit wurde beispielsweise in Deutschland darüber diskutiert, ob Islam-Konvertiten von Sicherheitsbehörden besonders zu überwachen seien, wie dies vom ehemaligen bayerischen Innenminister und jetzigen Ministerpräsidenten BECKSTEIN 2007 vorgeschlagen wurde, vgl. http://www.tagesschau.de/inland/meldung492018.html (eingesehen am 26.2.2008).
Darüber hinaus ist u. a. in Deutschland die Behandlung der sog. Scientology Church von besonderer Bedeutung. Insoweit ist zu beachten, dass in der menschenrechtlichen Literatur z. T. harsche Kritik an den deutschen Behörden und Gerichten geübt wird, da diese unsubstantiiert behaupteten, Scientologen verwendeten Methoden wie „brain-washing" u. ä. Dies sei diskriminierend und verstoße gegen Art. 18 ICCPR, siehe BOYLE/ SHEEN (Hg.), Freedom of Religion and Belief, London, 1997, 312–314. In Deutschland wird dagegen teilweise vertreten, es gebe den begründeten Verdacht, Scientology vertrete verfassungsfeindliche Bestrebungen, siehe hierzu beispielsweise das Urteil des OVG Münster v. 12.2.2008, Az 5 A 130/05, Pressemitteilung http://www.ovg.nrw.de/presse/pressem/2008/p080212.htm (eingesehen am 26.2.2008; siehe auch den Hinweis in der FAZ v. 13.2.2008 (Nr. 37), S. 4). Vgl. dagegen die Stellungnahme von Scientology mit Hinweisen auf anderslautende Rechtsprechung unter http://www.scientology.de/articles/712101408142.vm?locale=de (eingesehen am 26.2.2008).

Islamistisch begründeter Terror mag Anlass sein, religiös gedeutete Kleidung wie Kopftücher zu verbieten. Behauptetes Ziel solcher Reaktionen ist es dabei, die Gewissens- und Religionsfreiheit derjenigen zu schützen, die durch das Tragen religiöser Kleidung belästigt seien. Es bleibt zu sehen, ob solche Begründungsansätze sich tatsächlich auf den Schutz des forum internum stützen können.

Die folgende Analyse wird sich in erster Linie[276] auf *Eingriffe* in das forum internum beziehen, nämlich auf Zwang im Sinne von Art. 18 § 2 ICCPR und auf

---

Nach den Berichten der verschiedenen Special Rapporteurs erfährt die Gewissensfreiheit zzt. besondere Bedrohungen, insbesondere hinsichtlich des Rechts auf Religionswechsels in Ländern mit muslimischer Bevölkerungsmehrheit. Vgl. den Überblick mit entsprechenden Nachweisen bei LERNER, Religion, Secular Beliefs and Human Rights (Fn. 274, 2006) 144–148 und GHANEA, Apostasy and Freedom to Change Religion or Belief, in: Facilitating Freedom of Religion or Belief, hrsg. v. *Lindholm* u. a., Leiden 2004, 680–1.

Hinsichtlich eines aktuellen Beispiels vgl. BOMS/ MEUNIER, Egypt's choice, Washington Post (Artikel am 27.8.2007 veröffentlicht) http://washingtontimes.com/apps/pbcs.dll/article?AID=/20070827/EDITORIAL/108270016 (eingesehen am 26.2.2008). Der Artikel handelt von Mrs und Mr Hegazy, die vom Islam zum Christentum konvertiert sind und vor Gericht dagegen vorgegangen sind, dass ihre erfolgte Konversion nicht von den Behörden offiziell anerkannt wurde (mit gravierenden rechlichen Folgen, etwa hinsichtlich der deshalb von Geburt an lebenslänglich als muslimisch behandelten Kinder). In diesem Zusammenhang soll der ägyptische Minister für religiöse Angelegenheiten in einem Zeitungsinterview erklärt haben 'that when a religious conversion becomes public it is considered a threat to public order and hence should be equated to an act of treason which is punishable by death'. Vgl. auch den Artikel der Associated Press, veröffentlicht im International Herald Tribune am 11.8.2007, http://www.iht.com/articles/ap/2007/08/11/africa/ME-GEN-Egypt-Muslim-Convert.php (eingesehen am 26.2.2008).

Nunmehr wurde erstinstanzlich Ende Januar 2008 gerichtlich entschieden, dass wegen der Beachtung der Sharí'a als 'primary source of legislation' (Art. 2 der ägyptischen Verfassung) die rechtliche Anerkennung des Glaubensabfalls vom Islam nicht möglich sei. Siehe http://www.christiantoday.com/article/egyptian.court.dismisses.case.to.recognise.religious.conversion/16643.htm (eingesehen am 26.2.2008).

Vgl. auch FAZ v. 11.2.2008 (Nr. 35), S. 5, wonach auch ein Berufungsgericht in den Entscheidungsgründen ausgeführt habe, ein Glaubensabfall vom Islam (wohl aber vom Christentum) könne vom Staat nicht anerkannt werden und dies nur im Falle derer anerkannt hat, die als Kopten geboren wurden und nach zwischenzeitlicher Annahme des Islams – wohl um die Möglichkeit zu erlangen, eine Muslimin heiraten zu dürfen – nach der Scheidung wieder als Christen leben wollen. Gewisse Fortschritte mit Blick auf die Religionsfreiheit konstatiert allerdings Rainer HERMANN, Mehr Religionsfreiheit in Ägypten, in: FAZ v. 28.3.2008 (Nr. 73), S. 10.

Zur Rechtslage in Algerien siehe Hans-Christian RÖßLER, Algerische Christenverfolgung, in: FAZ v. 5.6.2008 (Nr. 129), S. 7.

276 Es ist nicht Aufgabe dieser Studie, eine umfassende Bestandsaufnahme der Problemlagen im Bereich des forum internum zu geben. Streitfragen, die durch sonstige Faktoren maßgeblich beeinflusst sind, bleiben unberücksichtigt, siehe beispielhaft etwa die Probleme, die aufgrund der spezifischen Beziehung zwischen Eltern und Kindern entstehen. Diesbezüglich ist umstritten, ob und wenn, auf welche Weise Kinder sich auf Gewissensfreiheit gegen Indoktrinieren durch ihre Eltern wehren können (vgl. z. B. NOWAK/ VOSPERNIK, Permissible Restrictions on Freedom of Religion or Belief, in: Facilitating Freedom of Religion or Belief, hrsg. v. *Lindholm* u. a., Leiden 2004, 150). Auch die Berufung auf das forum internum in

Indoktrinieren, wie es mit Blick auf Art. 9 EMRK herausgearbeitet wird. Vielfältige Probleme resultieren dabei daraus, dass diejenigen Konflikte unangemessen behandelt werden, denen nicht-staatliche Beeinträchtigungen des forum internum zugrunde liegen. Daher ist es notwendig, auch die allgemeine dogmatische Herangehensweise bei sog. „horizontal effects" der Menschenrechte einer näheren Überprüfung zu unterziehen.

Die eben aufgezeigten Positionen zum Zwangsbegriff geben – durch ihre Inkonsistenz – einen ersten Eindruck davon, was diese Untersuchung substantiieren wird: Das Recht ist vor einer Überstrapazierung zu bewahren; es ist die Gesellschaft selbst, die sich als fähig erweisen muss, Gefährdungen im Bereich des forum internum zu begegnen, ohne vorschnell nach angeblich rechtlich begründeten Ansprüchen zu rufen.

militärischen Kontexten wird nicht behandelt, vgl. dazu z. B. TAYLOR, Freedom of Religion, UN and European Human Rights Law and Practice, Cambridge 2005, 141–144.

B) Kohärente Auslegung des forum internum? Interpretationsschwierigkeiten hinsichtlich Zwangs, Indoktrinierens und weiterer Rechtsbegriffe in diesem Zusammenhang

Zunächst bedarf es einiger Abgrenzungen und begrifflicher Klärungen.

I. Einige Klärungen und Eingrenzungen

Angesichts vielfältiger, verworrener Einzelprobleme im Bereich der Struktur der Art. 18 ICCPR und 9 EMRK darf es dabei nur um einige Grundzüge gehen.

1. Eingriff im Bereich innerer Überzeugungen – Zwang und Indoktrinierung als Beispiele eines Eingriffes in ein absolutes Recht

Beiden hier zu untersuchenden Bestimmungen ist eine bedeutsame Unterscheidung zu eigen. Sie beschränken die Befugnis des Staates, die Glaubens- und Religionsfreiheit zu beschränken, einzig auf deren Ausübung ('manifestation')[277], siehe Art. 18 § 3 ICCPR and Art. 9 § 2 EMRK.[278] Daraus folgend ist die innere Überzeugung selbst, solange die Schwelle des äußerlichen Manifestierens nicht überschritten ist, absolut gegen jegliche Form von Eingriffen geschützt.[279] Der Schutz der

---

[277] Kritisch zum Gebrauch des Begriffs 'manifestation' bei Art. 18 § 1 ICCPR siehe NOWAK, CCPR Commentary, Kehl, 2. A. 2005, Art. 18, Rn. 20, Fn. 60 (S. 418).

[278] Die Allgemeine Erklärung der Menschenrechte (siehe näher Fn. 310) kennt dagegen nur eine generelle Schrankenregelung, nämlich Art. 29, die auf sämtliche Rechte der Erklärung Anwendung findet.
Vgl. jedoch bezogen auf das afrikanische Menschenrechtssystem mit dem gleichen Ergebnis (Schrankenregelung einzig mit Blick auf das Manifestieren) Art. 8 der African Charter on Human and Peoples' Rights (verabschiedet von der 18. Versammlung der Heads of State and Government of the Organization of African Unity, Nairobi, Kenia, 26.6.1981; in Kraft getreten am 21.10.1986; OAU Doc. CAB/LEG/67/3/Rev.5 (1981), abgedruckt in MURRAY/ M. D. EVANS (Hg.), Documents of the African Commission on Human and Peoples' Rights, Oxford 2001, 3–17); siehe zum absoluten Schutz MUGWANYA, Human Rights in Africa, Ardsley 2003, 289; OUGUERGOUZ, The African Charter on Human and Peoples' Rights, Den Haag 2003, 158.

[279] Siehe das hinsichtlich Art. 18 ICCPR festellend UNHCR 'General Comment No. 22 (Art. 18)' (27.9.1993) UN Doc CCPR/C/21/Rev.1/Add.4 (1993); wiedergegeben in 'Note by the Secretariat, Compilation of General Comments and General Recommendations Adopted by Human Rights Treaty Bodies' (2006), UN Doc HRI/GEN/1/Rev.8, § 3, S. 195 ('Art. 18 distinguishes the freedom of thought, conscience, religion or belief from the freedom to manifest religion or belief. It does not permit any limitations whatsoever on the freedom of thought and conscience or on the freedom to have or adopt a religion or belief of one's choice. These freedoms are protected unconditionally'); Special Rapporteur on freedom of religion or belief (Asma JAHANGIR), 'Report: Civil and Political Rights, Including the Question of Religious Intolerance' (9.1.2006) UN Doc E/CN.4/2006/5, S. 12–13 (§ 40); PARTSCH, Freedom of Conscience and Expression, and Political Freedoms in: The International Bill of Rights, hrsg. v. *Henkin*, New York 1981, 212; TAHZIB, Freedom of Religion or Belief (Fn. 274, 1996) 87–88; NOWAK, ICCPR (Fn. 277, 2005) Art. 18, Rn. 10–11 (S. 412–413); BOYLE, Freedom of Conscience in International Law, in: Freedom of Conscience, hrsg. v. *Council of Europe*, Straßburg 1993, 46; ders., Freedom of Religion in

inneren Überzeugung ist also als absolutes Recht ausgestaltet.[280] Von daher wird deutlich, wie wichtig es ist, den Eingriff in solch ein nicht einschränkbares Recht präzise definieren zu können. Sobald ein Eingriff festgestellt werden kann, ist schließlich die Konsequenz nicht – wie zumeist bei internationalen Menschenrechten –, dass die widerstreitenden Interessen gegeneinander abzuwägen sind. Anstelle einer Verhältnismäßigkeitsprüfung mit ungewissem Ausgang führt schon die Feststellung eines Eingriffs dazu, dass ein ungerechtfertigter Verstoß gegen das Menschenrecht vorliegt. Daher ist es von allein entscheidender Bedeutung, ob Zwang oder Indoktrinieren[281] bejaht werden kann oder nicht.

International Law, in: Religion, Human Rights and International Law, hrsg. v. J Rehman u. a., Leiden, 2007, 42; LERNER, Religion, Secular Beliefs and Human Rights (Fn. 274, 2006) 21; SCHEININ, The Human Rights Committee and Freedom of Religion or Belief, in: Facilitating Freedom of Religion or Belief, hrsg. v. *Lindholm* u. a., Leiden 2004, 190.

Mit Blick auf Art. 9 EMRK siehe nur *Kokkinakis* v. *Greece* (25.5.1993, Nr. 14307/88) (1994) 17 EHRR 419 (§ 33); MARÍNEZ-TORRÓN, Limitations on Religious Freedom in the Case Law of the European Court of Human Rights (2005) 19 Emory Intl L Rev 590; UERPMANN-WITTZACK, Art. 9 EMRK, in: Europäische Grundrechte und Grundfreiheiten, hrsg. v. *Ehlers*, Berlin, 2. A. 2005, § 3, Rn. 34 (S. 76); KNIGHTS, Freedom of Religion, Minorities, and the Law, Oxford 2007, 2.52 (S. 38).

Schon früh wollte die Commission on Human Rights solch absoluten Schutz gesichert wissen, vgl. 'Draft International Covenant on Human Rights' (1949) UN Doc E/CN.4/SR.116, S. 9 (Libanon); Commission on Human Rights, 'Draft International Covenant on Human Rights' (1949) UN Doc E/CN.4/SR.117, S. 6 (Frankreich).

280 Vgl. NOWAK, Introduction to the International Human Rights Regime, Leiden 2003, 56; 58, der feststellt, dass die Gewissensfreiheit zu den wenigen Rechten gehöre, die absolut seien. Vgl. konkret zu Art. 9 EMRK M. D. EVANS, Religious Liberty (Fn. 271, 1997) 284. Mit Blick auf Art. 18 ICCPR als Begriff benutzt z. B. bei VAN DER VYVER, Limitations of Freedom of Religion or Belief: International Law Perspectives (2005) 19 Emory Intl L Rev 501, TAHZIB, Freedom of Religion or Belief (Fn. 274, 1996) 88; GHANEA, The 1981 UN Declaration: Some Observations', in: The Challenge of Religious Discrimination at the Dawn of the New Millennium, hrsg. v. ders., Leiden 2003, 15.

Vgl. generell zu dieser Terminologie SHESTACK, The Jurisprudence of Human Rights, in: Human Rights in International Law, Vol. I, hrsg. v. *Meron*, Oxford 1984, 70–71.

281 Es wird allerdings von einer Ansicht abweichend hiervon vorgetragen, dass solch ein auf einem *absoluten* Recht resultierender Schutzmechanismus bezweifelt werden müsse ('the "absolute" protection of the *forum internum* against indoctrination is, however, not as absolute as it may seem at first glance', siehe NOWAK/ VOSPERNIK, Permissible Restrictions, in: Facilitating Freedom of Religion or Belief (Fn. 276, 2004) 149.

Genauer betrachtet vertreten die Autoren jedoch keine andersartige dogmatische Herangehensweise als die eben beschriebene, sondern beziehen sich in ihrer Kritik nur auf die Schwächen innerhalb der Rechtsprechung des EGMR (*Kokkinakis*, vgl. hierzu den Text beginnend ab S. 177) und auf die Vorbehalte von muslimisch geprägten Ländern gegen "proselytierende" Missionare.

Deren Wortwahl ist daher zurückzuweisen. Auf Unzulänglichkeiten bei der praktischen Umsetzung hinzuweisen – insoweit ist ihnen in der Sache Recht zu geben –, zwingt nicht ohne weiteres dazu, das zugrunde liegende dogmatische Konzept zu verändern, wenn nicht zugleich ein alternatives Modell näher dargelegt wird. Es ist zu vermuten, dass deren Kritik, gegen Indoktrinieren werde „nicht so absolut“ geschützt, dahingehend zu verstehen sein soll, dass „absolut“ dabei nicht gleichgesetzt werden darf mit einem von der sachlichen („schutz-

2. Terminologie: Gedanken- und Gewissensfreiheit – Innere Überzeugungen im Sinne der Religions- und Weltanschauungsfreiheit

Der Wortlaut von Art. 18 ICCPR und Art. 9 EMRK umfasst eine weitere Unterscheidung, die allerdings in der Praxis nicht so gesichert ist wie diejenige zwischen bloßem Manifestieren einerseits und absolut geschützter innerer Überzeugung andererseits. Es wird nämlich die Gedanken- und Gewissensfreiheit geschützt, wohingegen die Schrankenregelung sich allein auf die Religions- und Weltanschauungsfreiheit[282] bezieht. Daraus kann geschlossen werden, dass der gleiche Schutzmechanismus, der der absolut geschützten inneren Überzeugung zukommt, auch anzuwenden ist für die Gedanken- und Gewissensfreiheit. Hinsichtlich Letzterer besteht gemäß dem Wortlaut schließlich ebenso wenig die Möglichkeit einer Beschränkung wie hinsichtlich des forum internum. Ein solcher Rückschluss ließe sich insoweit auch sachlich begründen, als die Nähe zwischen innerer (religiöser oder säkularer) Überzeugung auf der einen Hand und dem eigenen Gedanken bzw. dem eigenen Gewissen auf der anderen Hand nahe liegt.

Trotz dieser Ähnlichlichkeit ist umstritten, ob und ggf. wie eine Ausdifferenzierung[283] hinsichtlich weiterer Rechtsfolgen vorzunehmen ist, insbesondere, ob und wie es denn ein nach außen wirkendes „Manifestieren" eines Gedankens und des Gewissens geben könne.[284] Es wird teilweise vorgeschlagen, derartige Manifestationen seien (einzig) durch das Menschenrecht auf Meinungsfreiheit ge-

---

bereichlichen") Reichweite her besonders breit angelegten, umfassend wirkenden Schutzmechanismus. So verstanden, könnte dies eine zutreffende Beobachtung sein.

Es gibt nur ein einziges Argument, was direkt das dogmatische Konzept zum Schutz eines absoluten Rechts betrifft. Sie führen aus: 'How should one balance the right to teach religious views and to convince others with the "absolute" right of others not to suffer violation of their *forum internum*?' Interessanterweise könnte solch ein Argument gegen einen absoluten, abwägungsunabhängigen Schutz zutreffend sein, wenn man NOWAK auch in anderer Hinsicht zustimmt. Er ist nämlich zudem der Auffassung, dass 'human rights are directed both at violations by the state [...] and by private persons (the horizontal level)' (NOWAK, Introduction Intl HR (Fn. 280, 2003) 52). Der Begriff „Rechte der anderen" bezieht sich unweigerlich auf einen zugrunde liegenden Konflikt zwischen Privaten auf der horizontalen Ebene. Es wird jedoch zu zeigen sein, dass (in Übereinstimmung mit dem UNHRC und dem EGMR) der Staat keineswegs ausnahmslos zum Eingreifen verpflichtet ist, wenn ein Privater gegen ein Menschenrecht zuwider handelt (siehe den Abschnitt beginnend mit S. 127). Das ist der Grund, weshalb es auch nicht dogmatisch inkonsistent ist, von einer Abwägung auszugehen, die als einen bloßen Abwägungsgesichtspunkt das forum internum betrifft. Absolut geschützt ist dieses Recht nur mit Blick auf Eingriffe durch den Staat. Folglich zeigen NOWAK und VOSPERNIK keine Gründe auf, vom oben dargestellten theoretischen Konzept hinsichlich Indoktrinierens abzuweichen.

282 Der englische Begriff 'belief' neben 'religion' bürgt gerade auch für den Schutz nicht-religiöser Bekenntnisse und kann daher mit Weltanschauung übersetzt werden.

283 Vgl allgemein hierzu C. EVANS, Freedom of Religion Under the European Convention (Fn. 274, 2001) 52–53, mit Nachweisen zu Autoren, die jedwede Differenzierung ablehnen. Vgl. auch, als Beispiel eines Versuchs, eine exklusive Dogmatik einzig bezogen auf den Schutz des Gewissens in seiner nicht-religiösen Funktion zu entwickeln HAMMER, The International Human Right to Freedom of Conscience, Aldershot 2001, *passim*.

284 Vgl die Erörterungen bei BLUM, Art. 9 EMRK (Fn. 279, 1990), 159–162.

schützt.[285] Als Folge hiervon würde es notwendig, zwischen bloßem „Manifestieren" des Gewissens (ohne besonderen Schutz durch Art. 9 EMRK oder Art. 18 ICCPR) und dem Manifestieren einer (religiösen oder säkularen) Überzeugung („religion or belief") zu differenzieren (vgl. Art. 9 § 2 EMRK und Art. 18 § 3 ICCPR).[286]

Andere hingegen ordnen sämtliche[287] äußeren Kundgaben unisono dem Schutz der Art. 9 EMRK bzw. Art. 18 ICCPR zu.[288] Dies gelte auch für die Gewissensfreiheit, der sachlich eine Auffangfunktion zukomme mit Blick auf feste Überzeugungen, bei denen die Verbindung zu Religion oder Weltanschauung zumindest fraglich sei.[289]

Angesichts des Schwerpunkts dieser Studie bedarf es keiner weiteren Erörterung dieser Problematik[290], da hier das forum internum im Blickpunkt steht. Insoweit aber, mit Blick auf die inneren Überzeugungen, ist von einem Schutz als absolutem Recht auszugehen. Es bedarf nur der Auseinandersetzung mit derjenigen Auffassung, wonach möglicherweise hinsichtlich der Gewissensfreiheit *insgesamt* von einem bloßen relativen Schutz nach Maßgabe der allgemeinen Schrankenregelungen (Art. 9 § 2 EMRK und Art. 18 § 3 ICCPR) auszugehen ist. Von einigen wird schließlich vorgetragen, dass es zwar richtig sei, dass „dem Wortlaut nach lediglich die Einschränkbarkeit des Rechts der Ausübung der Religion oder Weltan-

---

285 Vgl. ausdrücklich sich auch auf das Gewissen beziehend (und sich dann auf Art. 10 EMRK stützend) so z. B. M. D. EVANS, Religious Liberty (Fn. 271, 1997) 284–286. Dieser Auffassung nach ist der oben im Text erläuterte Rückschluss also insoweit unzutreffend, weil sachlich für derartige „Manifestationen" Art. 18 ICCPR bzw. Art. 9 EMRK gar nicht sedes materiae wären und *deshalb* dann sehr wohl Einschränkungen möglich sind, die allenfalls unter dem Rechtfertigungszwang anderweitiger Menschenrechte stünden.

286 Dies könnte zu erreichen sein durch eine Analogie zum religiösen Glauben:
So könnte z. B. eine besonders zu schützende säkulare Überzeugung (vergleichbar zum religiösen Glauben) von einer bloßen „säkularen" Gewissensbetätigung dadurch abgegrenzt werden, dass die Überzeugung eine „vergleichbar zentrale Rolle" im Leben des Betroffenen ausfüllen müsste, vgl. M. D. EVANS, Religious Liberty (Fn. 271, 1997) 286. Vgl. auch REMMELINK, General Report on Freedom of Conscience, in: Freedom of Conscience, hrsg. v. *Council of Europe*, Straßburg 1993, 199–200.
Hinsichtlich eines weiteren Versuchs zu differenzieren siehe die Bezugnahme auf Handlungen, die besonders eng verknüpft sind ('acts intimately linked') mit dem forum internum bei EKMR, *C v UK* (Zlk.-Entsch., 15.12.1983, Nr. 10358/83) DR 37, S. 147.

287 In sachlicher Hinsicht bleibt es natürlich möglich, zunächst auszulegen, was denn genau Gewissensausübung ist, sodass insoweit – wenn man etwa eine „allgemeine Handlungsfreiheit gemäß dem Gewissen" ablehnt – gewisse sozusagen nur lose mit dem Gewissen verbundene Ausübungen sehr wohl hiernach schutzlos bleiben können. Vgl. hierzu BLUM, Art. 9 EMRK (Fn. 279, 1990), 158, siehe dort auch das Zitat.

288 Vgl. etwa NOWAK, ICCPR (Fn. 277, 2005) Art. 18, Rn. 11 (S. 413). Er befürwortet den Schutz des "Manifestierens" des Gewissens direkt durch Art. 18 ICCPR. Für eine Berücksichtigung 'to give articulate expression to both thought and conscience' vgl. auch UNGA, Third Committee, 'Draft International Covenants on Human Rights, Article 18 of the draft ICCPR' (1960) UN Doc A/C.3/SR.1021, Saudi-Arabien (S. 198, § 9).

289 Zu Letzterem siehe etwa WALTER, Religionsverfassungsrecht (Fn. 279, 2006) 343.

290 Zu einer Lösung habe jedenfalls die Rechtsprechung noch nicht geführt, so die Einschätzung von C. EVANS, Freedom of Religion Under the European Convention (Fn. 274, 2001) 51–52.

schauung" gewährleistet wären. Doch seien es systematische Gründe, insbesondere der Vergleich mit den sonstigen Schrankenregelungen, die dafür sprächen, „die Gewissensfreiheit, „die nach dem Wortlaut [...] ebenfalls nicht beschränkbar ist, dem Gesetzesvorbehalt zu unterstellen".[291] Soweit diese Auslegung die Frage betreffen sollte, ob (nur) eine „Ausübung der Gewissensfreiheit" im Sinne eines Manifestierens dem Schrankenvorbehalt zu unterstellen ist,[292] kann eine solche Fragestellung hier dahinstehen. Schließlich soll hier nicht der Bereich des Manifestierens, sondern der des forum internum analysiert werden. Sollte hiermit jedoch vorgetragen werden, dass es einen absoluten Schutz im Bereich der Gewissensfreiheit grundsätzlich nicht gäbe, so ist dies zurückzuweisen, und zwar aus systematischen Gründen. Zunächst ist darauf hinzuweisen, dass eine etwaige Furcht vor unangemessener Beeinträchtigung des öffentlichen Lebens beileibe nicht zwingend ist. Die öffentliche Ordnung wird keineswegs dem persönlichen Gewissensspruch preisgegeben, denn zum einen sind nicht alle Kollisionen staatlicher Maßnahmen mit persönlichen Überzeugungen auch als *Eingriff* zu qualifizieren. Zum anderen ist zunächst einmal nur der *innere* Bereich geschützt. Darüber hinaus gilt Folgendes: Wenn und weil die ganz herrschende Lehre das forum internum im Sinne der Religions- und Überzeugungsfreiheit in Übereinstimmung mit dem Wortlaut als absolut geschützt ansehen, wäre es systematisch unstimmig, die *innere* Seite der Gewissensfreiheit hiervon auszunehmen. Es besteht insoweit gar kein Anlass zu einer „ergänzenden oder berichtigenden Auslegung" des Schrankenvorbehalts[293] zu greifen.[294] Nach allem ist also festzuhalten, dass der absolute Schutz – soweit es nicht um das Manifestieren geht – auf alle Schutzbereichvarianten der Art. 18 ICCPR und Art. 9 EMRK zu übertragen ist.

---

[291] GRABENWARTER, EMRK (Fn. 279, 2005), Rn. 99 (S. 226). Siehe ferner BLUM, Art. 9 EMRK (Fn. 279, 1990), 161–162; WALTER, Religionsverfassungsrecht (Fn. 279, 2006) 341.

[292] Siehe dieses Zitat bei BLUM, Art. 9 EMRK (Fn. 279, 1990), 161, der überdies anerkennt, dass es auch Eingriffe in „die Ausbildung und das Haben eines Gewissens, also auf das sogenannte ‚forum internum'" gegeben kann, siehe S. 157. Von daher mag es sein, dass der Wortlaut „Ausübung" ernst zu nehmen ist und sich die Schrankenregelung tatsächlich nur auf die Fälle äußerer Kundgabe beziehen soll.
Vgl. überdies auch bei GRABENWARTER, EMRK (Fn. 279, 2005), Rn. 99 (S. 226) den Hinweis darauf, dass es das Ziel gab, den Religionswechsel (dem forum internum zuzuordnen?) einschränkungslos zu gewähren. Auch dessen Bezugnahme auf EKMR, *X v UK* (Zlk.-Entsch., 10.1.1975, Nr. 6084/73) DR 3, S. 65 als zustimmende Auffassung betrifft – unabhängig von der Frage, inwieweit eine solche Kommissionsentscheidung heute noch als maßgeblich herangezogen werden kann (vgl. dazu Fn. 430 a. E.) – einen Fall von „dissemination" (hier: Verteilen von Briefen) und damit deutlich nur die Ausübung.

[293] Siehe die Formulierung bei BLUM, Art. 9 EMRK (Fn. 279, 1990), 161.

[294] Dies würde auch gegen die Auslegungsmaxime verstoßen, Schrankenregelungen grundsätzlich eng auszulegen, vgl. dazu nur HENKIN, Introduction, in: The International Bill of Rights, hrsg. v. dems., New York 1981, 24, 26; KISS, Permissible Limitations on Rights, ibid., 308, unter Bezug auf Art. 5 § 1 ICCPR; LINDHOLM/ DURHAM, Jr./ TAHZIB-LIE/ GHANEA, Introduction, in: Facilitating Freedom of Religion or Belief, hrsg. v. dens., Leiden 2004, xxxix m. w. N., siehe gerade mit Blick auf die Religionsfreiheit auch DURHAM, Jr., Facilitating Freedom of Religion or Belief Through Religious Association Laws, ibid., 359.

Aus Vereinfachungsgründen soll, im Anschluss an den eben[295] genannten Sprachgebrauch[296], mit Gewissensfreiheit im weiteren Verlauf nicht etwa auf den gesonderten Aspekt „Gewissen" in Abgrenzung zu „Gedanken" und „Religion" (bzw. Weltanschauung) verwiesen werden. Vielmehr sei hiermit wie mit dem Ausdruck forum internum[297] auf die inneren Überzeugungen verwiesen, die im Gegensatz zu Manifestationen den besonderen – absoluten – Schutz dieses Menschenrechtes genießen.[298]

3. Umfang des geschützten Rechts

Es ist nicht allein die Differenzierung zwischen den verschiedenen Schutzobjekten dieses Menschenrechts, die Schwierigkeiten bereitet. Schon über die Grundsatzfrage, wie denn genau Religion oder Weltanschauung ganz grundsätzlich zu definieren sind, kann kein Konsens erzielt werden.[299] Da auch diese Frage jedoch nicht unmittelbar die Auslegung des forum internum betrifft, sei hier nur vermerkt, dass sowohl hinsichtlich Art. 18 ICCPR als auch bezüglich Art. 9 EMRK nach Maßgabe

[295] Siehe S. 71 bei Fn. 267.

[296] Den man als ahistorisch bezeichnen könnte, da sich die Gewissensfreiheit im Laufe der Zeit gerade erst einen eigenständigen Gehalt errungen hat, der ihr zuvor nicht zukam, vgl. so die Ausfühungen bei BLUM, Art. 9 EMRK (Fn. 279, 1990), 155–156, auch mit Vergleich zur Rechtslage nach deutschem Verfassungsrecht.

[297] Mit Blick auf den Ausdruck *forum internum* vgl. EKMR, *C v UK* (Zlk.-Entsch., 15.12.1983, Nr. 10358/83) DR 37, S. 147; NOWAK, ICCPR (Fn. 277, 2005) Art. 18, Rn. 6 (S. 411); MARÍNEZ-TORRÓN (Fn. 279) (2005) 19 Emory Intl L Rev 590 bei Fn. 9; siehe auch GUNN, Adjudicating Rights of Conscience, in: Religious Human Rights in Global Perspective (Fn. 273, 1993), 313.

[298] Eine gewisse Unschärfe wird dabei in Kauf genommen. Es wird im weiteren Verlauf nämlich u. a. teilweise dazu Stellung zu nehmen sein, welcher Umfang diesem absoluten Schutz zukommt. Wird nämlich später etwa besprochen, ob die Verweigerung eines religiösen Eides teilhat am absoluten Schutz des forum internum, so könnte anstelle dessen auch ein Schutz als ein „Handeln- und Sich-Verhaltenkönnen gemäß der Gewissensüberzeugung" (BLUM, Art. 9 EMRK (Fn. 279, 1990), 157) in Betracht kommen. Im Wissen um den gleichwohl bestehen bleibenden Schutz könnte also eher hingenommen werden, dass etwas nicht dem Schutz des forum internum zuzuordnen ist. Dann bliebe deutlich, dass die Gefahr, dass andernfalls die Gewissensfreiheit ein bloßer Torso bliebe (vgl. WALTER, Religionsverfassungsrecht (Fn. 279, 2006) 340), schon gebannt ist.
Da aber nur der hier untersuchte Schutz des forum internum *absolut* gewährt ist, die „Betätigung" dagegen nur unter Schrankenvorbehalt, bleibt es jedenfalls notwendig, sich zu entscheiden. Die Frage darf nicht offengelassen werden, ob eine Zuordnung zum forum internum gegeben ist oder nicht. Von daher ist es auch zulässig, diese Untersuchung einzig auf den Bereich eben dieses forum internums zu beschränken.

[299] Es sei nicht möglich, „to achieve any consensus", C. EVANS, Freedom of Religion Under the European Convention (Fn. 274, 2001) 51.

der ganz vorherrschenden[300] und zutreffenden Sichtweise nicht allein religiöse, sondern auch atheistische und agnostische Positionen geschützt sind.[301]

Das forum internum ist also, das sei zusammenfassend festgehalten, als absolutes Recht geschützt, das in der Theorie keine Beschränkung durch den Staat zulässt.

---

300 Unstreitig ist dies allerdings noch nicht, vgl. C. EVANS, Freedom of Religion Under the European Convention (Fn. 274, 2001) 51.

301 Siehe nur UNHRC, 'General Comment No. 22 (1993)' in 'Note by the Secretariat, Compilation of General Comments and General Recommendations Adopted by Human Rights Treaty Bodies' (2006), UN Doc HRI/GEN/1/Rev.8, § 2 (S. 195); LILLICH, Civil Rights, in: Human Rights in International Law, Vol. I, hrsg. v. *Meron*, Oxford 1984) 159.

II. Auslegung von Zwang und Indoktrinieren

1. Zwang im Sinne von Art. 18 § 2 ICCPR

a) Allgemeines

Es ist eine Neuheit des ICCPR, dass dort „Zwang“ explizit erwähnt wird in Art. 18 § 2: 'No one shall be subject to coercion which would impair his freedom to have or to adopt a religion or belief of his choice.'[302] Dieser Paragraph ist eng verknüpft mit § 1, wo es zunächst einmal grundsätzlich heißt, dass nebst anderem das Recht gewährleistet werde, 'to have or to adopt a religion or belief of his choice'.[303] Die Zwangsklausel des § 2 benennt damit beispielhaft eine Eingriffsform in das absolut geschützte Kernrecht, eine Religion bzw. Weltanschauung nach freier und revidierbarer Wahl zu haben. Zwang als Eingriff, der auf das forum internum bezogen ist,[304] muss daher unterschieden werden von Beeinträchtigungen des bloßen Rechts, seinen Glauben[305] zu manifestieren.[306]

---

[302] „Niemand darf einem Zwang ausgesetzt werden, der seine Freiheit, eine Religion oder eine Weltanschauung seiner Wahl zu haben oder anzunehmen, beeinträchtigen würde.“ Siehe auch fast wörtlich ebenso Art. 12 § 2 of the International Convention on the Protection of the Rights of All Migrant Workers and Members of Their Families (verabschiedet am 18.12.1993; in Kraft getreten am 1.6.2003, GA Res 45/158, UN GAOR, 45th Sess.; UN Doc A/RES/45/158).

[303] „Eine Religion oder eine Weltanschauung eigener Wahl zu haben oder anzunehmen“. Art. 18 § 1 als Ganzes lautet: 'Everyone shall have the right to freedom of thought, conscience and religion. This right shall include freedom to have or to adopt a religion or belief of his choice, and freedom, either individually or in community with others and in public or private, to manifest his religion or belief in worship, observance, practice and teaching.'
Art. 18 endet mit: '[§ 3] Freedom to manifest one's religion or beliefs may be subject only to such limitations as are prescribed by law and are necessary to protect public safety, order, health, or morals or the fundamental rights and freedoms of others.
[§ 4] The States Parties to the present Covenant undertake to have respect for the liberty of parents and, when applicable, legal guardians to ensure the religious and moral education of their children in conformity with their own convictions.'

[304] In Anbetracht des bloß exemplarischen Charakters und eingedenk dessen, dass die Freiheit von Zwang ohnehin ein inhärenter Bestandteil der Gewissensfreiheit sein soll (vgl. näher Fn. 306), ist diese Klausel nicht beschränkt auf das Recht 'to have and adopt a belief', sondern umfasst sämtliche Facetten dieses Menschenrechts, die ihrerseits als absolutes Recht geschützt sind. Vgl. NOWAK, ICCPR (Fn. 277, 2005) Art. 18, Rn. 17 (S. 416).

[305] Bzw. seine Weltanschauung.

[306] Es wird vorgetragen, dass es überflüssig gewesen sei, Art. 18 § 2 ICCPR in den Vertragstext mit aufzunehmen. Es solle keine Notwendigkeit bestehen, dem Eingriff explizit einen Namen – Zwang – zu geben (vgl. die Diskussion mit Nachweisen bei NOWAK, ICCPR (Fn. 277, 2005) Art. 18, Rn. 19, Fn. 57 (S. 417); KAUFMANN, Das Problem der Glaubens- und Überzeugungsfreiheit im Völkerrecht, Zürich 1989, 139; darüber hinaus wird oft betont, dass die Freiheit von Zwang impliziter Bestandteil der Gewissensfreiheit sei, siehe die Nachweise S. 114, Fn. 440.
Es ist jedoch nicht notwendig, der Frage nachzugeben, ob die Schaffung des Art. 18 § 2 ICCPR sinnvoll war oder nicht. Unabhängig von der Namenswahl gilt es zu beantworten, ob eine klare Unterscheidung gefunden werden kann zwischen kategorisch unzulässigen Eingrif-

b) Entstehungsgeschichte

Die Einführung des Begriffs „Zwang“ könnte sich als Fundgrube für das Verständnis des forum internum im Sinne des Völkerrechts herausstellen.[307] Schließlich müsste, da dieses Konzept zuvor als Legaldefinition noch nicht benutzt wurde, die Entstehungsgeschichte deutlich aufzeigen, was genau die internationale Rechtsgemeinschaft verboten wissen wollte, als sie diese Eingriffsform einer kategorisch unzulässigen Beeinträchtigung des forum internum schuf. Gerade angesichts des schon oben angedeuteten weiten Spektrums an unterschiedlichen Vorstellungen in Lehre und Rechtsprechung zur Frage des Zwangs könnte daher den sog. *travaux préparatoires*[308] entscheidende Bedeutung zukommen.[309]

Die Entstehungsgeschichte der Zwangsklausel kann in der Tat genau nachverfolgt werden. Bedenken der Ägyptischen Delegation bei der Commission on Human Rights, die den 'Draft International Covenant on Human Rights' auszuarbeiten hatte, wurden ursächlich für ihre Aufnahme in den Vertragstext. 1949 und 1950 verwies nämlich der Ägyptische Delegierte darauf, dass die Aufnahme eines ausdrücklichen Rechts, seine Religion wechseln zu können, zu großen Schwierigkeiten führen könnte. Dies gälte ungeachtet dessen, dass dieses Recht noch explizit in Artikel 18 der Allgemeinen Erklärung der Menschenrechte (Universal Declaration)[310] verankert war, und zwar gerade mit Blick auf muslimische Länder im Nahen Osten.[311] Erfahrungen eines missbräuchlichen Gebrauchs dieses Rechts seien dabei überdies der wesentliche Grund für das Zögern dieser Staaten, solch ein Recht nun

---

fen und noch hinnehmbaren Beeinträchtigungen unterhalb der nach Maßgabe des Art. 18 ICCPR zu bildenden Schwelle.

307 Vgl. auch TAYLOR, Freedom of Religion (Fn. 276, 2005) 26.

308 Als Überblick hinsichtlich der verschiedene Organe, die zur Entstehung des Art. 18 ICCPR beitrugen sowie den unterschiedlichen Phasen ihrer Zusammenkünfte siehe BOSSUYT, Guide to the 'Travaux Préparatoires' of the ICCPR, Dordrecht 1987, 371; vgl. auch TAHZIB, Freedom of Religion or Belief (Fn. 274, 1996) 81.

309 Siehe insoweit auch Art. 32 (a) der Wiener Übereinkommen über das Recht der Verträge, von nun an: WVK, verabschiedet am 23.5.1969; in Kraft getreten am 27.1.1980) 1155 UNTS 331. Die Auslegungsgrundsätze der Art. 31 und 32 WVK sind Bestandteil des Völkergewohnheitsrechts, siehe ICJ, *Oil Platforms* (*Islamic Republic of Iran* v. *United States of America*), Preliminary Objection, Urteil, [1996] ICJ Rep 803, §§ 22–23 (S. 812); ferner HERDEGEN, Völkerrecht, 5. A. München 2006, 124–125 (§ 15, Rn. 28–30).
Allerdings gilt es auch, die besonderen Umstände des Zustandekommens – sprich: den im Hintergrund schwelenden Kalten Krieg – zu berücksichtigen, bevor man damalige Vorstellungen übernehmen möchte, siehe hierzu z. B. BOYLE, Freedom of Religion in International Law, in: Religion, Human Rights (Fn. 279, 2007), 23–25.

310 Verabschiedet am 10.12.1948, GA Res 217A, UN Doc A/810 (von nun an Universal Declaration). Zur Mitwirkung katholischen Verständnisses an der in der Universal Declaration verankerten Religionsfreiheit vgl. GEROSA, Religionsfreiheit und Absolutheitsanspruch der Religionen, in: Recht auf Mission contra Religionsfreiheit?, hrsg. v. *Krämer* u. a., Berlin 2007, 87–88.

311 Überdies hat (allerdings *nur*) Saudi-Arabien gerade deshalb seinerzeit der Universal Declaration nicht zugestimmt.

auch in einer rechtlich verbindlichen Konvention verankert zu sehen.[312] Dieser frühe Vorstoß wurde jedoch einmütig zurückgewiesen,[313] obschon der Delegierte deutlich zu machen versuchte, er wolle die Substanz des Rechts auf Religionswechsel nicht antasten.[314]

[312] Der Delegierte verwies also nicht direkt auf den Islam selbst, um gegen die Aufnahme eines solchen Rechts zu votieren, vgl. beispielsweise Commission on Human Rights, 'Draft International Covenant on Human Rights' (1949) UN Doc E/CN.4/SR.116, S. 8 (Ägypten): 'It was unnecessary to place such emphasis on the right to change one's religion, a right, which individuals often invoked for unworthy motives, e.g. when they wished to obtain a divorce'; vgl. auch Commission on Human Rights, 'Draft International Covenant on Human Rights' (1949) UN Doc E/CN.4/SR.117, S. 8 (Ägypten).
Als ein Beispiel für 'abuses' bezog sich der ägyptische Repräsentant auf katholische Ägypter, die allein deshalb zu Muslimen geworden seien, um nunmehr auf diese Weise in der Lage zu sein, sich scheiden lassen zu können, siehe Commission on Human Rights, 'Draft International Covenant on Human Rights' (1950) UN Doc E/CN.4/SR.161, S. 4 (Ägypten).
Für eine ausdrückliche Bezugnahme auf den Islam siehe jedoch mit Verweis auf den Afghanischen Repräsentanten später dann im Third Committee TAYLOR, Freedom of Religion (Fn. 276, 2005) 30 bei Fn. 23. Hinsichtlich einer Befürwortung des Rechts auf Religionswechsels aus islamischer Sicht mit Blick darauf, dass zumindest im Koran selbst keine irdische Strafe für Glaubensabfall vorgesehen sei, vgl. etwa KADIVAR, Freedom of Religion and Belief in Islam, in: The New Voices of Islam, hrsg. v. dems., London 2006, 120, 132–140, siehe dort auch 126–127 zu entgegengesetzten Rechtsquellen.
Schon bei der Abfassung der Universal Declaration wurde überdies um das Recht auf Religionswechsel gerade auch unter dem Stichwort des Proselytismus' gerungen, vgl. etwa M. D. EVANS, Historical Analysis of Freedom of Religion or Belief as a Technique for Resolving Religious Conflicts, in: Facilitating Freedom of Religion or Belief, hrsg. v. *Lindholm* u. a., Leiden 2004, 10.

[313] Die Mitglieder der Commission betonten immer wieder die Wichtigkeit des Rechts auf Religionswechsel und fürchteten, es könne bei Annahme des ägyptischen Streich-Vorschlages nicht mehr in der notwendigen Deutlichkeit erkannt werden. Vgl. Commission on Human Rights, 'Draft International Covenant on Human Rights' (1949) UN Doc E/CN.4/SR.116, S. 3 (Commission of the Churches on International Affairs); S. 8 (Philippinen); S. 10–11 (Frankreich); S. 11 (UK); Commission on Human Rights, 'Draft International Covenant on Human Rights' (1949) UN Doc E/CN.4/SR.117, S. 5 (Libanon), der den pakistanischen Außenminister zitiert, und zwar dessen Bezugnahme auf den Koran als Grundlage einer Religion, die gegen jeden Zwang und damit auch zustimmend zu solch einem Recht auf Wechsel sei (siehe zur religiösen Sonderrolle des damaligen Außenministers KHAN innerhalb islamischer Glaubensrichtungen allerdings auch ELTAYEB, Right to Freedom of Thought, Conscience, and Religion or Belief in Muslim Countries, in: Freedom of Religion (Fn. 274, 2000) 103); siehe auch ibid. S. 10 das Votum gegen den ägyptischen Vorschlag, die Worte 'to change his religion [...]' zu streichen. Weiterhin, Commission on Human Rights, 'Draft International Covenant on Human Rights' (1950) UN Doc E/CN.4/SR.161, Jugoslawien (S. 7, S. 10); USA (S. 7); Dänemark (S. 8); Libanon (S. 8); China (S. 9); Votum (Recht zu wechseln, angenommen 13 Stimmen ohne Gegenstimme bei einer Enthaltung, S. 10 (siehe auch das Abschlussvotum S. 16).

[314] Der Delegierte ließ wissen, dass Ägypten 'was in no way opposed to the principle of the right to change one's religion so long as that change was based on genuine conviction' ('Draft International Covenant on Human Rights' (1950) UN Doc E/CN.4/SR.161, S. 4 (Ägypten); siehe auch S. 9). Vgl. auch den Vorschlag hinsichtlich einer alternativen Wortwahl, die vom

Dieser Mißerfolg führte zu weiteren Anstrengungen des Delegierten, zudem motiviert durch eine ägyptische Rechtsregelung, die vor einem theoretisch zulässigen Religionswechsel es erforderte, dass zunächst drei Unterredungen mit dem zuständigen Offiziellen derjenigen Religionsgemeinschaft zu führen waren, die verlassen werden sollte.[315] 1952 unterbreitete deshalb der ägyptische Deligierte einen Änderungsvorschlag, der dem Recht auf Wechsel der Religion oder Weltanschauung[316] das Recht, diese zu behalten, sowie das Verbot des Zwanges hinzufügte.[317] Damit war zumindest implizit eine Verbindungslinie zwischen Missionierung und Zwangsausübung gezogen: Soweit sich missionarischer Eifer als Bedrohung des Rechts darstellte, seine Religion beizubehalten, könnte dies dann als nicht zu rechtfertigender Zwang qualifiziert werden. Dieses Mal akzeptierte die Kommission zumindest den Wortlaut des ägyptischen Vorschlag einmütig,[318] ohne dass es später noch zu Änderungen des Wortlauts gekommen wäre.[319] Hinsichtlich des inhaltlichen Verständnisses von Zwang macht die Kommission jedoch unmissverständlich deutlich, dass dieser Rechtsbegriff nicht herangezogen werden könne, das unabänderliche Recht auf Religionswechsel zu unterdrücken.[320]

Es wurde oftmals betont, die Freiheit vom Zwang könne allein schon deshalb mit in den Vertragstext ausdrücklich aufgenommen werden, da sie implizit ohnehin schon Bestandteil der Gewissens- und Religionsfreiheit sei.[321] Das eigentümliche ägyptische Beispiel, wonach vor einem Glaubenswechsel drei Gespräche mit der zu verlassenden Religionsgemeinschaft zu führen seien, wurde mit keinem Wort mehr erwähnt. Dass diese Nichterwähnung nicht darauf schließen lässt, dass damit impli-

---

Recht auf Wechsel einzig ausschließen solle den 'change of religion for purpose of fraud' ibid. S. 7 und ähnlich S. 9.

Hinsichtich aktueller Problemfelder hinsichtlich des Religionswechsels in Ägypten vgl. oben S. 72, Fn. 275. Hinsichtlich der heutigen Situation siehe auch BOYLE/ SHERIF (Hg.), Human Rights and Democracy – The Role of the Supreme Constitutional Court of Egypt, London 1996, z. B. S. 103 (BOYLE).

315 Commission on Human Rights, 'Draft International Covenant on Human Rights and Measures of Implementation' (1952) UN Doc E/CN.4/SR.319, Ägypten (S. 3).

316 Wie es im bis dato aktuellen Entwurf im Anschluss an die Formulierung des Art. 18 Universal Declaration enthalten war.

317 UN Doc E/CN.4/L.187, abgedruckt bei BOSSUYT, Guide to the 'Travaux Préparatoires' of the ICCPR (Fn. 308, 1987) S. 357 und S. 361.

318 Commission on Human Rights, 'Draft International Covenant on Human Rights and Measures of Implementation' (1952) UN Doc E/CN.4/SR.319 (hinsichtlich der Abstimmung siehe S. 13; hinsichtlich ausdrücklicher Zustimmung vgl. Frankreich (S. 4), USA (S. 5); Indien (S. 7); UdSSR (S. 8); Jugoslawien (S. 10); China (S. 11)).

319 Hinsichtlich der Abänderung von 'to maintain' hin zu 'to adopt', die allerdings keine Auswirkung auf die Bedeutung von 'coercion' hat, durch das Third Committee vgl. S. 88 in Fn. 331.

320 Abgesehen davon, dass es zu diesem Zeitpunkt noch immer ausdrücklich im Wortlaut verankert war. Vgl. Commission on Human Rights, 'Draft International Covenant on Human Rights and Measures of Implementation' (1952) UN Doc E/CN.4/SR.319, Commission of the Churches on International Affairs (S. 5); Libanon (S. 8); UK (S. 9); Griechenland (S. 11).

321 Commission on Human Rights, 'Draft International Covenant on Human Rights and Measures of Implementation' (1952) UN Doc E/CN.4/SR.319, Commission of the Churches on International Affairs (S. 5); Libanon (S. 8); UdSSR (S. 8); UK (S. 9).

zit das ägyptische Verständnis[322] übernommen wurde, ergibt sich nicht allein aus den soeben benannten inhaltlichen Klarstellungen. Darüber hinaus steht dem die – ebenso unwidersprochen gebliebene – deutlichste Aussage zum Verständnis von Zwang entgegen. Der australische Delegierte nämlich betonte, es müsse „in aller Klarheit verstanden werden […] dass der Ausdruck ‚Zwang' weder Überredung noch einen Appell an das Gewissen umfasst".[323] Festzuhalten ist also, dass die Zwangs-Klausel 1952 eingeführt und einmütig angenommen wurde, ohne dass sich auch nur ein Wort darüber finden lässt,[324] was überhaupt inhaltlich genau von Zwang umfasst sein soll, sieht man von der Aussage des australischen Delegierten ab.

Im späteren[325] Verlauf der Debatte kam abermals Streit auf um das Recht auf Religionswechsel. Während einige Ländern die Bedeutung dieses Recht betonten, gerade um Missionsarbeit zu legitimieren[326], stellten sich arabische und afrikanische Länder gegen einen solchen Ansatz. „Bedenken wurden ausgedrückt, dass die ausdrückliche Nennung eines Rechts auf ‚Wechsel' von Religion oder Weltanschauung dahin ausgelegt werden könne, dass so unangemessene missionarische Aktivitäten bevorzugt oder Zweifel bei Gläubigen angeregt würden."[327] Darüber hinaus seien

322 Wenn es einer harschen Maßnahme wie der der dreifachen Unterredung bedürfte, um Zwang zu vermeiden, dann könnte man daraus schließen, dass Zwang ein häufiges Phänomen ist, dem nur durch solch drastische Gegenmaßnahmen beizukommen ist.

323 'It should be clearly understood […] that the expression "coercion" would not include persuasion or appeals to conscience' und weiter: 'and that it did not refer to the internal spiritual authority of religious bodies.' Commission on Human Rights, 'Draft International Covenant on Human Rights and Measures of Implementation' (1952) UN Doc E/CN.4/SR.319 (Australien (S. 7)).

324 Die offizielle Zusammenfassung der Debatten, wie sie sich findet im Bericht des UN-Generalsekretärs 'Annotations on the text of the draft International Covenant on Human Rights' (1955), UN Doc A/2929, Chapt. VI (Civil and Political Rights), § 110 (S. 48), erweckt dagegen den falschen Eindruck, als habe es eine generelle Diskussion über die Bedeutung von Zwang gegeben.

325 Auch hier geht die offizielle Zusammenfassung fehl, wenn sie den falschen Eindruck erweckt, als habe es schon zuvor eine ausdrückliche Diskussion von Proselytismus und missionarischen Aktivitäten durch Ägypten (E/CN.4/SR.117, S. 8) gegeben, siehe den 'Report of the Secretary-General: Annotations on the text of the draft International Covenant on Human Rights' (1955), UN Doc A/2929, Chapt. VI (Civil and Political Rights), § 108 (S. 48).

326 Vgl. etwa UNGA, Third Committee, 'Draft International Covenants on Human Rights, General Debate' (1954) UN Doc A/C.3/SR.576, Costa Rica (S. 173, § 37): 'Christianity could not be refused the opportunity of making its message known throughout the earth.'

327 'Concern was expressed that specific mention of the right to "change" one's religion or belief might be interpreted as unduly favouring missionary activities or […] as encouraging doubts in the minds of believers' UNGA, Third Committee (1954), abgedruckt bei UN Doc A/4625, § 48 (S. 16); vgl. beispielsweise UNGA, Third Committee, 'Draft International Covenants on Human Rights, General Debate' (1954) UN Doc A/C.3/SR.566, Saudi-Arabien (S. 117, § 34): 'Western missionaries exploited the situation in their efforts to persuade the ignorant masses that there was a connexion between [their] religion […] and technical progress.'
Siehe auch UNGA, Third Committee, 'Draft International Covenants on Human Rights, Article 18 of the draft ICCPR' (1960) UN Doc A/C.3/SR.1025, Bolivien (S. 216, § 36): 'The

missionarisch ausgerichtete Religionen dadurch ungerechtfertigt gegenüber denjenigen bevorteilt, die gar nicht danach trachteten, andere zum Glaubensübertritt zu bewegen.[328]

Wiederum wurde implizit die Zwangsklausel von einem Delegierten als Gegenmittel gegen solch missionarischen Druck gerechtfertigt.[329] Gleichwohl setzte sich eine solche weite Auslegung des Zwangsbegriffs, sprich eine Gleichsetzung von Mission und Zwang, in der Kommission nicht durch. Festgestellt wurde allerdings, dass auch einige Formen *indirekten* Zwangs zusätzlich zu physischen Druckmitteln umfasst seien.[330] Gerade angesichts des Festhaltens am Recht auf Religions-

---

freedom of religious sects [...] to practise their religion should not be interpreted as giving them the right to act in a way which was offensive or detrimental to other religious groups'; allerdings solle 'proselytising' erlaubt sein, ibid. § 37); vgl. weiterhin ibid. Niederlande (S. 216, § 41), deren Delegierter der Auffassung ist, dass schon Art. 18 des Entwurfs (ohne spezifischer einen Teil der Norm zu benennen) 'contained a legal check against excessive [...] proselytism [...: it] must not encroach upon freedom of thought in any manner contrary to the spirit of the article'.

Siehe jedoch auch die Zustimmung zum "Wesenskern" des Rechts auf Religionswechsels bei Saudi-Arabien, siehe UNGA, Third Committee, 'Draft International Covenants on Human Rights, Article 18 of the draft ICCPR' (1960) UN Doc A/C.3/SR.1025 (S. 214, § 9).

328 UNGA, Third Committee, 'Draft International Covenants on Human Rights, Article 18 of the draft ICCPR' (1960) UN Doc A/C.3/SR.1021, Saudi-Arabien (S. 198, § 11).

Verwiesen sei an dieser Stelle auf einen aktuellen Ansatz, der sich der noch vorherrschenden Auffassung entgegen stellt, die nach TAYLOR ibid. S. 56 zutreffend dadurch gekennzeichnet ist, dass missionarische Aktivitäten nicht schlichtweg gleichgesetzt werden mit imperialistischen Ambitionen, Kolonialismus und massiven Menschenrechtsverletzungen. Dies ist jedoch Bestandteil der provokativen, allerdings juristisch kaum haltbaren Auffassung von MUTUA, Limitations on Religious Rights: Problematizing Religious Freedom in the African Context (1999) 5 Buff Hum Rts L Rev 75–105; jeweils veröffentlicht auch in den bedeutenden Sammelwerken zur internationalen Religionsfreiheit von *van der Vyver* und *Witte, Jr.* (Hg.) Religious Human Rights in Global Perspective, Den Haag 1999, 417–440; sowie dann mit geringen Änderungen veröffentlicht als „Proselytism and Cultural Integrity" in: Facilitating Freedom of Religion or Belief, hrsg. v. *Lindholm* u. a. Leiden 2004, 651–668. Siehe darüber hinaus MUTUA, Returning to my Roots, in: Proselytiszation and Communal Self-Determination in Africa, hrsg. v. *An-Na'im*, Maryknoll 1999, 169–190, sowie dens., Human Rights, Philadelphia 2002, 94–125.

329 Saudi-Arabien, ibid.

330 Vgl. UNGA, Third Committee, 'Draft International Covenants on Human Rights, Art. 18 of the draft ICCPR' (1960) UN Doc A/C.3/SR.1025 (Erläuterung durch den Delegierten der Philippinen (S. 213, § 3).

Am deutlichsten bezieht eine Stellungnahme von Israel eine – sehr weit greifende – Position (die allerdings von anderen Delegierten anschließend nicht mehr diskutiert wurde), ibid. S. 217, § 47: '...her delegation interpreted "coercion" as including both physical coercion and more insidious and indirect forms, including improper inducements. In Israel [...] criminal law took cognizance of fraudulent acts or false pretences to bring about a change in an individual's religion, but there could be acts which were ostensibly innocent or even beneficial, such as the giving of gifts or other material assistance, which constituted an inducement to a person to change his religion. Her delegation's understanding of the spirit of the Universal Declaration and the draft Covenants was that the reference to a change of religion meant a change brought about by sincere ideological conviction.'

wechsel[331] – das kaum mit einer generellen Behinderung von Missionsbemühungen in Einklang zu bringen ist – ist das Ergebnis der Debatten im Third Committee ernüchternd. Substantielle Klarheit über die Zwangs-Klausel lässt sich ihnen nicht entnehmen.[332] Auch unter der Voraussetzung, dass man einen Einfluss der breit rezipierten „UN-Studie zur Diskriminierung im Bereich religiöser Rechte und Prakti-

[331] Zwar wurde insoweit im Vergleich zur Universal Declaration ein veränderter Wortlaut durchgesetzt. Das Recht auf Religionswechsel sollte dadurch inhaltlich jedoch nicht negiert werden. Siehe UNGA, Third Committee, 'Draft International Covenants on Human Rights, Article 18 of the draft ICCPR' (1960) UN Doc A/C.3/SR.1025, Erklärung durch einen der Initiatoren des neuen Wortlauts, den Delegierten der Philippinen (S. 213, § 2); ferner UK, UN Doc A/C.3/SR.1027 (das Ergebnis der Diskussion festhaltend (S. 225, § 1); und darüber hinaus speziell hinsichtlich der Änderung 'or to adopt', ibid. § 2; zustimmend und so übernommen von den Philippinen, ibid. § 3; so dann insgesamt angenommen bei einem Votum von 54 zu 0 bei 15 Enthaltungen, siehe § 36). Vgl. ferner Liberia UN Doc A/C.3/SR.1025 S. 213, § 7); Argentinien (S. 215, § 25); Libanon (S. 216, § 39); Italien UN Doc A/C.3/SR.1027 (S. 226, §§ 10–1); Jugoslawien (S. 227, § 24); Chile (S. 229, § 71).
TAHZIB, Freedom of Religion or Belief (Fn. 274, 1996) 86–87 betont dagegen den veränderten Wortlaut auf solche Weise, dass nunmehr 'it is hence left to the discretion of individual States Parties to determine whether freedom to change one's religion or belief falls within the scope of the right' (S. 87). Siehe auch zweifelnd BOYLE, Freedom of Religion in International Law, in: Religion, Human Rights (Fn. 279, 2007) 39–40. Vor dem Hintergrund der Article 31 and 32 WVK, ist TAHZIB's Ansicht zurückzuweisen. Vgl. hinsichtlich der zutreffenden Ansicht z. B. PARTSCH, 'Freedom of Conscience and Expression, and Political Freedoms' in: The International Bill of Rights (Fn. 279, 1981) 211; TAYLOR, Freedom of Religion (Fn. 276, 2005) 31. Gleichwohl steht auf einem anderen Blatt, inwieweit alle Vertragsparteien des ICCPR derzeit politisch willlens sind, ihre rechtlich gegebenen Pflichten zu erfüllen, d. h. inwieweit diese abstrakte Rechtspflicht tatsächlich in der Rechtswirklichkeit Beachtung erheischen kann.
Siehe allerdings darüber hinaus noch die Bezugnahme auf die These des 'cultural relativism', um auf diese Weise das Recht auf Religionswechsel abzuschwächen, LERNER, Religion, Secular Beliefs and Human Rights (Fn. 274, 2006) 119, damit sympathisierend siehe S. 165. Dem ist nicht zuzustimmen, so lange solch ein Begehren nicht Bestandteil eines Maßnahmenbündels im Sinne des Minderheitenrechts ist (zu letzterem siehe WITTE, Jr., A Primer on the Rights and Wrongs of Proselytism (2000/2001) 31 Cumberland L Rev 627–628). Vgl. darüber hinaus den Verweis auf MUTUAS Ansatz oben S. 87, Fn. 328, der gegen ein westliches Verständnis der Religionsfreiheit agiert, aber u. a. daran scheitert, dass er nicht die einschlägigen Prinzipien des Minderheitenrechts als Legitimationsgrundlage heranzieht.

[332] Siehe auch UNGA, Third Committee, 'Draft International Covenants on Human Rights, Article 18 of the draft ICCPR' (1960) UN Doc A/C.3/SR.1025, Ghana (S. 214, § 17): Verzicht auf die Klausel, jedoch nur aus Gründen der Vereinfachung); siehe auch Italien UN Doc A/C.3/SR.1027 (S. 226, § 12): Der italienische Delegierte betonte die besondere Notwendigkeit von Klarheit für den neuen Pakt, hielt es aber gleichwohl nicht für nötig, die Bedeutung von „Zwang" zu erläutern, ibid. § 12.
Unter Bezugnahme auf die vorbereitenden Arbeiten und das Verständnis der Commission on Human Rights stimmte das Third Committee der Zwangs-Klausel vorbehaltslos zu: UNGA, Third Committee, 'Draft International Covenants on Human Rights, Article 18 of the draft ICCPR' (1960) UN Doc A/C.3/SR.1027, S. 228, § 36: 72 zu 0, bei 2 Enthaltungen.

ken"[333] auf den Entstehungsprozess von Art. 18 ICCPR anerkennt,[334] können hieraus keine unzweideutigen Richtlinien entnommen werden.[335]

Zusammenfassend ist festzuhalten, dass übermäßige Aktivitäten von Missionaren als mögliches Beispiel unzulässiger Zwangsausübung präsent waren. Allerdings fehlte es an einer handhabbaren inhaltlichen Übereinkunft, was damit gemeint sein könne. Es bleibt daher ein Fehlschluss, missionarischen „Proselytismus"[336] schlichtweg mit Zwang gleichzusetzen.[337] Auch nach sonstigen Erklärun-

---

333 KRISHNASWAMI, 'Study of Discrimination in the Matter of Religious Rights and Practices' (1960) UN Doc E/CN.4/Sub.2/200/Rev.1, S. 63, Rule 1, § 3: 'No one should be subjected to coercion or to improper inducements likely to impair his freedom to maintain or to change his religion or belief.' Hinsichtlich einer noch vageren provisorischen Version (1959) siehe den Hinweis bei DE JONG, Freedom of Thought, Conscience and Religion or Belief (Fn. 271, 2000) 49; vgl. auch die Analyse bei TAYLOR, Freedom of Religion (Fn. 276, 2005) 48–49.

334 TAHZIB, Freedom of Religion or Belief (Fn. 274, 1996) 139 (siehe auch S. 137 in Fn. 215; S. 138 in Fn. 217; S. 84, Fn. 76) vertritt m. w. N. diese Auffassung.
Bei UNGA, Third Committee, 'Draft International Covenants on Human Rights, Art. 18 of the draft ICCPR' (1960) UN Doc A/C.3/SR.1027, wird die Studie vom Sekretariat erwähnt (S. 34, § 34), allerdings nicht im Zusammenhang mit der Auslegung der Zwangs-Klausel.

335 Und zwar, weil auch dieser Studie keine eindeutigen Feststellungen zum Thema entnommen werden können. Vgl. auch die 'Draft Principles on Freedom and Non-Discrimination in the Matter of Religious Rights and Practices' der Sub-Commission on Prevention of Discrimination and Protection of Minorities, die auf dieser Studie basieren (enthalten ibid. als Annex). Dort heißt es in Part I, § 3 (S. 71): 'No one shall be subjected to material or moral coercion likely to impair his freedom to maintain or to change his religion or belief.'
Die Entstehungsgeschichte dieser Bestimmung bietet keine weiterführenden Erkenntnisse, siehe UN, Sub-Commission on Prevention of Discrimination and Protection of Minorities, 12th Session (1960), UN Doc E/CN.4/800, E/CN.4/Sub.2/206, S. 26 (§ 59).

336 Hinsichtlich dieses Begriffs vgl. TAYLOR, Freedom of Religion (Fn. 276, 2005) 63; BOROWSKI, Die Glaubens- und Gewissensfreiheit des Grundgesetzes, Tübingen 2006, 24; MÜLLER, Glaubensabwerbung – ein legitimes Mittel der Mission?, in: Recht auf Mission contra Religionsfreiheit?, hrsg. v. *Krämer* u. a., Berlin 2007, 115; zum Begriff aus Sicht der nicht-katholischen Ostkirchen siehe SAKAYAN, Nerses, Mission – Glaubensabwerbung – Proselytismus, Missionsverständnis bei nichtkatholischen Ostkirchen, in: Recht auf Mission contra Religionsfreiheit?, ibid., 121–134. Vgl. ferner LERNER, Religion, Secular Beliefs and Human Rights (Fn. 274, 2006) 125–126; siehe auch die Nachweise auf kirchliche Verbote desselben bei PREE, Kirchenrecht in der Ökumene (Fn. 225), 2006, 530. Als Beispiel für die abwertenden Konnotationen, die oftmals mit einem solchen Begriff verbunden werden, vgl. z. B. *Murphy v Ireland* (10.6.2003, Nr. 44179/98) (2004) 38 EHRR 13, S. 236 (§ 73).

337 Siehe ebenso, nach eingehender Analyse, TAYLOR, Freedom of Religion (Fn. 276, 2005) 25; 55–61.
Dieses Ergebnis ist jedoch nicht ausreichend in der Lehre rezipiert. Vgl. z. B. das umfangreiche Kapitel zu 'proselytism and change of religion' von LERNER, Religion, Secular Beliefs and Human Rights (Fn. 274, 2006) 119–165, hinsichtlich seiner Schlussfolgerungen vor allem S. 163–165. Soweit er sich auf Gewissensfreiheit als Gegenrecht stützt, das dazu diene, vor „moralischen" Formen von Zwang, einschließlich "'improper" proselytism', zu schützen, entwickelt er keine ausreichend tragfähigen Argumente, solch ein Ansinnen zu belegen. Neu ist nur, dass er knapp auf das 'right of privacy' rekurriert, das gegenüber 'uninvited speech' überwiegen solle und in Abwägung zum 'right to proselytise' zu beachten sei (vgl. S. 123; 164). Unabhängig von der Frage, wie genau solch ein 'right of privacy' herzulei-

gen oder aufschlussreichen Beispielen zu Art. 18 § 2 ICCPR fragt man vergebens. Stattdessen beschloss das Third Committee, sich dabei auf die Vorarbeiten der Commission on Human Rights verlassend, einmütig die Zwangsklausel,[338] ohne zuvor weitere konzeptionelle Klarheit zu schaffen.

Auch während der Verhandlungen über Art. 1 § 2 der Declaration on the Elimination of All Forms of Intolerance and Discrimination Based on Religion or Belief[339] gelang es nicht, tragfähige Ergebnisse zu finden. Die Auslegung dieser Vorschrift, die Zwang grundsätzlich[340] in Übereinstimmung mit Art. 18 § 2 ICCPR verbietet, hätte andernfalls[341] indirekt[342] herangezogen werden können, um so Rückschlüsse auf die Auslegung des ICCPR zu ziehen.

---

ten und abzugrenzen wäre, bleibt festzustellen, dass keineswegs viele Anwendungsfälle in der Praxis hiervon überhaupt betroffen wären. Solange jemand in der Lage ist, den Zutritt zu seiner Privatsphäre zu verweigern, ist es kaum möglich, sich eine tatsächliche Kollision beider Rechte vorzustellen (vgl. hierzu zutreffend VAN DER VYVER, The Relationship of Freedom of Religion or Belief Norms to Other Human Rights, in: Facilitating Freedom of Religion or Belief, hrsg. v. *Lindholm* u. a., Leiden 2004, 118).
Siehe ferner etwa PARTSCH, 'Freedom of Conscience and Expression, and Political Freedoms' in: The International Bill of Rights (Fn. 279, 1981) 211, wo es heißt, die coercion-Klausel diene zum Schutz 'against zealous proselytizers and missionaries'.

338 UNGA, Third Committee, 'Draft International Covenants on Human Rights, Art. 18 of the draft ICCPR' (1960) UN Doc A/C.3/SR.1027, S. 228, § 36: 72 zu 0, bei 2 Enthaltungen.

339 Verabschiedet am 25.11.1981; GA Res. 36/55; UN Doc A/RES/36/55), von nun an „1981er Deklaration" genannt.

340 Die Wörter 'or to adopt' (vgl. zu deren Bedeutung und Entstehungsgeschichte S. 88 in Fn. 331) fehlen hier; vgl. auch SULLIVAN, Advancing the Freedom of Religion or Belief Through the UN Declaration (1988) 82 AJIL 495 (Text beginnend bei Fn. 35).

341 Substantielle Leitlinien, anhand derer Zwang hätte ausgelegt werden können, sind nicht zu finden. Immerhin wurde zumindest die Gefahr zu großer Unbestimmtheit dieses Begriffs herausgehoben (vgl. mit Nachweisen DE JONG, Freedom of Thought, Conscience and Religion or Belief (Fn. 271, 2000) 49).
Sporadische Erläuterungsversuche sind zwar auszumachen. So bildet etwa der französische Delegierte eine Definition von Zwang: 'Fraud, physical or moral violence, or any act which might induce in the person against whom it was directed the fear that he would be the victim of direct or indirect reprisals if he did not change or maintain his religion' (Mr JUVIGNY als Mitglied der Sub-Commission, UN Doc E/CN.4/Sub.2/SR.289, S. 5, wiedergegeben von DE JONG, ibid., 49 bei Fn. 122). Da jedoch diese Definition sich allein auf die subjektive Vorstellung des mutmaßlichen Opfers stützt und auch nicht ausführt, was alles als 'reprisal' verstanden werden könnte, ist sie deutlich zu breit, als dass sie als sinnvolle Erklärung von Zwang im Sinne von Art. 18 § 2 ICCPR herangezogen werden könnte; siehe auch die Kritik bei DE JONG, ibid., 49, der auf eine Stellungnahme des UN-Generalsekretärs von 1955 verweist, in der es heißt 'it was understood that the word "coercion" in this context should not be construed as applying to moral or intellectual persuasion', wiedergegeben ibid. S. 45, verweisend auf UN Doc A/2929, S. 48, § 110 [die 'Annotations on the text of the draft International Covenant on Human Rights', UN Doc A/2929, Chapt. VI (Civil and Political Rights), als Ganze sind '[p]repared by the Secretary-General' und unter dem 1.6.1955 veröffentlicht].
Eine andere Aussage verdient es, hervorgehoben zu werden, da sie die Behandlung von Konflikten zwischen Privaten betrifft, ein Thema, das später noch ausführlich zu behandeln ist. Während der 21. Sitzung der Commission on Human Rights (1965) führt der US Dele-

gierte aus: Er stellte fest, 'that the word "coercion" [...] could mean only coercion by the public authority, since it was very difficult to protect an individual from being subject to coercion by groups or other individuals.' Sein Vorschlag, 'by public authorities' hinter dem Wort 'coercion' einzufügen, wurde zurückgewiesen, da andere Delegierte solch eine Veränderung nicht für notwendig erachteten: Die Fokussierung auf den Staat solle ohnehin ein inhärenter Bestandteil der Rechtssysteme sein. Siehe UNCHR, 'Report on the 21st session' (1965), Supp. No. 8, UN Doc E/4024, E/CN.4/891, S. 58 (§ 253). Auf der Basis des letztgenannten Arguments heißt es, 'the United States representative did not press his suggestion any further'. Siehe auch, offener für eine Art von „horizontal effects" hinsichtlich Diskriminierungen, ibid. S. 59 (§ 256).

Unabhängig von der Frage, ob es angemessen ist, sich einzig auf den Staat zu konzentrieren, ist es allein schon sehr bemerkenswert, dass überhaupt die Fragestellung hinsichtlich "horizontal effects" aufgeworfen wurde. Gerade allerdings mit Blick auf die diesbezügliche Ungerührtheit der Delegierten, die den ICCPR aushandelten (trotz Diskussion über – *private* – Missionare wurde die Frage nicht behandelt), kann nicht unbesehen diese Diskussion auf die Auslegung des Art. 18 ICCPR übertragen werden.

Die letzte – und einzige (das ist das Resultat der Analyse durch DE JONG, ibid. S. 50) – ausdrückliche Stellungnahme hinsichtlich Zwang zur Zeit der Annahme der 1981er Deklaration stammte vom Indonesischen Delegierten. Er betont im Unterschied zum US-Delegierten die Verantwortlichkeit der Regierung, religiöse Toleranz zu fördern, was eine aktive Rolle hinsichtlich nicht-staatlichen Akteuren beinhalte. Er schlug einen Änderungsantrag vor, der – neben Zwang – auch „any kind of persuasion which would impair [freedom of conscience]" verbieten sollte, der letztlich jedoch nicht angenommen wurde (siehe UN, Sub-Commission on Prevention of Discrimination and Protection of Minorities, 1981, UN Doc A/C.3/36/SR.34, S. 9 (§ 32)).

Hinsichtlich spezifischer Erläuterungen des Begriffs „Zwang" siehe auch die Zitate oben S. 89, in Fn. 333, und S. 89 in Fn. 335, die auch vorbereitend mit Blick auf die spätere Deklaration getroffen wurden.

342 Da die 1981er-Deklaration ein rechtlich nicht bindendes Instrument ist, kommt ihr nur sehr begrenzte Aussagekraft zu. Darüber hinaus kommt Art. 8 der Deklaration in diesem Zusammenhang entscheidende Bedeutung zu (er lautet: 'Nothing in the present Declaration shall be construed as restricting or derogating from any right defined in the Universal Declaration of Human Rights and the International Covenants on Human Rights'). Dieser Artikel war überdies gerade deshalb in den Text aufgenommen worden, um so als Gegengewicht zu dienen gegenüber den Versuchen, nunmehr das Recht auf Religionswechsel zu schwächen (vgl. mit Nachweisen TAYLOR, Freedom of Religion (Fn. 276, 2005) 28–29; 36). Darauf beruhend kann die 1981er Deklaration nicht herangezogen werden, um eine Auslegung zu unterstützen, die ein im ICCPR schon verankertes Recht beschnitte – wie eben das Recht auf Religionswechsel –, indem etwa nunmehr solch ein Wechsel kurzerhand als eine Form des Zwanges (i. S. d. Art. 1 § 2 der 1981er-Deklaration) deklariert würde.

Der *indirekte* Aussagewert der Deklaration besteht in Folgendem: Mitglieder der Internationalen Rechtsgemeinschaft haben ihrem Verständnis mit Blick auf eine Zwangsklausel Ausdruck verliehen, die ihren Wortlaut mit Art. 18 § 2 ICCPR insoweit teilt. Vermittelt die Staatengemeinschaft nunmehr einen bestimmten Eindruck über die zugrunde liegenden Prinzipien der Zwangsklausel, dann wird man darüber nachzudenken haben, ob diese Prinzipien nicht denen entsprechen, die auch schon der Zwangsklausel des ICCPR zugrunde lagen. Darüber hinaus könnte selbst ein Neuansatz bei der 1981er Deklaration herangezogen werden als Anhaltspunkt für eine erweiternde Auslegung (das Gesetz als ‚living instrument' verstehend). Allerdings ist gerade insoweit die bedingte „Ewigkeitsklausel" des Art. 8 zu beachten, die nicht auf solchem Weg obsolet werden darf (daher hier für eine starre Inter-

c) Aktuelle Interpretationsversuche

Daher bleibt nun zu klären, ob es im Verlauf der Rechtsanwendung des ICCPR und seiner wissenschaftlichen Aufbereitung in der Lehre gelungen ist, zufrieden stellende Auslegungen[343] des Zwangsbegriffs zu entwickeln.

aa) Human Rights Committee

Zuvorderst ist zu untersuchen, inwieweit das zuständige Organ zur Auslegung und Anwendung des ICCPR, das Human Rights Committee[344], Lösungen gefunden hat.

(1) General Comment No. 22

An prominenter Stelle, nämlich anlässlich der Abfassung eines General Comments[345] erläuterte das Human Rights Committee in § 5 seines General Comments Nr. 22[346 siehe Annex i], was es unter Zwang verstanden wissen will:

> Art. 18.2 bars coercion that would impair the right to have or adopt a religion or belief, including the use of threat of physical force or penal sanctions to compel believers or non-believers to adhere to their religious beliefs and congregations, to recant their religion or belief or to convert. Policies or practices having the same intention or effect, such as, for example, those restricting access to education, medical care, employment or the rights guaranteed by Art. 25 and other provisions of the Covenant, are similarly inconsistent with Art. 18.2.

Das Human Rights Committee beginnt also seine Erklärungen mit einer Bezugnahme auf Beispiele, die zweifelsohne[347] Teil des Zwangsbegriffs sind, nämlich Be-

---

pretation plädierend siehe DE JONG, Freedom of Thought, Conscience and Religion or Belief (Fn. 271, 2000) 50).

343 Nach Maßgabe von Art. 31 WVK, d. h. 'in good faith in accordance with the ordinary meaning in the light of object and purpose' (nach Treu und Glauben in Übereinstimmung mit der gewöhnlichen Bedeutung [des Wortlauts] im Licht von Ziel und Zweck).

344 Ausschuss für Menschenrechte, vgl. Art. 28 ff. ICCPR. Um Verwirrung zwischen den unterschiedlichen hier tätigen Organen zu vermeiden, wird darauf verzichtet, eine deutsche Übersetzung zu verwenden. Vgl zu dessen Aufgaben SCHEININ, The Human Rights Committee and Freedom of Religion or Belief, in: Facilitating Freedom of Religion or Belief (Fn. 279, 2004) 190–193; BAIR, Gedanken-, Gewissens- und Religionsfreiheit, in: FS *Mühlsteiger*, hrsg. v. *Breitsching* u. a., Berlin 2006, 46–48.

345 Vgl. Art. 40 § 4 ICCPR.

346 Der komplette Text von § 5 ist abgedruckt als Annex 1. Er ist entnommen: UNHCR 'General Comment No. 22 (Art. 18)' (27.9.1993) UN Doc CCPR/C/21/Rev.1/Add.4 (1993); wiedergegeben in 'Note by the Secretariat, Compilation of General Comments and General Recommendations Adopted by Human Rights Treaty Bodies' (2006), UN Doc HRI/GEN/1/Rev.8, S. 195.
Betonung der andauernden Bedeutung dieses General Comment z. B. bei LERNER, Religion, Secular Beliefs and Human Rights (Fn. 274, 2006) 26.

347 Zumindest, sofern man den – zutreffenden – Ausgangspunkt der Diskussionen während der *travaux préparatoires* akzeptiert, dass nämlich auch andere Formen von Zwang jenseits bloß physischer Gewalt existieren (der Text hier geht von „threat of", d. h. einer mentalen Form des Zwanges aus).

drohung durch körperliche Gewalt und Strafsanktionen, die jeweils mit der Intention angewandt werden, die persönliche Überzeugung des Opfers zu beeinträchtigen. Dies wiederum dient als Ausgangspunkt einer Analogie („policies or practices having the same intention or effect"). Da allerdings nicht näher ausgeführt wird, was die tragenden Gründe für die Auswahl der nunmehr genannten Beispiele sind, bleibt die praktische Verwertbarkeit der Analogie und deren Übertragbarkeit auf andere Fälle fraglich. Die Beispiele sind hinsichtlich der betroffenen Lebensbereiche kaum eingegrenzt (wie gerade die zusätzliche Nennung der Verletzung jedweder 'provisions of the ICCPR' zeigt), haben aber zumindest einen gemeinsamen Nenner. Sie betreffen Beschränkungen des Zugangs zu grundlegenden Einrichtungen, die im Normalfall (zumindest teilweise)[348] vom Staat unterhalten werden. Dies verweist auf ein folgenschweres Unterlassen: Das Human Rights Committee schweigt zu der Frage, ob – und wenn ja, auf welche Weise – der Staat verpflichtet ist, auf private Personen und Gruppen einzuwirken, den Anforderungen des Art. 18 § 2 ICCPR nachzukommen.[349] Das ist jedoch eine eminent wichtige Frage, wie es gerade mit Blick auf das prominenteste umstrittene Beispiel zum Thema Zwang, die Arbeit (nicht-staatlicher) Missionare, deutlich wird. Ferner führt der Verzicht, abstrakt die Merkmale zu beschreiben, die 'mental coercion' ausmachen, letztlich zur fehlenden Praktikabilität des Definitionsversuches: Schließlich wird mit keinem Wort die notwendige Schwere beschrieben, derer es bedarf, um die Schwelle zum Zwang zu überschreiten. Beeinträchtigungen sämtlicher dort genannten Bereiche, wie etwa der medizinischen Versorgung, könnten mit Maßnahmen von jeweils gänzlich unterschiedlicher Intensität erfolgen. Wo aber die entscheidende Grenze des noch zu Tolerierenden liegen sollte, vermag der Comment nicht zu erhellen.

Offen bleibt auch Folgendes: Die Anerkennung mentalen Zwanges auf Grundlage einer analogen Betrachtung verweist darauf, dass die fragliche Maßnahme dieselbe 'intention *or* effect'[350] haben müsse. Weshalb jedoch schon die rein faktische Intensitiät für eine Analogie ausreichend sein soll, erschließt sich dem Leser nicht. Schließlich bedarf es selbst bei der Bedrohung durch physische Gewalt gemäß der Definition *zusätzlich* noch einer bestimmten Intention. Dass es ihrer bei

---

Siehe darüber hinaus auch LERNER, Religion, Secular Beliefs and Human Rights (Fn. 274, 2006) 24, der bei der Auslegung von § 5 des General Comments zutreffend voraussetzt, dass auch der 'use or threat of physical force' Bestandteil des Zwangsverständnisses des Committee sei.

348 Dies gilt auch für den Arbeitsmarkt, insoweit dieser durch staatliche Gesetzgebung konturiert ist.

349 Taylor, FREEDOM OF RELIGION (FN. 276, 2005) TAYLOR, Freedom of Religion (Fn. 276, 2005) 46–47 schließ aus den auf den Staat bezogenen Beispielen, dass das Human Rights Committee 'adopts a very one-sided emphasis on State-sponsered coercion'.
Während des Entstehungsprozesses dieses General Comments befasste sich das Committee zumindest mit Beispielen, die sich auf Private bezogen (vgl. S. 95 in Fn. 361). Daraus könnte man folgen, dass die Betonung staatlicher Eingriffe möglicherweise bewusst gewählt wurde.

350 Betonung nicht im Original.

sonstiger „nur" mentaler Einwirkung nicht bedarf, ist zumindest erklärungsbedürftig.

Letztere lässt sich jedoch ebenso wenig[351] aus der Entstehungsgeschichte dieses General Comments extrahieren.[352] Zunächst lässt sich insoweit festhalten, dass das Human Rights Committee ganz ausdrücklich darauf verzichtet hatte, hinsichtlich mentalen Zwangs eine spezifische Intention zu fordern. Ein Mitglied warf nämlich seinerseits die Frage auf, weshalb der hier entscheidende Satz ('Policies or practices…') nicht einen ausdrücklichen Verweis *auch* auf die Intention enthalte.[353] Als Antwort hierauf hieß es, eine zusätzliche Bezugnahme auf die Intention wäre „die falsche Entscheidung, da kein Staat zugäbe, dass seine Gesetzgebung dazu erlassen wäre, einen rechtlich unzulässigen Zweck zu verfolgen".[354] Davon überzeugt, entschied das Human Rights Committee, den Wortlaut „intention *or* effect" zu verwenden.[355]

Zwingend ist eine solche Argumentation nicht. Sicherlich ist es richtig, dass das Recht auch den faktischen Umständen Tribut zu zollen hat. Folglich ist es einsichtig, dass dem Versuch zu begegnen ist, juristische Verpflichtungen zu umgehen. Doch kann eine solche Umgehung schon durch Regelung der Beweislast hinreichend vermieden werden: Immer wenn ein Staat sich auf Maßnahmen stützte, deren „effect" als Beeinträchtigung des forum internum zu qualifizieren ist,[356] dann läge es am Staat, die Rechtfertigung der Maßnahme durch mangelnde „intention" zu beweisen. Der Staat hätte nachvollziehbar zu erklären, weshalb seine Maßnahme durch andere zulässige Zwecke gefordert war und daher nicht die Intention hatte, jemand zu zwingen, gegen seine Überzeugung zu handeln. Angesichts der Möglichkeit, so die Beweislast zu regeln, ist es nicht notwendig, eine andernfalls womöglich zutreffende Auslegung zu vermeiden. Können also Umgehungsversuche seitens des Staates, sich als „absichtlos" handelnd darzustellen, schon durch eine andere Regelungstechnik verhindert werden, stellt sich nun in aller Schärfe die Frage nach dem Gerechtigkeitsgehalt der Definition. Es ist dann schlechterdings nicht mehr hinnehmbar, Intention bei der Bedrohung mit roher Gewalt zu fordern, dieses Erfor-

---

[351] Zumal einige Mitglieder bei der Diskussion eigens festhielten, nur subjektive, nicht verallgemeinerungsfähige Ansichten vorzutragen.

[352] Siehe UNHCR, 'Draft general comment on Art. 18 of the Covenant', 45th Session, UN Doc CCPR/C/SR.1166 (1992), §§ 76–99 (S. 11–14).

[353] MÜLLERSON, UNHCR, 'Draft general comment on Art. 18 of the Covenant', 45th Session, UN Doc CCPR/C/SR.1166 (1992), § 88 (S. 13). Dem zunächst entsprechend schlug der Vorsitzende folgenden neuen Wortlaut vor: 'Policies and practices intended for the same purposes', vgl. ibid. § 90 (S. 13).

[354] … 'ill-chosen, as no State would admit that its legislation was designed to achieve any unlawful purpose', SADI, UNHCR, 'Draft general comment on Art. 18 of the Covenant', 45th Session, UN Doc CCPR/C/SR.1166 (1992), § 93 (S. 14).

[355] Vorschlag von HIGGINS, UNHCR, 'Draft general comment on Art. 18 of the Covenant', 45th Session, UN Doc CCPR/C/SR.1166 (1992), § 94 (S. 14), zur Zustimmung hierzu siehe ibid. §§ 96–98.

[356] Nach Maßgabe der vom Committee zu definierenden Messlatte.

dernis jedoch fallen zu lassen bei Formen sonstigen mentalen Zwanges, obschon bei Letzteren oftmals eine vergleichsweise geringere Intensität vorliegen wird.[357]

Wenig aussagekräftig sind die übrigen Bezugnahmen, die sich auf die Frage der Zwangswirkung beziehen. Ein Mitglied rang darum, den Umfang verbotenen Zwanges zu limitieren,[358] konnte das Human Rights Committee davon jedoch nicht überzeugen. Von anderer Seite wurde dann jedoch unwidersprochen vorgetragen, diejenigen Maßnahmen seien als nicht-physischer[359] Zwang zu qualifizieren, die „voraussichtlich jemanden vollständig seiner Freiheit in dieser Hinsicht beraubten."[360] Die Anfragen hieran liegen auf der Hand: Was wäre denn ein vollständiges Berauben? Ist das nicht eine Schwelle, die deutlich zu hoch angesiedelt ist?

Auch andere Beiträge geben Anlass zu weiteren Fragen. Um zu erläutern, was die zuständige Arbeitsgruppe bei ihrem dann vom Committee zu überarbeitenden Entwurf mit „coercion" in § 5 meinte, beschreibt DIMITRIJEVIC ein Beispiel aus dem Erziehungsbereich. Zwang sei gegeben, wenn Kinder „nicht zum Schulbesuch berechtigt wären, da ihre Eltern einer anderen Religion angehörten als derjenigen, die in der Schule praktiziert wird."[361] Nun ist es sicherlich überzeugend, dem gänzlichen Entzug des Schulbesuchs eine Zwangswirkung zuzuerkennen, wie sie vergleichsweise bei körperlicher Gewaltanwendung außer Frage steht. Die Erläuterungen, die von DIMITRIJEVICs gegeben werden, gehen darüber jedoch hinaus und ver-

---

357 Jedenfalls ist daher als Minimum eine weitere Angleichung beider Fallgruppen erforderlich. Es bedarf an dieser Stelle keiner Diskussion, inwieweit es nun genau bei mentalem Zwang überhaupt einer besonderen Intention bedarf, vgl. hierzu allerdings später die Rückschlüsse, die aus der hier entwickelten provisorischen Definition von Zwang entnommen werden können, unten beginnend auf S. 187.

358 WENNERGREN trug vor: 'Access to education, employment, etc., could be restricted in so many different ways that it should be specified that it was the use of coercion that was incompatible with Art. 18 (2).'; siehe UNHCR, 'Draft general comment on Art. 18 of the Covenant', 45th Session, UN Doc CCPR/C/SR.1166 (1992) § 87 (S. 13).
Vgl. auch ibid., § 80 (S. 12): 'For instance, one could imagine that a person who had to stop work every hour to pray was unlikely to be suitable for a supervisory job requiring constant presence and attention. Furthermore, such a situation did not involve a problem of coercion in the strict sense of the word.'

359 Zusätzlich zu körperlicher Gewalt, die ihrerseits natürlich auch Bestandteil von Zwang sei.

360 'Likely to totally deprive an individual of his freedom in that respect', LALLAH, UNHCR, 'Draft general comment on Art. 18 of the Covenant', 45th Session, UN Doc CCPR/C/SR.1166 (1992), § 85 (S. 13).

361 Not 'entitled to attend school because their parents adhered to a different religion of that practised in the school', UNHCR, 'Draft general comment on Art. 18 of the Covenant', 45th Session, UN Doc CCPR/C/SR.1166 (1992), § 78 (S. 12). Vgl. auch das Beispiel römisch-katholischer Schulen auf Mauritius, wo die Zulassung davon abhängt, dass der katholische Glauben akzeptiert werde, vorgetragen von Mr LALLAH, ibid. § 85 (S. 13).
Dergleichen Fallkonstellationen sind vielfältig denkbar, vgl. hierzu z. B. (die allerdings nur die freie Berufswahl betreffende und daher weniger dringliche) folgende Variante, nämlich das Begehren einer holländischen Lehrerin, in einer Schule ohne Kopftuch unterrichten zu dürfen, obschon dies in der betreffenden Schulordnung vorgesehen ist, mit Nachweisen bei HENDRIKS, Dealing with Different Religious Convictions and Practices, in: Religious Pluralism and Human Rights in Europe, hrsg. v. *Loenen*, Antwerpen 2007, 152–153.

lieren gerade dadurch ihren Erklärungswert. Schließlich ist es ebenso denkbar, dass religiöse Gemeinschaften sich im Schulsektor engagieren und dabei zwar Mindestanforderungen an die Teilnahme knüpfen, gleichzeitig jedoch ein hinreichendes Angebot (staatlicher) religiös neutraler Schulen gegeben ist.[362] Hier nun ist keineswegs prima facie noch von einer drückenden Zwangswirkung gegenüber den Andersgläubigen auszugehen. Das Zwangselement ist vielmehr abhängig von den konkret gegebenen Alternativen.[363]

Zusammenfassend zeigt sich also, dass es dem Human Rights Committees nicht gelungen ist, dem Anwender diejenigen juristischen Mittel an die Hand zu geben, derer es bedarf, um zwischen Zwang und noch hinnehmbaren Beeinflussungen des potentiellen Opfers zu unterscheiden.

(2) Communications und Concluding Observations

Über die Defizite der theoretischen Grundlegung des Zwangsbegriffs hinaus ist auch die rechtsprechende und sonstige praktische Tätigkeit des Human Rights Committees defizitär. Es gibt nur wenig relevante[364] Ausführungen zu besprechen,[365] wobei zudem die Mehrzahl derjenigen Fälle, die als Beispiel für Zwang in der Lehre herangezogen werden, noch nicht einmal explizit zu diesem Rechtsbegriff Stellung beziehen.[366]

---

[362] Was wohl nicht der Fall war im von Mr LALLAH gegebenen Beispiel, siehe Fn. 361.

[363] Vgl. auch TAYLOR, Freedom of Religion (Fn. 276, 2005) 61.

[364] TAYLOR, Freedom of Religion (Fn. 276, 2005) 48 berichtet von Anfragen an Zypern (bei ausdrücklicher Bezugnahme auf das (landesgesetzliche) Verbot von Zwang), ob der Islam sich Überredungskünsten bediene, um jemand am Religionswechsel zu hindern (UN Doc A/34/49 (1979), S. 92, § 388).

[365] Vgl. die wenigen (im Folgenden zu analysierenden) Beispiele – wobei die aktuelle Kopftuch- und die Missionarsentscheidung noch fehlt – von NOWAK, ICCPR (Fn. 277, 2005) Art. 18, Rn. 19 (S. 417); JOSEPH/ SCHULTZ/ CASTAN, ICCPR, Oxford, 2. A. 2004, Rn. 17.07 (S. 505); KLEIN/SCHÄFER, Religionsfreiheit und Internationaler Pakt über bürgerliche und politische Rechte, in: Religion und Internationales Recht, hrsg. v. *Zimmermann*, Berlin 2006, 132; TAYLOR, Freedom of Religion (Fn. 276, 2005) 48–49; BAIR, ICCPR, Frankfurt a. M. 2005, 86 sowie ders., Gedanken-, Gewissens- und Religionsfreiheit, in: FS *Mühlsteiger* (Fn. 344, 2006), 52–53.

[366] BAIR, ICCPR, ibid., verweist auf UNHRC, 'Consideration of Reports Submitted by States Parties: Armenia', UN Doc CCPR/C/79/Add. 100, wonach die Registrierung von Religionen, sowie das Erfordernis von einer Mindestanzahl von Gläubigen „Art. 18 § 2 verletzte". Ibid. Nr. 19 (S. 3) enthält jedoch – zu Recht – keine Bezugnahme auf die Zwangsklausel, sondern drückt allgemein nur Bedenken zu einer solchen Registrierung aus. Ohne Verweis auf Art. 18 § 2 ICCPR ist auch die in Bezug genommene Feststellung in UNHRC, 'Consideration of Reports Submitted by States Parties: Germany' (4.5.2004) UN Doc CCPR/CO/80/DEU, denn in Nr. 19 (S. 4) heißt es nur, eine Verletzung von Art. 18 könne unter bestimmten Voraussetzungen gegeben sein.
JOSEPH/ SCHULTZ/ CASTAN, ibid., und KLEIN/SCHÄFER, ibid., verweisen auf interreligiöse Ehen, wie sie beurteilt werden im Rahmen der Concluding Observations on Morocco, UNHRC, 'Consideration of Reports Submitted by States Parties: Morocco' (23.11.1994) CCPR/C/79/Add.44, S. 4 (§ 14). Dort heißt es jedoch nur: The 'Committee notes with regret […] the restrictions affecting the Bahais' right to profess and practice their belief and limitations on inter-religious marriage. Concern is also expressed at the impediment placed

Einen der raren hinsichtlich des Zwangsbegriffs tatsächlich aussagekräftigen Fälle entschied das Human Rights Committee kurz nach Fertigstellung seines diesbezüglichen General Comments.[367] Der Beschwerdeführer dieser Eingabe, Mr Kang, war u. a. wegen Spionage sowie „feind-begünstigender Aktivitäten" zugunsten Nordkoreas inhaftiert. Im Gefängnis klassifizierte man ihn als kommunistischen „confident criminal" im Rahmen eines sog. „ideology conversion system".[368] Dieses System

---

upon the freedom to change one's religion.' Auch TAYLOR, Freedom of Religion (Fn. 276, 2005) 48 bei Fn. 128 bezieht sich auf die eben zitierte observation (reprinted at UNGA 'Report of the Human Rights Committee – Volume I' UN GAOR 50th Session Supp No 40, UN Doc A/50/40 Vol I (1996), S. 25, § 112. Weiterhin bezieht er sich noch auf UNHRC, 'Consideration of Reports Submitted by States Parties: Libya', reprinted at UNGA 'Report of the Human Rights Committee – Volume I' UN GAOR 50th Session Supp No 40, UN Doc A/50/40 Vol I (1996), S. 29, § 135. Dort jedoch heißt es nur, dass 'severe punishments for heresy [...] and the restrictions on the right to change religion appear [sic!] to be inconsistent with Art. 18'.

JOSEPH/ SCHULTZ/ CASTAN, ibid., und KLEIN/SCHÄFER, ibid., verweisen weiterhin auf UNHRC, 'Consideration of Reports Submitted by States Parties: Ireland' (3.8.1993) CCPR/C/79/Add.21. Auf S. 3, § 15 heißt es jedoch nur: 'The constitutional requirement that the President and judges must take a religious oath excludes some people from holding those offices' (näher dazu überdies O'FLAHERTY/ HEFFERNAN, ICCPR: International Human Rights Law in Ireland, Dublin 1995, 57, 74–75). Das Gleiche gilt für die 'concluding observations for Ireland' hinsichtlich des Erfordernisses eines religiösen Eides für Richter, UNHRC, abgedruckt bei UNGA 'Report of the Human Rights Committee – Volume I' UN GAOR 55th Session Supp No 40, UN Doc A/55/40 Vol I (2000), S. 65, § 450 (b); hierauf berief sich allerdings auch BAIR, ibid. (unter dem UN Doc (2000) CCPR/CO/69/IRL).

TAYLOR, ibid. S. 50–1 berichtet zudem von Apostasie und verzichtet hierbei nun – zu Recht – darauf, dies als Rechtsprechung zur Zwangsklausel zu qualifizieren, denn ein weiteres Mal wird 'coercion' nicht direct angespochen, vgl. UNHRC, 'Consideration Of Reports: Sudan', reprinted at UNGA 'Report of the Human Rights Committee' UN GAOR 46th Session Supp No 40, UN Doc A/46/40 (1991) S. 125, § 501 (die Frage des Committees zum Verbrechen der Apostasie), § 514 (recht offene Antwort des Repräsentaten zum Vorrang des islamischen Rechts); siehe darüber hinaus die generelle Antwort des Committees (concluding observations), die die bestehende Rechtspflichten aus dem ICCPR betont, die mangels völkerrechtlichem Vorbehalt entstanden seien (S. 127–128, § 517–521). Hinsichtlich Apostasie heißt es, solch ein Straftatbestand sei nicht in Einklang zu bringen mit Art. 6 und 18, ohne dies näher zu spezifizieren, ibid. § 519. Siehe ferner, auch von TAYLOR wiedergegeben, UNHRC, 'Consideration of Reports Submitted by States Parties: Sudan', reprinted at UNGA 'Report of the Human Rights Committee' UN GAOR 53rd Session Supp No 40, UN Doc A/53/40 (1998) S. 23, § 119, wo der Straftatbestand Apostasie einzig auf seine Vereinbarkeit mit Art. 6 ICCPR hin untersucht wird.

367 UNHRC, *Kang v Korea*, Communication Nr. 878/1999 (15.6.2003), abgedruckt bei UNGA 'Report of the Human Rights Committee – Volume II' UN GAOR 58th Session Supp No 40, UN Doc A/58/40 Vol II (2003), S. 152–160.

368 Hinsichtlich dieses Systems vgl. auch UNHRC, 'Consideration of Reports Submitted by States Parties: Republic of Korea' (25.9.1992), UN Doc CCPR/C/79/Add.6, S. 2, § 7: 'Le Comité estime [...] que [...] les mesures de coercition utilisées dans le cadre de ce processus pourraient constituer une violation des dispositions du Pacte touchant la liberté de conscience.' [Im Rahmen der communication übersetzt, ibid § 3.3 : 'The Committee [...] considers that [...] the amount of coercion utilized in that process could amount to an infringement of the Covenant relating to freedom of conscience.'].

sollte dazu dienen, einen Wechsel der politischen Auffassungen der Insassen zu erreichen, in dem mit Vergünstigungen und besonderen Behandlungsmaßnahmen operiert wurde.[369] Aufgrund dessen rügte Mr Kang ausdrücklich[370], seine Behandlung dort verstoße nebst anderem auch gegen Art. 18 § 2 ICCPR.[371]

Ohne Erläuterung dessen nahm das Human Rights Committee jedoch Abstand davon, diesem Begehren nachzukommen. Zwar stellte es eine „coercive nature" des koreanischen „ideology conversion system" fest, da es schließlich darauf abziele, die „politische Meinung des Insassen zu verändern". Gleichwohl ordnete das Human Rights Committee den entscheidungserheblichen Sachverhalt ausdrücklich der Problematik des nach außen hin wirkenden Bekennens, nämlich dem „Manifestieren einer Überzeugung" zu. Insoweit folgerichtig kann sich das Human Rights Committee bei der Entscheidungsfindung darauf berufen, dass es an einer Rechtfertigung fehle. Die Notwendigkeit werde durch Südkorea nicht anhand derjenigen Zwecke hergeleitet, die nach der Schrankenregelung des Art. 18 ICCPR zulässig sind.[372] Damit wendet das Human Rights Committee also nicht den absoluten Schutz des forum internum im Sinne des Art. 18 § 2 ICCPR an.[373]

Da das Komitee sich noch dazu jedweder Diskussion darüber entzieht, weshalb die (versuchte) direkte Einflussnahme auf die innersten Überzeugungen eines Gefängnisinsassen *nicht* zu einem Eingriff in die Gewissensfreiheit i. S. d. Art. 18 § 1 und § 2 ICCPR führen soll, kann die Begründung dieser Entscheidung nicht an-

---

Erstaunlich ist dabei, dass nach Maßgabe einer solchen Einschätzung des Committees es die Möglichkeit einer bestimmten Intensität von Zwang geben kann, die nur *möglicherweise* zu einer Verletzung des Paktes führt. Eine solche Einschätzung lässt sich augenscheinlich nicht mit der Terminologie von Art. 18 § 1 and § 2 ICCPR vereinbaren. In Anbetracht des dort gewährten absoluten Schutzes hätte das Committee eine andere Wortwahl als Zwang treffen müssen.

Ausweislich UNHRC, 'Overview of follow-up replies: as to case No. 878/1999 - *Kang* (A/58/40)', abgedruckt bei UNGA 'Report of the Human Rights Committee – Volume I' UN GAOR 59th Session Supp No 40, UN Doc A/59/40 Vol I (2003), S. 153, § 250, hat Südkorea berichtet, dass dieses System nun abgeschafft sein solle.

369 Ibid. S. 153, § 2.5. Vgl. ibid. S. 154, § 2.8, Fn. 5 die folgende Beschreibung der koreanischen Gesetzeslage: 'Under the Parole Administration Law, in such cases, the Parole Examination Committee "shall examine whether the convict has converted [sic!] the thought, and, when deemed necessary, shall request the convict to submit an announcement or statement of conversion".'

370 UNHRC, *Kang v Korea*, Communication Nr. 878/1999 (15.6.2003), abgedruckt bei UNGA 'Report of the Human Rights Committee – Volume II' UN GAOR 58th Session Supp No 40, UN Doc A/58/40 Vol II (2003), S. 152, § 1.

371 Sein Begehren ist wie folgt zusammengefasst: 'The coercion to change his thought and conscience that he had suffered as a result of his classification and the withholding of benefits, as well as the absence of possible parole unless he "converted", amount to violations of his right to hold beliefs of his own choice, without interference.'
Siehe ibid., S. 154, § 3.2.

372 'As being necessary for any of the permissible limiting purposes enumerated', alle Zitate ibid., S. 158, § 7.2.

373 Vgl. auch die Bezugnahme einzig auf Art. 18 § 1 ICCPR ibid., S. 158, § 8.

ders als ein Fehlurteil bewertet werden.[374] Dass es Mr Kang bei dem hier vorliegenden Sachverhalt keineswegs darauf ankam, seinen Gefängniswärtern seine Überzeugung zu präsentieren (bloßes Manifestieren), kann doch kaum deutlicher auf der Hand liegen. Gerade in Anbetracht des kurz zuvor noch verabschiedeten eigenen General Comment Nr. 22 und angesichts des ausdrücklich auf das Zwangsverbot gestützten Begehrens von Mr Kang bleibt die Begündung der Entscheidung unverständlich.[375]

Eine aktuelle Entscheidung behandelt das Verbot von Kopftüchern an einem universitären Institut in Usbekistan, das letztlich zur Exmatrikulierung der Beschwerdeführerin führte, einer Muslimin, die sich weigerte, ihr Kopftuch abzulegen. Nunmehr berief sich das Human Rights Committee ausdrücklich und aus eigenem Antrieb heraus auf Art. 18 § 2 ICCPR, allerdings mit der Folge, so nur umso größere Verwirrung zu stiften hinsichtlich des konzeptionellen Verständnisses von Zwang.[376] siehe Annex ii Das Tragen des Kopftuches sei als „Manifestieren" geschützt, doch darüber hinaus könne es dabei auch zu einer Verletzung des von Art. 18 § 2 ICCPR statuierten Zwangsverbots kommen. Hierbei greife nämlich das im General Comment dazu ausgeführte Beispiel, wonach es verboten sei, den Zugang zur Bildung zu reglementieren. Schlussendlich stellte das Human Rights Committee dann auch tatsächlich einen Verstoß gegen § 2 fest und stützte sich dabei darauf, dass es an einer Rechtfertigung im Sinne von § 3 des Art. 18 ICCPR fehle.

Es bedarf hier nun keiner näheren Erörterung, ob das Tragen eines Kopftuches tatsächlich (auch) als ein Handeln qualifiziert werden könnte, das dem forum internum zuzuordnen ist; üblicherweise wird es nur als „Manifestieren" be-

---

[374] KLEIN/SCHÄFER, Religionsfreiheit, in: Religion und Internationales Recht (Fn. 365), 2006, 132 üben an dieser Entscheidung keine Kritik, aber beziehen sich auf sie – insoweit unzutreffend – als ein Beispiel zu Art. 18 § 2 ICCPR in der Rechtsprechung des Human Rights Committees. Ähnlich auch TAYLOR, Freedom of Religion (Fn. 276, 2005) 32 in Fn. 38.

[375] Vgl. auch die unzutreffenden concluding observations, wie soeben in Fn. 368 aufgezeigt.
Auch NOWAK, ICCPR (Fn. 277, 2005) Art. 18, Rn. 18, Fn. 56 (S. 417) kritisiert obige Entscheidung für ihre Bezugnahme auf Art. 18 § 1 ICCPR.
In Rn. 26 (S. 26) allerdings betrachtet NOWAK den Sachverhalt als einen Verstoß, der auf der „Verteilung von kommunistischen Publikationen und nicht authorisierten Besuchen von Nordkorea" beruhe. Diese Handlungen jedoch wurden vom Committee nicht als „Manifestieren einer Überzeugung i. S. v. Art. 18 § 1 [§ 7.2]" qualifiziert, wie NOWAK dies festhält. Obgleich diese Handlungen den faktischen Hintergrund der streitgegenständlichen Verurteilung bilden, ist die Entscheidung selbst einzig auf die Analyse des 'ideology conversion system' (vgl. § 7.2) aufgebaut. Dies berücksichtigend, bleibt es bei der nicht tragfähigen Begründung dieser Entscheidung.

[376] UNHRC, *Hudoyberganova v Uzbekistan*, Communication Nr. 931/2000 (5.11.2004), abgedruckt bei UNGA 'Report of the Human Rights Committee – Volume II' UN GAOR 60th Session Supp No 40, UN Doc A/60/40 Vol II (2005), S. 44–49, insbesondere § 6.2 (S. 48); ferner veröffentlicht auch bei (2005) 19 BHRC 581. Die drei Sondervoten (vgl. ibid. S. 50–53) beziehen sich auf die Auslegung besonderer Umstände des streitgegenständlichen Sachverhalts (z. B. was genau hier mit Hijab gemeint sei) und sind nicht weiter aufschlussreich mit Blick auf die Interpretation von Zwang.

griffen.[377] Erstaunlich an dieser Entscheidung ist vielmehr, dass das Human Rights Committee – ob bewusst oder unbewusst, sei dahingestellt – ein entscheidendes Merkmal des dogmatischen Verständnisses von Art. 18 ICCPR missachtet. Maßnahmen, die in das Recht, eine Religion zu haben (und damit in das forum internum), tatsächlich *eingreifen*, sind kategorisch nicht rechtfertigungsfähig.[378] Es ist schlechterdings unmöglich, zunächst eine Verletzung des Art. 18 § 2 ICCPR festzustellen, daran anschließend aber gleichwohl sich darauf noch zu berufen, die Regierung habe keine Zwecke i. S. d. Art. 18 § 3 ICCPR substantiiert.[379] Angesichts dessen ist es erstaunlich, dass dieser dogmatisch-konzeptionelle[380] Fehlgriff bislang noch nicht als solcher gebrandmarkt worden ist.[381]

---

377 Vgl. nur Special Rapporteur on freedom of religion or belief (Asma JAHANGIR), 'Report: Civil and Political Rights, Including the Question of Religious Intolerance' (9.1.2006) UN Doc E/CN.4/2006/5, § 40 (S. 12–13); VAKULENKO, Islamic Dress in Human Rights Jurisprudence' (2007) 7 Hum Rts L Rev 722.

378 Auslegungsprinzipien, die an sich auch im Human Rights Committee bekannt sind, siehe – mit aller nötigen Deutlichkeit – UNHCR 'General Comment No. 22 (Art. 18)' (27.9.1993) UN Doc CCPR/C/21/Rev.1/Add.4 (1993); wiedergegeben in 'Note by the Secretariat, Compilation of General Comments and General Recommendations Adopted by Human Rights Treaty Bodies' (2006), UN Doc HRI/GEN/1/Rev.8, § 3, S. 195, oben zitiert bei S. 75, Fn. 279.
Auch Sir RODLEY, der seinerzeit für den Entwurf des General Comment Nr. 22 verantwortlich war, präsentiert insoweit keinen von der Mehrheit abweichenden Standpunkt in *Hudoyberganova* (siehe sein das Ergebnis mittragende Sondervotum, ibid., S. 52).
Siehe darüber hinaus zutreffend, einige Monate später, mit Bezugnahme auf den General Comment UNHCR *Malakhovsky v Belarus*, Communication Nr. 1207/2003 (26.6.2005), abgedruckt bei UNGA 'Report of the Human Rights Committee – Volume II' UN GAOR 60th Session Supp No 40, UN Doc A/60/40 Vol II (2005), S. 242 (§ 7.2).

379 Die einzige Möglichkeit dies zu tun, ohne dabei das dogmatische Grundgerüst des Art. 18 ICCPR zu vernachlässigen oder zu revolutionieren, wäre es, einer Maßnahme einen Doppelcharakter beizumessen: Als ein Akt, der aufgrund eines bestimmten Schutzobjektes im Einzelfall gleichzeitig das „Manifestieren" betrifft und ebenso das forum internum. Unter diesen Umständen könnte es offen gelassen werden, ob der Akt tatsächlich in das forum internum eingreift, wenn gleichzeitig ein (leichter festzustellender) Eingriff hinsichtlich des Manifestierens gegeben ist und darüber hinaus keine Rechtfertigung nach Maßgabe von Art. 18 § 3 ICCPR vorliegt. Das Human Rights Committee jedoch vermischte schlichtweg das Nichtvereinbare, um dann zu einer Verletzung des Art. 18 § 2 ICCPR zu gelangen. Deshalb kann diese Entscheidung nicht auf Grundlage des eben beschriebenen Gedankenganges hilfsweise gestützt werden.

380 Der Klarstellung halber sei deutlich gesagt, dass mit Blick auf einen ausreichenden Menschenrechtsschutz das *Ergebnis* der Entscheidung prinizipiell zu begrüßen ist, und dies insbesondere mit Blick auf die schwerwiegende Bedrohung der Religionsfreiheit, wie sie durch die Große Kammer des EGMR verursacht wurde, und zwar mit deren Entscheidung in *Leyla Şahin v Turkey* (10.11.2005, Nr. 44774/9) (2007) 44 EHRR 5. Zu dieser Entscheidung siehe näher unten im Text ab S. 182.

381 Vgl. ohne diesbezügliche Kritik JOSEPH, UN Human Rights Committee: Recent Cases (2006) 6 Hum Rts L Rev 367–370; BAIR, Gedanken-, Gewissens- und Religionsfreiheit, in: FS *Mühlsteiger* (Fn. 344, 2006), 50 sowie insbesondere auf S. 52 in Fn. 49, wo die Beschränkbarkeit aufgrund von Art. 18 § 3 ICCPR eigens thematisiert wird; PARKER, The Freedom to Manifest Religious Belief: An Analysis of the Necessity Clauses of the ICCPR

Mit der jüngsten Entscheidung des Human Rights Committees ist es dem UN-Organ dagegen gelungen, ein positives Signal im verworrenen Ringen um den Zwangsbegriff zu setzen. Dabei ging es nicht um das theoretische Verständnis, sondern um eine konkrete und sehr prominente Streitfrage, nämlich die oben ausführlich angesprochene Frage, inwieweit missionarische Tätigkeiten unter Rückgriff auf die Zwangsklausel reglementiert werden können. Mit der Rüge von *Sister Immaculate Joseph u. a.* v. *Sri Lanka*,[382] siehe Annex iii ist nun ein Fall zu besprechen, der bislang zu Unrecht noch kaum Aufmerksamkeit in der Lehre gefunden hat,[383] der aber auf lange Sicht hoffentlich dazu beitragen wird, die Streitfrage ad acta legen zu können, ob normale missionarische Aktivitäten von Art. 18 § 2 ICCPR erfasst sind.

Das Human Rights Committee hatte auf das Begehren einer Gruppe von 81 katholischen Nonnen zu antworten, deren Tätigkeit sich auf Erziehung sowie andere soziale Ziele richtete.[384] Sie trugen vor, dass die Verweigerung eines gesicherten Rechtsstatus durch das sri-lankische Rechtssystem[385] gegen Art. 18 § 1 ICCPR

---

and the ECHR (2006) 17 Duke J Comp & Intl L 100; WESTERFIELD, Behind the Veil (2006) 54 Am J Comp L 638 und 652; LANGLAUDE, Indoctrination, Secularism, Religious Liberty, and the ECHR (2006) 55 ICLQ 931; SKACH, Case comment: Sahin v Turkey [...] and 'Teacher Headscarf' Case No. 2 German Constitutional Court (2006) 100 AJIL 193–194; dies., Constitutional Transformations and the Reordering of the Twenty-First-Century Public Sphere, (2007) 67 Maryland L Rev 276–277; VAKULENKO (Fn. 377) (2007) 7 Hum Rts L Rev 722; C. EVANS, The 'Islamic Scarf' in the ECtHR (2006) 7 Melbourne J Intl L 56 (allerdings zeigt bei ihr die Auslassung des Wortes „Zwang" in ihrem Zitat, dass sie nicht daran interessiert ist, sich auf diesen spezifizischen Teil der Begründung des Human Rights Committees zu beziehen); die Fundstellen verdanken sich einer Suche unter dem Stichwort '*Hudoyberganova*' bei Westlaw, Hein-on-line, LexisNexis und JSTOR, durchgeführt am 26.1.2008.

382 Communication Nr. 1249/2004 (21.10.2005), UN Doc CCPR/C/85/D/1249/2004; abgedruckt auch bei UNHRC, 'Issues considered by the Committee: Art. 18', UNGA 'Report of the Human Rights Committee – Volume I' UN GAOR 60th Session Supp No 40, UN Doc A/61/40 Vol I (2006), S. 99–100 (§ 192).
Instruktiver Überblick hinsichtlich der spezifischen Situation und der nationalen Rechtsprechung bei OWENS, Questioning the Law's Ability to Protect Against Unethical Conversions in Sri Lanka (2006) 1 Religion and Human Rights, S. 41–73. Dort findet sich auch eine ausführliche Kritik des dieser Entscheidung zugrunde liegenden Urteil des sri-lankischen Supreme Court, siehe ibid. S. 68–69.

383 Bei einer Recherche nach Zitaten des relevanten UN Doc bei Hein-on-line, Westlaw, LexisNexis and JSTOR, durchgeführt am 26.1.2008, konnte kein Ergebnis gefunden werden. Nur OWENS berichtet von dieser Entscheidung, siehe ibid. S. 71–72 und ebenso – dort als Menzingen Incorporation Case bezeichnet – in: Using Legislation to Protect Against Unethical Conversions in Sri Lanka (2006–2007) 22 J L & Religion 330, 332, 339.

384 Ausweislich der dem Verfahren zugrunde liegenden gescheiterten Initiative, einen Rechtsstatus zu erlangen, hatte die Gemeinschaft der Nonnen den Zweck 'to spread knowledge of the Catholic religion' und Wohltätigkeitsarbeit auszuführen, ohne zwischen den verschiedenen Zielen näher zu differenzieren, siehe ibid. S. 4, Fn. 1.

385 Solch ein Rechtsstatus soll normal sein hinsichtlich buddhistischen und einigen muslimischen religiösen Gruppierungen, vgl. ibid. S. 6, § 3.1. Siehe auch OWENS (Fn. 382) (2006) 1 Religion and Human Rights S. 42, S. 59–60 mit dem Abdruck des Statuts einer buddhistischen Gemeinschaft. Allerdings ist es dem sri-lankischen Supreme Court verwehrt, die schon er-

verstoße, ohne dass dies mit Blick auf Art. 18 § 2 ICCPR gerechtfertigt sei. Auf Letzteres bezog sich implizit der sri-lankische Supreme Court, indem er ausführte, eine institutionelle Unterstützung der Nonnen würde in die Gewissens- und Religionsfreiheit derjenigen eingreifen, die von diesen Hilfe erhielten. Materielle Hilfe führe nämlich zu „unnötiger und unzulässiger Druckausübung".[386] Das Human Rights Committee wies diese Ausführungen in aller Deutlichkeit zurück; Ausführungen, die schließlich – wie oben aufgezeigt – auch der Analyse der *travaux préparatoires* sowie dem Sinn und Zweck von Art. 18 § 2 ICCPR entgegenstehen. Hinsichtlich der sri-lankischen Einschätzung, dass die Nonnen „durch Versorgung mit Materialien und anderen Begünstigungen an hierfür anfällige Menschen [...] durch Zwang oder anderweitig unzulässig Religion propagieren", fand das Human Rights Committee keine „auf Beweisen beruhende oder sachbezogene Grundlage".[387]

Abgesehen von diesem klärenden Standpunkt ist jedoch festzuhalten, dass das Human Rights Committee keine hinreichend kohärenten Richtlinien entwickelt, anhand derer Zwang i. S. d. Art. 18 § 2 ICCPR greifbar gemacht werden könnte.

bb) Lehre

Auch in der Lehre ist es nicht geglückt, hinsichtlich Art. 18 § 2 ICCPR zu einer praktikablen Auslegungshilfe zu gelangen.[388] Als Beispiel kann insoweit zunächst

---

lassenen Rechtsakte zu überprüfen. Formal ist es daher denkbar zu ignorieren, dass einerseits faktisch der begehrte Rechtsstatus der Mehrheitsreligion schon gewährt worden ist, während man gleichzeitig ebensolches der Minderheitsreligion nun verwehrt (siehe als als weitere minderheitenwidrige Möglichkeit des sri-lankischen Rechtssystems zudem noch die Möglichkeit, per Mehrheitsentscheid sogar verfassungswidrige Akte dauerhaft zu ermöglichen, OWENS, ibid. S. 46).

386 'Unnecessary and improper pressures'. Das Gericht führt aus, institutionelle Unterstützung 'create a situation which combines the observance and practice of a religion or belief with activities which would provide material and other benefits to the inexperience [sic], defenseless and vulnerable people to propagate a religion. The kind of [social and economic] activities projected [...] would necessarily result in imposing unnecessary and improper pressures on people, who are distressed and in need, with their free exercise of thought, conscience and religion with the freedom to have or to adopt a religion or belief of his choice as provided in' der sri-lankischen Verfassung. Wiedergegeben bei *Sister Immaculate Joseph et. alt. v Sri Lanka*, Communication Nr. 1249/2004 (21.10.2005), UN Doc CCPR/C/85/D/1249/2004, S. 5 (§ 2.2).
Ein weiterer Begründungsstrang des sri-lankischen Supreme Court gründete auf dem in der Verfassung vorgesehenen Vorrang des Buddhismus, in welchen die Nonnen eingriffen durch Ausbreitung religiösen Wissens, vgl. ibid § 2.3 und OWENS, ibid., S. 45, S. 69.

387 'Through the provision of material and other benefits to vulnerable people [...] coercively or otherwise improperly propagate religion', 'evidentiary or factual foundation'; ibid. § 7.3, S. 10; umfassend wiedergegeben als Annex iii.

388 Zutreffend DURHAM, Jr., Facilitating Freedom of Religion or Belief Through Religious Association Laws, in: Facilitating Freedom of Religion or Belief (Fn. 294, 2004) 360: 'It is worth noting, however, that the precise outer boundaries of the non-regulable *forum internum* have never been precisely demarcated.' Vgl. auch CUMPER, Freedom of Thought, Conscience, and Religion, in: ICCPR and UK Law, hrsg. v. *Harris* u. a., Oxford 1995, 370–371.

auf die umfassendste Studie verwiesen werden, nämlich diejenige von DE JONG. Im Anschluss an eine detailgenaue Analyse der Entstehungsgeschichte des Zwangsbegriffs befürwortet er eine Auslegung von Zwang, die er selbst als enge Interpretation bezeichnet.[389] siehe Annex iv Allerdings entwickelt er keine abstrakte Definition, sondern verweist zur Erklärung seines Konzeptes auf Beispiele, ohne die zugrundeliegenden Prinzipien zu erläutern. Einzig ein abstraktes Definitionselement bringt er ein, indem er vorschlägt, unzulässige materielle oder moralische Anreize dann als verboten zu qualifizieren, wenn sie von seiten einer „more powerful party" stammen. Diese Klarstellung (beeinflussende Mittel auf Grundlage einer Machtposition) hilft jedoch – unabhängig von ihrer sachlichen Richtigkeit) in der Praxis kaum wieter. Mangels Anhaltspunkten, wie eine solche Machtposition ihrerseits zu bestimmen ist, kann auf diese Weise entgegen seiner Absicht auch verbotener Zwang nicht näher eingegrenzt werden.

Der weiterführendste Ansatz findet sich bei STAHNKE im Rahmen seiner Darlegungen zur Vereinbarkeit von „Proselytismus" und Religionsfreiheit.[390] Er sieht dabei den Zwangs-Begriff als den alles entscheidenden Prüfstein der von ihm zu behandelnden Frage, inwieweit Proselytismus durch den Staat verboten werden darf.[391] Deshalb sucht er nach Parametern, die jeweils kumulativ zu berücksichtigen seien. Dann könne entschieden werden, ob von religiösem Werben eine Zwangswirkung ausgeht, die ein Verbot rechtfertigen könnte. In diesem Sinn lenkt er den Blick auf den Religionswerbenden („source"). Diesem könne 'some physical, legal, or economic advantage' zur Verfügung stehen, dessen Einsatz die freie Wahl der Zielperson („target") behindere.[392] Mit Blick auf die Zielperson meint er, dass deren

---

Oftmals findet sich im Schrifttum Kritik, an die sich jedoch keine Gegenkonzeption anschließt. Vgl. z. B. TAHZIB, Freedom of Religion or Belief (Fn. 274, 1996) 326–327. Sie trägt vor, das Human Rights Committee hätte in seinem Comment Nr. 22 'intellectual, moral, or psychological means of compulsion' einschließen sollen. Überzeugend ist das nicht, da sie weder weitere Kriterien benennt, noch erläutert, weshalb solch ein ausdrückliches Erwähnen angemessener sei als die vom Committee verwendete Analogie in Comment No. 22 ('Policies or practices having the same intention or effect'). Vgl. auch TAHZIB-LIE, Dissenting Women, Religion or Belief, and the State, in: Facilitating Freedom of Religion or Belief, ibid., 459–463, dort spricht sie allerdings an, dass es eine Grauzone gäbe (S. 462) und dass auch die Frage nach horizontal effects Schwierigkeiten bereite (S. 460–461). Vgl. ähnlich SULLIVAN (Fn. 340) (1988) 82 AJIL 494–496.

Siehe ferner die nicht befriedigenden Ausführungen bei LERNER, The Nature and Minimum Standards of Freedom of Religion or Belief, in: Facilitating Freedom of Religion or Belief, hrsg. v. *Lindholm* u. a., Leiden 2004, 70, wo es heißt: 'The text [of Article 18 § 2 ICCPR] does not define "coercion", but it should be read as meaning not only the use of force or threats but also more subtle forms of illegitimate influence, such as family considerations, public standing, and social relations. Use of such tactics is less than illegal, but so are some material inticements.'

389 Abgedruckt als Annex Nr. iv.

390 STAHNKE, The Right to Engage in Religious Persuasion, in: Facilitating Freedom of Religion or Belief, hrsg. v. *Lindholm* u. a., Leiden 2004, 619–649.

391 STAHNKE, ibid., 642; dabei greift er auf die Unterscheidung zwischen „proper and improper proselytism" zurück, siehe dazu unten S. 179, Fn. 737.

392 Ibid. 642.

fehlende intellektuelle Kompetenz (Kinder, „mental incapacity"), aber auch deren sozio-ökonomische Verwundbarkeit berücksichtigt werden könne.[393] Ferner sei der Ort der Überzeugungsversuche von Interesse.[394] Am bedeutendsten sei jedoch die Natur der Handlung selbst, „im Sinne ihrer Tendenz, zwanghaften Druck auf die Zielperson auszuüben."[395] Dabei unterscheidet er den (unproblematischen) bloßen Austausch religiöser Ideen[396], die Verneinung anderer Glaubensüberzeugungen – auf sachliche oder aber auf verächtlich machende Weise –,[397] sowie zuletzt die Gewährung materieller oder immaterieller Vorteile als Anreiz zur Änderung der Überzeugung.[398]

Es ist das Verdienst STAHNKES, – bezogen auf eine Teilfrage – um präzisere Erfassung der Determinanten zu ringen und so zu einer besseren Strukturierung der Diskussion aufzufordern. Da er sich insbesondere auf Beispiele aus internationalen und nationaler Rechtsprechung bzw. Gesetzgebungspraxis stützt, trägt er dazu bei, diese zu systematisieren. Wenngleich damit ein Schritt in die richtige Richtung getan ist, bleibt die Beschreibung der entscheidenden Kriterien entweder zu blass oder gar in der Sache angreifbar. Es fehlt an der Nennung eines praktikablen Maßstabs hinsichtlich ungleicher Machtverteilung oder der Erheblichkeit von gewährten Vorteilen. Wenn beispielsweise versucht wird, die Rechtsprechung zu religionsverletzenden Äußerungen zu integrieren, bleibt offen, weshalb von einer beleidigend vorgetragenen Kritik eine höhere Zwangswirkung ausgehen soll als von einer sachlichen. Die Rechtfertigung für ein etwaiges Verbot diffamierender Religionskritik scheint vielmehr anderswo zu suchen zu sein als in der Abwehr von „improper proselytism".

d) Schlussfolgerung

An einem überzeugenden, umfassenden Konzept, mittels dessen „Zwang" kohärent ausgelegt werden kann, fehlt es mithin. Als Richtschnur für die Interpretation kann allerdings zumindest festgehalten werden, dass keine Argumente und auch kein Rückhalt im Rahmen der Entstehungsgeschichte zu finden sind, die für eine stark einengende oder aber für eine erheblich ausweitende Auslegung des Begriffs „Zwangs" sprechen, sofern man den allgemeinen Sprachgebrauch als ersten Vergleichspunkt nimmt. Ebenso, wie man gemeinhin von Zwängen auch dann spricht, wenn diese mitunter nur psychisch ausgeübt werden, so besteht auch im Rahmen des Art. 18 § 2 ICCPR kein ernsthafter Zweifel daran, dass auch „mentale" Formen von Zwang anzuerkennen sind.[399] Als wie ärgerlich man die vielfältigen unter-

---

[393] Ibid. 644.

[394] Ibid. 644–645.

[395] Ibid. 645.

[396] Ibid. 645.

[397] Ibid. 646–647.

[398] Ibid. 647.

[399] Da vielfach davon ausgegangen wird, dass es zu einer Anwendbarkeit der Zwangsklausel auch auf Private kommen kann, darf auch bedacht werden, dass das Gewaltmonopol ohnehin schon beim Staat anzusiedeln ist und insoweit es einer Anwendung der Klausel für Private nicht bedurft hätte, vgl. zum Gewaltmonopol als notwendige Maßgabe auch im Bereich

schwelligen Beeinflussungen auch einstufen mag, so käme man indes kaum auf die Idee, sich Werbung gegenüber tatsächlich als so hilflos gegenüber zu sehen, dass man sie als Zwang bezeichnete. Ebenso ist auch das Werben um den eigenen Glauben nicht als Zwang im rechtlichen Sinne zu qualifizieren, soweit nicht zumindest weitere Umstände von nicht unbedeutendem Ausmaß hinzukommen. Nach welchen Maßstäben und unter Zugrundelegen welcher Grenzziehung, darauf jedoch vermag die Rechtsentwicklung zu Art. 18 § 2 ICCPR keine genauen Antworten zu geben.

des internationalen Menschenrechtsschutzes BIELEFELDT, The Practical Priority of the Secular Legal Order, in: Religious Pluralism and Human Rights in Europe, hrsg. v. *Loenen* u. a., Antwerpen 2007, 98–99.

2. Staatliches Indoktrinieren – zur Interpretation im Rahmen der Europäischen Menschenrechtskonvention

Im Rechtsraum der EMRK[400] wird zuvorderst auf staatliches Indoktrinieren verwiesen, wenn von Eingriffen in das forum internum die Rede ist.[401] Der EGMR formuliert diese Eingriffsform, die insbesondere mit Blick auf das staatliche Schulsystem entwickelt wurde, wie folgt: „Die Konvention verbietet dem Staat, das Ziel einer Indoktrination zu verfolgen, welche damit beschrieben werden könnte, dass die elterlichen religiösen und philosophischen Überzeugungen nicht respektiert werden. Das ist die Grenze, die nicht überschritten werden darf."[402]

a) Rechtsprechung

Wird das Thema Indoktrinieren näher behandelt, so ist das meistgenannte Fallbeispiel *Kjeldsen*.[403] In diesem Verfahren gingen die Beschwerdeführer gegen die dänische Regelung der Sexualerziehung vor, die verpflichtend für die Schulen einge-

---

400 Zu den unterschiedlichen Organen, von denen im Folgenden die Rede sein wird, wie dem EGMR, der Großen Kammer des EGMR, der nunmehr aufgelösten EKMR vgl. nur EHLERS, Allgemeine Lehren/ EMRK, in: Europäische Grundrechte und Grundfreiheiten, hrsg. v. dems., Berlin, 2. A. 2005, § 2, Rn. 50 m. w. N.

401 Vgl. z. B. HARRIS/ O'BOYLE/ WARBRICK, Law of the European Convention on Human Rights, London 1995, 360; FROWEIN, Die Bedeutung des Art. 9 EMRK, in: Die Einigung Europas und die Staat-Kirche-Ordnung, hrsg. v. *Heinemann* u. a., Münster 1993, 49; MEYER-LADEWIG, EMRK, Baden-Baden, 2. A. 2006, Art. 9, Rn. 2; unter ausdrücklicher Bezugnahme auf die Gewissensfreiheit vgl. VILLIGER, Handbuch der EMRK, Zürich, 2. A. 1999, Rn. 597 (S. 384); GRABENWARTER, EMRK (Fn. 279, 2005), Rn. 86 (S. 221).
Diese Studie konzentriert sich auf die Erläuterung dieses spezifischen Konzepts und strebt keine umfassende Erläuterung mit Blick auf Art. 9 EMRK an, die dann u. a. auch den Zwangsbegriff auf dieser Ebene beträfe.
Darüber hinaus beziehen sich die folgenden Erläuterungen zum Indoktrinieren auf diejenigen Fallkonstellationen, die ausgelöst werden durch das Begehren von Betroffenen, gewisse staatliche Akte abzuwehren. Konflikte, bei denen sich Bürger gegen Gesetze wehren, die ihrerseits schon angeblich dazu dienen sollen, vor Indoktrinieren zu schützen, werden später näher in den Blick genommen. Vgl. insoweit als einzige Entscheidung, die ausdrücklich den Begriff des Indoktrinierens heranzieht, und zwar als ein Konzept, das einerseits den Bürger schütze und andererseits Gesetzgebungsakte rechtfertigen könne, EKMR, *Çiftçi v Turkey* (17.6.2004, Nr. 71860/01) [HUDOC]. Vgl. weiterhin an dieser Stelle nur LANGLAUDE (Fn. 381) (2006) 55 ICLQ 931, die der Auffassung ist, dass *Dahlab v Switzerland* (Zlk.-Entsch., 15.2.2001, Nr. 42393/98) [HUDOC] (eingesehen am 20.8.2007) „uns Einblicke gewähre in das, was das Gericht als Indoktrinieren begreife"; hinsichtlich *Leyla Şahin* siehe ibid. S. 933.
Hinsichtlich Indoktrinieren als erläuternder Begriff mit Blick auf den ICCPR vgl. NOWAK, ICCPR (Fn. 277, 2005) Art. 18, Rn. 10 (S. 413).

402 'The Convention forbids a State to pursue an aim of indoctrination that might be considered as not respecting parents' religious and philosophical convictions. That is the limit that must not be exceeded.' So *Valsamis v Greece* (18.12.1996, Nr. 21787/93) (1997) 24 EHRR 305 (§ 36) unter Bezugnahme auf *Kjeldsen*; siehe auch EKMR, *Çiftçi v Turkey* (17.6.2004, Nr. 71860/01) [HUDOC].

403 *Kjeldsen, Busk Madsen and Pedersen v Denmark* (7.12.1976, Nr. 5095/71 u. a.) (1979–80) 1 EHRR 711.

führt wurde, integriert in den Lehrplan für Grundschulen. Diese Entscheidung basiert allerdings auf Art. 2 des Protokolls Nr. 1[404] und rekurriert nur anlässlich einer systematischen Interpretation auf die Wertmaßstäbe des Art. 9 EMRK.[405] Überdies war es einmütige Auffassung des Gerichtshofes, einschließlich des Sondervotums, dass das dänische Recht nicht als Versuch des Indoktrinierens zu werten war.[406] Angesichts fehlender Streitrelevanz konnte das Gericht es sich erlauben, mit recht vagen Definitionen zu arbeiten, wie jener Feststellung, ein Lehrplan müsse „in einer objektiven, kritischen und pluralistischen Weise" gestaltet sein;[407] auch wurde ausgeführt, Indoktrinieren beginne dann, wenn der Staat darauf abziele, „für eine bestimmte Form sexuellen Verhaltens einzutreten".[408]. An einer weitergehenden Erläuterung des Indoktrinierens fehlt es in dieser Entscheidung.[409]

Der Fall *Angeleni*[410] der Europäischen Kommission[411] gab Gelegenheit, das Konzept des Indoktrinierens als Eingriff in das forum internum zu klären. Auf-

[404] Verabschiedet am 20.3.1952, in Kraft getreten am 18.5.1954, 213 UNTS 262, von nun an „Protokoll Nr. 1". Es heißt dort: 'No person shall be denied the right to education. In the exercise of any functions which it assumes in relation to education and to teaching, the State shall respect the right of parents to ensure such education and teaching in conformity with their own religious and philosophical convictions.'

[405] *Kjeldsen, Busk Madsen and Pedersen v Denmark* (7.12.1976, Nr. 5095/71 u. a.) (1979–80) 1 EHRR 730 (§ 52), 733 (§ 57).

[406] Vgl. insoweit übereinstimmend das Sondervotum von Richter VERDROSS, *Kjeldsen, Busk Madsen and Pedersen v Denmark* (7.12.1976, Nr. 5095/71 u. a.) (1979–80) 1 EHRR 735 (§ 6).

[407] *Kjeldsen, Busk Madsen and Pedersen v Denmark* (7.12.1976, Nr. 5095/71 u. a.) (1979–80) 1 EHRR 731 (§ 53).

[408] 'Advocating a specific kind of sexual behaviour', so *Kjeldsen, Busk Madsen and Pedersen v Denmark* (7.12.1976, Nr. 5095/71 u. a.) (1979–80) 1 EHRR 732 (§ 54).

[409] Die Entscheidung bleibt allerdings mit Blick darauf von allgemeinem Interesse, inwieweit zeitspezifische Umstände und wechselnde gesellschaftliche Vorstellungen das Ergebnis beeinflussen können. Es bedarf keiner großen Phantasie, sich das Ergebnis einer gerichtlichen Überprüfung im Jahre 1954 vorzustellen, als die Konvention sowie Protokoll Nr. 1 in Kraft traten: Verpflichtende Sexualerziehung einschließlich u. a. der Themen 'sexual activities (masturbation, intercourse, orgasm), fertilisation, methods of contraception, venereal diseases, sexual deviations (in particular homosexuality) and pornography' (*Kjeldsen, Busk Madsen and Pedersen v Denmark* (7.12.1976, Nr. 5095/71 u. a.) (1979–80) 1 EHRR 719 (§ 28)) wäre zum damaligen Zeitpunkt vom Gericht verworfen worden (vgl. auch mit Blick auf die Geschichte der dänischen Regelung auch *Kjeldsen, Busk Madsen and Pedersen v Denmark* (7.12.1976, Nr. 5095/71 u. a.) (1979–80) 1 EHRR 715 (§ 19)). Ebenso wenig wäre es heutzutage denkbar, sich hier ein anderes Ergebnis einer Gerichtsentscheidung vorzustellen. Festgehalten werden mag, dass in diesem Bereich also nicht allein Mangel an präzisen Definitionen Schwierigkeiten bereiten kann, sondern darüber hinaus das Ergebnis in besonderem Maße von wechselnden gesellschaftlichen Anschauungen abhängen kann. Die dogmatische Frage nach angemessener Berücksichtigung sozialer Veränderungen, geschweige denn ein Vergleich mit diametral dem entgegengesetzten Tendenzen etwa in der US-amerikanischen Judikatur (von sog. „originalists" vertreten, wie etwa dem Richter am Supreme Court A. SCALIA) kann in diesem Rahmen nicht gestellt werden.

[410] Sehr oft falsch wiedergegeben als *Angelini*.

[411] EKMR *Angeleni v Sweden* (Zlk.-Entsch., 3.12.1988, Nr. 10491/83) (1988) 10 EHRR CD 123. Die Schwedische Staatskirche ist mittlerweile als solche abgeschafft, siehe NOWAK, ICCPR (Fn. 277, 2005) Art. 18, Rn. 53, Fn. 139 (S. 434).

grund eines gültigen schwedischen Vorbehalts[412] fand Art. 2 des Protokolls Nr. 1 keine Anwendung, sodass der Sachverhalt einzig mit Blick auf Art. 9 EMRK zu untersuchen war. Zu klären war, ob eine Atheistin Anspruch auf eine Ausnahmegenehmigung zur Nichtteilnahme am Religionsunterricht hat. Die Kommission führte aus, dass Art. 9 EMRK „Schutz gewähr[e] gegenüber Indoktrinierens durch den Staat, sei es in der Erziehung in der Schule, sei es bei sonstigen Aktivitäten, bei denen von der Verantwortlichkeit des Staates auszugehen sei".[413] Demgemäß sei zu untersuchen, ob jemand „in der Schule einer Indoktrinierung zur Religion hin unterworfen war, die mit einer Missachtung der Religionsfreiheit verbunden war".[414] An einer weiteren Herleitung und Deutung dieser Voraussetzungen fehlt es, da das Begehren der Beschwerdeführerin aus anderweitigen Gründen zurückgewiesen wurde. Die Kommission führte aus, dass ihr auf informeller Ebene Ausnahmen sehr wohl genehmigt wurden und sie daher nicht mit besonderer Schwere betroffen sei. Daher begnügte sich die Kommission damit, hinsichtlich der Unterscheidung zwischen Indoktrinierens und noch erlaubter Einflussnahme auf Schülerinnen und Schüler auszuführen, dass, „im Prinzip Schulunterricht, der nur [religiöse] Information zum Inhalt hat, nicht als in Konflikt mit der Konvention betrachtet werden kann"[415] („teaching about religion, not in religion"[416]). Die erzwungene Teilnahme „an jedweder Form religiösen Gottesdienstes" könne als Verletzung betrachtet werden.[417]

Auch das oben schon zitierte *Valsamis*-Urteil[418] vermag keine weitere Klärung herbeizuführen. Im Gegenteil, ohne sich um weitere Herleitungen zu bemühen, begnügt sich die Mehrheit der Kammer nämlich damit, mit knappen Worten einen Verstoß gegen die EMRK abzulehnen. Zugrunde lag die erzwungene Teilnahme

---

412 Zu Vorbehalten als Instrument des Völkervertragsrechts vgl. etwa den Überblick bei HERDEGEN, Völkerrecht (Fn. 309), 2006, S. 118–23 (§ 15, Rn. 20–25).

413 Art. 9 ECHR 'affords protection against indoctrination of religion by the State, be it in education at school or in any other activity for which the State has assumed responsibility', siehe EKMR *Angeleni v Sweden* (Zlk.-Entsch., 3.12.1988, Nr. 10491/83) (1988) 10 EHRR CD 126 (§ 3).
Siehe auch EKMR, *CJ, JJ and EJ v Poland* (Zlk.-Entsch., 16.1.1996, Nr. 23380/94) [HUDOC]. Dieser Fall bezieht sich auf katholische Religionslehre, die theoretisch freiwillig war, in der Praxis jedoch zu Schwierigkeiten aufgrund sozialen gesellschaftlichen Drucks führte. Siehe jedoch hinsichtlich Druckausübung durch Private die Ausführungen später, z. B.den Text beginnend ab S. 162. Eine kritische Auseinandersetzung mit der Entscheidung der Kommission findet sich bei C. EVANS, Freedom of Religion Under the European Convention (Fn. 274, 2001) 95–96.

414 … 'has been subjected to indoctrination into religion at school which would involve a disrespect for [the] right to freedom of religion', siehe EKMR, *Angeleni v Sweden* (Zlk.-Entsch., 3.12.1988, Nr. 10491/83) (1988) 10 EHRR CD 127 (§ 3).

415 EKMR, *Angeleni v Sweden* (Zlk.-Entsch., 3.12.1988, Nr. 10491/83) (1988) 10 EHRR CD 128 (§ 3).

416 EKMR, *Angeleni v Sweden* (Zlk.-Entsch., 3.12.1988, Nr. 10491/83) (1988) 10 EHRR CD 127 (§ 3).

417 'In any form of religious worship', siehe EKMR, *Angeleni v Sweden* (Zlk.-Entsch., 3.12.1988, Nr. 10491/83) (1988) 10 EHRR CD 128 (§ 3).

418 *Valsamis v Greece* (18.12.1996, Nr. 21787/93) (1997) 24 EHRR 294.

von Zeugen Jehovas an einer vom Militär mitgestalteten Schulparade, mit der des Kriegsausbruchs zwischen Griechenland und dem faschistischen Italien 1940 gedacht wurde.[419] Dies führt insbesondere dann zur Verwirrung, vergleicht man diese Aussage mit dem abweichenden Sondervotum zweier Richter. Ohne ein von der Mehrheit abweichendes dogmatisches Verständnis zu behaupten, begründen diese ebenso mit knappen Worten einen Verstoß gegen Art. 9 EMRK.[420] Das Fehlen einer Erklärung dieser entgegenstehenden Ergebnisse verdeutlicht so die Zweideutigkeit der vagen Definitionsansätze des EGMR zum Indoktrinieren.

Die Große Kammer des EGMR nahm auch den *Buscarini*-Fall[421] nicht zum Anlass, die dogmatische Herangehensweise der EMRK-Organe zu erhellen.[422] Dabei hätte der Sachverhalt genau dies verlangt. San Marino zwang nämlich den Beschwerdeführer einen Eid auf das Heilige Evangelium zu schwören oder andernfalls den Verlust seines parlamentarischen Sitzes zu tragen. Gleichwohl beantwortete der Gerichtshof nicht die Frage, ob das forum internum des Beschwerdeführers in einer Weise beeinträchtigt wurde, die als Indoktrinieren zu qualizieren ist. Der Beschwerdeführer[423] begehrte eine Ausnahme von der Eidespflicht. Dadurch drängt sich die Frage auf, ob er hiermit seine eigene Überzeugung nach außen hin manifestieren oder ob er nur vermeiden wollte, einen bestimmten Glauben bekennen zu müssen.[424] Wenn Letzteres zutrifft,[425] könnte sein Begehren gegen die Re-

---

[419] *Valsamis v Greece* (18.12.1996, Nr. 21787/93) (1997) 24 EHRR 295: Die Mehrheit der Kammer 'can discern nothing which could offend the applicants pacifist convictions to an extent prohibited by the second sentence of Art. 2 of Protocol No. 1. Such commemorations of national events serve, in their way, both pacifist objectives and the public interest. The presence of military representatives does not alter the nature of the parades.' (§§ 31–32). Mit Blick auf Art. 9 EMRK heißt es auf S. 296: 'The obligation to take part in the school parade was not such as to offend her parents' religious convictions and therefore did not interfere with her right to freedom of religion either' (§ 37).

[420] Gemeinsames abweichendes Sondervotum der Richter THÓR VILHJÁLMSSON und JAMBREK, *Valsamis v Greece* (18.12.1996, Nr. 21787/93) (1997) 24 EHRR 322: 'Victoria Valsamis stated that the parade she did not participate in had a character and symbolism that were clearly contrary to her neutralist, pacifist, and thus religious, beliefs. We are of the opinion that the Court has to accept that and we find no basis for seeing Victoria's participation in this parade as necessary in a democratic society, even if this public event clearly was for most people an expression of national values and unity. We therefore find a violation of Art. 9.'

[421] *Buscarini v San Marino* (GK, 18.2.1999, Nr. 24645/95) (2000) 30 EHRR 208.

[422] Vgl. auch FROWEIN, Religionsfreiheit und internationaler Menschenrechtsschutz, in: Religionsfreiheit zwischen individueller Selbstbestimmung, Minderheitenschutz und Staatskirchenrecht, hrsg. v. *Grote* u. a., Berlin 2001, 79: Das Gericht habe bloß eine „kurze Formel" verwendet (die darüber hinaus auch noch „durchaus zu milde" sei: „Die in dem Zwang zur Verwendung der religiösen Formel liegende Einschränkung der Glaubens- und Weltanschauungsfreiheit ist eindeutig.").

[423] Das Gleiche galt für den zweiten Beschwerdeführer, Mr Della Balda.

[424] Zu dieser Fragestellung – Manifestieren oder 'coercion in matters of conscience' siehe auch UITZ, Freedom of Religion, Straßburg 2007, 38–41 mit einem Überblick über die Rechtslage in europäischen Staaten. Zumeist werde von Gerichten der absolute Schutz des forum internum angenommen, siehe S. 41 (dort auch das Zitat).

[425] Das ist die Sichtweise des Beschwerdeführers, vgl. *Buscarini v San Marino* (GK, 18.2.1999, Nr. 24645/95) (2000) 30 EHRR 208, insoweit nur wiedergegeben bei HUDOC, § 30.

gierung damit konsequenterweise in den Schutzbereich des forum internum fallen. Die Große Kammer jedoch verweigerte sich dieser Fragestellung. Ohne Erläuterung wendete sie Art. 9 § 2 EMRK an. Damit behandelte sie die Weigerung zur Eidesleistung als ein bloßes Manifestieren und prüfte daraufhin nur den Verhältnismäßigkeitsgrundsatz.[426] Die andernfalls streitentscheidende Frage, ob hier ein dem Indoktrinieren gleichbedeutender Eingriff in das forum internum vorliegt, blieb unbeantwortet.

Nun könnte man die Haltung der Großen Kammer, sich einer Diskussion um die Einschlägigkeit des forum internum zu entziehen, unter Verweis auf eine andere, weit zurückreichende und gut rezipierte Rechtsprechungslinie zu Art. 9 EMRK zu rechtfertigen suchen. Hintergrund für jene Rechtsprechung ist, dass es nicht angängig sein kann, jemand von der Bindung an jedwede staatliche Vorschriften loszusprechen, soweit diese in irgendeiner Weise mit persönlichen moralischen Wertvorstellungen und Überzeugungen in Konflikt geraten.[427] Gerade angesichts des weiten Spektrums an unterschiedlichsten – und teils sicherlich obskuren – Überzeugungen wäre das öffentliche Leben andernfalls in einem nicht hinnehmbaren Maße gefährdet. Die EKMR hat sich wohl auf derartige Überlegungen gestützt, als sie über die Beschwerde eines Quäkers zu entscheiden hatte, der solche Steuern nicht zahlen wollte, „die eine Freveltat für sein Gewissen und seine religiösen und philosophischen Überzeugungen [seien]“.[428] siehe Annex v Dessen Beschwerde wurde abgewiesen.[429] Trotz der Bezugnahme auf das forum internum hielt es die Kommission nicht für notwendig, darüber nachzudenken, ob eine öffentliche Verpflichtung wie das Steuernzahlen in den absoluten Schutz der Gewissensfreiheit mit einbezogen werden könnte.[430] Anstelle dessen wurde einzig die Frage aufgeworfen, ob

[426] Vgl. *Buscarini v San Marino* (GK, 18.2.1999, Nr. 24645/95) (2000) 30 EHRR 210 (§§ 35–41).

[427] Vgl. TAYLOR, Freedom of Religion (Fn. 276, 2005) 118.

[428] 'Which are an outrage to his conscience and religious and philosophical beliefs', siehe EKMR, *C v UK* (Zlk.-Entsch., 15.12.1983, Nr. 10358/83) DR 37, S. 142. Die streitentscheidende Passage ist abgedruckt in Annex Nr. v auf S. 209. Hinsichtlich der deutschen Rechtslage würde man mit Blick auf Steuern unterscheiden zwischen (neutraler) Steuererhebung und späterer (nicht angreifbarer) Steuerverwendung durch den Haushaltsgesetzgeber. Dies bedarf hier jedoch keiner Vertiefung.

[429] EKMR, *C v UK* (Zlk.-Entsch., 15.12.1983, Nr. 10358/83) DR 37, S. 147; die das forum internum betreffende Sentenz wird beispielsweise wiederholt bei EKMR, *CJ, JJ and EJ v Poland* (Zlk.-Entsch., 16.1.1996, Nr. 23380/94) [HUDOC]; weitere Nachweise bei M. D. EVANS, Religious Liberty (Fn. 271, 1997) 294, Fn. 60.

[430] Vgl. auch ibid. S. 144–5. Die Grundsatzentscheidung, EKMR, *Arrowsmith v UK* (12.10.1978, Nr. 7050/75) (1981) 3 EHRR 218, hatte sich mit einem anderen Sachverhalt zu befassen. Die Pazifistin Ms Arrowsmith war aktiv involviert in das Verteilen von Flugblättern. Die Kommission führte dazu aus (S. 228–229 (§ 71), und zwar dem in *C v UK* herangezogenen Zitat direkt nachfolgend): 'It is true that public declarations proclaiming generally the idea of pacifism and urging the acceptance of a commitment to non-violence may be considered as a normal and recognised manifestation of pacifist belief. However, when the actions of individuals do not actually express the belief concerned they cannot be considered to be as such protected by Art. 9 § 1, even when they are motivated or influenced by it.' Diese Aussage zielt darauf ab, sich mit einem klar *aktiven*, auf Außenwirkung hin gerichteten Verhalten auseinander zu setzen. Dies gilt es zu beachten, ganz unabhängig von der Frage, ob der

solch eine Weigerung möglicherweise als religiöses Manifestieren (nämlich als „practice" i. S. d. Art. 9 § 1 EMRK) qualifiziert werden könne.[431]

b) Würdigung

Will man diese Rechtsprechung würdigen, ist die Aufmerksamkeit auf zwei Fragestellungen zu lenken: Erstens, ob eine überzeugende Differenzierung zwischen dem absoluten Schutz des forum internum und dem bloßen Manifestieren entwickelt wurde und zweitens, ob eine brauchbare Definition des Indoktrinierens vor dem Hintergrund dieser Rechtsprechung zu finden ist.

aa) Differenzierung zwischen forum internum und bloßem Manifestieren

(1) Absoluter Schutz einzig des Innehabens einer Überzeugung, unter Ausschluss aller nach außen sichtbaren Handlungen

Die Rechtsprechung des EGMR in *Valsamis*[432] und *Buscarini*[433] könnte durch Bezugnahme auf eine Auffassung erklärt werden, die einzig auf den persönlich-subjektiven Charakter des forum internum fokussiert. Wie oben wiedergeben, wird vertreten, dass die inneren Überzeugungen von solch intimer Beschaffenheit sind, dass sie eigentlich kaum verletzt werden könnten.[434] Auf Grundlage dieser Beobachtung könnte man annehmen, dass eine Person, sobald sie in der Öffentlichkeit handelt, sich nicht mehr überzeugend auf ihren inneren Glauben berufen könne, da keineswegs sicher ist, dass der Akt die Überzeugung wahrheitsgetreu widerspiegelt. Wann immer eine Handlung in Rede steht, die in der Öffentlichkeit wahrgenommen werden kann, ist danach die Sphäre des forum internum verlassen und der weite – regulierbare – Bereich des Manifestierens betreten. Deutlich gesagt, einzig „das

---

Kommission insoweit eine kohärente Auslegung hinsichlich des Manifestierens i. S. d. EMRK gelungen ist (vgl. insoweit die überzeugende Kritik durch BREMS, The Approach of the ECtHR to Religion, in: Die Rechtsstellung des Menschen im Völkerrecht, hrsg. v. *Marauhn*, Tübingen 2003, 4).

Die Problematik dieser Rechtsprechungslinie, auf die hier aufmerksam zu machen ist, resultiert erst daraus, dass die obige Argumentation von Arrowsmith auf Fallgestaltungen angewendet wird, bei denen es nicht mehr so offensichtlich ist, dass ein aktives Manifestieren des Beschwerdeführers zu beurteilen ist.

Anzumerken bleibt, dass die Rechtsprechung der Kommission mit Blick auf „passive" Situationen auch vor *Arrowsmith* schlecht begründet war. Damals wurde die in Art. 9 EMRK verankerte Möglichkeit absoluten Schutzes des forum internum gänzlich verkannt. Folglich handelte man einheitlich alle Fallgestaltungen über Art. 9 § 2 EMRK ab, vgl. dazu mit Nachweisen TAYLOR, Freedom of Religion (Fn. 276, 2005) 122–123.

431 Auf die Frage des Manifestierens habe allerdings auch der Rechtsbeistand der Beschwerdeführer verwiesen, so GRIEF, British Quakers, the Peace Tax and International Law, in: Religion and International Law, hrsg. v. *Janis*, Leiden 1999/2004, 347.

432 *Valsamis v Greece* (18.12.1996, Nr. 21787/93) (1997) 24 EHRR 294.

433 *Buscarini v San Marino* (GK, 18.2.1999, Nr. 24645/95) (2000) 30 EHRR 28.

434 Im Sinne eines "Die Gedanken sind frei", siehe oben S. 72, Fn. 274.

Recht, im Stillen eine Überzeugung zu haben" wäre danach absolut geschützt.[435] Solch ein Verständnis bleibt nicht folgenlos für die Frage, gegen was für Eingriffe überhaupt Schutz gewährt wird. Wenn der Schutzbereich so eng zu definieren ist, sind auch Eingriffe beschränkt auf direkte Einwirkungen auf die inneren Überzeugungen, wie dies möglicherweise bei einer sog. Gehirnwäsche der Fall sein könnte. Dass unter solch engen Eingriffsbegriff nur noch wenige staatliche Handlungen fallen, versteht sich dabei von selbst. Legt man jedenfalls ein solch enges Verständnis den Entscheidungen des EGMR zugrunde, so werden diese zumindest nachvollziehbar. Eine Schulparade oder eine Eidesleistung sind öffentliche Handlungen, die die „spirituelle", innere Sphäre des jeweiligen Subjekts verlassen haben. Zwangsläufig sind sie dann nach Maßgabe solchen Verständnisses dem Bereich des Manifestierens zuzuordnen, nicht aber dem Schutzbereich des forum internum.

Dieser Erklärungsansatz ist jedoch abzulehnen. Zum einen steht er im Widerspruch zu anderen Begründungssträngen der Judikatur, zum anderen ist er sachlich verfehlt. Die prominenten Fallbeispiele zum Indoktrinieren wie *Angeleni* sind nämlich unverständlich, wendete man das eben aufgezeigte Erklärungsmuster auf sie an. Ein Schulbesuch z. B. ist selbstredend ein nach außen hin wahrnehmbarer öffentlicher Akt. Folgerichtig hätte sich hier die Frage nach absolutem Schutz nicht stellen dürfen, ein bloßes Manifestieren angenommen werden müssen und daher allenfalls eine Abwägung i. S. d. Art. 9 § 2 EMRK Platz greifen können. Vor diesem Hintergrund ist festzuhalten, dass man nicht etwa in unüberbrückbarem Gegensatz

---

[435] Zitat von C. EVANS, Freedom of Religion Under the European Convention (Fn. 274, 2001) 68; ebenso dies., Religious Freedom in European Human Rights Law, in: Religion and International Law, hrsg. v. *Janis* u. a., Leiden 1999/2004) 393.
Solch eine Auffassung wurde ganz explizit verfochten von VERMEULEN, Scope and Limits of Conscientious Objections, in: Freedom of Conscience, hrsg. v. *Council of Europe*, Straßburg 1993, 82–83. Anders jetzt aber ders. Freedom of Religion in Western Europe: Past and Present, in: Freedom of Religion, hrsg. v. *Naber*, Assen 2000, 19–21: 'This guarantee [– protection of forum internum –] also implies that one cannot be subjected to a treatment *intended* to change the process of thinking, that any form of compulsion to express thoughts, to change an opinion, or to divulge a religious conviction is prohibited, and that no sanction may be imposed either on the holding of any view whatever or on the change of a religion or conviction: it protects against any indoctrination by the State' (Hervorhebung nicht im Original). Im Folgenden wird dann enger als 1993 nur festgehalten, dass nicht noch weitergehend jedwedes Äußern des forum internum geschützt sein könne.
Siehe ferner IPGRAVE, Religion in a Democratic Society, in: Does God Believe in Human Rights?, hrsg. v. *Ghanea* u. a., Leiden 2007, 49–50. Er verweist auf die Ablehnung BUTTIGLIONES durch das Europäische Parlament als ein Beispiel, dass es auch allein bezogen auf das Haben einer Meinung Eingriffe geben kann, nämlich Diskriminierung. Unabhängig von der Frage, inwieweit das Europäische Parlament bei seiner hier noch dazu im inoffiziellen Stadium befindlichen *politischen* Mitwirkung an Menschenrechte gebunden ist, ist an dem Fallbeispiel allerdings interessant, dass BUTTIGLIONE ausdrücklich sagte, dass seine innere Meinung nicht sein äußeres Handeln beeinflussen werde (siehe mit Nachweis ibid. das Zitat). Die ablehende Haltung des Parlaments knüpfte also insoweit tatsächlich – wie vom Präsidenten ausdrücklich zugestanden (Zitat ibid.) – an das Halten einer Auffassung an. Mit Blick auf diskriminierende Entscheidungen ließen sich also möglicherweise weitere Beispielsfälle für Eingriffe finden. Dem braucht hier jedoch nicht weiter nachgegangen werden.

zur Rechtsprechung steht, wenn man das sich in *Valsamis* und *Buscarini* implizit ausdrückende Verständnis ablehnt. Vielmehr ist stattdessen eine – zu tiefergehenden Interpretationsbegründungen geradezu einladende – Widersprüchlichkeit innerhalb der Rechtsprechung festzustellen.[436] Dabei kann überdies auch darauf verwiesen werden, dass in der Lehre vielfach ein – mit *Angeleni* u. a. korrespondierendes – weiteres Verständnis zum forum internum vertreten wird, das sicherlich mehr umfasst als das bloße Rumpfrecht, allein im Stillen eine Überzeugung haben zu dürfen.[437] Es wäre also verfehlt, sich vorschnell mit Blick auf einzelne Entscheidungen auf eine solch augenscheinlich äußerst enge Ansicht festzulegen.

Die Begründungen von *Valsamis* and *Buscarini* erweisen sich zudem bei näherem Hinsehen als nicht tragfähig.[438] So wird – allerdings unter Bezugnahme auf das US-Rechtssystem – zutreffend vorgetragen, dass es „eine Schwelle geben muss, an der das Behindern des Manifestierens einer Überzeugung gleichzeitig auch zum Verstoß gegen das Basisrecht auf Religions- und Überzeugungsfreiheit führt".[439] Dass in diesem Sinne auch das internationale Recht zum Schutz der Menschen-

---

[436] Auch TAYLOR, Freedom of Religion (Fn. 276, 2005) 117–118 beklagt das Fehlen einer kohärenten Auslegung.

[437] vDIJK/ vHOOF, Theory and Practice of the ECHR, Deventer, 2. A. 1990, 397 (vgl. Den Haag, 3. A. S. 541–542): 'It is true that convictions are really valuable for the person concerned only if he can express them, but the freedom of thought also implies that one cannot be subjected to a treatment intended to chance the process of thinking, that any form of compulsion to express thoughts, to change an opinion, or to divulge a religious conviction is prohibited and that no sanction may be imposed either on the holding of any view whatever or on the change of a religion or conviction' (Fußnoten weggelassen). Siehe auch C. EVANS, Freedom of Religion Under the European Convention (Fn. 274, 2001) 77–78; TAYLOR, Freedom of Religion (Fn. 276, 2005), z. B. auf S. 119–120; WALTER, Religionsverfassungsrecht (Fn. 279, 2006), 337; 339–340; er trägt vor, der Begriff Gewissen – im Gegensatz zum bloßen Gedanken – umfasse notwendig auch einen Bezug zu in Übereinstimmung mit der Überzeugung getätigten sichtbaren Handlungen („auf ‚handelnde Verwirklichung angelegt'"). Auch nach dieser Auffassung sind also aktive Elemente Bestandteil des forum internum. Insoweit ist aber darauf hinzuweisen, dass *innerhalb* des Schutzes des forum internum noch differenziert werden könnte und diesem also nicht notwendig gänzlich absoluter Schutz zukommen müsste, vgl. oben S. 79.

[438] Siehe auch die Kritik an *Buscarini* von SCHARFFS, The Autonomy of State and Church [2004] BYUL Rev 1242; TAYLOR, Freedom of Religion (Fn. 276, 2005) 130; 159.

[439] 'At some point, placing burdens on manifestations of belief must also be a breach of the basic right to freedom of religion or belief.' Siehe C. EVANS, Freedom of Religion Under the European Convention (Fn. 274, 2001) 76. Vgl. auch mit Blick auf Art. 18 ICCPR DURHAM, Jr., Facilitating Freedom of Religion or Belief Through Religious Association Laws, in: Facilitating Freedom of Religion or Belief (Fn. 294, 2004) 360 mit einer Aufzählung vieler nach außen erkennbaren Handlungen, die zum absolut geschützten forum internum gerechnet werden könnten.

Interessanterweise erkannte man während der Verhandlungen zur späteren Declaration on the Elimination of All Forms of Intolerance and Discrimination Based on Religion or Belief das Problem sehr deutlich, dass der absolute Schutz der inneren Überzeugung auch Handlungen erfasse und daher zum Hindernis für die Akzeptanz der Gewissensfreiheit werden könne, siehe UNCHR, 'Report on the 21st session' (1965), Supp. No. 8, UN Doc E/4024, E/CN.4/891, S. 55 (§ 240).

rechte von einem Verständnis des forum internum ausgeht, dessen Schutz deutlich über einen ganz engen, strikt innerlich-subjektiven Bereich hinausreicht, zeigt nichts anderes deutlicher, als der oben breit dargestellte Disput über Zwang i. S. d. Art. 18 § 2 ICCPR. Die Abwehr etwa davon, den Zugang zu wichtigen öffentlichen Einrichtungen von einem religiösen Bekenntnis abhängig zu machen, betrifft Vorgänge im äußerlich sichtbaren Bereich. Solch ein Fall unterscheidet sich von daher beispielsweise nicht von einer verpflichtenden religiösen Eidesleistung wie in *Buscarini*. Sämtliche Beispiele zum Zwangsbegriff beziehen sich auf Momente sozialer Interaktion und einzig der Vorwurf der Gehirnwäsche würde darüber hinaus auch die Gewissensfreiheit im engsten, subjektiv innerlichen Sinne betreffen. Wenn nun das Verständnis des forum internum im Sinne des Art. 18 ICCPR keineswegs derart eng begrenzt ist, wäre es zumindest erstaunlich, wenn eine strukturell so ähnliche Norm wie Art. 9 EMRK in solch unterschiedlicher Weise auszulegen wäre. Hinzu kommt, dass ausdrücklich eben diese „Freiheit vom Zwang" als ein „offensichtlich impliziter Bestandteil" des Schutzes des forum internum zu betrachten ist.[440] Ferner ist zu bedenken, welche besondere Bedeutung dem intendierten absoluten Schutz des forum internum zugemessen werden sollte.[441] Von daher wäre es wenig überzeugend, den Schutz des forum internum so auszulegen, dass er zu einem weitestgehend nutzlosen Instrument verkommt.[442] Letzteres wäre jedoch der Fall, wenn einzig der innerliche Prozess des Denkens geschützt wäre.[443] Dann wäre

---

440 'Obvious implication', siehe nur TEMPERMAN, The Neutral State: Optional or Necessary? (2006) 1 Religion and Human Rights 272 in und bei Fn. 5; Teilweise abweichendes Sondervotum von Richter MARTENS, *Kokkinakis v Greece* (25.5.1993, Nr. 14307/88) (1994) 17 EHRR 432 (§ 3), S. 437–438 (§§ 17–18); C. EVANS, Freedom of Religion Under the European Convention (Fn. 274, 2001) 205; KAUFMANN, Überzeugungsfreiheit im Völkerrecht (Fn. 306), 1989, 139; Commission on Human Rights, 'Draft International Covenant on Human Rights and Measures of Implementation' (1952) UN Doc E/CN.4/SR.319 (Commission of the Churches on International Affairs (S. 5); Libanon (S. 8); UdSSR (S. 8); UK (S. 9)); vgl. auch den Report of the Secretary-General 'Annotations on the text of the draft International Covenant on Human Rights' (1955), UN Doc A/2929, Chapt. VI (Civil and Political Rights), § 106 (S. 48).
Für einen recht komplizierten – und insoweit nicht notwendigen – Ansatz, die Freiheit von Zwang in Art. 9 EMRK via Art. 17 EMRK zu inkorporieren siehe mit Nachweisen C. EVANS, ibid, S. 99, bei Fn. 158.

441 Vgl. mit Blick auf die *Travaux Préparatoires* der EMRK mit Nachweisen C. EVANS, Freedom of Religion Under the European Convention (Fn. 274, 2001) 68–69.

442 Vgl. jedoch auch die Bezugnahme auf die *Travaux Préparatoires* bei VERMEULEN, Scope and Limits of Conscientious Objections, in: Freedom of Conscience (Fn. 435, 1993) 82, der der Auffassung ist, die Gewissensfreiheit sei einzig konzipiert worden, um gegen Gehirnwäsche und ähnliche Methoden zu schützen. Gegen dieses Verständnis der Entstehungsgeschichte siehe MARGIOTTA-BROGLIO, Statement, in: Freedom of Conscience (Fn. 435, 1993) 132, hinsichtlich der Antwort von VERMEULEN siehe S. 140. Vgl. auch gegen VERMEULENS Verständnis, basierend auf einer systematischen Auslegung ALKEMA, Statement, in: Freedom of Conscience (Fn. 435, 1993) 131.

443 Dagegen etwa auch TAHZIB-LIE, Dissenting Women, Religion or Belief, and the State, in: Facilitating Freedom of Religion or Belief (Fn. 388, 2004) 462.

es „fast unmöglich für den Staat [, das Recht] zu verletzen“.[444] Selbst hinsichtlich des Gebrauchs von „invasive mind-altering techniques“[445] könnte es sich noch als schwierig gestalten, gerichtsfeste Beweise zu finden, dass der Staat erfolgreich die innere Willensbildung eines Menschen beeinflussen konnte.

Darüber hinaus kann der Wortlaut des Art. 9 EMRK kaum mit einer derart engen Auslegung in Einklang gebracht werden. Ein „Manifestieren“ – der Gegenbegriff zum forum internum – impliziert einen wie auch immer im Einzelnen gearteten aktiven, kommunikativen Vorgang.[446] So ist es zwar zunächst zutreffend, dass im Fall eines staatlich erzwungenen Gebets die zu prüfende Verletzung der Religions- und Gewissensfreiheit mit einem Handeln verbunden ist – dem Aussprechen eines Gebets. Doch kommt hier dem Beschwerten keinerlei aktive Rolle zu.[447] Es ist einzig die beeinträchtigende Handlung selbst – der Befehl zu beten –, der für das „Handeln“ verantwortlich ist. Es machte nachdenklich, nähme man die direkte Auswirkung der beeinträchtigenden staatlichen Handlung zu Hilfe, um so eine „aktive“, manifestierende Konstellation zu begründen. Es ist allerdings zu konzedieren, dass menschlichem Handeln vielfältige Bedeutungen beigemessen

---

444 'Almost impossible for the State to breach' the right, siehe C. EVANS, Freedom of Religion Under the European Convention (Fn. 274, 2001) 68; SCHARFFS (Fn. 438) [2004] BYUL Rev 1241; LERNER, Religion, Secular Beliefs and Human Rights (Fn. 274, 2006) 127: 'In general, neither states nor individuals can interfere with thoughts or beliefs [...] which are not translated into actions, behavior, or conduct. These thoughts and beliefs belong to the most internal sphere of human life, and there is not way to coerce a human being to continue or abandon specific religious beliefs.' Siehe auch ibid., bezug nehmend auf ein oft zitiertes Wort Leo PFEFFERS, der einst gegen die verfassunsrechtliche Garantie zur Sicherheit der Gedankenfreiheit votierte, da 'the devil himself knows not the thoughts of man'.
Die Argumentation ist auch im nationalen Recht bekannt, vgl. hinsichtlich der deutschen Verfassung mit Nachweisen BOROWSKI, Die Glaubens- und Gewissensfreiheit (Fn. 336), 2006, 565, der allerdings die Gegenansicht vertritt und sich insoweit auf eine Entscheidung des Bundesverfassungsgerichts beruft (BVerfGE 78, 391 (395)).
Vgl. auch S. 72, Fn. 274.

445 C. EVANS, Freedom of Religion Under the European Convention (Fn. 274, 2001) 68.

446 Dementsprechend ist eine angemessene Terminologie gefunden, wenn Malcolm EVANS zwischen aktiver und passiver Geltendmachung der Gedanken, Gewissens- und Religionsfreiheit unterscheidet, siehe – dabei auch auf die Schwierigkeiten hinweisend – M. D. EVANS, Religious Liberty (Fn. 271, 1997) 284. Vgl. auch die Argumentationsweise bei TAYLOR, Freedom of Religion (Fn. 276, 2005) 122–123, der passives Verhalten als Indiz gegen die Qualifizierung als Manifestieren heranzieht.

447 Vgl. auch einen ähnlichen Erklärungsansatz bei TAYLOR, Freedom of Religion (Fn. 276, 2005) 128, der ausführt: 'A legal requirement compelling the applicant to act in a particular way is not comparable to a restriction which limits the applicant's chosen outward manifestation of belief.' Allerdings könnte hinsichtlich dieses gewählten Beispiels noch argumentiert werden, beide Fälle seien sehr wohl vergleichbar, denn sie unterschieden sich nur darin, dass einzig beim ersten Fall eine besondere Absicht zur zielgerichteten Regulierung religiösen Verhaltens gegeben sei. Doch führt TAYLOR dann weiter aus, dass die 'analysis is based entirely upon the individual's reaction to State compulsion rather than on the issue of whether such compulsion is permissible *a priori*.' Insoweit unterstützt seine Aussage die obige Vorgehensweise, auf den passiven Charakter der fraglichen Situation abzustellen.

werden können.[448] Um im Beispiel zu bleiben, wenn der Beschwerdeführer trotz staatlichen Befehls sich weigern würde, die Lippen zum Gebet zu bewegen, so kann dieses Verhalten sehr wohl als (aktives) Zeugnisablegen vom abweichenden Glauben betrachtet werden. Doch wird man sagen müssen, dass solch indirekte Wirkungen die einmal getroffene Qualifizierung – passiv und damit im Schutzbereich des forum internum – nicht mehr abändern kann.[449]

Missverständnisse und Widersprüchlichkeiten im Zusammenhang mit dem forum internum scheinen auch dadurch mit verursacht zu werden, dass oftmals ein falsches Verständnis vom Eingriff gegeben ist. Bewusst[450] oder unbewusst[451] wird ein falscher Rückschluss daraus gezogen, dass Beeinträchtigungen des forum internum mitunter *nicht* zu einer Veränderung der inneren Überzeugung des mutmaßlichen Opfers führen. Man scheint einen Eingriff nur dann bejahen zu wollen, wenn ein „Erfolg", sprich, eine Veränderung der Überzeugung, tatsächlich eingetreten ist. Die oft wiederholte Äußerung, fast „jede Intervention von außen [sei …] unmöglich"[452], scheint auf solch einem Gedankengang zu beruhen,[453] dass sich

---

448 Vgl. auch TAYLOR, Freedom of Religion (Fn. 276, 2005) 135: 'There are doubtless many instances where issues of coercion and manifestation coincide'.

449 Letztlich wird immer eine wertende Beurteilung als Korrektiv möglich bleiben müssen. Geht jemand mit Kopftuch in eine Universität, könnte man auch sagen, die „Aktion" sei erst durch das staatliche Verbot bedingt, an sich sei folglich das Tragen eines Kopftuches absolut geschützter Bestandteil des forum internum. Hier wird man aber wohl sagen müssen, dass mit dem Anlegen des Kopftuchs – eine Aktion mit sehr wohl (abgrenzend) kommunikativer Wirkung – aktiv das eigene Handeln mit religiösen Vorschriften in Einklang gebracht wird. Dieses aktive Handeln – das insoweit etwa beim erzwungenen Schulgebet fehlt – wird dann erst mit dem staatlichen Verbot konfrontiert. Kopftuch – und ebenso das Ordenskleid – sollten also wertend als Manifestation begriffen werden, auch wenn man wie hier auf das Abgrenzungsmerkmal aktiv/passiv abstellt. Dahinstehen kann an dieser Stelle die Frage, inwieweit auch Manifestationen des Gewissens (und nicht allein der Religion) denkbar sind.

450 Siehe M. D. EVANS, Religious Liberty (Fn. 271, 1997) 304, der solch einen Ansatz als 'logical conclusion' betrachtet, die einzig abgeändert werde, um nicht akzeptable Ergebnisse zu vermeiden. Auch führt er aus: 'Provided that the individuals are able to continue in their beliefs, the *forum internum* remains untouched and there will be no breach of Art. 9 (1)' (Fußnote bezogen auf einen Fall der Kommission aus 1962 ist weggelassen). Diese Aussage bezieht sich auf Fälle, die 'the freedom from State-imposed compulsion' betreffen. Vgl. weiterhin sein Zitat in Fn. 453. Vgl. darüber hinaus LERNER, Religion, Secular Beliefs and Human Rights (Fn. 274, 2006) 72.
Vgl. auch hinsichtlich des deutschen Grundgesetzes – allerdings einzig als eine Form des Eingriffs – BOROWSKI, Die Glaubens- und Gewissensfreiheit (Fn. 336), 2006, 572.

451 Dies ist eine (allerdings nicht streitentscheidende) Differenzierung, die man mitunter schwer nachvollziehen kann. TAYLOR, Freedom of Religion (Fn. 276, 2005) 116 schätzt – m. E. allerdings in zweifelhafter Weise – HARRIS/ O'BOYLE/ WARBRICK, Law of the ECHR (Fn. 401, 1995) 360–362 so ein, dass diese explizit der Auffassung seien, es gäbe kein Indoktrinieren 'if the indiviudal is nevertheless left free to hold his own beliefs'.

452 'Any intervention from outside is […] impossible', siehe KRISHNASWAMI, 'Study of Discrimination in the Matter of Religious Rights and Practices' (1960) UN Doc E/CN.4/Sub.2/200/Rev.1, S. 16.
Siehe auch TAHZIB, Freedom of Religion or Belief (Fn. 274, 1996) 88; C. EVANS, Freedom of Religion Under the European Convention (Fn. 274, 2001) 68; SCHARFFS (Fn. 438) [2004]

nämlich die im Inneren tatsächlich gehegte Überzeugung[454] kaum durch nur äußerlich wirkende staatliche Handlungen ändern könne. Um dies mit einem drastischen Beispiel zu erläutern: Wenn die Polizei einen Zeugen Jehovas durch rohe Gewalt dazu brächte, in Handschellen an einer von ihm verachteten Militärparade teilzunehmen, so erscheint es als wenig wahrscheinlich, dass dieses staatliche Handeln die innere Einstellung des Zeugen Jehovas ändert. Vor und nach dem staatlichen Handeln wird die Überzeugung dieselbe sein: Dass solch eine Militärparade verwerflich ist.

Weshalb jedoch wird immer wieder zumindest implizit behauptet, zum Vorliegen eines Eingriffs in das forum internum sei es notwendig, dass tatsächlich ein Wechsel der inneren Gesinnung vorliegt?[455] Wenn ein Staat ein Buch eines regimekritischen Autors konfisziert, so ist doch die Verletzung der Rechte des Autors nicht abhängig davon, ob der Staat *de facto* Erfolg hatte, die Weiterverbreitung der entsprechenden Gedanken zu verhindern. Ein Eingriff liegt vor, auch wenn der Staat ungewollt durch die Maßnahme die Popularität des Autors in die Höhe hat schnellen lassen und über das Internet das Buch nun größere Verbreitung findet, als es ohne das Eingreifen der Fall gewesen wäre. Es fehlt an jeglicher Begründung, weshalb mit Blick auf das forum internum eine höhere Schwelle gelten sollte, und zwar in dem Sinne, dass nur eine tatsächlich erfolgreiche Einwirkung auf die innere Überzeugung als relevant betrachtet werden könnte. Dessen bedarf es nicht.[456] Daher ist – was für die Praxis von entscheidender Bedeutung sein kann – auch nicht die – gegebenenfalls zu beweisende – Kenntnis davon notwendig, was nun tatsächlich im Innern eines mutmaßlichen Opfers vorgegangen sein mag. Es bleibt

---

BYUL Rev 1241; TAYLOR, Freedom of Religion (Fn. 276, 2005) 24 ('Personal choice in such matters is unrestricted for reasons of principle and because of the impossibility of providing otherwise.').

453 Siehe auch M. D. EVANS, Religious Liberty (Fn. 271, 1997) 294. Er zitiert die Standardformel, dass 'Art. 9 primarily protects the sphere of personal beliefs and religious creeds, i.e. the area which is sometimes called the *forum internum*' (EKMR, *C v UK* (Zlk.-Entsch., 15.12.1983, Nr. 10358/83) DR 37, S. 147). Daraus schließt er, 'an applicant would have to show that external pressure sufficient to induce a forcible change in inner belief had been applied'. Folglich betrachtet er dann die Judikatur, die (theoretisch) ein Indoktrinieren auch in den Fällen behauptet, bei denen eine Veränderung der inneren Überzeugung gar nicht sicher ist (*Kjeldsen* z. B.) als nicht mit der oben genannten Definition des forum internum in Einklang zu bringen. Solche eine Widersprüchlichkeit liegt jedoch in Wahrheit nicht vor, wie sich aus dem Folgenden nun ergeben wird.

454 D. h. im Unterschied zu einem äußerlichen Geschehen wie einem Widerruf, der auch ohne innere Überzeugung z. B. aus opportunistischen Gründen getätigt werden kann.

455 Vgl. insoweit auch das UN-System, siehe das Zitat der Sub-Commission on Prevention of Discrimination and Protection of Minorities (S. 89 in Fn. 335), wo es vom Prinzip her zutreffend heißt: Zwang muss nicht Erfolg haben, es müsse vielmehr nur zumindest wahrscheinlich sein, dass er die Gewissensfreiheit beeinträchtigt.

456 Dass die angeblich in ihrem Gewissen verletzte Frau im Gerichtsverfahren selbst zur Protokoll gab, ihre innere Einstellung aufgrund des an ihr verübten „Proselytismus" durch Zeugen Jehovas nicht geändert zu haben, ist daher nicht den – aus anderen Gründen untragbaren – griechischen Gerichtsentscheidungen vorzuwerfen, die dem EGMR in *Kokkinakis* vorgelegt wurden, siehe dazu unten S. 177, Fn. 730.

nun zwar noch zu sehen, ob und wie genau die Schwelle eines Eingriffs in das forum internum definiert zu werden vermag. Eines aber muss festgehalten werden: Entgegen anderslautenden Auffassungen wird solch eine Definition nicht die Anforderung enthalten, dass die staatliche Handlung auch tatsächlich eine Veränderung der inneren Überzeugung verursacht hat.

(2) Richtlinien für eine Differenzierung

Die Judikatur hat keine substantielle Lösung gefunden, wie man zwischen bloßem Manifestieren und dem absolut geschützten forum internum unterscheiden kann. Entweder blieb sie zu vage oder sie verfolgte ein dogmatisch verfehltes Konstrukt. Selbst die Begrifflichkeit der Rechtsprechung, wie sie sich mit dem Quäker/Steuern-Fall entwickelte[457], ist irreführend. Der Ausdruck „Handlungen, die besonders eng verknüpft sind"[458] mit einer reliösen oder weltanschaulichen Überzeugung könnte herangezogen werden, um die notwendige „Ausweitung"[459] des absolut geschützten Schutzbereichs zu markieren. Die Judikatur jedoch beschreibt mit diesem Begriff (von der Religionsfreiheit geschützte) „Manifestationen", die zu unterscheiden seien von denjenigen Handlungen, die gar nicht von den Schutzmechanismen des Art. 9 EMRK erfasst seien.

Es überschritte den Rahmen dieser Arbeit, ein eigenständiges Konzept zur Unterscheidung beider Schutzbereiche zu entwickeln, die jeweils mit dem forum internum sowie dem Manifestieren verbunden sind. Zwei Eckpunkte können jedoch nach dem oben Gesagten schon festgehalten werden. In negativer Hinsicht ist zu betonen, dass es nicht entscheidend ist, ob eine Handlung nach außen hin wahrgenommen werden kann, wie z. B. der Schulbesuch oder das Schwören eines Eides. In positiver Hinsicht ist als wichtigtes Unterscheidungskriterium darauf zu achten, ob aus der Perspektive des mutmaßlichen Opfers der Sachverhalt als passiv oder aktiv zu beschreiben ist.[460] Wann immer eine Person aktiv Teile seiner Überzeugungen oder seines Glaubens nach außen hin kommuniziert, wird also indiziell ein

---

[457] EKMR, *C v UK* (Zlk.-Entsch., 15.12.1983, Nr. 10358/83) DR 37, S. 142. Siehe das Zitat im Annex Nr. v auf S. 209.

[458] 'Acts intimately linked'.

[459] Um präzise zu sein, wie oben ausgeführt, geht es nicht um eine Ausweitung im eigentlichen Sinne, sondern um eine schlichte Auslegung, deren Ergebnis es ist, dass auch bestimmte Sachverhalte geschützt sind, obwohl sie sich auf nach außen wahrnehmbare Handlungen beziehen.

TAYLOR, Freedom of Religion (Fn. 276, 2005) 115 verwendet den – angemessenen – Begriff 'residual scope of the *forum internum*'. Allerdings bezieht er sich dabei nicht auf die hier als entscheidend betrachtete Unterscheidung, nämlich die Differenzierung zwischen innerer Überzeugung auf der einen Hand und denjenigen nach außen sichtbaren Handlungen, die aufgrund ihrer engen Verbindung zum Innehaben einer Überzeugung auch geschützt sein müssen. TAYLOR unterscheidet zwischen dem primären Recht auf Religionswechsel (mit Blick auch auf den Wortlaut des Art. 18 § 2 ICCPR) einerseits und dem ähnelnden, daran anknüpfenden Rechten andererseits, die sich z. B. darin ausprägen können, dass Anforderungen zu erfüllen sind, bevor der Glauben zu offenbaren ist oder daran anknüpfend bestraft wird.

[460] Siehe oben S. 115, in und bei Fn. 446.

bloßes Manifestieren vorliegen. Es bedarf jedoch keiner großen Vorstellungskraft zu begreifen, dass eine solche Differenzierung in der Praxis größte Schwierigkeiten bereiten wird. Wenn jemand nicht willens ist, Steuern an eine Regierung zu zahlen, die in einen völkerrechtswidrigen Krieg verwickelt ist, soll die Verweigerung passiver Natur sein – nicht selbst verwickelt zu werden – oder liegt hierin nicht in erster Linie ein symbolischer Akt, der im Wesentlichen dazu benutzt wird, um auf diese Weise mit anderen zu kommunizieren?[461] Eines ist beim Aufzeigen solcher Schwierigkeiten allerdings von vornherein mit zu beachten. Es ist keineswegs notwendig, eine Qualifzierung zum Schutzbereich des forum internum nur deshalb abzulehnen, um auf diese Weise nicht akzeptable Ergebnisse zu verhindern.[462] Selbst wenn es der Fall ist, dass ein Sachverhalt dem Schutzbereich des forum internum unterfällt, so wäre nun noch immer die streitentscheidende Frage zu beantworten, ob das staatliche Handeln überhaupt die Eingriffsschwelle überschreitet. Beim Zahlen von Steuern beispielsweise wäre doch arg zu bezweifeln, ob die Beeinträchtigung gerade der weltanschaulichen Überzeugung – natürlich gänzlich unabhängig von der allgemeinen Beeinträchtigung, die man beim Zahlen von Steuern empfinden mag – überhaupt hinreichend bedeutend ist, dass man dabei an einen Eingriff denken könnte.

Die hiermit vorgetragenen Leitlinien zur Auslegung des Eingriffs durch Indoktrinieren müssen sich aber zunächst eines Gegenargumentes erwehren, das gegen sie in Stellung gebracht werden könnte.[463] Der Wortlaut von Art. 9 EMRK (und ebenso von Art. 18 ICCPR) versteht „worshipping in […] private" als ein *Manifestieren* des Glaubens. Wenn nun jemand im Wohnzimmer ein Gebet spricht, um auf diese Weise Gott Verehrung zu erweisen, so erscheint dies nach Maßgabe des eben Ausgeführten offensichtlich passiver Natur zu sein und müsste folglich dem forum internum zugerechnet werden.[464] Da jedoch die Anbetung ausdrücklich

---

461 Unbeachtet soll hier die Frage bleiben, inwieweit die Trennung zwischen womöglich neutraler Steuererhebung und späterer Steuerverwendung bei der rechtlichen Bewertung eine Rolle spielen müsste.

462 Fälschlich auf solch ein Argument sich berufend siehe VERMEULEN, Scope and Limits of Conscientious Objections, in: Freedom of Conscience (Fn. 435, 1993) 82–83; M. D. EVANS, Religious Liberty (Fn. 271, 1997) 295.

463 TAYLOR, Freedom of Religion (Fn. 276, 2005) vertritt ein Verständnis des forum internum, das – wie hier – nicht auf ein stilles Halten von Überzeugungen beschränkt ist, sondern u. a. Schutz gegen die erzwungene Vornahme gewisser Handlungen bietet, die der inneren Überzeugung entgegenstehe (vgl. etwa S. 342). Einen Eid schwören zu müssen (*Buscarini*) ist beispielsweise für ihn ein Hauptanwendungsfall mit Blick auf das forum internum (siehe S. 130). Gleichwohl setzt er sich nicht mit dem Wortlaut der Art. 18 ICCPR und Art. 9 EMRK auseinander, dem hier ein gewichtiges Gegenargument entnommen werden kann. Nach Maßgabe des sogleich Vorgetragenen bin ich der Auffassung, dass man hiermit argumentierend eine andere Ansicht als die von TAYLOR und insoweit auch von mir vertretene Auffassung vertreten kann.

464 Wenn also ein Staat meinte, private Gebete regulieren zu wollen, z. B. vorzuschreiben, dass all jene Personen, die sich als religiös bezeichnen, verpflichtend ein tägliches Fürbittgebet für das Staatsoberhaupt zu halten haben, so ist sachlich das forum internum betroffen, unabhängig von der Frage der Durchsetzbarkeit solch einer Norm. Mit Verweis auf den Wortlaut

als Manifestieren bezeichnet wird, beweist dies nicht, dass das passiv-aktiv-Unterscheidungskriterium sich nicht in die dogmatische Struktur der Vertragstexte einfügen lässt? Hinsichtlich dieser Frage findet sich ein interessanter Erkärunganansatz bei Manfred NOWAK (mit Blick auf Art. 18 ICCPR). Er trägt vor, dass „eine systematische Interpretation [...] im Lichte von Ziel und Zweck (Art. 31 § 1 WVK) zu dem Schluss führ[e], dass die private Freiheit, aktiv eine Religion oder Überzeugung zu praktizieren, nicht zum Gegenstand irgendwelcher Beschränkungen auf Grundlage des Art. 18 § 3" ICCPR werden dürfe.[465] Zwar zeigt NOWAKS Blickrichtung auf das Begriffspaar public/private[466] (anstelle des hier gewählten aktiv/passiv) einen anderen Schwerpunkt. Deutlich wird aber auch so, dass der Wortlaut des Art. 9 EMRK (und des Art. 18 ICCPR) kein unüberwindbares Hindernis für die Implementierung des hier aus sachlichen Gründen befürworteten Unterscheidungskritierums ist.[467]

bb) Maßstäbe für eine Definition des Indoktrinierens

Die Analyse, wie die Konventions-Organe das Indoktrinieren – als einem Verstoß gegen das absolut geschützte forum internum – verstehen, führte nicht zu praktikablen Maßstäben, um einen Eingriff feststellen zu können. „Nicht die elterlichen religiösen und philosophischen Überzeugungen zu respektieren [... als] Grenze, die nicht überschritten werden darf",[468] ist nicht allein zu vage, sondern auch in der Sache eine Definition, die zu weit geraten scheint.[469] Mit dem Verweis auf „advocating"[470] bei der Beschreibung des Indoktrinierens, gelingt es der Kommission

---

könnte man gleichwohl behaupten, auch eine solche Norm bezöge sich nur auf das Manifestieren.

465 'A systematic interpretation [...] in light of their object and purpose (Art. 31 § 1 [WVK]) leads to the conclusion that the private freedom to practice actively a religion or belief may not be subject to any restrictions pursuant to Art. 18 § 3', siehe NOWAK, ICCPR (Fn. 277, 2005) Art. 18, Rn. 20 (S. 418 mit Verweis auf HUMPHREY).

466 Vgl. mit Nachweisen auf einen ähnlichen Ansatz mit Blick auf die deutsche Verfassung BOROWSKI, Die Glaubens- und Gewissensfreiheit (Fn. 336), 2006, 568.

467 Auch könnte man mutmaßen, dass mit 'worship' in erster Linie an die Veranstaltung eines Gottesdienstes wird gedacht worden sein, das heißt, an eine Verehrungsform, die typischerweise, selbst wenn sie nicht öffentlich zugänglich abgehalten wird, aktiv zu wertende rituelle Elemente enthält. Daraus könnte man dann schließen, dass man die begriffliche Durchdringung der Vertragstexte überschätze, wenn man den Rückschluss ziehen wollte, *sämtliche* Formen der Anbetung seinen qua Legaldefinition so als Form des Manifestierens qualifiziert.

Vgl. auch DURHAM, Jr., Facilitating Freedom of Religion or Belief Through Religious Association Laws, in: Facilitating Freedom of Religion or Belief (Fn. 294, 2004) 358, der zu „teaching, practice, worship and observance" schreibt: 'The terms emphasize that freedom of religion or belief goes beyond holding an "internal" belief to engaging in "external" conduct.'

468 'Not respecting parents' religious and philosophical convictions [... as a] limit that must not be exceeded', siehe *Valsamis v Greece* (18.12.1996, Nr. 21787/93) (1997) 24 EHRR 305 (§ 36).

469 Das gilt auch für die Anforderungen, die an einen Lehrplan gestellt werden, wie dies ausgeführt wird in *Kjeldsen, Busk Madsen and Pedersen v Denmark* (7.12.1976, Nr. 5095/71 u. a.) (1979–80) 1 EHRR 731 (§ 53), siehe das Zitat S. 107 bei Fn. 407.

470 *Kjeldsen, Busk Madsen and Pedersen v Denmark* (7.12.1976, Nr. 5095/71 u. a.) (1979–80) 1 EHRR 732 (§ 54), siehe das Zitat S. 107 bei Fn. 407.

allerdings, ein Element einer tauglichen Definition – die Intention auf Seiten des mutmaßlichen Täters – zu benennen, wenngleich auch eher beiläufig.[471]

---

[471] Die Judikatur hat allerdings Reaktionen in der Lehre hervorgerufen. Weitergehende Klärungen finden sich in der Literatur indes kaum.
Wenn z. B. von MARÍNEZ-TORRÓN (Fn. 279) (2005) 19 Emory Intl L Rev 591 ausgeführt wird: 'Public authorities cannot take or permit a direct action to impel the citizens to believe or not to believe in something, nor can they try to influence the citizens' conscience in a matter such as religion or belief, which is considered the exclusive choice of individuals.' Was allerdings soll 'influencing the citizens' conscience' genau meinen? In gewisser Weise kann jedes Parlaments- oder Regierungsmitglied, das eine öffentliche Rede hält, moralische Werte vertreten und damit gar Einzelne beeinflussen. Dass das allerdings nicht als Indoktrinieren zu werten ist, steht außer Frage.
Andere kritisieren die Rechtsprechung, dass sie den Staaten zuspreche eine 'relatively wide discretion when it comes to what religions are to be taught in schools; this has the potential to be used to shore up the dominant religion' (EVANS/ THOMAS, Church-State Relations in the ECtHR [2006] BYUL Rev 715). Doch ist auch hier kein juristisches Kriterium benannt, mit dessen Hilfe dem in der Praxis begegnet werden kann. Inhaltlich erscheint es zutreffend, dass die Diskriminierung der Minderheitsreligionen zu verhindern ist. Doch muss auch gesehen werden, dass Religionen und philosophische Überzeugungen ein bedeutender kultureller Faktor einer Gesellschaft sein können. Angesichts dessen kann Neutralität gegenüber Religion und Weltanschauungen nicht eine strikt schematische Gleichbehandlung bedeuten, ganz abgesehen von der fehlenden faktischen Realisierbarkeit solcher Gleichbehandlung. Wenn nämlich bestimmte säkulare oder religiöse Überzeugungen in besonderer Weise prägend waren für eine Gesellschaft, dann ist es nicht a priori illegitim, ihnen im Rahmen der Schule eine besondere Bedeutung zukommen zu lassen (hinsichtlich der Schwierigkeit, Religionsgeschichte zu unterrichten vgl. auch ROBERT, Freedom of Conscience, Pluralism and Tolerance, in: Freedom of Conscience, hrsg. v. *Council of Europe*, Straßburg 1993, 35).
Eine andere, detaillierte Analyse weist mit Blick auf Relgionsunterricht auf die Schwierigkeiten von Begriffen wie „neutraler und objektiver" Unterricht hin; Begriffe, die ohne weitere Erläuterung so von den EMRK-Organen benutzt wurden (PLESNER, Legal Limitations to Freedom of Religion or Belief in School Education (2005) 19 Emory Intl L Rev 570).
Als Basis weitergehender Diskussion ist die Ausarbeitung einer Liste von Beispielen für Eingriffe in das forum internum ein gutes Hilfsmittel. TAHZIB(-LIE) zählt in ihrer umfassenden Studie zur Religionsfreiheit im internationalen Recht die folgenden Beispiele auf, die mit Blick auf die Konzeption des Art. 9 EMRK hilfreich sein könnten (wie oben gesagt, konzentriert sich diese Studie hier mit Blick auf Art. 9 EMRK auf das spezielle Konzept des Indoktrinierens, siehe Fn. 401 auf S. 106), vgl. TAHZIB, Freedom of Religion or Belief (Fn. 274, 1996) 26 (C. EVANS, Freedom of Religion Under the European Convention (Fn. 274, 2001) 74 verweist auf diese Ausarbeitung, um so Art. 9 EMRK näher zu beschreiben):
- discrimination on the basis of having, or not having, a certain religion or belief;
- proscription of membership of certain religions or beliefs under law;
- coercion to reveal one's religion or belief or to have it revealed without one's consent; and
- use or threat of physical force or penal sanctions to compel individuals to adhere to their religious or other beliefs and congregations, to recant their religion or belief or to convert.

So hilfreich dies im Allgmeinen auch sein mag, eine alternative, präzisere Fassung einer Indoktrinations-Definition lässt sich daraus nicht extrahieren. Begriffe wie 'discrimination' und 'coercion' bleiben vage und ein dem zugrunde liegendes Konzept, das die getroffenen Unterteilungen rechtfertigt, ist schwer auszumachen (vgl. auch die Kritik bei C. EVANS, Freedom of Religion Under the European Convention (Fn. 274, 2001) 74). Darüber hinaus ist die Qualifizierung 'of the freedom of parents to educate their child in accordance with their own

Trotz der offenkundigen Schwierigkeiten im Detail können vor dem Hintergrund des nunmehr Ausgeführen einige Eckpunkte einer Definition festgehalten werden. Zunächst ist daran zu erinnern, dass jedweder Eingriff kategorisch verboten ist, d. h. nicht etwa auf Grundlage einer Verhältnismäßigkeitsprüfung zulässig werden kann. Aus der fehlenden Rechtfertigungsmöglichkeit ergibt sich dann aber als Folge, dass es angemessen ist, eine gewisse Schwere der Beeinträchtigung zu fordern.

Vor diesem Hintergrund ist das Ergebnis einer Entscheidung der europäischen Menschenrechtsjudikatur – der *Gottesmann*-Fall hinsichtlich von Formalitäten eines Kirchensteuersystems –[472] (teilweise)[473] gegen Kritik zu verteidigen,[474] die sich dabei auf die (angebliche) Sichtweise des UN Human Rights Committees stützt.[475] Es war bei diesem Fall das Erfordernis zu überprüfen, dass jeder beim Verlassen einer religiösen, zur Steuererhebung berechtigten Gemeinschaft darüber den staatlichen Behörden eine Mitteilung zu machen hatte, um danach dann von der jeweiligen Steuerliste gestrichen werden zu können.[476] Implizit verwendet die Europäische

beliefs' als Teil des forum externums (reines Manifestieren, siehe TAHZIB ibid. S. 27) zumindest zweifelhaft. Wenig eindeutige Beispiele wie die religiöse Eidesleistung finden keine Erwähnung (hierzu vgl. KRISHNASWAMI, 'Study of Discrimination in the Matter of Religious Rights and Practices' (1960) UN Doc E/CN.4/Sub.2/200/Rev.1, S. 42–43; KRISHNASWAMI qualifiziert diesen Eingriff als Teil der Eingriffe in den Schutzbereich des Manifestierens (siehe S. ix). Diese Qualifikation erscheint (mit Blick auf den ganzen Abschnitt B) als zweifelhaft (interessanterweise schlägt KRISHNASWAMI nicht vor, die Eidesleistung zu regulieren; eine bloße, einen Ausgleich herbeiführende, Regulierung wäre doch das für Manifestationen probate Mittel; vielmehr will KRISHNASWAMI eine solche Pflicht gänzlich abschaffen). Abgesehen von all dem, ist festzuhalten, dass solche Listen nicht allein Beispiele möglicher Eingriffe aufzählen, sondern auch die oben gestellte Frage illustrieren, wie zwischen forum internum und Manifestieren zu unterscheiden ist. Das macht es zusätzlich schwerer, aus solchen Listen abstrakte Argumente zu extrahieren, die sich auf die Frage beziehen, wie ein Eingriff zu definieren ist.

472 Siehe EKMR, *Gottesmann v Switzerland* (Zlk.-Entsch., 4.12.1984, Nr. 10616/83) DR 37, S. 287.

473 Die Frage nach der generellen Vereinbarkeit eines Kirchensteuersystems mit der Religionsfreiheit kann hier nicht erörtert werden.

474 Diese Entscheidung wird kritisiert, weil sie es durch die Akzeptanz des sogleich im Text näher beschriebenen Erfordernisses verfehlt habe, die gegen die Religionsfreiheit verstoßende 'compulsary revelation of one's belief' zu verwerfen, siehe TAYLOR, Freedom of Religion (Fn. 276, 2005) 40–41; 341. Vgl. ähnlich auch die Ansicht, es könne hier entgegen der Kommission Folgendes vorgelegen haben, nämlich 'argueably an interference in the right not to be compelled to reveal one's religion' bei C. EVANS, Freedom of Religion Under the European Convention (Fn. 274, 2001) 81 und – ohne explizite Kritik, jedoch die Entscheidung als 'narrow' bezeichnend – ibid. S. 97–98. Siehe auch den kritischen Überblick zur Rechtslage in mehreren europäischen Staaten bei UITZ, Freedom of Religion (Fn. 424, 2007) 34–38, wonach u. U. ein Eingriff 'with the inviolable core of religious freedom' vorliegen könne.

475 TAYLOR bezieht sich zur Untermauerung seiner Ansicht hauptsächlich auf UNHCR 'General Comment No. 22 (Art. 18)' (27.9.1993) UN Doc CCPR/C/21/Rev.1/Add.4 (1993); wiedergegeben in 'Note by the Secretariat, Compilation of General Comments and General Recommendations Adopted by Human Rights Treaty Bodies' (2006), UN Doc HRI/GEN/1/Rev.8, § 3, S. 195 (hinsichtlich des Wortlauts siehe auch S. 75 in Fn. 279).

476 Im Hintergrund steht hier also das dem forum internum zuzuordnende Recht auf Religionswechsel.

Kommission zur Begründung ihrer Entscheidung das Schwere-Erfordernis, wenn sie ausführt „die nationalen Autoritäten h[ätten] einen weiten Spielraum zu entscheiden, aufgrund welcher Kriterien ein Einzelner wirksam als jemand qualifiziert werden könne, der eine religiöse Gemeinschaft verlassen hat“.[477] Zwar ist es zutreffend, dass Regulierungen hinsichtlich (zusätzlich) erforderlicher Mitteilungen an den Staat es verkomplizieren, aus einer Religionsgemeinschaft auszutreten. Gleichwohl ist im Allgemeinen sehr wohl noch erträglich, solche eine Mitteilung zu machen,[478] ganz abgesehen davon, dass für ein solches Erfordernis natürlich sehr gut nachvollziehbare Gründe bestehen können.

Mit der Entscheidung, dass der Beschwerdeführer letztlich das Erfordernis hinzunehmen habe, ist die Europäische Judikatur überdies in Einklang mit der Sicht des Human Rights Committees, das in seinem General Comment Nr. 22, § 3, ausführt: „In Übereinstimmung mit den Artikeln 18 § 2 und 17 kann niemand gezwungen werden, seine Gedanken oder Anhängerschaft zu einer Religion oder Weltanschauung zu offenbaren.“[479] Das Human Rights Committee definiert an dieser Stelle nicht weiter, was mit solch einer Offenlegung gemeint sei. Allerdings geben die *travaux préparatoires* verlässliche Auskunft darüber, dass das Committee mit dieser Formulierung keineswegs ein kategorisches Verbot statuieren wollte, dass niemand gezwungen werden dürfe, staatlichen Stellen seinen Glauben oder seine Überzeugung offenzulegen. Die gegenteilige Einschätzung einer Literaturstimme ist irreführend.[480] Zwei Mitglieder gaben zwar zunächst Stellungnahmen ab, die wo-

[477] Im Original heißt es, ‘the domestic authorities have a wide discretion to decide on what conditions an individual may validly be regarded as having decided to leave a religious denomination’.

[478] Vor diesem Hintergrund wäre das oben angesprochene ägyptische Beispiel zu diskutieren, nämlich das Erfordernis, drei verpflichtende Unterredungen mit dem intern Zuständigen der zu verlassenden Religionsgemeinschaft zu führen, siehe oben S. 85, Fn. 315. Über diese – zumindest politisch betrachtet absurde – Anforderung zu urteilen, setzte voraus, mehr hinsichtlich der faktischen Umstände solcher Unterredungen zu wissen. Es wäre zu prüfen, ob unangemessener – sozialer – Druck bei derartigen Gelegenheiten ausgeübt werden kann. Hinsichtlich der jetzigen Situation in Ägypten vgl. S. 72, Fn. 275.

[479] ‘In accordance with articles 18.2 and 17, no one can be compelled to reveal his thoughts or adherence to a religion or belief.’

[480] TAYLOR, Freedom of Religion (Fn. 276, 2005) 42, erweckt den Eindruck, als ob nur „bestimmte Mitglieder” im Entstehungsprozess Zweifel an einem kategorischen Verbot gezeigt hätten (benannt werden dann nur Mr SADI und Mr LALLAH). Auf diese Weise unterschlägt er die entscheidende Tatsache, dass – um die Ansicht gerade dieser „bestimmten Mitglieder“ zu unterstützen – einmütig der Wortlaut geändert wurde, vgl zu den Details hierzu oben den Text. Daher ist auch seine Einschätzung fehl am Platze, die *Gottesmann*-Entscheidung damit zu „entschuldigen“, dass sie vor Veröffentlichung des Klärung schaffenden General Comment des Human Rights Committee’s ergangen sei.
TAYLOR bemerkt weiterhin, das Committee habe diese seine angebliche Position betont anlässlich der periodic reports. Er bezieht sich dabei einzig auf UNHRC, ‘Consideration of Reports: Ecuador’, abgedruckt bei UNGA ‘Report of the Human Rights Committee’ UN GAOR 47th Session Supp No 40, UN Doc A/47/40 (1994), § 247 (S. 57). Dort jedoch heißt es nur: ‘In addition, it was asked in which legal cases individuals were required, under Art. 19 (15) of the Constitution, to declare their religion or belief.’ Solch eine allgemeine Anfrage be-

möglich so eingeordnet werden könnten, hiermit werde jedwede verpflichtende Offenlegung der Religionszugehörigkeit für unzulässig erklärt.[481] Andere wiederum sprachen sich ausdrücklich gegen ein generelles Verbot von Offenlegungspflichten aus. Schließlich gebe es gerechtfertigte Interessen des Staates – einschließlich des Fiskalinteresses –, die zu respektieren seien.[482] Um eben diesen Bedenken zu entsprechen, entschied sich das Committee dann einstimmig dafür, auf Art. 17 Bezug zu nehmen.[483] Da der Wortlaut dieses Artikels einzig solche Maßnahmen zum Gegenstand habe, die als „arbitrary and unlawful" gekennzeichnet sind, sichere die Bezugnahme auf Art. 17 im General Comment nämlich ab, dass durch diesen ebenso wenig sämtliche Verpflichtungen, seine Religionszugehörigkeit zu offenbaren, ausnahmslos als rechtswidrig gekennzeichnet wären.[484]

Festzuhalten bleibt daher, dass die Rechtsprechung, wie sie in *Gottesmann* beispielhaft entwickelt wurde, volle Unterstützung verdient. Mögen auch Formalitäten, wie sie sich aus dem dort zu behandelnden Sachverhalt ergaben, womöglich einen gewissen abschreckenden Effekt haben[485]: Solch eine Beeinträchtigung ist nicht

---

deutet hingegen keine Abweichung von der früheren Ansicht, wie sie beispielsweise ebenso von der EKMR vorgetragen wird.

481 Mr DIMITRIJEVIC, ibid., § 17 (S. 4), bezieht sich auf das Beispiel Koreas; Mr PRADO VALLEJO, ibid., § 18 (S. 4), verweist auf den geschichtlichen Kampf in Lateinamerika, das Recht zu erstreiten, nicht befragt zu werden, vgl. gegen jegliches Gebot, 'on administrative forms [… the] adherence to a particular religion' zu verzeichnen auch Mr PRADO VALLEJO, ibid., § 13 (S. 3–4). Allerdings kritsierten beide Mitglieder dabei nicht direkt die Sichtweise anderer Mitglieder, die sich ausdrücklich gegen ein striktes Verbot aussprachen. Daher ist nicht einmal sicher festzustellen, ob sie mit diesen Beiträgen selbst einem strikten Verbot das Wort reden wollten. Später war es jedenfalls Mr DIMITRIJEVIC selbst, der für die Aufnahme der Ausnahmeklauseln als vermittelndem Wortlaut verantwortlich war.

482 Einige Mitglieder des Committees befürworteten die Aufnahme ausdrücklicher Ausnahmen hinsichtlich solch gerechtfertigter Zwecke, Informationen über die jeweilige Religionszugehörigkeit zu bekommen, siehe Mr SADI, UNHCR, 45th Session, UN Doc No CCPR/C/SR.1166 (1992), § 5 (S. 2); § 21 (S. 5); Mr LALLAH, ibid., § 14 (S. 4), § 20 (S. 5) ausdrücklich u. a. sich auf Steuern beziehend; Mr EL SHAFEI, ibid., § 15 (S. 4).

483 Es herrschte allerdings eine gewisse Verwirrung hinsichtlich der Beziehung zwischen Art. 17, 18 und 19 ICCPR unter den Mitgliedern. Mrs HIGGINS z. B. betrachtete Art. 17 als die Grundlage des hier fraglichen Rechtes, siehe § 6 (S. 2–3).

484 Siehe Mr LALLAH, UNHCR, 45th Session, UN Doc No CCPR/C/SR.1166 (1992), § 20 (S. 4–5), der vorschlug, eine ausdrückliche Bezugnahme auf 'unlawful and arbitrary' vorzunehmen; siehe daraufhin dann den Vorschlag eines Verweises auf Art. 17 durch Mr DIMITRIJEVIC, ibid., § 22 (S. 5), unterstützt von Mr SADI, ibid., § 23 (S. 5); dies wurde dann einmütig bei der Abstimmung akzeptiert, ibid., §§ 24–25 (S. 5).

485 Selbst das ist diesbezüglich allerdings äußerst fragwürdig: Sollte es tatsächlich jemand geben, der den Entschluss fasst, aus einer Religionsgemeinschaft auszutreten, sich davon dann deshalb abschrecken lässt, weil er einer Schweizer Behörde davon Nachricht geben muss? Das Recht darf zwar nicht blind sein für faktische Umstände. Es mag natürlich Situationen geben, in denen eine solche Mitteilung an die Behörde entgegen datenschutzrechtlichen Grundsätzen gehandhabt wird und so Anlass für weitere Diskriminierungen seitens des Staates oder Dritter wird. Dem darf der Einzelne nicht schutzlos ausgeliefert sein. Doch droht die Gefahr hier weniger aus der isoliert betrachteten Mitteilungspflicht als solcher, sondern aus dem Zu-

schwerwiegend genug, um als Eingriff qualifiziert zu werden.[486] Missionierte ein Bediensteter einer staatlich geförderten[487] Religionsgemeinschaft, so hätte solch ein Verhalten ein größeres Beeinflussungspotential als das Erfordernis, ein Formular sorgfältig zu lesen und auszufüllen. Ebenso, wie aber das Missionieren – möge man es auch als Proselytismus bezeichnen – grundsätzlich nicht als Eingriff zu werten ist,[488] so gilt dies umso mehr hinsichtlich der hier in Rede stehenden Formalitäten. Insbesondere sofern der Staat verpflichtet ist, den Datenschutz zu beachten und diesem Erfordernis auch faktisch nachkommt, ist daher das bloße Erfordernis, mit Blick auf ein etwaiges Kirchensteuersystem oder dergleichen seine Religionszugehörigkeit zu offenbaren, kein Eingriff im Rechtssinn.

Es zeigt sich jedenfalls an dem gewählten Beispiel, dass das Kriterium, eine hinreichende Bedeutsamkeit und Schwere der Beeinträchtigung zu fordern, ein wichtiger Bestandteil von Definitionsversuchen hinsichtlich der Eingriffe in das forum internum ist. Eine kohärente Auslegung des Schwerekriteriums zu entwickeln, ist eine entscheidende Aufgabe, an der sich insbesondere die Rechtsprechung wird messen lassen müssen.[489] Dies führt überdies dazu, dass Rechtsvergleiche zur

---

sammenkommen verschiedener Umstände. Dass einem solchen anders gearteten Sachverhalt dann auch rechtlich anders zu begegnen ist, sollte sich von selbst verstehen.

486 Vgl. insoweit auch allgemein KRISHNASWAMI, 'Study of Discrimination in the Matter of Religious Rights and Practices' (1960) UN Doc E/CN.4/Sub.2/200/Rev.1, S. 25–26.

487 Die Bezugnahme auf die *staatliche* Förderung dient hier dazu, die Relevanz der Frage nach der Geltung der Religionsfreiheit für Private zu minimieren. Diesbezüglich sei allerdings angemerkt, dass generell die Diskussion um Missionare ohne Bezugnahme auf diese – m. E. jedoch entscheidende – Grundsatzfrage geführt wird und auch von daher der Vergleich gerechtfertigt werden könnte.

488 Siehe S. 89, bei Fn. 336.

489 Das Schwerekriterium ist bezogen auf folgende Erkenntnis: 'the Convention does not prevent society from extracting a degree of sacrifice from individuals who subscribe to certain forms of belief', siehe M. D. EVANS, Religious Liberty (Fn. 271, 1997) 304.

Eine andere Frage allerdings ist es, ob und wenn ja auf welche Weise eine staatliche Maßnahme, die nicht die Eingriffsschwelle mit Blick auf das forum internum überschreitet, gleichwohl immer noch als Eingriff mit Blick auf das forum externum (oder ein „Manifestatieren" des inneren Gewissens) qualifiziert werden könnte.

Abgesehen davon erweist sich die inhärente Offenheit eines solchen Kriteriums gleichzeitig als Chance und Risiko. Das Schwerekriterium vermag unangemessene Beeinträchtigungen des öffentlichen Lebens verhindern, die bei einem zu umfassenden Schutz individueller Überzeugungen drohten, indem schlichtweg verhindert wird, zu viele staatliche Maßnahmen als Eingriff zu qualifizieren.

Es liegt jedoch auch die Gefahr nahe, solch ein Kriterium in nicht nachvollziehbarer, diskriminierender Weise zu handhaben. Eine insoweit heikle Fragestellung ist es beispielsweise, wie eine Religion zu behandeln ist, die eine Trennung zwischen Glaube und gesellschaftlich-politischer Sphäre nicht oder kaum anerkennt. Es erscheint dann unvermeidbar, dass mit Blick auf eine solche Religion das Schwerekriterium deutlich öfter verneint wird – und damit Eingriffe durch den Staat legitimiert werden – als dies auf Anhänger anderer Glaubensrichtungen – mangels vergleichbaren Konfliktpotentials – zutrifft (vgl. auch M. D. EVANS, Introduction, in: Does God Believe in Human Rights?, hrsg. v. *Ghanea* u. a., Leiden 2007, 13). Überdies werden religiöse Überzeugungen im Allgemeinen mehr hinzunehmen haben als säkulare (vgl. JP VITERITTI, *The Last Freedom – Religion from the Public School to the Public Square*

Zwangsfeststellung in anderen Bereichen nur bedingt aussagekräftig sind, soweit dort die Feststellung eines Eingriffs nicht sogleich – ohne weitere Rechtfertigungsmöglichkeit – zur Rechtswidrigkeit führt.[490]

3. Zusammenfassung

Bislang ist weder der Begriff „Zwang" noch „Indoktrinieren" hinreichend trennscharf umrissen, als dass bei deren Anwendung widerspruchsfreie Ergebnisse voraussehbar wären. Einzig einige grobe Richtlinien sind ausfindig zu machen. Selbst diese hier herausgearbeiteten Grundlagen finden sich jedoch nicht kohärent und vollständig in der relevanten Judikatur wieder, die insoweit ihrer Aufgabe, Klarheit zu schaffen, nicht in vollem Umfang nachgekommen ist.

(Princeton University Press, Princeton 2007) 212–214). Allerdings betrifft das hiermit angesprochene Problemfeld zumeist Sachverhalte, die ohnehin dem Bereich des forum externums zuzuordnen sind.

Hinsichtlich des Christentums, vgl. zur Auslegung der Bergpredigt im Hinblick auf die verbleibende Eigenständigkeit der gesellschaftlichen Sozialordnung mit Blick auf religiöse Gebote RATZINGER, Jesus von Nazareth, Erster Teil, Freiburg 2007, 156–157.

490 Und sei es, dass noch verfassungsunmittelbare Rechtfertigungsmöglichkeiten gegeben wären, wie dies mit Blick auf Art. 4 des Grundgesetzes in Deutschland (zumindest) der Fall wäre. Siehe jedenfalls zur behaupteten „Zwangswirkung" des Kreuzes durch das Bundesverfassungsrecht sowie zur Zwangswirkung der Teilnahme bei Schulfeiern in den Vereinigten Staaten von Amerika nur WALTER From the Acceptance of Interdenominational Christian Schools to the Inadmissibility of Christian Crosses in the Public Schools, in: Religions in the Public Sphere, hrsg. v. *W. Brugger* u. a., Berlin 2007, 173–175.

III. Schutz des forum internum bezogen auf zugrunde liegende Konflikte zwischen Privaten

Eine schlüssige Auslegung zu finden, wie das forum internum zu schützen ist, wird ungleich schwieriger, behandelt man diejenigen Fälle, denen ein Konflikt zwischen Privaten zugrunde liegt. Es ist keineswegs eine Selbstverständlichkeit, die Gewissensfreiheit als einschlägig zu betrachten, wenn der (unmittelbare)[491] mutmaßliche „Täter" eine Privatperson oder -vereinigung ist. Es verdient vielmehr eine genauere Prüfung, inwieweit ein Bürger sich darauf zu berufen vermag, vom Staat gegen Verletzungen durch nicht-staatliche Akteure geschützt zu werden. Darüber hinaus gilt es, die Rechtslage für diejenigen Fallkonstellationen zu klären, in denen der Staat aus eigenem Antrieb handelt, um bei Konflikten zwischen Privatpersonen die Menschenrechte einer Seite zu schützen. Diese Analyse wird insbesondere die Blickrichtung dessen miteinbeziehen, der der mutmaßliche Rechtsbrecher des einschlägigen Menschenrechts sein soll. Um diese beiden Problemlagen behandeln zu können, bedarf es zunächst einer Annäherung an die wesentliche rechtliche Grundvoraussetzung in diesem Bereich: Es ist eingangs zu klären, ob und wenn ja, innerhalb welcher Grenzen es dem Staat erlaubt ist, als Schlichtungsinstanz bei Konflikten zwischen nicht-staatlichen Parteien einzugreifen.

1. Voraussetzung: "Horizontal Effects" der Religionsfreiheit

In der Lehre wird von einigen betont, die Menschenrechte bänden in erster Linie den Staat. Nur ausnahmsweise seien Privatpersonen und -vereinigungen deren Adressaten.[492] Umso mehr müsste dies im Bereich des Völkerrechts gelten, das nach herkömmlichem Verständnis zunächst die Beziehungen zwischen souveränen Staaten regelt. So wird daher vorgetragen, dass „abgesehen von einigen wenigen Ausnahmen die Menschenrechtsverträge horizontale Menschenrechtsverpflichtungen für nicht-staatliche Akteure nicht anerkennen."[493] Es bedarf also einer genaueren Herleitung, ob sich Menschenrechte gegen Private richten können. Im Anschluss an die Diskussion eines zeitgenössischen Verständnisses, das man womöglich als progressiv etikettieren könnte, werden die Auffassungen der zuständigen juristischen Organe des ICCPR und der EMRK dargelegt. Im Anschluss sind einige Erkenntnisse zusammenzufassen, die die Einordnung und Behandlung der konkreten juristischen Streitfragen erleichtern sollen.

---

491 Das Wort „unmittelbar" zielt auf die hier zunächst offen gelassene Fragestellung ab, ob es nicht – am Ende – immer der Staat ist, der (etwa durch Verletzung von Schutzpflichten) „Täter" des Verstoßes gegen die Religions- und Gewissensfreiheit ist.

492 Vgl. z. B. – auch mit Blick auf *internationale* Menschenrechte – KIMMINICH, Religionsfreiheit als Menschenrecht, Untersuchung zum gegenwärtigen Stand des Völkerrechts, 1990, 151; als klassische Ausgangsposition beschrieben z. B. bei BLOIS, Two Cities in Conflict, in: Religious Pluralism and Human Rights in Europe, hrsg. v. *Loenen* u. a., Antwerpen 2007, 177–178.

493 'Apart from a few exceptions, human rights treaty law does not recognize horizontal human rights obligations for non-state actors' HESSBRUEGGE, Human Rights Violations Arising From Conduct of Non-State Actors (2005) 11 Buff Hum Rts L Rev 30; Art. 24 ICCPR könne möglicherweise als Beispiel einer Ausnahme angesehen werden.

a) Zur beispielhaften Auffassung NOWAKS: Allumfassende Anwendbarkeit der Menschenrechte auch zu Lasten Privater

Die Auffassung, es sei einzig der Staat, der zuvorderst an die Menschenrechte gebunden sei, wird jedoch nicht allgemein geteilt. Schließlich ist – wie es in einem wirkmächtigen Diktum ausgesprochen wurde – „das Recht nicht statisch, sondern folgt durch ständige Anpassungen den Bedürfnissen einer sich ändernden Welt".[494] Solche Veränderungen könnten womöglich dazu geführt haben, dass alte Vorstellungsbilder nun überholt sind: Internationale Menschenrechte könnten längst schon – bedingt durch neue Gefahrenlagen – auch nicht-staatliche Akteure betreffen. Derartige Gedanken lassen sich einprägsam darstellen[495] anhand der Konzeption von Manfred NOWAK. Er vertritt die These, Menschenrechte seien anwendbar, ganz gleich wer gegen sie verstößt, sei es der Staat oder ein Privater.[496]

aa) Erläuterung dieses Ansatzes

Seine Auffassung basiert auf einem dreigliedrigen Verständnis aller – unteilbarer und voneinander abhängiger – Menschenrechte, nämlich der staatlichen Verpflichtung, diese zu respektieren, zu erfüllen und zu schützen.[497] Die Verpflichtung, Menschenrechte zu *respektieren*, führt zur Konsequenz, dass es dem Staat untersagt ist, ihnen selbst zuwider zu handeln.[498] Der Staat entspricht seiner Pflicht, Menschenrechte zu *erfüllen*, wenn er sämtliche (positiven) Maßnahmen trifft, die notwendig sind, Menschenrechte „in größtmöglichem Maße" zu verwirklichen.[499] Die dritte der soeben genannten Dimensionen der Menschenrechte ist es jedoch, die hinsichtlich der Anwendbarkeit bei Privatpersonen von entscheidender Bedeutung ist:

> Die *Verpflichtung* Menschenrechte *zu schützen* fordert ebenso positive Maßnahmen des Staates, doch unterscheidet sie sich von der soeben genannten Verpflichtung, sie zu

---

494 'Law is not static, but by continual adaptation follows the needs of a changing word', Urteil des International Military Tribunal for the Trial of German Major War Criminals (*Goering et. alt.*), 30.9. and 1.10.1946, siehe http://www.yale.edu/lawweb/avalon/imt/proc/judlawch.htm (eingesehen am 20.2.2008), insoweit abgedruckt auch bei CLAPHAM, Human Rights Obligations of Non-State Actors, Oxford 2006, 562, bei Fn. 3.

495 Hinsichtlich anderer, die einen ähnlichen Ansatz zur unbegrenzten Anwendbarkeit hier spezifisch der Gewissensfreiheit verfolgen, vgl. etwa CARLSON/ GISVOLD, Practical Guide to the ICCPR, Ardsley 2003, S. 114–115.

496 NOWAK, Introduction Intl HR (Fn. 280, 2003) 48–53.

497 'Respect, fulfil and protect', NOWAK, ICCPR (Fn. 277, 2005) Introduction, § 3 (S. XX); NOWAK, Introduction Intl HR (Fn. 280, 2003) 48.

498 NOWAK, ICCPR (Fn. 277, 2005) Introduction, § 3 (S. XX); NOWAK, Introduction Intl HR (Fn. 280, 2003) 49. Vgl. insoweit überdies auch zur Formulierung des Art. 2 § 1 ICCPR („to respect and to ensure") BUERGENTHAL, To Respect and to Ensure, in: The International Bill of Rights, hrsg. v. *Henkin*, New York 1981, 77–78, wobei er „to respect" wie NOWAK auslegt und bei „to ensure" immerhin die Möglichkeit sieht („possibly", „perhaps"), dass damit auch das Ergreifen von Maßnahmen gegen „private interference" angedacht sei.

499 'To the greatest extent possible', NOWAK, Introduction Intl HR (Fn. 280, 2003) 49.

> erfüllen, insoweit, als sie darauf abzielt, *Menschenrechtsverletzungen* durch private Personen *zu vermeiden.*[500]

Nach diesem Ansatz haben Menschenrechte also ohne jeden Zweifel „horizontal effects".[501] Um dieses Verständnis zu untermauern, betont NOWAK die historisch-philosophischen Grundlagen des Menschenrechtsverständnisses. Er trägt vor, dass diese ursprünglich als „effective all-round" verstanden wurden, gemäß einer Konzeption, die erst unter dem Einfluss liberaler Ideen des 19. Jahrhunderts ins Abseits gedrängt wurde.[502] Insbesondere Religionsfreiheit

> entstand als eines der ersten Menschenrechte als Reaktion auf die Macht der katholischen Kirche über den Einzelnen. Ähnlich war das etappenweise Verbot der Sklaverei [...] niemals darauf ausgerichtet, staatliche Eingriffe zu begrenzen. [...] Also sind Menschenrechte sowohl gerichtet auf Verletzungen durch den Staat (die vertikale Ebene) als auch durch private Personen (die horizontale Ebene).
> Eine ganz andere Fragestellung ist diejenige nach der *Durchsetzbarkeit* [...], die jedoch allzu oft mit der nach den horizontal effects vermengt wird.[503]

Insbesondere[504] das Völkerrecht sei an souveräne Staaten als Träger von Pflichten gerichtet, „was bedeutet, dass Privatpersonen üblicherweise[505] nicht direkt durch die internationalen Menschenrechtskonventionen verpflichtet sind zu handeln oder etwas zu unterlassen".[506] Deshalb sei, selbst wenn es beispielsweise um Gewalt innerhalb der Familie gehe, nach NOWAK „die *prozedurale* Frage nicht die konkrete Verletzung durch Privatpersonen, sondern allein die Frage, ob der betreffende Staat

---

500 'The *obligation to protect* human rights also requires positive state action, yet it is different from the above-mentioned obligations to fulfil inasmuch as it aims to *avoid human rights violations* by private persons.' So, mit Hervorhebungen schon im Original, NOWAK, Introduction Intl HR (Fn. 280, 2003) 50; vgl. auch NOWAK, ICCPR (Fn. 277, 2005) Introduction, § 3 (S. XXI).

501 NOWAK, Introduction Intl HR (Fn. 280, 2003) 50.

502 NOWAK, Introduction Intl HR (Fn. 280, 2003) 51; NOWAK, ICCPR (Fn. 277, 2005) Art. 6, § 3, Fn. 12 (S. 123).

503 Religious freedom '[...] emerged as one of the first human rights as a reaction to the power of the Catholic Church over the individual. Similarly, the gradual prohibition of slavery [...] was never aimed at restricting state interference. [...] Thus, human rights are directed both at violations by the state (the vertical level) and by private persons (the horizontal level). At totally different matter is the issue of *enforceability* [...], which all too often is confused with the horizontal effect.' Hervorhebungen schon im Original bei NOWAK, Introduction Intl HR (Fn. 280, 2003) 52.

504 Auch hinsichtlich nationalen Rechts sei es üblich, unterschiedliche Prozeduren zur Umsetzung einzusetzen, abhängig davon, wer gegen Menschenrechte verstößt, siehe NOWAK, Introduction Intl HR (Fn. 280, 2003) 52.

505 Internationales Strafrecht sei die Ausnahme zu dieser Regel, so NOWAK, Introduction Intl HR (Fn. 280, 2003) 52–53.

506 'Which means that private persons are usually not directly obliged by international human right treaties to act -or refrain from acting', siehe NOWAK, Introduction Intl HR (Fn. 280, 2003) 52.

seine positive Verpflichtung verletzt habe, Schutz zu gewähren, d. h. ob dieser Staat verantwortlich ist für die Verletzung.“[507]

Doch konzediert er, dass die staatliche Verantwortlichkeit in diesem Sinne „abhängt vom Typ des betroffenen Menschenrechtes“. Diese solle „am stärksten sein bei ernsten Menschenrechtsverletzungen“, z. B. Folter[508], Aufwiegelung zum Rassenhass und sog. enforced disappearances. Darüber hinaus seien die Staaten „relativ frei darin zu entscheiden, wie sie ihren jeweiligen Verpflichtungen nachkommen, die Menschenrechte auf der horizontalen Ebene zu schützen“.[509]

bb) Kritische Anmerkungen

Mag dies auch auf den ersten Blick plausibel erscheinen, bleibt es nun einer näheren Überprüfung überlassen, ob solch ein Verständnis – allumfassende Anwendbarkeit der Menschenrechte – hinreichend abgesichert ist.

(1) Sachliche Unterschiede oder begriffliche Verwirrung?

Einerseits eine deutliche, kategorische Bejahung von „horizontal effects“ (NOWAK), andererseits eine zögerlich anmutende Bejahung solcher Wirkungen im Einzelfall (traditionelles Verständnis): Vergleicht man die Positionierung NOWAKS mit anderen Stellungnahmen zu „horizontal effects“, so könnte man meinen, die Thematik sei hoch umstritten. Doch könnte sich mancher Widerspruch zwischen beiden Auffassungen als eine bloße Frage der Terminologie auflösen. Andere definieren horizontale Verpflichtungen nämlich wie folgt: Die Privatperson 1 (P1) muss oder darf nicht X gegenüber P2 begehen, da P2 sich auf ein Menschenrecht berufen kann, dem eine Verpflichtung des P1 entspricht.[510] Sie grenzen – abgesehen von vertikalen Verpflichtungen, die der Pflicht des Staates entsprechen, nicht selbst etwa Menschenrechte zu verletzten – diese horizontalen Verpflichtungen von folgenden diagonalen Verpflichtungen ab: Der Staat hat eine Verpflichtung, P1 zu schützen, indem er gewährleistet, dass P2 gegenüber P1 X handelt oder unterlässt, da P1 ein darauf gerichtetes Menschenrecht gegenüber dem Staat geltend machen kann.[511]

---

[507] 'The procedural matter is not the concrete violation by private persons, but the question alone of whether the State concerned has violated its positive obligation to protect, i.e. whether that State is responsible for the violation.' So, ohne Hervorhebung im Original, NOWAK, Introduction Intl HR (Fn. 280, 2003) 53.

[508] Im Rahmen dieser Arbeit kann dem nicht weiter nachgegangen werden, doch sei angemerkt, dass es zweifelhaft ist, den Begriff Folter ohne nähere Argumentation im Zusammenhang mit nicht-staatlichen Akteuren zu verwenden.

[509] 'Depends on the type of human right concerned' – 'strongest with serious human rights violations' – 'Relatively free to decide how to meet their respective obligation to protect human rights on the horizontal level', alles bei NOWAK, Introduction Intl HR (Fn. 280, 2003) 53.

[510] HESSBRUEGGE (Fn. 493) (2005) 11 Buff Hum Rts L Rev 25, dabei zitierend und sich berufend auf DICKSON, 'The Horizontal Application of Human Rights Law', in *Human Rights: An Agenda for the 21st Century* 59–60.

[511] Ibid.

NOWAK definiert nicht exakt, was er unter den behaupteten „horizontal effects" der Menschenrechte versteht.[512] Würde man hingegen das Konzept „diagonaler Verpflichtungen" als Kategorie anerkennen, so verringerte sich der Unterschied zwischen einer Ablehnung von „horizontal obligations" und NOWAKS Verfechten von „horizontal effects" in erheblichem Maße.[513] Die „effects", die NOWAK vertritt, gehen nicht bedeutend über das hinaus, was mit dem Konzept diagonaler Verpflichtungen ausgedrückt wird. Schließlich beruhen auch bei NOWAKS Verständnis die Rechtsfolgen – als Frage der Durchsetzbarkeit bezeichnet – einzig auf Handlungen, für die der Staat Sorge zu tragen hat.[514]

Eine andere Frage ist, ob es sinnvoll ist, zwischen diagonalen und horizontalen Wirkungen zu unterscheiden. Jedoch sollte bedacht werden, dass einige völkerrechtliche Normen direkt Verpflichtungen für Privatpersonen beinhalten, denen keine Pflicht des Staates korrespondiert.[515] Damit ist die getroffene Unterscheidung nicht schon *per se* als überflüssig einzustufen. Vielmehr erscheint es nicht als irrelevant, genauere Unterteilungen vorzunehmen, als NOWAK es gewillt ist.[516] Wie dem auch sein mag, es ist zumindest zu folgern, dass eine möglichst kohärente und präzise Terminologie sehr wichtig ist, will man die Rechtsfolgen von Menschenrechten hinsichtlich nicht-staatlicher Akteure erfassen.

---

512 Angemerkt sei, dass auch NOWAK selbst sich über mangelnde Präzision beim Umgang der hier relevanten Begriffe beklagt. Ein anderer in diesem Zusammenhang häufig verwendeter Ausdruck, die Drittwirkung ('third party effect'), wird von ihm beschuldigt, Verwirrung zu stiften, siehe NOWAK, Introduction Intl HR (Fn. 280, 2003) 53. Der Begriff sei falsch, da ihm zugrunde liege, dass Menschenrechte im Prinzip einzig gegen den Staat gerichtet seien. Außerdem betreffe der Begriff nur einen 'comparatively unimportant part of the issue, which is whether human rights are valid under private law'.
Vgl. auch NOWAK, ICCPR (Fn. 277, 2005) Art. 6, § 3, Fn. 12 (S. 123) mit weitergehender Erläuterung des Begriffs 'all-around effects' (oder *Rundumwirkung*), den er ebenso verwendet wissen will.

513 Eine Erklärung der je unterschiedlichen Inhalte ist allerdings dem Gebrauch der Wörter „Verpflichtung" bzw. 'effect' inhärent, da Letzteres umfassender ist und daher auch ein weitergehendes Verständnis zum Ausdruck bringen kann, das „horizontale" und „diagonale" *Verpflichtungen* unter dem Oberbegriff „horizontal effects" zusammenfasst. Siehe allerdings auch die Definition von CLAPHAM, Human Rights Obligations of Non-State Actors (Fn. 494, 2006) 349 (Text bei Fn. 7): 'The extent to which the Convention itself can create obligations for [...] (non-state actors) which may be justiciable in the internal legal orders of the state parties'. Hiermit will er allerdings nicht „horizontal effects", sondern '*direct* horizontal effects' definieren.

514 NOWAK, Introduction Intl HR (Fn. 280, 2003) 52–53.

515 Vgl. das internationale Strafrecht; hinsichtlich multinationaler Konzerne vgl. S. 134, Fn. 524.

516 Aus der Sicht derjenigen, die diagonale Verpflichtungen anerkennen, könnte man womöglich die Auffassung von NOWAK u. a. als falsch beschreiben, vgl. HESSBRUEGGE (Fn. 493) (2005) 11 Buff Hum Rts L Rev 32: 'Some authors overlook this subtle but important distinction when they wrongly conclude from jurisprudence recognizing diagonal obligations of states, that non-state actors themselves have horizontal human rights obligations.' Ähnlich KAUFMANN, Überzeugungsfreiheit im Völkerrecht (Fn. 306), 1989, 42.

(2) Umfassende Aufwertung des Schutzes der Menschenrechte?

Auf den ersten Blick scheint NOWAKS Konzept durch die uneingeschränkte Einbeziehung von „horizontal effects“ einen besseren Schutzstandard der Menschenrechte zu garantieren als dies nach herkömmlichem Verständnis der Fall war. Danach standen schließlich allein die Gefahren staatlicher Eingriffe im Vordergrund. Nimmt man hingegen die von NOWAK zugestandenen Beschränkungen aufgrund prozeduraler Notwendigkeiten in den Blick, zeigt sich, dass sich zunächst noch erweisen muss, inwieweit er sein Versprechen tatsächlich zu halten vermag, den Umständen der Zeit angemessen umfassenderen Schutz auch gegen Eingriffe von Privatpersonen zu gewähren. Was NOWAK ein wenig abschätzig als bloß prozedurale Frage bezeichnet, erweist sich als von entscheidender Bedeutung für den jeweils Betroffenen. Auch NOWAK weiß darum, dass sämtliche menschenrechtliche Kontrollmechanismen auf die Verpflichtungen des jeweiligen Staates fokussieren. Und so konzediert er mit knappen Worten, dass es der bei diesen staatlichen Verpflichtungen eingeräumte „Beurteilungsspielraum”[517] ist, der den tatsächlichen Schutzumfang eines Menschenrechtes prägt. Aus der Perspektive des Opfers ist irrelevant zu wissen, dass eine bestimmte Privatperson möglicherweise (horizontal) an die Beachtung eines Menschenrechts gebunden ist, solange aus solch einer „Bindung“[518] keine rechtlichen Konsequenzen erwachsen. Dass es natürlich positive Schutzpflichten des Staates gibt, seine Bürger unter gewissen Umständen gegen Aggression nicht-staatlicher Akteure zu schützen – und das ganz unabhängig davon, wie diese Aggressoren ihrerseits selbst durch diese Menschenrechte gebunden sind – ist ein Allgemeinplatz, der keiner weiteren Erwähnung bedarf. Um die unbestrittene Existenz dieser Schutzpflichten zu erläutern, erscheint es kaum notwendig, das Konzept der „horizontal effects“ einzuführen, solange dessen Erklärungswert angesichts der gerade hieran anknüpfenden terminologischen Schwierigkeiten zumindest zweifelhaft bleibt. Letztlich entscheidet jedenfalls die vertikale Ebene, ob das Opfer Hilfe erlangen wird oder nicht. Dies ist seine Beziehung zum Staat, nicht die zum Aggressor, der metaphorisch gesprochen auf der gleichen – horizontalen – Ebene verortet ist wie das Opfer.

Ferner krankt NOWAKS Ansatz daran, Klarheit zu schaffen mit Blick auf die inhaltliche Dimension des Schutzes gegen nicht-staatliche Akteure. Die entscheidende Frage staatlicher Verantwortlichkeit solle variabel sein, so sagt er. Das einzige[519] Kriterium jedoch, das NOWAK zu benennen vermag, ist die Ernsthaftigkeit

---

[517] Dieser hier herangezogene Begriff, uNOWAKS Formulierung (being ‘relatively free to decide’) zusammenzufassen, soll nicht auf die hiermit in anderen Zusammenhängen hergeleiteten Begriffsbedeutungen verweisen, sondern schlicht deskriptiv verstanden werden. Zur Formulierung NOWAKS siehe das Zitat oben S. 130, bei Fn. 509.

[518] Was für eine moralische (?) Bindung dies auch sein mag. Eine rechtliche Bindung entsteht aus Pflichten, doch auch NOWAK betont, dass das Völkerrecht im Normalfall Privatpersonen keine Pflichten auferlegt, siehe S. 129, Fn. 506.

[519] Dass die Erheblichkeit einer Beeinträchtigung mitunter sehr wohl ein wichtiges Kriterium sein kann, soll nicht in Abrede gestellt werden. Es geht hier nur darum zu sehen, inwieweit NOWAK im Vergleich zur traditionellen Auffassung *greifbare* Verschärfungen zu untermauern weiß.

der Beeinträchtigung.[520] Es bedarf keiner näheren Erläuterung, um zu erkennen, dass auf solch einer Basis keine voraussehbaren Ergebnisse zu erzielen sind. Demzufolge kann nicht einmal bestimmt werden, ob nach NOWAKS Konzept überhaupt ein angemesseneres Maß an Schutz gewährt würde.

Festzuhalten ist, dass NOWAKS Darlegungen daher nicht in besonderem Maße das Schutzniveau zu überschreiten vermögen, das schon nach herkömmlichem Verständnis der Menschenrechte zu erreichen wäre. Ein Element seiner Theorie ist allerdings tatsächlich scharf abzugrenzen von anderen Lesarten der internationalen Menschenrechte. Das ist der seinem Ansatz inhärente Grundgedanke, Menschenrechte seien von ihrem Ausgangspunkt her zunächst einmal gänzlich unbeschränkt anwendbar auf der horizontalen Ebene.

(3) Maßgebliche Voraussetzung eines solchen Ansatzes: Bedarf es keiner besonderen Rechtfertigung, um die Anwendbarkeit hinsichtlich Privater zu begründen?

Die Grundsatzfrage ist, ob NOWAK zu Recht behauptet, dass Menschenrechte ausgerichtet seien „at violations […] by private persons (the horizontal level)“[521], ohne dabei irgendein Unterscheidungsmerkmal im Vergleich zur Anwendbarkeit beim Staat zu benennen.[522]

---

520 Siehe das Zitat bei S. 130, Fn. 508.

521 Siehe NOWAK, Introduction Intl HR (Fn. 280, 2003) 52, zitiert oben S. 129 bei Fn. 503.

522 Es überstiege den Rahmen dieser Arbeit, sich näher mit der geschichtlichen Entwicklung der Menschenrechte zu befassen. Doch sei angemerkt, dass auch insoweit die Argumentation NOWAKS zu oberflächlich erscheint (Hinweis zum Kampf gegen Sklavenhandel und die katholische Kirche), als dass sie nachhaltig seine These der gänzlichen Vergleichbarkeit von Staat und Privatpersonen unterstützen könnte. Es erscheint darüber hinaus jedoch auch gar nicht notwendig, soweit zurückreichend die Rechtsgeschichte zu befragen: Das heute geltende System der Menschenrechte, wie es insbesondere nach dem Zweiten Weltkrieg entstand, ist zu emanzipiert gegenüber seinen historischen Vorläufern, als dass diese für zwingende Rückschlüsse herangezogen werden könnten. Insoweit sei insbesondere auf die instruktive Darstellung bei DONNELLY, The Relative Universality of Human Rights (2007) 29 HRQ 284–286 verwiesen, der darauf hinweist, dass ein dem heutigen *Rechts*begriff der Menschenrechte entsprechendes Verständnis geschichtlich nur sehr begrenzt nachweisbar ist.
Vage Andeutungen zu den Ursprüngen der Menschenrechtsidee zwingen jedenfalls den Interpreten keineswegs dazu, konkrete Streitfragen anders zu behandeln, als dies in der Nachkriegszeit gehandhabt wurde (vgl. allerdings auch die interessante Sichtweise zur Universal Declaration selbst bei CLAPHAM, Human Rights Obligations of Non-State Actors (Fn. 494, 2006) 33–34). Es ist von weitaus größerer Wichtigkeit, rechtsgeschichtlich zu überprüfen, ob ein besonderer Grund für die *unterschiedliche* Behandlung von Verletzungen der Menschenrechte einerseits durch den Staat und andererseits durch Private existierte, die im Anschluss an das Aushandeln der modernen Menschenrechtserklärungen und -konventionen stattfand. Es bedarf der Untersuchung, ob insoweit ein zugrunde liegendes Prinzip zu erkennen ist, das noch heute nach Geltung verlangen könnte. Dies wiederum könnte Bedeutung etwa bei den selbst nach NOWAK (siehe oben den Text auf S. 130, bei Fn. 508) anzuerkennenden „prozeduralen“ Fragen erhalten, nämlich vor allem, welchen Menschenrechten „horizontal effects“ zukommen und in welchem Ausmaß.

(a) Ungleiche Machtverteilung als Argument gegen eine schlichte Gleichsetzung

Dieser Positionierung gegenüber ist zunächst an ein besonderes Charakteristikum des Staates zu erinnern, das diesen sehr wohl von Privatpersonen unterscheidet, nämlich seine Möglichkeiten, dem Einzelnen mit unentrinnbarer Machtausübung zu begegnen. Wann immer ein Staat Menschenrechte verletzt, ist es die dem Staat zukommende Machtposition, die zur Rechtsfolge führt, dass dessen Verletzungen kategorisch nicht zu rechtfertigen sind.[523] Es ist gerade die Machtstellung des Staates, die zur uneingeschränkten Anwendbarkeit der Menschenrechte führt. Dass dies ein streitentscheidendes Kriterium hierfür ist, mag mit Blick auf eine aktuelle Debatte verdeutlicht werden. Schließlich gibt es wohlbekannte Bemühungen, Vergleiche zwischen ganz bestimmten nicht-staatlichen Akteuren und dem Staat selbst zu ziehen. Wenn nämlich beispielsweise multinationale Konzerne eine Stellung erringen können, die es ihnen ermöglicht, repressiv Macht auszuüben, so sollen auch auf sie die Standards der Menschenrechte Anwendung finden.[524] Die bloße Existenz dieser Diskussion zeigt, dass ungleiche Machtverteilung zumindest von einiger Bedeutung ist, was die Anwendbarkeit der Menschenrechte betrifft.[525] Dahingestellt sei, ob es zutrifft zu bemerken, dass „das Ziel horizontaler Anwendbarkeit es ist, ein Gegenwicht zur sozio-ökonomischen Macht privater Akteure in der

---

523 Vgl. HESSBRUEGGE (Fn. 493) (2005) 11 Buff Hum Rts L Rev 65: 'A denial of a human right by the state is always an act of oppression, because the state's absolute power is abused.'

524 Vgl. nur UNCHR, Sub-Commission on the Promotion and Protection of Human Rights, 55th session, 'Economic, Social And Cultural Rights; Norms on the Responsibilities of Transnational Corporations and Other Business Enterprises with Regard to Human Rights' (26.8.2003) UN Doc E/CN.4/Sub.2/ 2003/12/Rev.2. Für aktuelle Informationen siehe z. B. http://www2.ohchr.org/english/issues/globalization/business/index.htm, (eingesehen am 25.4.2008).
Vgl. hinsichtlich des umstrittenen Verständnisses von „Terroristen" als einer Gruppe, die internationale Menschenrechtsverpflichtungen zu tragen habe, CLAPHAM, Human Rights Obligations of Non-State Actors (Fn. 494, 2006) 38–41; umfassende Diskussion dann in Kapitel 6, S. 195–270.

525 Vgl. insoweit auch RICHTER, Relativierung universeller Menschenrechte durch Religionsfreiheit? in: Religionsfreiheit – Völker- und verfassungsrechtliche Perspektiven, hrsg. v. *Grote* und *Marauhn* (Berlin 2001), 102; Siehe ferner GOODHART, Neither Relative nor Universal: A Response to Donnelly (2008) 30 HRQ 183–193, der einen letztlich nicht tragfähig weiten Ansatz zum Menschenrechtsschutz vertritt (überzeugend dagegegen DONNELLY, Human Rights: Both Universal and Relative (A Reply to Goodhart) (2008) 30 HRQ 201–204). GOODHART will tatsächlich Menschenrechte immer dann Anwendung finden lassen, wenn dies im Sinne des angeblich guten Zieles erforderlich sei (vgl. etwa S. 192), vertritt also eine denkbar großzügige Anwendbarkeit der Menschenrechte. Interessanterweise heißt es dazu dann erläuternd bei ihm: 'The range of these threats is historically much broader than those posed by bureaucratic states and capitalist markets: it also includes threats posed by husbands, parents, officials, landowners, and religious and social authorities – in a word, by *power* (cf. Michael IGNATIEFF, The Attack on Human Rights, 80 For. Aff. (2001))', S. 190, Hervorhebung schon im Original. Deutlicher lässt sich die Bedeutung des Machtgefüges als entscheidendes Kriterium nicht ausdrücken.

Hand zu haben, anstelle schlichtweg Regeln zu erdenken für gegenseitige Selbstbeschränkung unter privaten Individuen.“[526]

(b) Umsetzungsschwierigkeiten als Argument gegen eine schlichte Gleichsetzung

Internationale Menschenrechte umfassen von ihrem sachlichen Schutzbereich her einen überwältigenden Teil des täglichen Lebens. Sie einschränkungslos für Privatpersonen als anwendbar zu erklären, hätte bedeutende Umsetzungsschwierigkeiten zur Folge: „Theoretisch könnte fast jegliche Interaktion zwischen [Privatpersonen] als Menschenrechtsfrage begriffen und somit der Untersuchung durch die jeweiligen internationalen Menschenrechtsorgane zugänglich gemacht werden.“[527] Obschon es sinnvoll ist, grundsätzlich jegliche staatliche Handlung den Standards des ICCPR und der EMRK zu unterwerfen, schürte eine ausnahmslose Anwendung im täglichen Umgang Privater untereinander zu Recht die Angst vor einem nicht zu rechtfertigenden Übergriff in die (gesellschaftliche) Privatsphäre der Bürger. Die Hüter der Menschenrechte, ermächtigt zur prinzipiell einschränkungslosen Überprüfung jeglicher privaten Handlungen: eine Schreckensvision. Jemanden aufgrund dessen Ansichten zur Religion nicht zum Abendessen einzuladen ist kein Sachverhalt, der juristischer Überprüfung bedarf.[528]

Eine solche Argumentation gegen eine einschränkungslose Anwendbarkeit für Private wird jedoch von einigen mit Vehemenz zurückgewiesen. Insbesondere CLAPHAM weist ein solches als „trivialization argument“ bezeichnetes Vorgehen in der Neuauflage seines Werkes zu Menschenrechtsverpflichtungen nicht-staatlicher Akteure mit deutlichen Worten zurück.[529] Hierbei reflektiert er zunächst eine Ansicht, derzufolge der Staat der erste Adressat der Menschenrechte sei und deshalb diese prinzipiell nur auf diesen hin anzuwenden seien. Dieser Auffassung zufolge seien Spionage durch eine politisch agierende Polizei sowie das Schlagen von Häftlingen Anwendungsfälle der Menschenrechte. Deren Anwendung jedoch hinsichtlich Müttern, die die Liebesbriefe ihrer Kinder läsen und hinsichtlich einer „Frau, die von ihrem Ehemann zusammengeschlagen wird“, würden zu einer „Verharmlosung des formidablen Konzepts zum Schutz gegen missbräuchliches Staatshandeln“ führen.[530] CLAPHAMS[531] „Gegenargument greift die grundlegende Prämisse

---

[526] 'The goal of horizontal application is to check the accumulated socio-economic power of private actors, rather than to simply create rules of mutual self-restraint between private individuals', so HESSBRUEGGE (Fn. 493) (2005) 11 Buff Hum Rts L Rev 65.
Ein anderes Argument, das auf ungleichmäßiger Machtverteilung basiert, ist, dass 'any state interference for the benefit of [one individual] curbs the [other individual's] freedom to act', HESSBRUEGGE ibid. 66.

[527] 'Theoretically, almost any interaction between non-state actors could be framed as a human rights issue and subjected to the scrutiny of international human rights bodies.' So HESSBRUEGGE (Fn. 493) (2005) 11 Buff Hum Rts L Rev 66.

[528] Vgl. HESSBRUEGGE (Fn. 493) (2005) 11 Buff Hum Rts L Rev 75.

[529] CLAPHAM, Human Rights Obligations of Non-State Actors (Fn. 494, 2006) 33–35.

[530] A 'wife who is beaten up by her husband' – 'a trivialization of the formidable concept of protection against abusive State action', so jeweils wörtlich den Leserbrief zitierend CLAPHAM, Human Rights Obligations of Non-State Actors (Fn. 494, 2006) 34.

der Trivialisierung an, nämlich dass politische Gefangene legitimes Objekt der Sorge seien, Gewalt gegen Frauen im häuslichen Bereich jedoch nicht."[532]

CLAPHAMS Ansicht ist zurückzuweisen. Seine Gegenargumentation ist einzig abgestellt auf die Wahl seines Disputanten – „eines ernst zu nehmenden Briefes [...] in der Maltese Sunday Times" von 1989.[533] Nun man kann von ganzem Herzen seiner Einschätzung zustimmen, dass es keineswegs trivial ist, wenn eine Frau von ihrem Ehemann zusammengeschlagen wird. Damit endet jedoch die Überzeugungskraft seines Ansatzes. Zunächst darf bemerkt werden, dass er das Liebesbrief-Beispiel nicht weiter erwähnt. Hinsichtlich des anderen Beispiels, der häuslichen Gewalt, bedarf es keineswegs der Zurückweisung des von ihm sog. „trivialization argument", um zum zutreffenden Ergebnis zu gelangen, nämlich der Anwendbarkeit der Menschenrechte. Der eigentliche Grund für die Inakzeptanz dieser Gewaltform auch vor diesem Forum ist deren Vergleichbarkeit mit „herkömmlichen" Formen von Menschenrechtsverletzungen durch staatliche Organe. Gewalt gegen Frauen in der Privatsphäre hat Merkmale, die sie deutlich unterscheiden von sonstiger Aggression, von der jedermann überall betroffen sein könnte, wie etwa einem Überfall durch Gangster. Es ist die offensichtliche Schwierigkeit, der Gewalt im eigenen Hause zu entweichen, die gerade diese Gewaltform kennzeichnet. Diese spezifische Verletzbarkeit ist es, die sie vergleichbar macht etwa mit einem Häftling, der auf Gedeih und Verderb seinen staatlichen Wächtern ausgesetzt sein mag.

Hinsichtlich des erstgenannten Beispieles jedoch lässt sich das Schweigen CLAPHAMS wohl schlicht dadurch erklären, dass eine überzeugende Antwort nicht zu finden wäre: Es ist eine Selbstverständlichkeit, dass das Öffnen von Liebesbriefen durch eine Mutter kein Gegenstand des internationalen Menschenrechtsschutzes sein darf: Somit ist also das „trivialization argument" gegen NOWAKS Ansatz sehr wohl noch immer von Bedeutung.

(c) Rechtstheoretische Überlegungen als Argument gegen eine schlichte Gleichsetzung

Die verstörende Vision eines omnipotenten – zwangsläufig: staatlichen! – Vermittlers zwischen Privatpersonen, wie dies soeben anklang in der Diskussion um praktische Umsetzungsschwierigkeiten, führt zu einer weiteren, substantielleren Fragestellung: Ist es nicht notwendig, staatliches Handeln strikter auf fundamentale Weise zu rechtfertigen? Die vage Berufung auf den angeblich schädlichen Einfluss des Liberalismus' auf den Menschenrechtsdiskurs[534] reicht nicht als Begründung, dieser Frage auszuweichen. Zwar mag im Mittelalter und der beginnenden Neuzeit die Gesellschaft noch nicht einem einheitlich die Macht auf sich vereinenden Staat

---

531 Darüber hinaus argumentiert er zunächst mit einer Bezugnahme auf historische Umstände, ähnelnd der Ansicht NOWAKS. Siehe dazu S. 133, Fn. 522.

532 His 'counter-argument tackles the very premise of trivialization, i.e. that political prisoners are a legitimate subject of concern and violence against women in the home is not.' So CLAPHAM, Human Rights Obligations of Non-State Actors (Fn. 494, 2006) 35.

533 'A serious letter [...] in the Maltese Sunday Times' from 1989, so CLAPHAM, Human Rights Obligations of Non-State Actors (Fn. 494, 2006) 33.

534 Siehe NOWAKS Bezugnahme auf liberale Ideen oben S. 129, Fn. 502.

gegenüber stehen. Doch die Bündelung der zuvor zerstreuten Herrschaftsbefugnisse auf eine Instanz – den Monarchen, den Staat – führte zur klaren Unterscheidung zwischen Staat und Individuum bzw. Gesellschaft.[535] Indem alle Gewalt dem Staat – nicht aber mehr Ständen oder sonst wie Privilegierten – überantwortet wurde, war der Anlass gegeben, eben diese Gewalt auch zu begrenzen. Menschenrechte erscheinen von daher als (eine mögliche) logische Konsequenz, indem die nun gebündelt dem Staat überantwortete Gewalt zugleich neu erarbeiteten Grenzen unterworfen wird.[536] Menschenrechte können von ihrem Ursprungsgedanken daher nicht begriffen werden, wenn diese spezifische Begrenzungsfunktion zulasten des Staates geleugnet wird.[537]

Es ist nun nicht Anliegen dieser Arbeit die rechtstheoretischen Erklärungen zu hinterfragen, die erarbeitet wurden, um die Universalität und Anwendbarkeit der Menschenrechte zu begründen.[538] Hervorzuheben aber gilt es, dass jegliche staatliche Beeinträchtigung von Privatpersonen als prinzipiell rechtfertigungsbedürftig betrachtet wird.[539] In dieser kategorischen Anforderung liegt ein essentieller Unter-

---

535 So BÖCKENFÖRDE, Die Bedeutung der Unterscheidung von Staat und Gesellschaft im demokratischen Sozialstaat der Gegenwart (1972), in: Recht, Staat, Freiheit, 2. A. 2006, 211–216. Dass es sich nicht um eine strikte Trennung handelte, versteht sich schon allein mit Blick auf (teil-)demokratische Beteiligungsformen von selbst.

536 Vgl. auch KRIELE, Grundprobleme der Rechtsphilosophie, Münster, 2. A. 2004, 183–184.

537 Vgl. BÖCKENFÖRDE, Unterscheidung von Staat und Gesellschaft, in: Recht, Staat, Freiheit (Fn. 535, 2006), 215–216. Um weitere Fragestellungen, weswegen es etwa auch *heute* wichtig sein mag, den Unterschied zwischen Staat und Gesellschaft zu erkennen (etwa, um nicht allein „Freiheit *im* demokratischen Prozess", sondern auch „Freiheit *gegenüber* dem demokratischen Prozess" zu erlangen, S. 226), braucht es an dieser Stelle nicht zu gehen.

538 Dabei geht es u. a. um den rechtstheoretischen Nachweis, weshalb die Anwendbarkeit der Menschenrechte – ungeachtet ihrer etwaigen Akzeptanz durch potentielle Täter – *gerechtfertigt* werden kann. Vgl. zur universalen Anwendbarkeit als Beispiel KRIELE, Grundprobleme der Rechtsphilosophie (Fn. 536, 2004), 181–198, wonach „das Menschenrechtsproblem zu einem universalen geworden ist, nämlich weil der Staat universal geworden ist" (S. 186).

Es bedarf hier keines weiteren Eindringens in diese rechtsphilosophische Thematik, etwa inwieweit eine funktionale Betrachtungsweise (universaler Staat = universale Anwendbarkeit) auch auf andere Sachverhalte auswirkungen hat, weil jedenfalls als Ausgangspunkt festzuhalten ist, dass die Menschenrechte auf den Staat hin ausgerichtet sind. Dabei lässt sich das Ergebnis – eine Anwendbarkeit jedenfalls gegenüber dem Staat – auch losgelöst von einzelnen substantiellen Konzepten sowie ungeachter etwaiger kultureller Hintergünde (Stichwort: Cultural Relativism) begründen. So legt DONNELLY (Fn. 522) (2007) 29 HRQ 281–306 (in einer Art Meta-Ansatz) dar, dass eine *prinzipielle* Universalität der Menschenrechte insbesondere mit Blick auf einen überlappenden Konsens sowie die Akzeptanz des derzeit geltenden Rechtssystems durch die staatlichen Akteure herleiten lässt (siehe auch dens., International Human Rights, Boulder, 3. A. 2007, 37–53). Auch insoweit schließt das Konsensobjekt sowie die Regelungstechnik des geltenden internationalen verbindlichen Menschenrechts die Konzentrierung auf staatliches Handeln als Gegenstand der Menschenrechte mit ein. Hinsichtlich der Maßgeblichkeit eines Konsenses siehe allerdings wiederum KRIELE, ibid. 192–198.

539 Siehe etwa ZIPPELIUS, Rechtsphilosophie, München, 5. A. 2007, 159–160. Eine etwaige Rechtfertigung sieht er insbesondere in der Regulierung der einander bedrängenden

schied zu nicht-staatlichen Akteuren. Da aber eine allgemein befürwortete rechtstheoretische Begründung dafür fehlt, ebenso das Handeln des Einzelnen einer Rechtfertigungspflicht zu unterziehen,[540] kommt der daraus folgenden Privatautonomie eminente Bedeutung zu, unabhängig von den Einzelheiten ihrer rechtstheoretischen Begründung. Insbesondere die Debatte um die sog. hate speech[541] beleuchtet einen zentralen Faktor der Menschenrechtstheorie, der als Ausgangspunkt ganz überwiegende Anerkennung findet: Privatpersonen sind zu *unverantwortlichem* Handeln berechtigt, und zwar hier auch im wörtlichen Sinne verstanden. Ihre Ansichten sind schutzwürdig, ganz gleich wie „bizarr, unangemessen oder irrational [ein Staat] [...] eine Überzeugung einschätzen mag“.[542] Dementsprechend hätten auch auf menschenrechtliche Basis gestützte Eingriffe gegen Privatpersonen allein darauf abzuzielen, extremes Verhalten zu verhindern, nicht aber generelle „Vernünftigkeit“ oder ethische Verbesserungen herbeizuführen.[543] Um beim Beispiel der Meinungsfreiheit zu verbleiben: Die Freiheit der Bürger gilt es aufrecht zu erhalten, doch mag dies mit einer Situation verglichen werden, bei der ein Staat seine eigenen Medienanstalten unterhält. Hinsichtlich Letzterer können die Bürger ohne Zweifel einen höheren Schutzstandard erwarten, als dass hierbei einzig das Extrem verhindert wird. Ebenso gilt dies im Bereich der Gewissens- und Religionsfreiheit. Selbstredend müssen Privatpersonen „tolerieren und akzeptieren, dass von anderen ihre religiösen Überzeugungen verneint werden und darüber hinaus sogar die Verbreitung von solchen Lehren, die der eigenen feindlich gegenüber stehen.“[544] Ebenso offensichtlich ist dies dem Staat verwehrt. Daraus ist eine Schlussfolgerung

---

Freiheiten der Einzelnen, was aber nichts daran ändere, dass „sich die Stellung des Bürgers zum Bürger wesentlich von der Stellung des Bürgers zum Staat“ unterscheide.

540 Vgl. auch BÖCKENFÖRDE, Unterscheidung von Staat und Gesellschaft, in: Recht, Staat, Freiheit (Fn. 535, 2006), 227–233, dabei umgekehrt die Frage nach der Förderung nicht-staatlicher, aber öffentlich bedeutsamer Handlungen aufwerfend.

541 Vgl. z. B. KAHN, Cross-Burning, Holocaust Denial, and the Development of Hate Speech Law in the United States and Germany (2006) 83 U Detroit Mercy L Rev 163–194.
Dass es keinen nachvollziehbaren Grund gibt, andere Schutzstandards zwischen Meinungsfreiheit und Religionsfreiheit walten zu lassen, wird instruktiv vorgetragen durch das abweichende Sondervotum von Richterin TULKENS, *Leyla Şahin* v. *Turkey* (GK, 10.11.2005, Nr. 44774/98) (2007) 44 EHRR 5, 142 (§ 9).

542 No matter how ‘bizarre, inappropriate, or irrational [a State] may consider a [...] belief’, siehe mit Blick auf die Religionsfreiheit so C. EVANS, Freedom of Religion Under the European Convention (Fn. 274, 2001) 32; vgl. auch MARTIN/ SCHNABLY/ WILSON/ SIMON/ TUSHNET, International Human Rights and Humanitarian Law, Cambridge 2006, S. 748.
Das Recht, ‘irrational considerations’ hinsichtlich Religion anzuhängen, ist akzeptiert auch etwa von NOWAK, ICCPR (Fn. 277, 2005) Art. 18, Rn. 22 (S. 419).

543 Dies gilt zumindest insoweit, als „Eingriffe" hier eng verstanden werden, d. h. ohne auch positive Maßnahmen wie Bildungsmaßnahmen etc. zu umfassen.

544 They ‘must tolerate and accept the denial by others of their religious beliefs and even the propagation by others of doctrines hostile to their faith’, so EGMR, *Otto-Preminger Institute v Austria* (20.9.1994, Nr. 13470/87) (1995) 19 EHRR 56 (§ 47).

zu ziehen:[545] Diese Debatten sind nicht erklärbar, will man nicht akzeptieren, dass ein bedeutungsvoller Unterschied zwischen Staat und Privatpersonen gegeben ist. Letztere dürfen niemals als Mittel zum Zweck degradiert werden.[546] Den Privaten ist eine Autonomie zugesprochen, die in der Idee der Menschenrechte selbst begründet ist – und dies ganz unabhängig davon, ob irgendwelche liberalen Verführungskünste einflussreich gewesen sein sollen oder nicht. Diese Autonomie fußt in der unveräußerlichen Würde der Person[547], einer Würde, die dem Staat nicht zuerkannt wird. Will man daher Privatpersonen und -vereinigungen den menschenrechtlichen Standards unterwerfen, so bedarf es dafür einer Rechtfertigung, die über die unbegrenzte Anwendbarkeit hinausgeht, wie sie nur für staatliche Organe (zu Recht)[548] angenommen werden kann.

cc) Zusammenfassung

Das Konzept NOWAKS verdeutlicht die Gefahren, vorschnell „horizontal effects" von Religionsfreiheit und anderen Menschenrechten zu behaupten: Obschon es generell nicht zu bestreiten ist, dass „horizontal effects" als solche existieren[549], ist es von besonderer Bedeutung, eine klare Terminologie zu verwenden. Darüber hinaus ist zu erkennen, dass trotz unterschiedlicher Wortwahl im Ergebnis einige Mechanismen anerkannt sind, die eine strikte Anwendbarkeit der Menschenrechte mit Blick auf Privatpersonen verhindern. Ob und zu welchem Maße eingegriffen werden muss, bleibt auch für Fürsprecher einschränkungsloser „horizontal effects" wie NOWAK schwer einschätzbar. Doch sprechen ganz grundsätzlich schwerwiegende Gründe dafür, ohnehin zwischen Staat und Privatpersonen kategorisch zu

---

545 Und zwar in vergleichbarer Weise, wie dies schon hinsichlich des oben genannten Vergleichs zwischen der Machtakkumulation von Privaten im Verhältnis zum Staat getan wurde (siehe oben den Text ab S. 134).

546 Vgl. (mit Blick auf das Strafrecht) KANT, Metaphysik der Sitten, Leipzig, 3. A. 1919 – Erstpublikation 1797) 158–159.

547 Verwiesen sei hier insoweit nur auf die Präambel der Universal Declaration sowie des ICCPR. Die Frage, wie überdies ein solches Bekenntnis zur Menschenwürde vor dem Hintergrund säkularen Verständnisses zu rechtfertigen ist, wird provozierend gestellt von PERRY, Toward a Theory of Human Rights, Cambridge 2007, passim, vgl. z. B. 28–29; siehe auch ISENSEE, ZRG Kan. Abt. 73 (1987), 333–334.

548 Es muss allerdings darauf hingewiesen werden, dass von einigen fälschlich vorgetragen wird, es gäbe Situationen, bei denen der Staat nicht an Menschenrechtsstandards gebunden sei, etwa, wenn er – vergleichbar einer Privatperson – Büromaterial einkaufe (sog. Bleistiftkauf). Einer Diskussion solcher Ausnahmesituationen bedarf es im Rahmen dieser Arbeit jedoch nicht.

549 Gemäß Art. 31 WVK kann dies festgehalten werden, unabhängig davon, dass argumentiert werden könnte, während des Entstehungsprozesses des ICCPR und der EMRK sei nicht intendiert worden, „horizontal effects" einzuführen, vgl. mit Blick auf den ICCPR HESSBRUEGGE (Fn. 493) (2005) 11 Buff Hum Rts L Rev 70, Fn. 214, und hinsichtlich der EMRK Abweichendes Sondervotum von Richter GARLICKI, *Pla v Andorra* (13.6.2004, Nr. 69498/01) (2006) 42 EHRR 25, S. 546 (§ O-II5).

unterscheiden.[550] Daher bleibt festzuhalten, dass NOWAKS Darstellung zum schwierigen Thema der „horizontal effects" insoweit schwerlich zu überzeugen vermag.

b) Lösungsansätze in der Rechtsprechung

Um mehr Klarheit zu gewinnen zum Verständnis der „horizontal effects", ist es nun notwendig, die Antworten der zur Überwachung von ICCPR und EMRK zuständigen juristischen Organe zu analysieren.

aa) Human Rights Committee

(1) General Comment Nr. 31

Das Human Rights Committee entwickelte seine Auffassung zum Konzept der „horizontal effects" zuvorderst in seinem General Comment Nr. 31.[551] siehe Annex vi Das Committee stellt eingangs fest, „horizontal effects" von internationalen Menschenrechten existierten, allerdings nicht generell („as a matter of international law").[552] Sie sollen vielmehr begrenzt sein auf solche Handlungen, „die den Genuss der vom [ICCPR] gewährten Rechte insoweit beeinträchtigen, dass sie offen sind für eine Anwendbarkeit zwischen privaten Personen oder Zusammenschlüssen."[553]. Es ist frappierend, dass das Committee gleichwohl nicht die Kriterien zu definieren sucht, die darüber entscheiden, ob ein „horizontal effect" gegeben ist.[554] Dieses Versäumnis, messbare Standards zu benennen,[555] ist bemerkenswert. Das Committee führt auch aus, es gäbe einige Artikel des ICCPR, bei denen der Staat die

---

550 Ein weiteres erläuterndes Argument wurde schon oben erwähnt, siehe S. 76, in Fn. 281, obwohl es nicht im eigentlichen Sinne zwingend ist, siehe ibid. Das Argument handelt von der Möglichkeit, das „absolute" Recht des forum internum mit dem Recht auf das Manifestieren der Religion abzuwägen. Solch ein Abwägungsprozess ist möglich, da das forum internum absolut im wörtlichen Sinne nur hinsichtlich staatlicher Eingriffe geschützt ist, nicht jedoch gegen Beeinträchtigungen durch Private. Daher indiziert die dogmatische Struktur dieses speziellen Menschenrechts – der Gewissensfreiheit –, dass es sinnvoll ist, zwischen Staat und Privatpersonen zu unterscheiden.

551 Und zwar in § 8 von UNHCR 'General Comment 31: The Nature of the General Legal Obligation Imposed on States Parties to the Covenant' (26.5.2004) UN Doc CCPR/C/21/Rev.1/Add.13, allerdings mit einigen Schreibfehlern, verbessert abgedruckt in 'Note by the Secretariat, Compilation of General Comments and General Recommendations Adopted by Human Rights Treaty Bodies' (2006), UN Doc HRI/GEN/1/Rev.8, S. 235. Der komplette Text ist hier wiedergegeben in Annex vi.

552 Es könnte allerdings auch argumentiert werden, das Committee habe nur aussagen wollen, dass einzig '*direct* horizontal effects' nicht generell gegeben seien. 'Direct' könnte dabei verstanden werden als Verweis auf das Konzept „direkter Drittwirkung", das die Anwendbarkeit und Justitiabilität von Menschenrechten unter Privaten bezeichnet, die ohne jede zusätzliche Implementierung oder Transformation durch den Staat gelten soll.

553 Ibid.: 'That would impair the enjoyment of Covenant rights insofar as they are amenable to application between private persons or entities'.

554 Auch sagt das Committee deutlich, dass *nur unter ganz bestimmten Umständen* ein Staat seine aus dem ICCPR herrührenden Pflichten verletze, wenn er Handlungen eines privaten Aggressors nicht verhindere. Welche Umstände dies seien, wird dann jedoch nicht dargelegt.

555 Kritisiert auch von HESSBRUEGGE (Fn. 493) (2005) 11 Buff Hum Rts L Rev 76.

Aktivitäten von Privatpersonen in den Blick zu nehmen habe, und zeigt damit, dass dies dann wohl folgerichtig nicht auf sämtliche Artikel zutrifft. Ob die in dem Zusammenhang benutzte Formulierung „affecting basic aspects of ordinary life" von allgemeiner Bedeutung für die Unterscheidbarkeit von Menschenrechten mit „horizontal effects" sein solle (oder für das Ausmaß solcher Wirkungen),[556] bleibt unklar.[557]

Eine Analyse des Entstehungsprozesses des General Comment Nr. 31 führt nicht zu weitergehender Klarheit. Es zeigt sich dabei, dass insbesondere das Konzept der „horizontal effects" als besonders umstritten angesehen wurde.[558] Die Mitglieder befürworteten eine Vorgehensweise, die sie selbst als „praktisch" betrachteten, nicht aber als theoretisch sonderlich ausgeklügelt.[559] Die Diskussion des wichtigen dritten Satzes von § 8 (Schutz 'against acts committed by private persons … insofar as … amenable') zeigt auf, dass das Committee ganz bewusst den Eindruck vermeiden wollte, „horizontal effects" seien generell und ohne Restriktion[560] anwendbar. Ein Formulierungsvorschlag, der „horizontal effects" mit Blick auf die „*essence*" aller Menschenrechte für anwendbar erklärte, wurde abgelehnt. Schon nach diesem verworfenen Vorschlag wäre also die Anwendbarkeit auf die wirklich essentiellen Fragen begrenzt gewesen. Stattdessen wählte man die jetzige Formulierung, die schlichtweg denjenigen Menschenrechten „horizontal effects" zuspricht, die hierfür „offen" seien. Auch wenn man dies dem Wortlaut nicht entnehmen kann, geschah dies gerade mit der Intention, auf diese Weise den Bereich der Anwendbarkeit von „horizontal effects" zu verkleinern.[561] Außerdem sah man dabei die Vagheit der Formulierung ausdrücklich als wünschenswerten Vorteil an.[562]

---

556 Direkt betrifft dieser Ausdruck nur den als Beispiel herangezogenen Art. 26 ICCPR.

557 Die Bezugnahme auf Folter und andere besonders schwerwiegende Verletzungen von Menschenrechten scheint dafür zu sprechen, dass eine Verbindung zwischen der Schwere der Verletzung des Rechtsguts und dem gewährten horizontalen Schutz besteht.

558 UNHRC, Sir RODLEY UN Doc (2002) CCPR/C/SR.1999, § 42 (S. 4); (2002) CCPR/C/SR.2000, § 10 (S. 3); (2003) CCPR/C/SR.2158 § 78 (S. 10); Mr KLEIN UN Doc (2002) CCPR/C/SR.1999, § 48 (S. 5); Mr RIVAS POSADA CCPR/C/SR.1999 [2002] § 52 (S. 5).

559 Siehe ausdrücklich UNHRC, Mr AMOR UN Doc (2002) CCPR/C/SR.2000, § 5 (S. 2).

560 Wie dies z. B. von NOWAK postuliert wird.

561 Siehe UNHRC, Mr KÄLIN, (2003) CCPR/C/SR.2161, § 9 (S. 3) [alle Beiträge dieser Sitzung sind nur auf französisch erhältlich]:

„Dans cette (…) phrase, il serait également utile, pour insister sur le fait que tous les problèmes susceptibles de se produire entre individus ne relèvent pas nécessairement des droits de l'homme, et encore moins de chacun des droits consacrés par le Pacte, de supprimer les mots entre crochets (*substantiellement* et *de l'essence*) [diese Worte (in Klammern) waren zuvor Teil des Entwurfs] et d'ajouter, après les mots «des droits énoncés dans le Pacte», «pour autant que ceux-ci s'appliquent aux relations entre personnes privées, physiques ou morales» [das ist die jetztige Formulierung]".

Siehe auch KÄLIN darin unterstützend UNHRC, GLÈLÈ AHANHANZO, (2003) CCPR/C/SR.2161, § 9 (S. 3); Mr BHAGWATI, (2003) CCPR/C/SR.2161, § 15 (S. 4); und insbesondere Sir RODLEY, der den Gesamtentwurf für General Comment Nr. 31 zunächst entworfen hatte, (2003) CCPR/C/SR.2161, § 18 (S. 4).

(2) Communications

Die Entscheidungen[563] des Human Rights Committees zeigen, dass es generell bereit ist, Fallgestaltungen mit zugrunde liegenden Konflikten zwischen nicht-staatlichen Akteuren zu behandeln. In *Delgado Paéz v Colombia*[564] entschied es, dass der Staat Art. 9 § 1 ICCPR[565] verletzte, obschon unbekannte Privatpersonen die Todesdrohungen aussprachen, unter denen Mr Delgado zu leiden hatte.[566] Das Committee sprach allerdings nicht die theoretischen Voraussetzungen, nämlich die Anwendbarkeit von Art. 9 § 1 ICCPR mit Blick auf Privatpersonen, näher an.[567]

Die Entscheidung in *Nahlik v Austria*[568] handelte von einer angeblich diskriminierenden Wirkung einer Kollektivvereinbarung zwischen nicht-staatlichen Akteu-

---

Vgl. auch, jedoch nicht ausdrücklich zu KÄLINS Vorschlag beitragend UNHRC, Mr SCHEININ, (2003) CCPR/C/SR.2161, § 11 (S. 3).

562 Sir RODLEY, verantwortlich für den ersten Gesamtentwurf von General Comment Nr. 31, (2003) CCPR/C/SR.2161, § 18 (S. 4): phrase, „qui a le mérite de laisser la porte ouverte à de nombreuses options."

563 Die „Concluding Observations" umfassen auch Empfehlungen und Bedenken, die mit zugrunde liegenden Konflikten zwischen nicht-staatlichen Akteuren verknüpft sind, doch werden hierbei üblicherweise nicht die theoretischen Voraussetzungen näher entfaltet. Vgl. beispielhaft, hinsichtlich sog. female genital mutilation, UNHRC, 'Consideration Of Reports; Concluding Observations: Central African Republic', reprinted at UNGA 'Report of the Human Rights Committee – Volume I' UN GAOR 60th Session Supp No 40, UN Doc A/61/40 Vol I (2006), S. 54 (§ 11).

564 UNHRC, *W. Delgado Paéz v Colombia*, Communication Nr. 195/1985 (12.6.1990), abgedruckt bei UNGA 'Report of the Human Rights Committee – Volume II' UN GAOR 45th Session Supp No 40, UN Doc A/45/40 Vol II (1990), S. 43–49.

565 Recht auf Freiheit und Sicherheit.

566 Ein Fall basierend auf einem ähnlichen Sachverhalt wurde zwei Jahre zuvor vom Inter-American Court of Human Rights entschieden, nämlich in *Velasquéz Rodríguez*, Urteil vom 29.6.1988 (1989) 28 ILM 294–330. Das Verschwinden von Manfredo Velasquéz führte zu einem Verstoß gegen das Recht auf persönliche Freiheit, auf menschenwürdige Behandlung und auf Leben, obschon es offen blieb (vgl. ibid. § 182 (S. 327)), ob nicht-staatliche Akteure hier direkt verantwortlich für das Verschwinden waren. In diesem Urteil wird eine detaillierte Analyse staatlicher Verantwortlichkeit für Derartiges entwickelt. Abschließend sagt das Gericht: 'An illegal act which violates human rights and which is initially not directly imputable to a State (for example, because it is the act of a private person [...]) can lead to international responsibility of the State, not because of the act itself, but because of the lack of due diligence to prevent the violation or to respond to it as required by the Convention.'

567 Ibid. § 5.6 (S. 48). Das Committee sagt einzig: 'There appears to have been an objective need for Mr Delgado to be provided by the State with protective measures to guarantee his security, given the threads made against him, including the attack on his person, and the murder of a close colleague.'

568 UNHRC, *Franz Nahlik v Austria*, Communication Nr. 608/1995 (22.6.1996), abgedruckt bei UNGA 'Report of the Human Rights Committee – Volume II' UN GAOR 51st Session Supp No 40, UN Doc A/51/40 Vol II (1997), S. 259–262.
Vgl. auch UNHRC, *Althammer v Austria*, Communication Nr. 803/1998 (21.3.2002, 74th session), abgedruckt bei UNGA 'Report of the Human Rights Committee – Volume II' UN GAOR 57st Session Supp No 40, UN Doc A/57/40 Vol II (2002), § 3.7 (S. 314) § 4.1 (S. 315). Die Parteien trugen die gleiche Streitfrage vor, doch gab es dabei aus anderen Gründen keine Entscheidung in der Sache selbst.

ren auf der Basis des Privatrechts. Dabei[569] sah sich das Committee einem explizit geführten Streit darüber ausgesetzt, ob der Staat verantwortlich sein könne für das Handeln von Privatpersonen.[570] Es verwarf das österreichische Argument, dass Art. 26 ICCPR nicht anwendbar sein könne aufgrund des behaupteten nicht-staatlichen Charakters der fraglichen Handlung: „Das Committee stellt fest, dass nach Maßgabe der Art. 2 und 36 des ICCPR der Vertragsstaat verpflichtet ist zu gewährleisten, dass alle Individuen auf seinem Territorium [...] frei sind von Diskriminierung, und konsequenterweise sind die Gerichte der Vertragsstaaten verpflichtet, die Individuen gegen Diskriminierung zu schützen."[571] Wieder fehlt es jedoch an einer näheren Erklärung, sowohl dazu, ob diese scheinbar allgemeine Anwendbarkeit auf Art. 26 ICCPR begrenzt ist, als auch dazu, was für Voraussetzungen für solch eine allgemeine Anwendbarkeit gegeben sein müssten. Mehr noch, das Committee führt ferner aus, dass Diskriminierung im Sinne des Art. 26 ICCPR verboten sei, „sei es, dass sie in der öffentlichen Sphäre oder aber zwischen Privatparteien in einem quasi-öffentlichen Sektor stattfinde, z. B. bei der Arbeit."[572] Durch die Begrenzung der Argumentation auf einen Vergleich zwischen der öffentlichen Sphäre und quasi-öffentlichen Sektoren zeigt sich, dass die Entscheidung des Committees nicht leichthin verallgemeinert werden kann. Abschließend kann also festgehalten werden, dass das Committee jedenfalls keineswegs einer unbegrenzten Anwendbarkeit der Menschenrechte für sämtliches Handeln von nicht-staatlichen Akteuren das Wort redet.

bb) Europäischer Gerichtshof für Menschenrechte

In einem Fall aus 1981[573] hatte der EGMR[574] über einen Sachverhalt zu entscheiden, der eine angebliche Verletzung der Versammlungs- und Vereinigungsfreiheit

---

[569] In *W. Delgado Paéz* äußerte sich Kolumbien im Verfahren mit keinem Wort zur behaupteten Verletzung des Art. 9 § 1 ICCPR, siehe UNHRC, *W. Delgado Paéz v Colombia*, Communication Nr. 195/1985 (12.6.1990), abgedruckt bei UNGA 'Report of the Human Rights Committee – Volume II' UN GAOR 45th Session Supp No 40, UN Doc A/45/40 Vol II (1990), § 4.7 (S. 47).

[570] UNHRC, *Franz Nahlik v Austria*, Communication Nr. 608/1995, (22.6.1996), abgedruckt bei UNGA 'Report of the Human Rights Committee – Volume II' UN GAOR 51st Session Supp No 40, UN Doc A/51/40 Vol II (1997): hinsichtlich Österreich, siehe § 4 (S. 260) und § 6.3 (S. 261). Mr Nahliks Antwort hingegen (§ 5.1–5.3, S. 260) bezieht sich in erster Linie mehr auf die österreichische Gesetzgebung selbst als darauf, dass bestimmte Handlungen Privater generell zu verhindern seien.

[571] 'The Committee observes that under articles 2 and 26 of the Covenant, the State party is under an obligation to ensure that all individuals within its territory [...] are free from discrimination, and consequently the courts of States parties are under an obligation to protect individuals against discrimination'. So UNHRC, *Franz Nahlik v Austria*, Communication Nr. 608/1995, (22.6.1996), abgedruckt bei UNGA 'Report of the Human Rights Committee – Volume II' UN GAOR 51st Session Supp No 40, UN Doc A/51/40 Vol II (1997), § 8.2 (S. 262).

[572] Ibid.: 'Whether it occurs within the public sphere or among private parties in the quasi-public sector of, for example, employment.'

[573] *Young, James and Webster v UK* [*'Closed Shop Case'*] (26.6.1981, Nr. 7601/76) (1982) 4 EHRR 38.

betraf, herrührend von einer Vereinbarung zwischen Eisenbahngewerkschaften und British Rail.

Dieser Fall wird gemeinhin als erstes Beispiel staatlicher Verantwortlichkeit für nicht-staatliches Handeln in der Rechtsprechung des EGMR herangezogen.[575] Das Gericht, das die Frage offen ließ, ob British Rail ohnehin unter direkter Staatskontrolle stehe, begründete die staatliche Verantwortlichkeit auf anderem Weg. Es führt aus, dass das britische Recht die in Rede stehenden Vereinbarungen legalisiere. Angesichts dieser Einflussnahme des Staates sei er verantwortlich zu machen.[576] Ohne also den zugrunde liegenden Konflikt zwischen nicht-staatlichen Akteuren näher zu benennen,[577] befürwortete der EGMR so eine erweiternde Anwendbarkeit der Menschenrechte. Im weiteren Verlauf der Rechtsprechung erkannte man nunmehr explizit aus unterschiedlichsten Menschenrechten resultierende Verpflichtungen des Staates an, auf Beeinträchtigungen von Privatpersonen zu reagieren. Dies im Grundsatz anerkennend, hieß es jedoch einschränkend gleichwohl, dass „das wesentliche Ziel vieler Vorschriften der Konvention es ist, das Individuum gegen willkürliche Beeinträchtigungen durch die öffentlichen Behörden zu schützen."[578]

---

574 Hinsichtlich der EKMR siehe *Choudhury v UK* (Zlk.-Entsch., 5.3.1990, Nr. 17439/90) [HUDOC]. Diese Entscheidung betraf die Beschwerde, dass das Schreiben und Publizieren von S. Rushdies Buch „Satanische Verse" in Art. 9 EMRK eingreife und deshalb der Staat Maßnahmen zugunsten des Beschwerdeführers zu ergreifen habe. Dabei berief sich die EKMR einzig auf die Tatsache, dass der Beschwerdeführer „nicht behaupte, und dies ist auch einwandfrei nicht der Fall, dass irgendeine staatliche Behörde, oder irgendein Organ, für das die UK-Regierung gemäß der Konvention verantwortlich sein könnte, direkt eingegriffen hat in das Recht des Beschwerdeführers, seine Religion oder Überzeugung zu manifestieren" ('does not claim, and it is clearly not the case, that any State authority, or any body for which the United Kingdom Government may be responsible under the Convention, directly interfered in the applicant's freedom to manifest his religion or belief'). Die Kommission trägt ohne ein weiteres Argument danach vor, dass Art. 9 EMRK nicht „ein Recht garantiere, irgendein besonderes Verfahren gegen solche anzustrengen, die die Empfindlichkeiten eines Individuums beleidigten" ('guarantee a right to bring any specific form of proceedings against those who [...] offend the sensitivities of an individual').
Diese Entscheidung zieht noch nicht einmal die Möglichkeit positiver Schutzpflichten in Erwägung und kann daher – beim Stand der Dogmatik des Jahres 1990 – mit Blick auf die Begründung nicht anders als Fehlentscheidung gewertet werden (siehe auch CLAPHAM, Human Rights Obligations of Non-State Actors (Fn. 494, 2006) 402; hinsichtlich der Bevorzugung der (christlichen) Mehrheitsreligion siehe kritisch HARRIS/ O'BOYLE/ WARBRICK, Law of the ECHR (Fn. 401, 1995) 364, in und bei Fn. 8.

575 Siehe Abweichendes Sondervotum von Richter GARLICKI, *Pla v Andorra* (13.6.2004, Nr. 69498/01) (2006) 42 EHRR 25, S. 546 (§ O-II5, Fn. 31); siehe auch MERON, The Humanization of International Law, Leiden 2006, 467–468.

576 *Young, James and Webster v UK* ['*Closed Shop Case*'] (26.6.1981, Nr. 7601/76) (1982) 4 EHRR 52 (§ 49).

577 Später, bei einer Bestätigung von *Young, James and Webster v UK*, bezieht sich das Gericht in *Fuentes Bobo v Spain* (29.2.2000, Nr. 39293/98) (2001) 31 EHRR 1124–1125 (§ 38) dann ausdrücklich auf eine 'positive obligation to protect the right to freedom of expression even against threats from private persons'.

578 'The essential object of many provisions of the Convention is to protect the individual against arbitrary interference by public authorities'. Dann heißt es, die oben erwähnten

Im Einzelnen hält der EGMR fest, dass dem Recht auf Leben (Art. 2 EMRK) eine positive Verpflichtung inhärent ist, die Bürger vor Bedrohungen durch Privatpersonen zu schützen.[579] Hinsichtlich des Rechts auf Achtung des Privat- und Familienlebens (Art. 8 EMRK), führte das Gericht in *X and Y v The Netherlands*[580] aus, dass,

> obschon es im Wesentlichen das Ziel des Art. 8 ist, den Einzelnen gegen willkürliche Beschränkungen durch öffentliche Behörden zu schützen, [...] einem effektiven Respekt für das Privat- und Familienleben positive Verpflichtungen inhärent sind [...], die die Einführung von Maßnahmen beinhalten könnten, den Respekt vor dem Privatleben auch in der Sphäre der Beziehungen von Individuen untereinander abzusichern.[581]

'positive obligations [may be] inherent in an effective respect of the rights concerned' – 'in addition', siehe *Özgür Gündem v Turkey* (16.3.2000, Nr. 23144/93) (2001) 31 EHRR 49, S. 1099 (§ 42).

Zur Hervorhebung des Schutzes vor staatlichen Eingriffen als Primärziel vgl. u. a. – hinsichtlich Art. 8 EMRK z. B. – *Johnston v Ireland* (18.12.1986, Nr. 9697/82) (1987) 9 EHRR 220 (§ 55); *Camp and Bourimi v Netherlands* (3.10.2000, Nr. 28369/95) (2002) 34 EHRR 59, S. 1458 (§ 28); 'reaffirm[ing]' *Pla v Andorra* (13.6.2004, Nr. 69498/01) (2006) 42 EHRR 25, S. 535 (§ 43).

579 *Osman v UK* (28.10.1998, Nr. 23452/94) (2000) 29 EHRR 305–306 (§§ 115–116).
Vgl. ausdrücklicher hinsichtlich einer positiven Verpflichtung, eine ordnungsgemäße und umfassende Untersuchung einer gesetzwidrigen Tötung durchzuführen, trotz 'the absence of any direct State responsibility' (§ 1) für den Tod *Menson v UK* (Zlk.-Entsch., 6.5.2003, Nr. 47916/99) [HUDOC]. Siehe auch *McCann u. a. v UK* (GK, 27.9.1995, Nr. 18984/91) (1996) 21 EHRR 163 (§ 161), hinsichtlich des Handelns von staatlichen Agenten, wobei das Gericht jedoch gerade davon absieht, die Notwendigkeit einer Untersuchung nur auf offizielle Staatsbedienstete zu begrenzen.
Der EGMR bezieht sich auch auf *Assenov u. a. v Bulgaria* (28.10.1998, Nr. 24760/94) (1999) 28 EHRR 652 (§ 102, S. 701) als ein Beispiel hinsichtlich Art. 3 (siehe *Özgür Gündem v Turkey* (16.3.2000, Nr. 23144/93) (2001) 31 EHRR 49, S. 1100 (§ 42)). Insoweit steht der zugrunde liegende Sachverhalt jedoch nicht in Beziehung zu nicht-staatlichen Akteuren.

580 *X and Y v The Netherlands* (26.3.1985, Nr. 8978/80) (1986) 8 EHRR 235.

581 'Although the object of Art. 8 is essentially that of protecting the individual against arbitrary interference by the public authorities [...] positive obligations inherent in an effective respect for private or family life [...] may involve the adoption of measures designed to secure respect for private life even in the sphere of the relations of individuals between themselves.' So *X and Y v The Netherlands* (26.3.1985, Nr. 8978/80) (1986) 8 EHRR 239–240 (§ 23).
Vgl. auch zu Art. 8 hinsichtlich eines Konflikts zwischen Eltern über das Sorgerecht und die Rückkehr eines Kindes zu einem Elternteil *Ignaccolo-Zenide v Romania* (25.1.2000, Nr. 31679/96) (2001) 31 EHRR 7, S. 237, § 94:
The 'Court recalls that while Art. 8 tends in the main to protect the individual against arbitrary interference from public authority it also creates positive obligations inherent in the "effective" respect for family life. In either case, due consideration must be given to the fair balance between the competing interests of the individual and of society as a whole; similarly, in both cases, the State enjoys a certain margin of appreciation.' Siehe auch S. 238, §§ 95–96 and S. 241, § 108, S. 42, § 113.
Siehe ferner *Keegan v Ireland* (26.5.1994, Nr. 16969/90) (1994) 18 EHRR 361, § 49: 'The Court recalls that the essential object of Art. 8 is to protect the individual against arbitrary action by the public authorities. There may in addition be positive obligations [...]. The applicable

Darüber hinaus[582] wurde dieser Ansatz bestätigt mit Blick auf die Versammlungs- und Vereinigungsfreiheit (Art. 11 EMRK)[583] und hinsichtlich der Meinungsfreiheit (Art. 10 EMRK).[584] Hinsichtlich Letzterer akzeptierte der EGMR das Argument, dass eine „quasi-öffentliche" Position eines nicht-staatlichen Akteurs zu einer Verpflichtung zulasten des Staates führen könne, zugunsten anderer Privatpersonen einzuschreiten.[585] Ferner sei der Staat, immer wenn der „Wesensgehalt eines Rechts zerstört worden ist", verpflichtet gegen Privatpersonen einzuschreiten.[586]

Die bislang ausführlichste Stellungnahme zu den in Rede stehenden Fragestellungen lässt sich in einem Sondervotum finden, in dem es u. a. heißt, dass es „offensichtlich zu sein scheint, dass das Schutzniveau hinsichtlich privater Handlungen nicht dasjenige hinsichtlich staatlicher Handlungen erreichen kann".[587] Anzumerken

---

principles are, none the less, similar. In both contexts regard must be had to the fair balance [...] between the competing interests of the individual and of the community as a whole'.
Gaskin v UK (7.6.1989, Nr. 10454/83) (1990) 12 EHRR 47 (§ 42), 50 (§ 49) verpflichtet darüber hinaus den Staat, Informationen über andere Privatpersonen unter bestimmten Umständen zu sichern.
Die Rechtsprechung hinsichtlich einiger umweltrechtlicher Fragen ist überdies ein Anwendungsfall, bei dem der Staat verpflichtet sein könnte, zugunsten von Privatpersonen gegen nicht-staatliche Akteure vorzugehen, vgl. für eine aktuelle Entscheidung m. w. N. *Fadeyeva v Russia* (30.11.2005, Nr. 55723/00) (2007) 45 EHRR 10, S. 318 (§ 105): Es gibt das Ziel einer 'fair balance between the competing interests of different private actors in this sphere'.

582 Siehe auch hinsichtlich Art. 1 des Protokolls Nr. 1 (Eigentumsrecht) *Anokhin v Russia* (Zlk.-Entsch., 31.5.2007, Nr. 25867/02) [HUDOC].

583 Hinsichtlich des Schutzes gegen gewalttätige Gegendemonstrationen siehe *Plattform 'Ärzte für das Leben' v Austria* (21.6.1988, Nr. 10126/82) (1991) 13 EHRR 210 (§ 32), mit dem ausdrücklichen Zurückweisen der Österreichischen Behauptung, dass 'Art. 11 did not apply to relations between individuals' (S. 209–210, § 29).

584 *Appleby v UK* (6.5.2003, Nr. 44306/98) (2003) 37 EHRR 38 über Umweltaktivisten, die davon abgehalten wurden, ihre Flugblätter in einem in Privateigentum stehenden Shopping Center zu verteilen, siehe S. 793, § 39: 'positive measures of protection, even in the sphere of relations between individuals'.
Siehe auch *Özgür Gündem v Turkey* (16.3.2000, Nr. 23144/93) (2001) 31 EHRR 49 S. 1099–1100 (§§ 42–43).

585 *Appleby v UK* (6.5.2003, Nr. 44306/98) (2003) 37 EHRR 38, S. 795 (§ 47), hinsichtlich des Sachverhalts siehe Fn. 584. Hinsichtlich des Konflikts zwischen dem Eigentumsrecht und der Meinungsfreiheit überwiege Letztere nur in Extremfällen ('The corporate town, where the entire municipality was controlled by a private body, might be an example.')

586 *Appleby v UK* (6.5.2003, Nr. 44306/98) (2003) 37 EHRR 38, S. 795 (§ 47); m. w. N. vgl. CLAPHAM, Human Rights Obligations of Non-State Actors (Fn. 494, 2006) 420, Fn. 247.

587 'It seems [...] obvious that the level of protection against a private action cannot be the same as the level of protection against State action.' So das abweichende Sondervotum von Richter GARLICKI, *Pla v Andorra* (13.6.2004, Nr. 69498/01) (2006) 42 EHRR 25, S. 546 (§ O-II6). Er fährt wie folgt fort: 'The very fact that, under the Convention, the State may be prohibited from taking certain action [...] does not mean that private persons are similarly precluded from taking such action. In other words, what is prohibited for the State need not necessarily also be prohibited for individuals. Of course, in many areas such prohibition may appear necessary and well-founded. However, it should not be forgotten that every prohibition of private action (or any refusal to judicially enforce such action), while protecting the rights of

ist, dass dabei vom Mehrheitsvotum nicht aufgrund einer Meinungsverschiedenheit über die Rechtsgrundlagen abgewichen wurde,[588] sodass mit diesem Bestandteil des Sondervotums nur die Rechtsprechung des EGMR dargestellt werden sollte.[589]

c) Eckpunkte zur Anwendbarkeit der Menschenrechte gegen nicht-staatliche Akteure

Es zeigt sich, dass weder durch die Analyse der relevanten Judikatur noch den Blick auf alternative Konzepte ausreichend geklärt werden kann, in welchen Fällen Menschenrechte konkret gegen nicht-staatliche Akteure anzuwenden sind. Diese fehlende Präzision wird von der Rechtsprechung keineswegs geleugnet. Es ist nicht nur das Human Rights Committee, das ausdrücklich die „Tür offen halten [will] für vielfältige Optionen"[590], während es seine Auslegungsversuche entwickelte. Auch der EGMR, obschon er in seiner Judikatur mit einer Vielzahl bedeutsamer Fälle aus diesem Bereich befasst ist, bleibt zurückhaltend, wenn es darum geht, die dogmatischen Grundlagen seiner Rechtsprechung zu präzisieren: „Das Gericht sieht es nicht als wünschenswert an, geschweige denn als notwendig, eine generelle Theorie zu entwickeln, zu welchem Ausmaß die Garantien der Konvention ausgeweitet werden sollten auf die Beziehungen zwischen Privaten unter sich."[591]

Um zumindest einige Richtlinien für die Anwendbarkeit der Menschenrechte auf nicht-staatliche Akteure zu extrahieren, können gleichwohl wichtige Eckpunkte

---

some persons, unavoidably restricts the rights of other persons. This is particularly visible in regard to "purely" private law relations, such as inheritance.'

Siehe auch S. 546 (§ O-II 5): 'It seems clear that the authors of the Convention did not intend this instrument to possess a "third-party effect" […]. However, under our case law it is obvious that there may be certain positive obligations of the state to adopt measures designed to secure respect for Convention rights, even in the sphere of the relations of individuals between themselves. […] Such "indirect third-party effect" has been addressed by the Court in many different areas'.

Hinsichtlich der Frage, ob über derartige Auswirkungen unter Privatpersonen während des Entstehungsprozesses der EMRK nachgedacht wurde, vgl. auch Art. 13, der in einer Weise gelesen werden kann, dass solche Auswirkungen vorausgesetzt sind. Dagegen siehe allerdings KAUFMANN, Überzeugungsfreiheit im Völkerrecht (Fn. 306, 1989) 39.

588 Grund für die Abweichung war stattdessen die – behauptete – unpräzise Anwendung einiger Rechtsgrundsätze durch die Mehrheit. Dieser Vortrag wirkt überzeugend, vgl. auch das teilweise abweichende Sondervotum von Richter BRATZA, *Pla v Andorra* (13.6.2004, Nr. 69498/01) (2006) 42 EHRR 25, S. 541–545 (*passim*) und hierauf aufbauend das abweichende Sondervotum von Richter GARLICKI, *Pla v Andorra* (13.6.2004, Nr. 69498/01) (2006) 42 EHRR 25, S. 545 (§ O-II3).

589 Das ist das ausdrückliche Verständnis von Richter GARLICKI, *Pla v Andorra* (13.6.2004, Nr. 69498/01) (2006) 42 EHRR 25, S. 546 (§ O-II5).

590 'Laisser la porte ouverte à de nombreuses options' [original], siehe zum Zitat oben S. 142, Fn. 562.

591 'The Court does not consider it desirable, let alone necessary, to elaborate a general theory concerning the extent to which the Convention guarantees should be extended to relations between private individuals *inter se*.' So *Vgt Verein gegen Tierfabriken v Switzerland* (28.6.2001, Nr. 24699/94) (2002) 34 EHRR 4, S. 171 (§ 46).

festgemacht werden. Im Rückgriff auf die Kritik von NOWAKS Konzept und die Kernpunkte der Rechtsprechung[592] sind folgende Voraussetzungen festzuhalten:

(1) Es gibt einen kategorischen Unterschied zwischen Privatpersonen und dem Staat. Während jede Handlung des Staates ausnahmslos den Standards des Menschenrechtssystems unterworfen ist[593], bedarf die Anwendung der Menschenrechte für nicht-staatliche Akteure einer zusätzlichen Rechtfertigung. Dies wird belegt durch die Feststellung des EGMR, dass das vorrangige Ziel der Menschenrechte es sei, den Staat diesen Anforderungen zu unterwerfen (*argumentum e contrario*).[594] Die Möglichkeiten, gegen Private vorzugehen, sind begrenzt durch deren allgemeinen Schutz ihrer Privatautonomie, oder je nach Sachverhalt, gar durch den spezifischen Schutz der Menschenrechte für (behauptete) Verletzungshandlungen[595] von Privaten.

(2) Die Rechtfertigung zum Einschreiten könnte erlangt werden, indem auf eine besondere Anhäufung von Macht in den Händen von nicht-staatlichen Akteuren hingewiesen wird,[596] oder, indem die quasi-öffentliche Funktion privater

---

[592] Es liegt außerhalb des Rahmens dieser Arbeit, sich detaillierter mit weiteren abweichenden Vorstellungen innerhalb der Lehre auseinander zu setzen. Allerdings ist an dieser Stelle nochmals CLAPHAMS umfassendes Werk zu Menschenrechten und nicht-staatlichen Akteuren (2. A.) zu erwähnen. Es handelt in erster Linie von einem 'paradigm shift in our understanding of the power and utility of human rights' (CLAPHAM, Human Rights Obligations of Non-State Actors (Fn. 494, 2006) 56), der die hier zu behandelnden Fragestellungen übersteigt. Er argumentiert zugunsten einer direkten Anwendbarkeit von Menschenrechten für nicht-staatliche Akteure (insbesondere 'international organizations, transnational corporations, and armed opposition groups', ibid, S. 25). Aufgrund seines „komplementären" Ansatzes (der auch ausdrücklich das traditionelle Verständnis von Menschenrechten anerkennt) ist er gewillt, von 'human rights in action under *other* experimental conditions' Gebrauch zu machen (ibid, S. 57, Hervorhebung nicht im Orginal). Daher konzediert er, dass in einerm System wie der EMRK, die einzig Staaten als Beschwerdegegner vor dem Gericht akzeptiert, gezwungen sei, to 'find human rights as mainly opposable against the government' (ibid, S. 57). Da diese Arbeit sich darauf beschränkt, die gegebenen Menschenrechtsverträge zu untersuchen, den ICCPR und die EMRK, hilft sein komplementärer Ansatz nicht substantiell weiter hinsichtlich der hier offen gebliebenen Fragen. Darüber hinaus ist – wie bei NOWAK – sein Ausgangspunkt die generelle Idee, dass 'human rights are entitlements enjoyed by everyone to be respected by everyone' (ibid, S. 58). Dies jedoch ist eine Auffassung, die in ihrer generellen Weite die zu beantwortende Kernfrage zu verschleiern Vorschub leistet, wie nämlich zwischen menschenrechtsrelevanten und nicht-relevanten Handlungen von Privatpersonen zu unterscheiden ist.

[593] Siehe den Text oben beginnend ab S. 134, Fn. 523. Diese – selbstverständliche – Sichtweise wird aufgenommen etwa von der Rechtsprechung des EGMR, vgl. *Vgt Verein gegen Tierfabriken v Switzerland* (28.6.2001, Nr. 24699/94) (2002) 34 EHRR 4, S. 171 (§ 47): Weil es dem Gericht gelingt, die fraglichen Handlungen dem Staat anstelle von Privatpersonen zuzuordnen, kommt es allein deshalb zum Schluss, dass die Menschenrechte diskussionslos anzuwenden sind.

[594] Siehe den Text bei (und in) S. 144, Fn. 578.

[595] Siehe den Text in und bei Fn. 585 (S. 146), und ebenso, hinsichtlich der Notwendigkeit einer „fairen Balance" S. 145 in Fn. 581.

[596] Z. B. eine Religion, die eine 'preferential position in the state' genießt (vgl. KRISHNASWAMI, 'Study of Discrimination in the Matter of Religious Rights and Practices' (1960) UN Doc

Handlungen herausgestellt wird.[597] Ferner ist die Schwere der Beeinträchtigung fremder Menschenrechte durch Privatpersonen von Relevanz.[598]

(3) Die Mehrzahl der Fälle (zumindest aber diejenigen, die hier hinsichtlich des forum internum diskutiert werden) sind nicht eng[599] mit der Frage verknüpft, ob der jeweilige nicht-staatliche Akteur seinerseits *direkt* durch die Menschenrechte gebunden wird.[600] Die hier relevanten Fälle sind bestimmt durch eine andere Rechtsbeziehung. Diese ist zu sehen zwischen dem privaten Opfer[601] und dem um Hilfe angegangenen Staat[602], und ist rechtlich jeweils geprägt durch Schutzanspruch und etwaig korrespondierende Schutzverpflichtung.

(a) Daraus folgt zunächst die Notwendigkeit, die jeweils verwendete Terminologie hinreichend zu erklären.[603] Zwischen „diagonalen" und „horizontalen Verpflichtungen" zu unterscheiden, verschaffte mehr Klarheit, hat sich aber bislang nicht durchgesetzt und würde daher wohl nur weitere Verwirrung stiften. Von „horizontal effects" zu sprechen, ist ein Ausdruck, dem man anlasten könnte, er fokussiere zu sehr auf die – nicht entscheidungserhebliche – Beziehung der Privatpersonen untereinander. Deshalb ist es sicherlich sehr gut vertretbar, dass der EGMR davon Abstand nimmt, diesen Begriff zu verwenden.[604] Solange jedoch „hori-

---

E/CN.4/Sub.2/200/Rev.1, S. 24), oder die alleinig die Verantwortung trägt für das Bildungswesen in einer bestimmten Region, vgl. oben S. 95 bei und in Fn. 361.

597 Siehe den Text oben beginnend auf S. 134, und, hinsichtlich der Rechtsprechung, siehe zum UNHRC, *Nahlik v Austria* den Text auf S. 143 und hinsichtlich des EGMR den Text auf S. 146, Fn. 585.

598 Siehe S. 141, Fn. 557 sowie – mit Hinblick auf den Schutz des „Wesensgehaltes" – S. 146, Fn. 586. Vgl. ferner aus dem Schrifttum beispielsweise RICHTER, Relativierung universeller Menschenrechte durch Religionsfreiheit? in: Religionsfreiheit (Fn. 525, 2001), 205.

599 Auch CLAPHAM, Human Rights Obligations of Non-State Actors (Fn. 494, 2006) 352 erkennt an, dass 'the actual obligations of these private actors' nur „implizit" umfasst seien.

600 Für eine Ablehnung einer unmittelbaren Wirkung der EMRK gegenüber Privatpersonen siehe etwa EHLERS, Allgemeine Lehren/ EMRK, in: Europäische Grundrechte (Fn. 400, 2005), § 2, Rn. 33 (S. 43) m. w. N.

Ebenso wenig steht die Frage im Vordergrund, ob dann, wenn dem so wäre, Rechtsfolgen für den nicht-staatlichen Akteur selbst aus seinem Eingriff resultierten (wie dies z. B. mit Blick auf das internationale Strafrecht der Fall wäre (vgl. nur CLAPHAM, Human Rights Obligations of Non-State Actors (Fn. 494, 2006) 29–30), oder wie dies für multinationale Konzerne von Bedeutung sein könnte unter bestimmen Umständen (siehe S. 134, Fn. 524)).

601 Später wird allerdings nachgewiesen werden, dass diese herkömmliche Sichtweise zu eng ist, da sie nicht gleichwertig auch die Sichtweise des angeblichen Aggressors mit einbezieht.

602 Selbst wenn unter besonderen Umständen eine direkte Anrufung menschenrechtlicher Organe möglich wäre, dann wäre Untersuchungsgegenstand gleichwohl die (nicht von sich aus zum Tragen gekommene) Rechtsbeziehung zwischen hilfunwilligem Staat und Opfer.

603 Siehe S. 131, Fn. 516.

604 Als Oberbegriff ließe sich auch von „mehrpoligen Grundrechts [bzw. Menschenrechts-]fällen sprechen. Siehe so Renate JAEGER, zzt. Richterin am EGMR, im Interview, FAZ v. 1.3.2008 (Nr. 52), S. 5.

TAHZIB-LIE, Dissenting Women, Religion or Belief, and the State, in: Facilitating Freedom of Religion or Belief (Fn. 388, 2004) 460–463 erörtert die hier anstehenden Fragen unter dem Stichwort "due diligence". Hiermit dürfte allerdings eher der Modus bezeichnet mit, mittels welchem eventuell bestehende positive Schutzpflichten des Staates dann auszuführen sind.

zontal" in Verbindung mit dem vagen Begriff „effects" verknüpft wird, ist dies keineswegs *a priori* falsch.[605] Der Ausdruck „Drittwirkung"[606] wurde – im Kontext des deutschen Grundgesetzes – entwickelt, um zu erklären, ob und in welcher Weise „horizontale" Verpflichtungen zwischen Privatpersonen auf der Grundlage der Grund- bzw. Menschenrechte existieren. Daher sollte dieser Ausdruck – obschon er wörtlich genommen genauso vage ist wie „horizontal effects" – in diesem Zusammenhang besser nicht verwendet werden.[607]

(b) Weiterhin ist ein weiterer Rückschluss daraus zu ziehen, dass die Rechtsbeziehung zwischen Staat und Opfer diejenige ist, die hier im Vordergrund steht. Da der Staat auf Beeinträchtigungen von Dritten zu reagieren hat, für welche er nicht direkt verantwortlich ist, gibt es Grenzen seiner Pflicht, Schritte gegen den nichtstaatlichen Aggressor einzuleiten. Daher genießt der Staat – verpflichtet zwar, die notwendige Sorgfalt walten zu lassen[608] – eine bestimmte Einschätzungsprärogative.[609] Wie es der EGMR ausdrückt,

> wird der Umfang dieser Verpflichtung unweigerlich schwanken, zieht man die Vielfalt der in den Vertragsstaaten vorzufindenden Situationen in Betracht, sowie die Schwierigkeiten, die mit der Aufrechterhaltung der Ordnung in modernen Gesellschaften verbunden sind, und die Auswahlentscheidungen, die getroffen werden müssen mit Blick auf Prioritäten und Ressourcen. Ebenso wenig darf eine solche Verpflichtung dahingehend interpretiert werden, dass sie den Behörden unmögliche und unangemessene Belastungen auferlegt.[610]

605 Siehe S. 131, Fn. 513.

606 Zum Gebrauch dieses Begriffs vgl. z. B. das Zitat oben S. 147 in Fn. 589. Siehe ferner GARLICKI, Relations between Private Actors and the ECHR, in: The Constitution in Private Relations, hrsg. v. *Sajó* u. a., Utrecht 2005, 142–143 m. w. N.

607 Überzeugend Nowak S. 131, Fn. 512.

608 To 'exercise due diligence', so UNHRC, General Comment Nr. 31, siehe das Zitat auf S. 140 in Fn. 551.

609 Siehe EGMR, *Ignaccolo-Zenide v Romania*, auf S. 145 in Fn. 581.

610 'The scope of this obligation will inevitably vary, having regard to the diversity of situations pertaining in Contracting States, the difficulties involved in policing modern societies and the choices which must be made in terms of priorities and resources. Nor must such an obligation be interpreted in such a way as to impose an impossible or disproportionate burden on the authorities.' So *Özgür Gündem v Turkey* (16.3.2000, Nr. 23144/93) (2001) 31 EHRR 49, S. 1100, § 43; *Appleby v UK* (6.5.2003, Nr. 44306/98) (2003) 37 EHRR 38, S. 794 (§ 40); *Osman v UK* (28.10.1998, Nr. 23452/94) (2000) 29 EHRR 305 (§ 116). Vgl. auch EHLERS, Allgemeine Lehren/ EMRK, in: Europäische Grundrechte (Fn. 400, 2005), § 2, Rn. 16 (S. 34).

2. Zum Schutzanspruch der Betroffenen, gerichtet auf positives Handeln gegen Private

Bei der Diskussion von „horizontal effects" scheint insbesondere die Frage im Mittelpunkt zu stehen, ob positive Verpflichtungen für Schutzhandlungen gerichtet gegen nicht-staatliche Akteure bestehen. Dementsprechend wird zunächst analysiert, ob der Staat solche positiven Verpflichtungen hinsichtlich des Schutzes des forum internum zu erfüllen hat. Erst danach wird die dem ähnelnde Situation erörtert, bei der der Staat auf eigene Initiative hin gegen Privatpersonen vorgeht.

a) Beispiel (1): Konflikte innerhalb einer Religionsgemeinschaft

Die EKMR hatte über die Beschwerde eines Klerikers der dänischen Staatskirche zu entscheiden. Mit der Beschwerde wurde eine Verletzung der Gewissensfreiheit behauptet, hervorgerufen durch einen innerkirchlichen Entscheidungsprozess.[611] Dem Kleriker wurde es durch seine Kirche nicht erlaubt, bestimmte zusätzliche Anforderungen an die Taufspendung zu knüpfen. Der Gesichtspunkt, dass hier die Regierung in welcher Weise auch immer mit der Staatskirche verwoben war,[612] wurde erwähnt, bestimmte jedoch nicht die Entscheidung. Die Begründung ist also übertragbar auf unabhängige religiöse Gemeinschaften und daher, generell gesehen, ein Beispiel für die Frage nach „horizontal effects" von Art. 9 EMRK: Die Kommission sah durch die Beschwerde die Religionsfreiheit nicht betroffen, da der Betroffene seine Kirche verlassen könne und da diese ihrerseits ein Recht habe, Einigkeit hinsichtlich ihres religiösen Selbstverständnisses durchzusetzen.[613] siehe Annex vii

Dieses Fallbeispiel kann man leicht abwandeln[614], um so eine Variante besprechen zu können, die vom Schutz des forum internum handelt. Hierzu mag man partiell auf die Ausführungen des ersten Teils dieser Arbeit zurückgreifen, nämlich den (versuchten) Zugriff der katholischen Kirche mittels des kanonischen Rechts auf die Glaubensüberzeugungen ihrer Mitglieder. Ein Beispiel, das es jetzt zu hinterfragen gilt, ist insoweit der Fall, in dem ein Kleriker medienwirksam und andauernd eine Häresie nach Maßgabe des can. 751 § 1 CIC verbreitet. Wie ist dies zu behandeln, wenn nun etwa gem. can. 1364 § 2 CIC im Rahmen eines kanonischen Strafprozesses die Entlassung aus dem Klerikerstand angestrebt wird? Aus der Sicht des internationalen Rechts ist es insoweit unerheblich, ob nun der Strafprozess dazu dient, *auch* die Gesinnung des Häretikers zu dessen eigener Besserung

---

611 EKMR, *X v Denmark* (Zlk.-Entsch., 8.3.1976, Nr. 7374/76) DR 5, S. 157.

612 Hinsichtlich der jetzigen Beziehung vgl. The Danish Ministry of Ecclesiastical Affairs, 'Freedom of religion and religious communities in Denmark' (May 2006) http://www.km.dk/fileadmin/share/Trossamfund/Freedom_of_religion.pdf (eingesehen am 20.2.2008).

613 EKMR, *X v Denmark* (Zlk.-Entsch., 8.3.1976, Nr. 7374/76) DR 5, S. 157–158, abgedruckt unten als Annex Nr. vii.

614 Eine weitere denkbare Fallvariante wäre die, dass die Kirche gegenüber dem Mitglied eine Form des sog. „brain-washing" anwendete, wie dies angeblich bei einigen Religionsgemeinschaften der Fall sein soll. Hierzu finden sich weitere Hinweise später unter dem Aspekt des Proselytismus gegenüber Außenstehenden, siehe den Text beginnend ab S. 162.

zu ändern (vgl. dazu ausführlich die im ersten Teil behandelte Situation, dass eine Strafe gar ausschließlich hierzu dienen soll). Mehr als ausreichend ist, dass – aus welchen innerkirchlichen Gründen auch immer (vgl. hierzu etwa can. 1317 CIC) – zumindest eine allgemeine[615] Intention zur Willensänderung vorhanden ist, die sich hier schon aus can. 1358 § 1 CIC ergibt.[616] Sicher ist: Wollte der Staat zu derartigen Mitteln greifen, so wäre dies zweifelsfrei ein Eingriff in die Gewissensfreiheit, der gemäß der menschenrechtlichen Regelung durch nichts zu rechtfertigen wäre. Wie nun ist dies zu behandeln, da die Beeinträchtigung durch eine vom Staat zu trennende Religionsgemeinschaft geschieht?

Um mit der rechtlichen Analyse zu beginnen, kann zunächst darauf hingewiesen werden, dass schon der tatsächlich von der Kommission entschiedene Fall beiläufig ein Beispiel von „horizontal effects" des Schutzes des forum internum beisteuert, indem dort das „Recht, die Kirche zu verlassen" behandelt wird. Dieses soll nun zunächst beleuchtet werden. In Einklang mit dem Recht auf Religionswechsel[617] hat der Staat die Verpflichtung, es religiösen Gemeinschaften zu untersagen, den selbst gewählten Austritt ihrer Mitglieder zu verhindern. Da das vollständige Verhindern eines Austritts aus einer Glaubensgemeinschaft ein derart schwerwiegender Eingriff in das forum internum ist, fällt es unter Rückgriff auf die oben genannten Kriterien nicht weiter schwer, hier eine positive Schutzpflicht des Staates herzuleiten.[618] Es bedarf dabei nicht allein des Rückgriffs auf die Schwere eines solchen Eingriffs. Hinzu tritt, dass das Autonomie-Argument hier nicht greift, das jedoch eine tragende Begründung dafür ist, zugunsten des potentiellen privaten Menschenrechtsverletzers die Möglichkeiten staatlichen Eingreifens zu beschränken.[619] Schließlich ist die Autonomie der religiösen Gemeinschaft und ihrer Mitglieder kaum[620] berührt, so lange der Staat es dabei belässt, einzig für die Möglichkeit des Austritts Vorsorge zu tragen. Da also das für horizontale Konflikte so maßgebliche Autonomie-Argument hier nicht zugunsten der beschuldigten Privatperson zu berücksichtigen ist, bedarf es keiner weiteren Auseinandersetzung mit weiteren Argu-

---

615 Sprich, eine Intention, die insoweit den Einzelnen zwar nicht als Subjekt der Maßnahme sieht, dessen Willen aber gleichwohl als Mittel zum Zweck , hier der Bewahrung des Glaubensgutes, faktisch beugen will.

616 Es bedarf hier deshalb keiner weiteren Erörterungen, inwieweit wohl ein Eingriff in das forum internum eine Intention voraussetzt, da diese hier zweifelsfrei gegeben ist, auch wenn es auf den Willen zur Besserung des Täters um seiner selbst willen möglicherweise nicht ankommt (dies wäre der Fall, wenn man etwa mit LÜDICKE den Besserungszweck für gänzlich systemwidrig und damit unbeachtlich ansieht). Die Kirche will mit der Beugestrafe eben den Willen beugen. Insoweit ist es darüber hinaus unzulässig, darauf abzustellen, der *wahre* Wille werde womöglich gar nicht gebeugt (man mag denken an jenen berühmten Ausspruch, der (allerdings wohl fälschlich) GALILEI zugeschrieben wird: „Und sie bewegt sich doch"): Vgl. zu solch einer Argumentation das oben beginnend auf S. 116 Gesagte.

617 Siehe S. 88 in und bei Fn. 331 hinsichtlich Art. 18 ICCPR.

618 Beginnend bei S. 148.

619 Vgl. oben den Text auf S. 139 sowie Richtschnur (1), oben S. 148.

620 Mit Blick auf Sinn und Zweck der Gewissensfreiheit wäre eine andere Auslegung, die beispielsweise auf die gesellschaftlichen Turbulenzen aufgrund solcher Austritte hinwiese, nicht akzeptabel. Für solche Ansätze vgl. jedoch den Nachweis oben S. 72, Fn. 275.

menten zur Begründung einer staatlichen Schutzpflicht (z. B. die Frage, ob die betroffene religiöse Gemeinschaft eine besondere Machtfülle sich zunutze machen weiß).[621]

Schwierigkeiten ergeben sich allerdings dann, wenn etwas subtilere Sachverhaltsgestaltungen zu behandeln sind. Wenn eine Religionsgemeinschaft ihre Mitglieder am Verlassen zu hindern beabsichtigt und willens ist, dies notfalls mit gewaltsamen Mitteln durchzusetzen, dann ist dies zweifelsfrei als inakzeptabler Zwang zu qualifizieren, gegen den einzuschreiten ist. Ebenso selbstverständlich ist jedoch auch, dass nicht jedwedes Hindernis des Austritts durch eine Religionsgemeinschaft als Zwang verstanden werden kann (der dann eine Schutzpflicht auslöste). Wenn etwa die katholische Kirche die Lehre vom „character indelebilis" zur gültigen Taufe vertritt,[622] hat das schließlich die Konsequenz, dass der Gläubige auch dann, wenn er sich (als Apostat) vollständig vom Glauben lossagt, dieses Prägemerkmal der Taufe nicht verliert und insoweit Glied der Kirche bleibt. So bleibt er schließlich etwa auch im pfarrlichen Taufregister eingetragen.[623] Diese Lehre mag jemand als Hindernis seines Austritts begreifen, nämlich fremdbestimmt von einer Gruppe vereinnahmt zu werden, zu der er sich gegebenenfalls vielleicht noch nie aus eigenen Stücken als Erwachsener bekannt hat. Gleichwohl ist augenscheinlich keine Beeinträchtigung auszumachen, die nach rechtlichen Kriterien schwerwiegend genug wäre, sie als Eingriff einzuordnen. Glaubt eine Religionsgemeinschaft an eine fortdauernde spirituelle Beziehung zu einem Ausgetretenen, wird dieser damit leben müssen, solange dies sein eigenes Leben nicht in irgendeiner Weise handfester betreffen wird.[624] Die Situation ändert sich allerdings, wenn eine Religionsgemeinschaft über soviel gesellschaftliche Macht verfügt, die es ihr ermöglicht, Austrittswillige auf subtilere Weise zu schädigen als mit nackter Gewalt.[625] Machen etwa Religionsführer die relevanten Namen publik, im Wissen, so deren guten Namen in der Gesellschaft zu diskreditieren, ist dies dann als Gewalt im Rechtssinne zu qualifizieren? Wenn ja, wie ist hier genau die Grenze zu bestimmen? Was wäre, wenn eine Religionsgemeinschaft keine nennenswerten hierarchischen Strukturen aufwiese und stattdessen dahin tendierte, Streitfragen im Wege öffentlicher Diskussion zu erörtern: Wäre es gerechtfertigt, eine öffentliche Debatte über den Austritt eines

---

621 Hinsichtlich dessen siehe S. 148.

622 Vgl. cann. 849, 845 § 1, 96, 204 § 1 CIC.

623 Vgl. cann. 535, 877 CIC in Verbindung mit den in der vorangegangenen Fn. genannten Vorschriften.

624 Hinsichtlich der persönlichen Daten ist dabei zu würdigen, dass zunächst keine privaten Informationen über die kultischen Handlungen (wie etwa eine Eheschließung) hinaus dort enthalten sind. Soweit die Religionsgemeinschaft diese Daten in legaler Weise erlangt hat (dazu gehört selbstredend das Einverständnis der Sorgeberechtigten zur Taufe), so lange kann der Gemeinschaft auch nicht bestritten werden, diese Daten zu behalten.

625 GHANEA, Apostasy, in: Facilitating Freedom of Religion or Belief (Fn. 275, 2004) 674 macht darauf aufmerksam, dass an die Stelle der Todesstrafe auch "'civil death" consequences threatening apostates' getreten sein können.

Einzelnen zu verbieten, wenn dessen Entscheidung nicht nur ihn selbst beträfe, sondern ihr auch vitale Bedeutung für das Kollektiv[626] zukäme?

Wie aber der Fall vor der EKMR illustriert, werden Probleme innerhalb einer Religionsgemeinschaft nicht unbedingt so sehr im Kontext des Austritts, sondern schon während des normalen Umgangs untereinander auftreten. Insoweit nun erscheint die Entscheidung der Kommission als recht hart.[627] Schließlich wird als einziges Mittel zur Konfliktlösung auf den Austritt des „Abweichlers" verwiesen. Allerdings gilt zu beachten, dass das Autonomie-Argument, das bei einem endgültigen Auseinandergehen der Streitparteien nicht einschlägig war, nunmehr im normalen Umgang untereinander in vollem Maße nach Beachtung verlangt. Zwar wird dies von der Kommission nicht näher hervorgehoben, doch enthält der folgende Satz der Entscheidung eine wesentliche Erkenntnis: „Eine Kirche ist eine organisierte religiöse Gemeinschaft basierend auf identischen oder zumindest substantiell ähnlichen Ansichten."[628] Zu Recht wird hiermit festgehalten, dass eine religiöse Überzeugung oftmals von *gemeinsam* geteilten Anschauungen abhängt. Das impliziert aber die unvermeidliche Kehrseite, dass der Einzelne damit leben muss, dass andere sich vereinigen und ihre Überzeugungen auf bestimmten Grundsätzen aufbauen. Werden gewisse Grundsätze von der Gemeinschaft als so tragend erkannt, dass sie die nicht hintergehbare Substanz der Gemeinschaft bilden, muss das hingenommen werden. Dies zu erkennen, bedeutet gleichzeitig, die Lösung zur eingangs entwickelten Fallvariante an der Hand zu haben. Das kanonische Strafrecht ist auch vom Standpunkt des internationalen Menschenrechtsschutzes zu akzeptieren. Dabei muss bedacht werden, dass – trotz der namentlichen Identität – kirchliches Strafrecht nicht etwa mit staatlicherseits nicht zu tolerierenden Strafmitteln arbeitet[629]: Eine Frau, die an sich das Ritual der Priesterweihe hat vornehmen lassen,[630] deshalb in der Engelsburg zu inhaftieren, bliebe der Kirche natürlich nach den Maßstäben heutiger Menschenrechte verwehrt. Die heutzutage angewandten Sanktionen berühren jedoch keine Interessen, die aus menschenrechtlicher Perspektive so gewichtig sind, als dass sie einer näheren Überprüfung unterzogen werden müssten. Vielmehr ist die Privatautonomie, das Selbstbestimmungsrecht der religiösen Gemeinschaften, die eigene Gemeinschaft zu ordnen, voll zu respektieren.[631] Dabei

---

626 Hinsichtlich der oft anzutreffenden Verquickung von religiöser Zugehörigkeit und gemeinschaftsbezogener Konsequenzen vgl. nur GHANEA, ibid., 671.

627 Vgl. die Kritik von KIMMINICH, Religionsfreiheit als Menschenrecht (Fn. 492), 1999, 152, die die Sprachwahl, nicht aber das Ergebnis in den Blick nimmt.

628 'A church is an organised religious community based on identical or at least substantially similar views', so EKMR, *X v Denmark* (Zlk.-Entsch., 8.3.1976, Nr. 7374/76) DR 5, S. 157.

629 Wie oben ausgeführt, vgl. den Text beginnend auf S. 36.

630 Und nicht beabsichtigt, aus der Kirche auszutreten.

631 Siehe etwa TH, The Right to Autonomy in Religious Affairs, in: Facilitating Freedom of Religion or Belief, hrsg. v. *Lindholm* u. a., Leiden 2004, 309–314; vgl. auch den Überblick über Gefährdungen und den Umgang mit dem Selbstbestimmungsrecht religiöser Gemeinschaften auch auf nationalstaatlicher Ebene VAN DER VYVER, The Relationship of Freedom of Religion or Belief Norms to Other Human Rights, ibid., 94–103.
Vgl. ferner zur Begründung eines Kollektivrechts in Auseinandersetzung mit Gegenstimmen etwa DURHAM, Jr., Facilitating Freedom of Religion or Belief Through Religious Association

zeigt sich ein weiteres Mal, dass ein kategorischer Unterschied zwischen nicht-staatlichen Akteuren und dem Staat besteht. Letzterer darf dagegen unter keinerlei Umständen irgendeine Form eines Dogmas verkünden.

Gleichwohl ist die zu gewährleistende Autonomie für religiöse Gemeinschaften nur ein einzelnes, wenn auch äußerst gewichtiges Argument. Da unter gewissen Umständen sehr wohl gewichtige Gegenargumente einschlägig sein könnten, kann es keineswegs a priori angenommen werden, dass niemals eine positive Schutzpflicht des Staates zugunsten des Abweichenden bestehen könne. Daher zieht die Aussage der Kommission, dass „die individuelle Gedanken-, Gewissens- und Religionsfreiheit in dem Augenblick verbraucht ist, in dem akzeptiert" wurde, der religiösen Gemeinschaft beizutreten[632], nicht ausreichend in Betracht, dass das Konzept der „horizontal effects" auch die internen Beziehungen beeinflussen könnte.[633] Ebenso ist die Aussage in *Konttinen* gefährlich, das Verlassenkönnen sei „die ultimative Garantie des Rechts auf Religionsfreiheit"[634]. Hier wird zu einseitig nur auf das endgültige Auseinanderbrechen fokussiert. Wenn beispielsweise eine Gemeinschaft auf das Antasten ihrer Regelungen und Lehren durch einzelne Mitglieder mit Maßnahmen wie dem sog. „brain-washing"[635] reagiert, besteht eine positive Schutzpflicht des Staates zur Beobachtung und nötigenfalls zum Eingreifen auch dann,

---

Laws, ibid., 355–357. Auf diese Frage kommt es hier allerdings nicht entscheidend an, denn andernfalls könnten hier die einzelnen Mitglieder jeweils gesondert ihr Recht geltend machen, nach den gemeinsam gewählten Grundsätzen sich richten zu dürfen.

632 'The individual freedom of thought, conscience or religion is exercised at the moment they accept'… Allerdings ist darauf zu verweisen, dass die Kommission einen Beschwerdeführer vor Augen hatte, der zumindest ein Gehalt dafür empfangen hat und empfangen will, Kleriker seiner Kirche zu sein.

633 Vgl. allerdings den EGMR in *Serif v Greece* (14.12.1999, Nr. 38178/97) (2001) 31 EHRR 20, S. 573 (§ 53): 'The role of the authorities in such circumstances is not to remove the cause of tension by eliminating pluralism, but to ensure that the competing groups tolerate each other.' Abgesehen von der zweifelhaften Berufung auf die Toleranz akzeptiert hier das Gericht, dass unter außergewöhnlichen Umständen eine positive Schutzpflicht bestehen könne, in die internen Beziehungen einer Religionsgemeinschaft einzugreifen.

634 'The ultimate guarantee of [the] right to freedom of religion', so EKMR, *Konttinen v Finland* (Zlk.-Entsch., 03.12.1996, Nr. 24949/94) [HUDOC], § 1 (am Ende); siehe auch EKMR, *Ahmad v United Kingdom* (Zlk.-Entsch., 1.3.1981, Nr. 8160/78) (1982) 4 EHRR 135 (§ 15). Beide Fälle beziehen sich auf Spannungen am Arbeitsplatz, die durch religiöse Pflichten des Arbeitnehmers entstanden. Mit solchen Bemerkungen legt die Kommission die Betonung sehr strikt auf die Möglichkeit des Verlassenkönnens. Seine Arbeit aufzugeben anstatt eine noch für beide Seiten akzeptable Einigung – notfalls zwangsweise eben unter Berufung auf die Religionsfreiheit – herbeiführen zu dürfen, kann sich zweifelsohne als harte Entscheidung für den Arbeitnehmer herausstellen. Vgl. auch die kritische Anmerkung von QUINN, Conscientious Objection in Labor Relations, in: Freedom of Conscience, hrsg. v. *Council of Europe*, Straßburg 1993, 117.

Vgl. ferner eine Schutzverpflichtung des Staates befürwortend M. D. EVANS, Believing in Communities, European Style, in: The Challenge of Religious Discrimination at the Dawn of the New Millennium, hrsg. v. *Ghanea*, Leiden 2003, 146–7.

635 Zu diesem schillernden Begriff vgl. zunächst nur UITZ, Freedom of Religion (Fn. 424, 2007) 167–168. Hinsichtlich dieses Phänomens siehe näher später S. 163, bei Fn. 676 und Fn. 677.

wenn das Mitglied zzt. nicht an Austreten denkt.[636] Es ist allerdings äußerst schwierig, die Grenze zu ziehen zwischen gerade noch legitimer interner Autonomie und dem Missbrauch der Religionsfreiheit, die zum Eingreifen auffordert. Ebenso, wie nämlich der Einzelne einer Überzeugung anhängen darf, die von außen als bizarr, unangemessen oder irrational[637] beschrieben werden könnte, so gilt dies ebenso für die religiöse Gemeinschaft.

Abschließend sei noch auf eine letzte Fallgestaltung verwiesen, die die EKMR in *D v France* zu behandeln hatte.[638] Hier ging es um den Streit eines zivilrechtlich geschiedenen jüdischen Ehepaares, bei dem der Mann seiner Frau die Übergabe des Scheidungsbriefes verwehrte. So behielt er sich die Möglichkeit vor, eben diese seine geschiedene Frau später einmal religiös wiederheiraten zu können.[639] Diese wiederum erstritt sich vor französischen Gerichten 25.000 Franc Schadensersatz, da ihr nämlich durch dieses Verhalten die religiöse Wiederheirat mit anderen verwehrt wurde.[640] Die Kommission meinte, der Mann rüge in seiner Beschwerde nicht, die Übergabe des Scheidungsbriefes wäre eine Handlung gegen sein Gewissen, „weil dies eine Handlung ist, durch die eine Scheidung ordnungsgemäß nach jüdischem Gesetz vorgenommen wird".[641] Zudem „scheine es", dass seine religiösen Führer ohnehin eine abweichende Haltung einnähmen. Diese hätten ihn schließlich gebeten, ihnen die Verweigerung der Herausgabe des Briefes zu erläutern.[642] Daraus schließt dann die Kommission, die Handlung des Mannes sei nicht vom Schutzbereich des Art. 9 EMRK gedeckt.[643] FROWEIN ist zuzustimmen, soweit er die Begründung für „schwierig" erachtet.[644] Übertragen auf andere Fälle ließe sich vortragen, ein Katholik, der ein Dogma leugne, handle nicht aufgrund seiner Religionsfreiheit. Schließlich seien die „religiösen Führer" anderer Meinung. Das

---

636 Bzw. im schlimmsten Fall nicht daran denken kann. Weiterhin mag es Menschen geben, die innerhalb der Gemeinschaft gegen derartige Missstände vorgehen wollen und wissen, dass sie ihr Ziel auch nur von innen heraus erreichen können. Sie hat der Staat gegebenenfalls zu unterstützen, auch wenn es eben nicht um einen Austritt geht.

637 Siehe das Zitat oben S. 138 bei Fn. 542.

638 EKMR, *D v France* (Zlk.-Entsch., 6.12.1983, Nr. 10180/82) DR 35, S. 201.

639 Da der Antragssteller sich zu den sog. Kohanim zählt, denen es verwehrt ist, jemals *religiös* geschiedene Frauen zu heiraten, und sei es auch die eigene.

640 Weitere Einzelheiten zum Sachverhalt siehe unten S. 165 in Fn. 679.

641 'Since it is an act by which divorce is regularly established under Jewish law', so EKMR ibid. S. 202. Dann wird als Manifestation die eben in Fn. 639 genannte Motivation beschrieben, mit seiner Ex-Frau in Zukunft nochmals in einer (dann noch immer) religiös gültigen Ehe zusammenleben zu können.

642 Laut Sachverhalt steht nur fest, dass das „Rabbinical Tribunal" ihn habe befragen wollen, mehr jedoch nicht. Im Übrigen verweist die EKMR darauf, dass das französische zivile Berufungsgericht (sic!) gesagt habe, niemand mit echter religiöser Überzeugung verweigere die Herausgabe des Scheidungsbriefes.

643 Ibid.: 'Therefore … the applicant was not manifesting his religion in observance or practice, within the meaning of Article 9 § 1 of the Convention. It follows that there was … no interference with the rights ensured by Article 9 of the Convention.'

644 FROWEIN, Religionsfreiheit und internationaler Menschenrechtsschutz, in: Religionsfreiheit zwischen individueller Selbstbestimmung, Minderheitenschutz und Staatskirchenrecht (Fn. 422, 2001), 82–83.

überzeugt nicht.[645] Die Autonomie einer religiösen Gemeinschaft führt dazu, dass ein Dissident nicht leichtfertig durch staatliche Hilfe „seine“ religiöse Gemeinschaft per Zwang verändern kann. An seiner *eigenen* religiösen, durch Art. 9 EMRK geschützten Überzeugung zu zweifeln, besteht indes kein Anlass. Hinzu kommt, dass der Beschwerdeführer hier wohl kaum zu bestreiten beabsichtigt, dass eine religiös wirksame Scheidung durch Übergabe des Briefes vorgenommen wird. Hier steht stattdessen in Rede, ob er die Scheidung der *religiösen* Ehe aus religiösen Gründen nicht eingehen will. Um für einen Augenblick in der Argumentationsstruktur der EKMR zu verharren: Ob gerade dies ihm die „religiösen Führer“ ebenso verweigern, lässt sich dem mitgeteilten Sachverhalt noch nicht einmal entnehmen.[646]

Die eigentliche Frage bleibt daher, ob die Ehefrau sich ihrerseits auf die Religionsfreiheit berufen kann, wie FROWEIN dies bejahen und damit das Ergebnis der Entscheidung aufrechterhalten will. Der staatliche Eingriffe müsse hier „als zum Schutz des religiösen Friedens insgesamt notwendig“ qualifiziert werden: Die Frau wird nach der zivilrechtlichen Scheidung von ihrem Mann in ihrer Religionsausübung so massiv gestört, dass der Staat einschreiten kann.“[647] Eine solche Auffassung ist jedoch ebenso zurückzuweisen wie die der Kommission. Zwar mag man es u. U. als unmoralisch qualifizieren, dass jemand die religiöse Eheverbindung nicht gleichzeitig mit der zivilrechtlichen lösen will.[648] Zunächst aber ist dies erst einmal die Folge jüdischen Rechts (in der hier maßgeblichen – wohl orthodoxen – Auslegung), die einem Ehepartner ein solches Handeln ermöglicht.[649] Staatlicherseits kann die Frau sich in Frankreich nach Belieben wiederverheiraten. Warum aber soll die Religionsfreiheit der Frau „massiv gestört“ sein, wenn sie einer Religion angehört, die ihr eine bestimmte Handlung nicht erlaubt? Müsste danach nicht auch, um hier wieder auf das Beispiel der Katholiken zurückzugreifen, der Staat in das kanonische Eherecht eingreifen, wenn er sich mit den Ansprüchen derer konfrontiert sieht, denen eine kirchliche Wiederheirat nicht erlaubt wird? Hier gilt entgegen FROWEIN, dass es Aufgabe des Judentums selbst ist, tragfähige Regeln zum reli-

---

645 Es versteht sich von selbst, dass sich die Sachlage grundlegend ändert, sofern die religiöse Eheschließung auch staatlicherseits anerkannt und Folgen nach sich zöge, siehe dazu RICHTER, Relativierung universeller Menschenrechte durch Religionsfreiheit? in: Religionsfreiheit (Fn. 525, 2001), 113, ebd. auch weitere Hinweise zum jüdischen Recht 110–112.

646 Die Entscheidung des französischen weltlichen Gerichts (siehe Fn. 642) ist diesbezüglich jedenfalls irrelevant.

647 FROWEIN, Religionsfreiheit und internationaler Menschenrechtsschutz, in: Religionsfreiheit zwischen individueller Selbstbestimmung, Minderheitenschutz und Staatskirchenrecht (Fn. 422, 2001), 83.

648 Über die tatsächlichen Hintergründe wird nicht mehr als das oben Genannte gesagt.

649 Hier soll nicht die weitergehende Frage behandelt werden, inwieweit der Staat aus „Antidiskriminierungsgründen“ etwa im Kampf gegen eine Benachteiligung von Frauen in innerreligiöse Konflikte eingreifen mag (hier: wenn es nur der Mann ist, der das Recht hat, keinen Entlassungsbrief zu übergeben (unbeschadet dessen, dass die Frau womöglich das Recht hat, ihrerseits einen Entlassungsbrief nicht anzunehmen und so einen scheidungswilligen Mann an Wiederheirat zu hindern; die Ansichtsweisen im Judentum scheinen hier insgesamt durchaus unterschiedlich zu sein)).

giösen Eheverständnis zu finden.[650] Der Staat wäre damit nicht nur hoffnungslos überfordert, er darf es auch nicht, solange nicht ein besonderes, hier nicht ersichtliches[651] Interesse hinzu tritt.

b) Beispiel (2): Erzwungene Mitwirkung bei Abtreibungen in einem privaten Krankenhaus

Es könnten auch Konflikte in den Fällen auftreten, in denen jemand den Staat zum Handeln gegen nicht-staatliche Beeinträchtigung des forum internum auffordert, bei denen es sich aber nicht um interne Angelegenheiten einer Religionsgemeinschaft handelt. Solche Situationen könnten gerade deshalb in besonderem Maße für die Begründung einer positiven Schutzpflicht des Staates geeignet sein, da sich der private Gegenspieler nicht notwendigerweise seinerseits auf Menschenrechte beruft. Eine solche potentielle Rechtfertigung für sein Handeln ist dagegen der Regelfall bei internen Konflikten.[652]

Als Beispiel[653] könnte man an eine Ärztin in einem Privatkrankenhaus denken, die zur Mitwirkung an Abtreibungen[654] gezwungen werden soll, dies jedoch nicht

---

650 Ausweislich http://en.wikipedia.org/wiki/Jewish_view_of_marriage#Divorce, eingesehen am 3.3.2008, gibt es hier die verschiedensten Ansätze, eine als akzeptabel empfundene Lösung zu schaffen (vgl. z. B. das Stichwort „Lieberman-clause").

651 Vgl. allerdings Fn. 649.

652 Aus Vereinfachungsgründen wurde eben allerdings eher allgemein nur auf die Selbstbestimmung und Autonomie, nicht aber auf die selbstredend hier auch einschlägige kollektive Religionsfreiheit verwiesen.

653 Die praktische Relevanz solcher Beispiele kann durch Verweis insbesondere auf die nationale Rechtslage in den Vereinigten Staaten aufgezeigt werden. Dort herrscht ein reger Streit um ähnliche Fragestellungen, allerdings vor dem Hintergrund eines Religionsfreiheitsverständnisses, das sich deutlich von dem des Art. 18 ICCPR unterscheidet (insbesondere hinsichtlich der Differenzierung zwischen Manifestieren und absolutem Schutz des forum internum). Für einen Überblick hinsichtlich der zugrunde liegenden US-Prinzipien in diesem Zusammenhang (u. a. zum First Amendment) vgl. BOOZANG, Deciding the Fate of Religious Hospitals in the Emerging Health Care Market (1995) 31 Houston L Rev 1493–1504, kurz auch GROCHTMANN, Rezension zu *Funke*, Die Religionsfreiheit im Verfassungsrecht der USA (2006), DPM 15 (2008) (im Erscheinen).
In den USA gibt es explizite Regeln hinsichtlich der Relevanz des Gewissens, u. a. im medizinischen Sektor, siehe Title VII of the Federal Civil Rights Act of 1964 (siehe den Verweis auf 42 U.S.C. § 2000e et seq. (1994) bei HERBE, The Right to Refuse: A Call for Adequate Protection of a Pharmacist's Right to Refuse Facilitation of Abortion and Emergency Contraception (2004) 17 J L & Health 93). Vgl. weiterhin die Beschreibung sog. 'conscience-laws' in einigen US-Bundesstaaten, die Personen im Gesundheitssektor helfen sollen, sich auf ihr Gewissen zu berufen, wenn sie sich weigern, z. B. Dienstleistungen im Zusammenhang mit Abtreibungen vorzunehmen – insoweit sind Apotheker allerdings zumeist nicht erfasst, siehe HERBE, ibid. 97–100 und RAMBAUD, Prescription Contraceptives and the Pharmacist's Right to Refuse: Examining the Efficacy of Conscience Laws (2006) 4 Cardozo Pub L Poly & Ethics J 201–203; vgl. auch, sich beziehend z. B. auf tödliche Spritzeninjektionen (Todesstrafe), NELSON, Freedom of Choice for Everyone: The Need for Conscience Clause Legislation for Pharmacists (2005) 3 U St. Thomas L J 156–157, m. w. N. auf die Gegenansicht zu solchen „consciences clauses" auf S. 160.

mit ihrem Gewissen vereinbaren kann. Die erste zu beantwortende Frage ist, ob solch ein gewissensbegründeter Widerspruch zur absolut geschützten Sphäre des forum internum zuzurechnen ist. An einer Abtreibung mitzuwirken, bedeutet für die Ärztin, dahin gedrängt zu werden, in irgendeiner Weise ihre innere Überzeugung zu verändern – nach wie vor vermag sie eine Abtreibung in gleichem Maße als ethisch unvertretbar beurteilen. Allerdings ist die Ärztin mit einer Verpflichtung konfrontiert, eine Handlung durchzuführen,[655] die im Gegensatz zu ihren Überzeugungen steht. Wie oben ausführlich verdeutlicht, ist es bislang nun noch keineswegs gelungen, eine stringente Trennlinie zwischen Manifestieren und forum internum zu ziehen. Der Wortlaut der relevanten Normen[656] klassifiziert „observance" als eine Form des bloßen Manifestierens, doch gibt es gute Gründe dafür, einige Formen der „observance" als dem forum internum zugehörig zu qualifizieren.[657] Allerdings würde darüber hinaus das Kriterium privat/öffentlich hier nicht für eine Einbeziehung in den absolut geschützten Bereich sprechen, da die Arbeit einer Ärztin Teil ihres öffentlichen Lebens ist. Das wohl am meisten für eine Einbeziehung in den Bereich des forum internum sprechende Argument ist es zu erkennen, dass das Manifestieren als Gegenbegriff zum forum internum eine aktiv-kommunikative Komponente voraussetzt.[658] Mit der bloßen Weigerung, an einer Abtreibung teilzunehmen, liegt der Schwerpunkt aber nicht auf Überzeugungsarbeit oder irgendeiner sonstigen normalen Kommunikationsform mit anderen, sondern auf einem Lebensvollzug im Einklang mit den grundlegenden Forderungen des eigenen Gewissens. Solange die Verweigerung als direkte Konsequenz eines essentiellen Teils der inneren Überzeugungen festgemacht werden kann, könnte argumentiert werden, dies dem absolut geschützten forum internum zuzurechnen.[659] Wie dem auch sei,

---

Hinsichtlich des Umfangs der UK 'conscience clause' als Teil des „Abortion Act 1967" siehe mit Nachweisen GRUBB, Case Comment on *R v Salford Health Authority, ex parte Janaway* [1988] 2 WLR 442 [1988] Cambridge L J 162–165. In Deutschland existiert eine vergleichbare Gesetzgebung nicht.

Wie es jedoch in einer umfassenden Studie zu den hier einschlägigen Streitfragen heißt, gilt, dass die weitaus meisten von denen, die an einer Abtreibung nicht mitwirken können, auch auf freiwilliger Basis dementsprechend eingesetzt werden, siehe DURHAM, Jr./ WOOD/ CONDIE, Accomodation of Conscientious Objection to Abortion [1982] BYUL Rev 368.

654 In diesem Zusammenhang muss die logisch vorrangige Frage unbeachtet bleiben, inwieweit das internationale Menschenrechtssystem bzw. nationale Verfassungen generell Abtreibungen verbieten müßten.

655 Die Frage nach der Anwendbarkeit der Gewissensfreiheit erscheint ohnehin schwierig genug unter Zugrundelegens eindeutiger Fakten, sodass es hier nicht notwendig erscheint, subtilere Sachverhalte anzusprechen, wie etwa Formen von nur indirekten Beiträgen zu einer Abtreibung.

656 Vgl. sowohl Art. 9 § 1 EMRK als auch Art. 18 § 1 ICCPR.

657 Siehe den Text oben beginnend bei S. 119 hinsichtlich 'worshipping'.

658 Siehe oben S. 115 bei Fn. 446.

659 Es bleibt jedoch zweifelhaft, ob Unterscheidungskriterien gefunden werden können, die hinreichend nachvollziehbar und unparteiisch angelegt sind. Die prinzipielle Rechtsfolge absoluten Schutzes (siehe einschränkend dazu allerdings sogleich im Text) könnte dazu verleiten, dem forum internum einige Akte zu entziehen, um diese Rechtsfolge zu vermeiden. Wenn beispielsweise ein Zeuge Jehovas auf der gleichen Auslegung beruhend eine Bluttransfusion

endgültige Antworten für die in Frage kommenden Sachverhaltsgestaltungen zu erarbeiten, ist eine kaum lösbare Aufgabe. Nimmt man für den weiteren Verlauf der Diskussion an, dass der absolute Schutz des forum internum einschlägig sei,[660] sind nunmehr die folgenden Fragen zu beantworten: Zunächst ist zu überprüfen, ob ein Eingriff im Rechtssinn vorliegt, bevor dann zu fragen ist, ob die „horizontal effects" dazu führen, dass der Staat zu Schutzmaßnahmen zugunsten der Ärztin verpflichtet ist.

Ein Eingriff in das forum internum könnte mit der Begründung verneint werden, die Ärztin habe doch die Option, ihren Vertrag zu beenden[661]. Solch ein Argument ist schließlich in der Rechtsprechung der EKMR verankert.[662] Es kann hier aber an Sachverhaltsvarianten gedacht werden, die die Anwendung einer solch harschen Regel als zweifelhaft erscheinen lassen. Wäre z. B. der Arbeitgeber das einzige Krankenhaus in hinnehmbarer Entfernung vom Wohnort der Ärztin, wo sie mit ihrer Familie ein Eigenheim errichtet hat, und wären zusätzlich genügend andere Bedienstete in ihrem Krankenhaus dazu bereit, an Abtreibungen mitzuwirken,[663] ist dann der Verweis auf die Kündigungsmöglichkeit zum Schutz ihrer Gewissensfreiheit legitim? Wenn nachweisbar wäre, dass das Krankenhausmanagement bewusst ein anderweitiges Arrangement verhindert, um die Ärztin zu schikanieren, wäre es dann noch überzeugend, einen Eingriff zu verneinen? Es scheint somit Sachverhalte zu geben, bei denen ein Eingriff in das forum internum zu bejahen ist.

Die nächste Frage wäre, ob der absolute und daher sehr herausgehobene Schutz der innersten Überzeugungen es erfordert, dass der Staat in jedem Fall, dessen er gewahr wird, zugunsten des Opfers tätig werden muss. Es ist allerdings die tatsächlich im Einzelfall vorliegende Schwere eines Menschenrechtsmissbrauchs,

---

für sich oder sein Kind verhindern möchte, könnte man versucht sein, dieses Begehren zurückzuweisen. Ob die praktischen Notwendigkeiten tatsächlich so verführerisch wären, dass eine vertretbare gerechte Rechtsanwendung nicht gewährleistet wäre, kann aber schlecht beurteilt werden. Das eben genannte Beispiel kann jedenfalls ohne weitere Verbiegungen einem zuträglichen Ergebnis zugeführt werden. Hinsichtlich des Kindes gälte schließlich, dass das elterliche Sorgerecht vom staatlichen Wächteramt begrenzt wird, insbesondere wenn das leibliche Wohl des Kindes dramatisch gefährdet ist. Hinsichtlich des Erwachsenen müsste zunächst einmal sorgsam begründet werden, weshalb überhaupt dessen Entscheidung nicht hingenommen werden müsste.
Vgl. hinsichtlich der hier nicht näher zu begutachtenden Fragen z. B. GONZÁLES DEL VALLE, The Permissible Scope of Legal Limitations on the Freedom of Religion or Belief in Spain (2005) 19 Emory Intl L Rev 1062–1063.

660 Darauf hingewiesen sei, dass die kommenden Fragestellungen sich allerdings auch dann in ähnlicher Weise ergäben, wollte man hier nur eine Form des Manifestierens anerkennen. Auch hierfür besteht schließlich menschenrechtlicher Schutz, dem ebenso „horizontal effects" zukommen könnten.

661 Überdies wäre die Rechtslage wohl anders zu werten, wenn der Ärztin schon bei Vertragsschluss bekannt war, dass sie in Zukunft an Abtreibungen würde mitwirken müssen.

662 Siehe S. 155, Fn. 634.

663 Vgl. hinsichtlich eines 'reasonable accommodation requirement by the employer' im US-Recht RAMBAUD (Fn. 653) (2006) 4 Cardozo Pub L Poly & Ethics J 216–219.

die mit darüber entscheidet, ob es eine korrespondierende Schutzpflicht des Staates zum Einschreiten gibt.[664] Eine bloß schematische Bejahung einer Schutzpflicht hinsichtlich aller dem forum internum zugeordneten Fälle, aufgrund dessen absoluten Schutzmechanismus', scheint dem nicht angemessen zu sein. Das forum internum umfasst nicht nur Überzeugungen, die *per se*[665] von solch überragender Bedeutung sind, dass jedweder Eingriff zwangsläufig zu einer solch schweren Verletzung führt, dass darauf mit einer obligatorischen Schutzpflicht geantwortet werden müsste.

Steht man vor der Aufgabe, die oben angeführten Kriterien anzuwenden, um so festzustellen, ob eine positive Schutzpflicht besteht, bekommt man die Folgen fehlender Präzision dieser Maßstäbe zu spüren. Die quasi-öffentliche Funktion des Krankenhauses als des einzigen in Frage kommenden Arbeitgebers in dieser Region spricht für die Annahme einer Schutzpflicht. Dies gilt auch für die Leichtigkeit, mit der im gegebenen Fall hier das Hospital den Konflikt einvernehmlich beilegen könnte: Der Staat müsste hier dem betroffenen Privaten keinerlei schwere Beeinträchtigungen zumuten, sondern griffe nur marginal in dessen Autonomie ein. Auf der anderen Seite sprechen in einem solchen Fall gute Gründe dafür, dem Staat einen weiten Einschätzungsspielraum zu geben, ob er es nach eigenem Ermessen für geboten ansieht, hier in den Konflikt unter Privaten einzugreifen. Das hätte zur Folge, dass deshalb gegebenenfalls der Anspruch der Ärztin ins Leere ginge. Schließlich solle das Konzept der „horizontal effects" dann nicht anwendbar sein, wenn es eine „unverhältnismäßige Belastung" für den Staat herbeiführe.[666] Es kann hier vorgetragen werden, dass die notwendigen Anstrengungen, bei einem solchen Fall die notwendige Sachverhaltsaufklärung durchzuführen, die Kapazitäten der Behörden überstiegen. Es ist dabei schließlich zu bedenken, dass es nur die das Übliche überschreitenden Fakten sind, die hier überhaupt zu einem relevanten Eingriff in das forum internum führen. Angemessen wäre es aus meiner Sicht, zumindest in den Fällen eine positive Schutzpflicht grundsätzlich zu bejahen, in denen die Betroffene ihrerseits in Vorleistung tritt, sprich den Behörden dadurch das Argument der fehlenden Angemessenheit aus der Hand schlägt, dass sie selbst schon einen aufgearbeiteten Sachverhalt mit brauchbaren Beweisangeboten vorlegt.[667] Es zeigt sich jedenfalls wieder an einem solchen Beispiel, wie äußerst diffizil der Schutz des forum internum vor Zwang und anderen Eingriffen in Situationen zu handhaben ist, bei denen es um Konflikte unter Privatpersonen geht.

---

664 Siehe S. 141, Fn. 557.

665 Obschon zu konzedieren ist, dass das forum internum mit Blick auf den Rechtsbegriff „Gewissen" in solch enger Weise interpretiert werden könnte, dass jedem Eingriff zumindest eine überdurchschnittliche Schwere beizumessen wäre. Eine nähere Ausarbeitung der maßgeblichen Rechtsbegriffe übersteigt allerdings den Rahmen dieser Arbeit, vgl. dazu kurz S. 78, Fn. 286.

666 Siehe S. 150, Fn. 610.

667 Rechtliche Ausführungen wären zusätzlich nur als Anregung für die selbstverantwortlich zur Rechtsanwendung verpflichtete Behörde notwendig. Insoweit könnte natürlich überlegt werden, ob basierend auf der umfangreichen Diskussion der sog. conscience clauses in den USA (siehe die Nachweise auf S. 158 in Fn. 653) schon hinreichend ausgereifte Rechtslösungen bereitliegen, die einer praktischen Verwertbarkeit den Weg ebnen.

c) Beispiel (3): Proselytismus (Variante a)

Mit Blick auf die theoretischen Voraussetzungen von „horizontal effects“ soll nun der Blick noch einmal auf die Frage missionarischer Aktivitäten gelenkt werden. Zunächst ist klarzustellen, dass das internationale Menschenrechtsregime einzig friedfertige Überzeugungsversuche duldet, wohingegen Gewaltanwendung ein Einschreiten zugunsten der Opfer notwendig machte. Geht es allerdings darum, eine positive Schutzpflicht basierend auf dem Schutz des forum internum festzustellen, gerichtet gegen gewaltfreie Missionsarbeit, so ist eine hohe Messlatte zu überspringen.[668] Die Möglichkeiten des Staates einzugreifen sind von vornherein eingeschränkt.[669] Hinzu kommt, dass dem Staat eine Einschätzungsprärogative zusteht, ob er etwaig einzugreifen bereit wäre.[670] Selbst hinsichtlich der Situationen, in denen Missionare eine finanzielle Machtstellung einsetzen, um in Armut lebende Menschen für sich zu gewinnen, kann kaum eine staatliche Pflicht zum Eingreifen hergeleitet werden.[671] Es führt nicht weiter, dass starke Gründe dafür sprechen, solch ein Vorgehen als unethisch zu bezeichnen,[672] abgesehen davon, dass sicher nicht alle Religionen solch ein Vorgehen befürworten würden.[673] Nicht-staatliche

[668] Eine andere Frage allerdings ist es, ob unter Anwendung des Minderheitenrechts (bzw. dessen Prinzipien zur Auslegung der existierenden rechtlichen Regelungen) nicht die Schwelle deutlich gesenkt werden muss, um Minderheiten effektiv zu schützen. Vgl. allgemein zum Minderheitenrecht RODLEY, Conceptual Problems in the Protection of Minorities International Legal Developments (1995) 17 HRQ 48–71; zu Beschränkungen von Missionsarbeit, gestützt auf Minderheitenrechte, vgl. die Ausführungen von VALDERRAMA ADRIANSÉN, Tolerance and Religious Freedom: The Struggle in Peru [2007] BYUL Rev 782, 784, 787, 789.

[669] Siehe S. 148, Fn. 595.

[670] Bei dieser Fallvariante hier ist die Perspektive des angeblichen Opfers in den Blick zu nehmen, das um Hilfe sucht. In der Praxis wird es mit Blick auf Missionare allerdings zumeist um Staaten gehen, die von sich aus gegen Missionare vorgehen und sich dabei darauf berufen, die Gewissensfreiheit ihrer Bürger zu schützen. Zu diesem Themenkomplex des Handelns auf eigene Initiative siehe die Ausführungen sogleich.

[671] Abgesehen von der substantiellen Frage, wie mit solchen Aktivitäten umzugehen ist, wäre es sicherlich oftmals kompliziert, Missionaren eine entsprechende Intention nachzuweisen, ihre materielle Hilfe mit dem Druck auf einen Glaubenswechsel zu verbinden.
Vgl. mit diesem Ergebnis auch KRISHNASWAMI, 'Study of Discrimination in the Matter of Religious Rights and Practices' (1960) UN Doc E/CN.4/Sub.2/200/Rev.1, S. 27. Vgl. auch CUMPER, Freedom of Thought, Conscience, and Religion, in: ICCPR and UK Law (Fn. 388, 1995), 370–371.
Siehe für eine Gegenansicht jedoch LERNER, Religion, Secular Beliefs and Human Rights (Fn. 274, 2006) 20 (zitiert oben S. 102 in Fn. 388); 132; 164 (Argument 5); siehe zu dessen Verständnis von coercion auch oben das Zitat S. 102, Fn. 388.

[672] Auch insoweit allerdings gilt, dass es schwerfallen wird, eine Trennlinie zu ziehen zwischen einer unethischen Verknüpfung von Hilfe und Konversionsdruck auf der einen und humanitären Hilfe verbunden mit schlichtem Glaubenszeugnis auf der anderen Seite. Hinsichtlich dessen vgl. TAYLOR, Freedom of Religion (Fn. 276, 2005) 62–63, der der Auffassung ist, 'the notion of improper "inducement" is elusive and casts doubt, which is largely unsubstantiated, over missionary and humanitarian work.'

[673] Vgl. hinsichtlich der katholischen Richtlinie hierzu BENEDIKT XVI., Enzyklika Deus Caritas Est (25.12.2005), hier zitiert nach DBK, Verlautbarungen des Apostolischen Stuhls Nr. 171, Nr. 31 c (S. 47): „Außerdem darf praktizierte Nächstenliebe nicht Mittel für das sein, was

Gemeinschaften sind jedoch schlichtweg nicht an bloß ethische Imperative gebunden.[674] Die Einbeziehung der Grundsätze hinsichtlich „horizontal effects" bestärkt also nur das oben schon gefundene Ergebnis, dass normale Aktivitäten von Missionaren keineswegs dazu führen, dass der Staat zugunsten der angeblichen Opfer deren Tätigkeit erschweren oder gar unterbinden müsste.

Wenngleich also die schlichte Gleichsetzung von zu verhinderndem Zwang und missionarischer Tätigkeit unzulässig ist, mag gerade die Entwicklung von Religionsgemeinschaften, die man oft als Sekten zu benennen pflegt,[675] Anlass zu ganz praktischen Fallbeispielen geben, bei denen eine positive Schutzpflicht des Staates ausgelöst werden könnte. Mit dem Schlagwort „brain-washing" ist eine Situation beschrieben, die einer genaueren Analyse möglicher „horizontal effects" hinsichtlich Missionsanstrengungen bedarf. Sollte es möglich sein, den Gebrauch von Methoden nachzuweisen, die direkt manipulierend auf die innersten Überzeugungen einer Person einwirken sollen, fiele es leicht, eine Pflicht des Staates zur Reaktion zu begründen.[676] Dass ein Urteil ungleich schwieriger wird, sobald subtile Mittel eingesetzt werden, braucht an dieser Stelle nicht mehr eigens hervorgehoben zu werden. Insbesondere darf man auch davon ausgehen, dass die Sachverhaltsaufklärung nicht ohne große Schwierigkeiten zu meistern ist.[677]

---

man heute als Proselytismus bezeichnet. Die Liebe ist umsonst; sie wird nicht getan, um damit andere Ziele zu erreichen." Vgl. ferner mit Blick auf andere christliche Konfessionen die Nachweise bei HOUTEPEN, From Freedom of Religion Towards a Really Free Religion, in: Freedom of Religion, hrsg. v. *Naber*, Assen 2000, 47 u. a. mit Blick auf eine Erklärung des World Council of Churches aus 1956. Siehe aktuell hierzu ferner The Oslo Coalition on Freedom of Religion or Belief, Missionary Activities and Human Rights: A Code of Conduct for Missionary Activities, 2.2.3., Entwurf März 2009, http://oslocoalition.org/mhr.php, eingesehen am 10.6.2009.

674 Vgl. oben S. 138 bei Fn. 542.

675 Hinsichtlich des Begriffs „Sekten" vgl. MAYER, Freedom of Conscience and the New Religious Pluralism: Questions regarding 'Sects', in: Freedom of Conscience, hrsg. v. Council of Europe, Straßburg 1993, 57, 62; RICHTER, Relativierung universeller Menschenrechte durch Religionsfreiheit? in: Religionsfreiheit (Fn. 525, 2001), 150–152; hinsichtlich deren Behandlung in Europa vgl. beispielsweise den Überblick bei DEFEIS, Religious Liberty and Protections in Europe (2007) 45 J Catholic Legal Studies 89–91.

676 Vgl. z. B. Richter PETTITI, *Kokkinakis v Greece* (25.5.1993, Nr. 14307/88) (1994) 17 EHRR 426–427.

677 Siehe allgemein zum Themenkomplex „Sekten" und deren Gefährlichkeit vgl. einerseits – von recht großem Gefahrenpotential ausgehend – LERNER, Religion, Secular Beliefs and Human Rights (Fn. 274, 2006) 125: 'Methods of inducement can be dangerous to the mental health of the prospective proselytes, particularly if sects combine religious ideas with disturbing forms of collective or individual behaviour.' Mit Blick auf die Scientoloy Church vgl. die Hinweise oben S. 72, Fn. 275.

Siehe andererseits aber auch Richter MARTENS, *Kokkinakis v Greece* (25.5.1993, Nr. 14307/88) (1994) 17 EHRR 438 (§ 18): 'It is evidently difficult to establish where spiritual means of conversion cross the borderline between insistent and intensive teaching, which should be allowed, and spiritual coercion akin to brainwashing. I am not satisfied, however, that the existence of such offensive methods has been established. In 1984 the author of a study on these new sects, made at the request of the Netherlands Parliament, concluded after extensive research that, as far as the Netherlands were concerned, there was no such evidence. The

3. Handlungen des Staates auf eigene Initiative, die darauf gerichtet sind, Verletzungen der Menschenrechte durch Private zu verhindern

Die soeben analysierten Fallgestaltungen nahmen sich den Fragen aus der Sicht des potentiellen Opfers an, d. h. seiner Ansprüche gegen den Staat auf positive Schutzmaßnahmen gegen private Beeinträchtigung seiner Gewissensfreiheit. Eng damit verbunden ist die Situation, dass der Staat eine ebensolche Gefährdungslage zwischen Privaten zu erkennen meint und nunmehr – aus eigenem Antrieb heraus – zugunsten des potentiellen Opfers Partei ergreift. Doch kann es nicht als selbstverständlich angenommen werden, dass der Staat in einem Konflikt zwischen Privaten auf der horizontalen Ebene dabei die richtige Seite unterstützt. Stellt sich der Staat dabei, wie die Praxis solcher angeblicher Schutzgesetze oft erkennen lässt, dann auch noch auf die Seite der Mehrheit und zu Lasten der angeblich menschenrechtswidrig agierenden Minderheit,[678] so sollte dies hinreichend Anlass zu näherem Nachdenken über die angemessene rechtliche Bewältigung derartiger Konflikte geben. Es ist daher nun in den Blick zu nehmen, welche Rechte in solch einem Fall den angeblich gegen die Menschenrechte verstoßenden Privatpersonen zukommen.

a) Berechtigung des Staates zur Eigeninitiative – Übereinstimmung mit der Diskussion um die sog. „Horizontal Effects"?

Zunächst gilt es, die Voraussetzungen herauszuarbeiten, aufgrund derer der Staat auf seine eigene Initiative hin in Konflikte zwischen Privaten einzugreifen vermag. Hierbei greift eine andere Rechtsgrundlage, die in den bisherigen Erörterungen kei-

---

author stressed that everywhere the new sects had provoked violent reactions including persistent allegations about such methods, but that Governments had up till then declined to take measures.'

Siehe auch die ernste Warnung vor Diskriminierung von Minderheiten im Gewande einer Gefahrenabwehr von Sekten MAYER, Questions regarding 'Sects' in: Freedom of Conscience (Fn. 675, 1993) 62. Ihm zufolge wird die Entwicklung von 'scientific research which is both independent and fully aware of its social responsibilities' äußerst wichtig sein.

Hingewiesen sei darauf, dass die Problematik „Sekten" nicht nur dann im Fokus der Religionsfreiheit steht, wenn es darum geht, eine Schutzpflicht auf positives Eingreifen zu konstruieren oder sonst direkte Eingriffe gegen Religionsgemeinschaften zu legitimieren. Es geht auch darum, inwieweit Grenzen gesetzt werden bei der positiven Förderung von Religionsgemeinschaften. Es steht dabei in Rede, inwieweit sich der Staat verweigern kann, Religionsgemeinschaften Vorteile zu gewähren, z. B. wenn diese möglicherweise in erster Linie wie ein Wirtschaftsunternehmen monitäre Interessen vertreten. Vgl. beispielhaft zur Lage in Ungarn insoweit SCHANDA,'Religious Freedom Issues in Hungary, [2002] BYUL Rev 424–428 (siehe auch 410–411, zum Bemühen, objektiv sich um die Erfassung von Minderheitsreligionen zu bemühen, die auch dort mit dem als abwertend empfundenen Begriff „Sekten" erfasst werden; ferner 429–431 zur Bewertung von der Church of Scientology durch staatliche Stellen); siehe zu allem auch *ders.*, The Permissible Scope of Legal Limitations on the Freedom of Religion or Belief in Hungary (2005) 19 Emory Intl L Rev 892–893, sowie ders., Staatskirchenrecht in den neuen Mitgliedstaaten der Europäischen Union, in: Recht in Kirche und Staat, *Joseph Listl* zum 75. Geburtstag, hrsg. v. *Rees*, Berlin 2004, 805.

678 Vgl. als Beispiel insoweit nur die sri lankische Rechtslage zum Schutz der buddhistischen Mehrheit, siehe oben ab S. 101 (bei Fn. 382).

ne Rolle spielte. Die Schrankenregelungen der internationalen Menschenrechte verweisen nämlich auf die Rechte der anderen als einem zulässigen Ziel, um Eingriffe zu rechtfertigen. Hinsichtlich der hier zu erörternden Gewissensfreiheit ermächtigen die Menschenrechtsverträge den Staat, die „rights and freedoms of others" (Art. 9 § 2 EMRK) bzw. „morals or the fundamental rights and freedoms of others" (Art. 18 § 3 ICCPR) zu schützen. Basierend auf diesem Teil der Schrankenregelung hatte der EGMR oftmals Fälle zu entscheiden, bei denen Konflikte zwischen nicht-staatlichen Akteuren reguliert wurden: Wenn schließlich ein Staat von seiner Ermächtigung Gebrauch macht, ein bestimmtes Verhalten von Privatpersonen zugunsten der Rechte anderer zu beschränken, dann greift er damit zwangsläufig in die „Sphäre der Beziehungen von Personen untereinander" ein.[679]

Da nach der Rechtslage hier schon die notwendigen Instrumentarien zur Konfliktlösung positivrechtlich festgelegt sind – die Eingriffsklauseln –, wird der gleichwohl auch hier im Hintergrund erkennbaren Frage nach den „horizontal effects" keine Aufmerksamkeit geschenkt.[680] Diese fehlende Beachtung mag auch an Folgendem liegen. Das Konzept der „horizontal effects" wird oft mit dem rechtspolitischen Hintergedanken unterstützt, auf diese Weise eine größere Effektivität der Menschenrechte zu erreichen, um „die Opfer von Herabwürdigungen überall zu schützen" gegen einen „exklusiven Staat-zentrierten Ansatz".[681] Wenn nun aber schon Maßnahmen gegen den angeblichen Aggressor getroffen werden, so fehlt es an diesem legitimierenden Antrieb, die sich schließlich noch immer in der Entwicklung befindenden Ansätze zu horizontalen Konflikten in den Fokus zu

---

679 'Sphere of the relations of individuals between themselves', so der Ausdruck bei *X and Y v The Netherlands* (26.3.1985, Nr. 8978/80) (1986) 8 EHRR 240 (§ 23).

680 Allerdings diskutiert zumindest CLAPHAM, Human Rights Obligations of Non-State Actors (Fn. 494, 2006), auch solche Fallgestaltungen in seinem Werk zu „horizontal effects", z. B. S. 403–405.

Vgl. auch die Fallgestaltung bei EKMR, *D v France* (Fn. 638) , besprochen oben ab S. 156. Die Kommission hat hier mit nicht tragfähiger Begründung Art. 9 EMRK als nicht einschlägig erachtet. FROWEIN (siehe die Nachweise ebd.) jedoch betrachtete den Fall als einen horizontalen Konflikt, bei dem der Staat zugunsten der Frau eingreifen müsse. Diese Beurteilung der Entscheidung wurde oben schon zurückgewiesen. Ob hinzukommend auch der Anspruch des dortigen Antragsstellers sich nach Maßgabe der nun zu besprechenden Regeln bei solchen horizontalen Konflikten bemessen müsste, ist allerdings fraglich. Ausweislich des Sachverhalts ergibt sich die m. E. ungeheuerlich anmutende Möglichkeit, der französische Staat habe aus eigenem säkularen Recht heraus 25.000 Franc Schadensersatz zahlen lassen, weil der Ehemann sich einer religiösen „Scheidung" verweigert habe. Träfe dies tatsächlich zu, so wäre ein Paradebeispiel für die hier nun zu erörternden Fälle gegeben. Ausweislich http://en.wikipedia.org/wiki/Jewish_view_of_marriage#Divorce, eingesehen am 3.3.2008, gibt es jedoch religiös motivierte, nach staatlichen Maßstäben gültige Verträge im jüdischen Leben, die eine Schadensersatzpflicht in Fällen beeinhalten, in denen der Ehemann einen Entlassungsbrief nicht übergibt. Pacta sunt servanda gilt auch für religiöse Menschen und führt daher nicht zu einer Verletzung der Religionsfreiheit. Mangels näherer Sachverhaltsangaben soll daher diese Fallgestaltung nicht weiter aufgegriffen werden.

681 'To protect the victims of indignities everywhere' – 'exclusively state-centric approach', so CLAPHAM, Human Rights Obligations of Non-State Actors (Fn. 494, 2006) 1.

rücken. Die „Täterperspektive“ scheint hier dem menschenrechtsgeleiteten Blick eher zu entgehen als die Unterstützung des möglichen Opfers.[682]

Dies zu illustrieren, kann auf einen prominenten Fall des EGMR verwiesen werden, nämlich *Otto-Preminger*, der vom Verbot einer privaten Vorführung eines Films handelte, der auf drastische Weise das christliche Glaubensbild attackiert.[683] Das Gericht hat das Recht des Beschwerdeführers auf Meinungsfreiheit (Art. 10 EMRK) zu beachten, das der Religionsfreiheit der österreichischen Mehrheitsbevölkerung dieser Region gegenüber stand, die (so wurde vorgetragen) sich durch den Film beleidigt fühlte. Die Stoßrichtung war also umkehrt zu den sonstigen Fällen über „horizontal effects“: Der behauptete – private – Rechtsbrecher beschwerte sich über den Eingriff des Staates zugunsten anderer Privatpersonen. Die Mehrheitsmeinung des Gerichts hielt das Verbot des Films jedoch aufrecht[684], das explizit und einzig[685] mit der Rechtsverteidigung zugunsten anderer Privatpersonen gerechtfertigt wurde. Dabei setzte sich das Gericht nicht auseinander mit seiner sonstigen eigenen Vorgehensweise in den Fällen, die die „Sphäre der Beziehungen von Personen untereinander“ betreffen.[686] Stattdessen, „bekräftigt durch den Wortlaut selbst des Art. 10 § 2” EMRK[687] bezieht sich das Gericht nur recht generell auf „eine Verpflichtung, soweit wie möglich Meinungsäußerungen zu vermeiden, die grundlos beleidigend für andere sind und daher deren Rechte verletzen“.[688] Um dies zu begründen, führt die Mehrheit aus, dass

> die Weise, in der religiöse Überzeugungen und Lehre bekämpft oder verneint werden, eine Angelegenheit ist, die die Verantwortlichkeit des Staates herausfordert,

---

682 Es wird jedenfalls schwierig sein, substantielle Rückschlüsse von der jetzt zu beleuchtenden Judikatur auf positive Schutzverpflichtungen des Staates zu ziehen. Deshalb wurde diese Rechtsprechung außen vor gelassen bei der Darstellung des Konzepts der „horizontal effects“. Siehe allerdings auch CLAPHAM, eben in Fn. 680.

683 *Otto-Preminger Institute v Austria* (20.9.1994, Nr. 13470/87) (1995) 19 EHRR 34. Zum Überblick über die Reaktionen auf dieses Urteil vgl. MOWBRAY, Cases and Materials on the ECHR, Oxford 2001 (Nachdruck 2004, 427–428.

684 Weitere Details des Sachverhalts (Einziehung des Films etc.) sind in diesem Kontext hier irrelevant.

685 *Otto-Preminger Institute v Austria* (20.9.1994, Nr. 13470/87) (1995) 19 EHRR 59 (§ 55): Nur die ‘rights of others’ werden erwähnt als das Interesse, das in die Verhältnismäßigkeitsprüfung einzustellen ist.

686 *X and Y v The Netherlands*, siehe Fn. 679 auf S. 165.

687 ‘Borne out by the wording itself of Art. 10 § 2’; dort heißt es (Betonung nicht im Original): ‘The exercise of these freedoms, *since it carries with it duties and responsibilities*, may be subject to such […] restrictions or penalties as are prescribed by law and are necessary in a democratic society, […] for the protection of health or morals, for the protection of the reputation or rights of others […]’.

688 ‘An obligation to avoid as far as possible expressions that are gratuitously offensive to others and thus an infringement of their rights’, so *Otto-Preminger Institute v Austria* (20.9.1994, Nr. 13470/87) (1995) 19 EHRR 57 (§ 49).

namentlich dessen Verantwortlichkeit, den friedvollen Gebrauch des durch Art. 9 garantierten Rechtes den Anhängern solcher Überzeugungen zu sichern[689].

Im Verlauf seiner substantiellen Diskussion, insbesondere hinsichtlich des Verhältnismäßigkeitsgrundsatzes, bezog sich der EGMR nicht auf den spezifischen Umstand, dass es hier eine Privatperson ist, die die Religionsfreiheit beeinträchtigt.[690] Es nahm generelle Abwägungen vor, mit Aussagen über die Grenzen der Kritik,[691] die Bedeutung des Art. 10 § 1 EMRK[692] und die Lehre vom sog. „margin of appreciation"[693]. Derartige Argumente hätten formal betrachtet in ähnlicher Weise herangezogen werden können, wenn der Staat selbst der beschuldigte Täter gewesen wäre. Eine Abwägung eines Menschenrechtes etwa mit dem öffentlich-rechtlichen Interesse am Umweltschutz sähe strukturell nicht anders aus.

Die Sichtweise des Gerichts, wie sie sich beispielhaft[694] bei *Otto-Preminger* zeigt, irritiert. Es ist nicht folgenlos, die Frage nach der Anwendbarkeit der Grundsätze „horizontal effects" gänzlich unbeachtet zu lassen. Dieses Konstrukt, wie umstritten es en detail auch sein mag, beinhaltet gleichwohl feste Richtschnüre, die darauf gerichtet sind, die Privatperson zu schützen, gegen die der Staat hier vorgehen will. Der kategorische Unterschied zwischen Privatpersonen und Staat führt dazu, dass es einer zusätzlichen Rechtfertigung bedarf, will man gegen einen nicht-staatlichen Akteur vorgehen (beispielsweise dessen quasi-öffentliche Funktion oder eine besondere Schwere der behaupteten Beeinträchtigung).[695] Vor diesem Hintergrund

---

689 'The manner in which religious beliefs and doctrines are opposed or denied is a matter which may engage the responsibility of the State, notably its responsibility to ensure the peaceful enjoyment of the right guaranteed under Art. 9 to the holders of those beliefs', so *Otto-Preminger Institute v Austria* (20.9.1994, Nr. 13470/87) (1995) 19 EHRR 56 (§ 47).

690 Das Gericht musste natürlich zwangsläufig die gegenläufigen Interessen beider nicht-staatlichen Akteure abwägen (vgl. z. B. *Otto-Preminger Institute v Austria* (20.9.1994, Nr. 13470/87) (1995) 19 EHRR 59 (§ 55)). Gleichwohl befasste sich das Gericht dabei nicht mit der spezifischen Frage, ob Rechtsfolgen sich daraus ergeben, dass die Gewichtigkeit dieser Rechte dadurch beeinflusst sein könnte, dass nicht der Staat selbst für die behauptete Verletzung verantwortlich war.

691 Vgl. *Otto-Preminger Institute v Austria* (20.9.1994, Nr. 13470/87) (1995) 19 EHRR 56 (§ 47) and 57 (§ 49) u. a. mit der Ausdifferenzierung solcher Meinungsäußerungen, die 'not contribute to any form of public debate capable of furthering progress in human affairs'.

692 Ibid. S. 58 (§ 50, bei Fn. 46).

693 Ibid. S. 57–58 (§ 50).

694 Das Urteil wurde zwar teils harsch kritisiert, vgl. z. B. TAYLOR, Freedom of Religion (Fn. 276, 2005) 85–87, allerdings in erster Linie wegen des Ergebnisses und seines Versuchs, die Beziehung zwischen Art. 9 und 10 EMRK zu erläutern. Insoweit wird diskutiert, ob eine Abkehr von dieser Entscheidung in der späteren Rechtsprechung zu erkennen ist, siehe dazu insbesondere *Wingrove v United Kingdom* (25.11.1996, Nr. 44179/98)(1997) 24 EHRR 1 und dann allerdings wieder *Murphy v Ireland* (10.6.2003, Nr. 44179/98) (2004) 38 EHRR 13 (S. 212).
Die an dieser Stelle hier am Urteil geübte Kritik ist anders, da sie sich nur auf die Frage bezieht, wie das Konzept der „horizontal effects" zu berücksichtigen ist. Auf diesen spezifischen Aspekt bezogen besteht kein Anlass, dieses Urteil als nicht mehr repräsentativ zu betrachten.

695 Siehe die Argumente (1) und (2), beginnend auf S. 148.

bedarf es einer Antwort darauf, ob die Schrankenregelungen der EMRK und des ICCPR, die ausdrücklich die „rights of others" erwähnen, den Staat davon freistellen, die zusätzlichen Richtlinien zu beachten, die sich entwickelt haben aus dem Ringen um „horizontal effects".

Dies mag unter Bezugnahme auf zwei oben erwähnte[696] Beispiele illustriert werden: Auf der einen Seite die Mutter, die die Liebesbriefe ihrer Tochter hinter deren Rücken öffnet, auf der anderen Seite der staatliche Agent, der heimlich und illegal[697] – unter Zuhilfenahme von Mitteln des Staatsapparates – Briefe einer Bürgerin liest. Was passierte, wenn nun der Staat auf eigene Initiative hin ein Gesetz erließe, mittels dessen das Verhalten von Mutter und Agent verhindert bzw. verfolgt werden sollte? Ist die Rechtmäßigkeit der Regelungen einzig von einer normalen Prüfung des Verhältnismäßigkeitsgrundsatzes abhängig, in gleicher Weise, wie der EGMR in *Otto-Preminger* die normalen rechtlichen Instrumente zur Anwendung bringt? Mit guten Gründen kann hier stattdessen gefordert werden, nicht allein die Verhältnismäßigkeit zu prüfen. Es müsste auch hier der Anwendung derjenigen Prinzipien, die sonst bei zugrunde liegenden horizontalen Konflikten Anwendung, Geltung verschafft werden. Das führte dazu, dass die Mutter sich auf ihre Privatautonomie und -sphäre[698] in solcher Weise berufen könnte, dass es dem Staat nicht mehr gelingt, seine eigene „Schiedsrichter"-Rolle zu rechtfertigen. Sein Eingriff wäre also kategorisch nicht zu rechtfertigen, da es im Sinne der oben genannten Kriterien der „horizontal effects" (quasi-öffentliche Funktion, Schwere der Verletzung und dergleichen) keine Grundlage dafür gibt, dass der Staat sich als Zwangsschlichter einbringen könnte. Folgerichtig bleibt es bei der Unzulässigkeit staatlichen Eingreifens ganz unabhängig von der Frage, ob der Staat in der Lage wäre, Maßnahmen zu ergreifen, die isoliert betrachtet z. B. eine so schwache Eingriffswirkung zeitigten, dass sie insoweit noch als verhältnismäßig zu qualifizieren wären.[699]

---

696 Siehe den Text oben ab S. 135.

697 Illegal mit Blick auf das einschlägige nationale Recht, sprich, ohne sich auf die legalisierten Befugnisse zu stützen, womit man gerechtfertigt in das Recht auf Privat- und Familienleben hätte eingreifen dürfen (um hier beispielhaft die Formulierung des Art. 8 EMRK als betroffenes Menschenrecht zu verwenden).

698 Mit letzterer Formulierung ist das Menschenrecht angesprochen (etwa in Form des Art. 8 EMRK), das der Forderung nach Nichteinmischung des Staates noch höheres Gewicht verleiht. Das Menschenrecht ist hier also nicht als solches als ein Abwägungsgesichtspunkt im Vergleich zum Menschenrecht des Betroffenen zu werten. Hier verstärkt das Menschenrecht den allgemeinen Gesichtspunkt der Privatautomie im Verhältnis zum Staat, sprich, es verstärkt dessen Notwendigkeit, sich gebenenfalls aus einem solchen Konflikt herauszuhalten. Zu dieser subtilen Unterscheidung vgl. auch gleich näher den Text.

699 Regelungstechnisch könnte die Beachtung dessen, dass ein nicht-staatlicher Akteur der behauptete „Täter" ist, auch durch eine Integrierung dieses Gesichtspunktes in den Verhältnismäßigkeitsgrundsatz erreicht werden, z. B. als eine vorweggenommene Stufe des Abwägungsprozesses. Selbst die bloße Beachtung als eines derjenigen Interessen, die in die allgemeine Verhältnismäßigkeitsprüfung einzustellen sind, wäre denkbar, solange dieses Interesse als Eigenwert anerkannt wird, das unabhängig von der zusätzlich mit einzustellenden Menschenrechtsposition des mutmaßlichen Täters zu würdigen ist. Siehe aber insgesamt zur Fra-

Warum es Sinn macht, auch beim eigeninitiierten Tätigwerden des Staates die Grundsätze der „horizontal effects"-Lehren anzuwenden, ergibt sich mit Blick auf den angeblichen Täter eines menschenrechtlichen Verstoßes: Für ihn macht es ganz und gar keinen Unterschied, ob der Staat gegen ihn Maßnahmen ergreift, weil ihn die Geltendmachung von positiven Schutzpflichten durch das mutmaßliche Opfer dazu getrieben hat, oder weil der Staat auf eigene Veranlassung aktiv wurde. Warum ihm bei letzterer Variante die Schutzwirkungen entzogen werden sollen, die inhärenter Bestandteil der „horizontal effects"-Lehren sind, wird ihm kaum einsichtig zu machen sein.

Aber auch unabhängig von dieser verständlich erscheinenden Perspektive des angeblichen Täters vermag ein signifikanter Unterschied zwischen beiden Sachverhaltsgruppen nicht erkannt zu werden. Die bloße Existenz einer Schrankenregelung für die Fälle des eigenverantworteten Eingreifens des Staates scheint kaum Grund genug zu sein, auch darüber hinaus ein anderes Rechtsregime zur Anwendung zu bringen. Diese Klausel eröffnet nur im Allgemeinen die Befugnis einzugreifen, formuliert aber keine weiteren Details, unter welchen Bedingungen der Staat seine Maßnahmen rechtfertigen kann, wenn er sich auf „rights of others" stützen möchte.

Aus dem Fehlen expliziter Tatbestandsmerkmale, die diese generelle Befugnis zum Eingriff im Sinne der einschlägigen „horizontal effects"-Grundsätze einschränkten, kann nicht etwa auf deren Irrelevanz geschlossen werden. Schließlich waren diese Grundsätze zum Zeitpunkt der Entstehung der maßgeblichen Verträge noch nicht einmal entwickelt. Es handelt sich hier mithin nicht um ein „beredtes Schweigen". Unter Zugrundelegen dessen, dass die Verträge als „living instruments" verstanden werden,[700] sind daher die Normen offen für solche systematisch-teleologischen Interpretationen. Insbesondere ist aber zu erkennen, dass die Schrankenregelungen bei der anderen Fallgruppe – den Opfern, die den Staat um Hilfe angehen – ebenfalls einschlägig sind, ohne dass dies der Entwicklung der Lehren zu den „horizontal effects" Abbruch getan hätte. Wenn nämlich ein Opfer seinen Anspruch auf positive Schutzmaßnahmen geltend macht, dann wird zunächst ohne Rückgriff auf die Schrankenregelung zu erörtern sein, ob die notwendigen Kriterien hier erfüllt sind. Wenn beispielsweise eine Form des „brainwashings" tatsächlich nachgewiesen werden könnte, wären damit die Kriterien erfüllt und der Anspruch gegen den Staat gegeben. Die Erfüllung dieses Anspruches nun wiederum vollzöge sich auch hier mittels der Schrankenregelung. Der Staat ginge gegen die Religionsgemeinschaft vor auf Grundlage der Schrankenklausel der Religionsfreiheit.[701] Es zeigt sich, dass die Schrankenregelung schlichtweg eine Not-

---

ge der Notwendigkeit einer expliziten Beachtung der Frage nach horizontal effects im Vergleich zu einer bloßen Auslegung der beteiligten Rechte den Text auf ab S. 172 (bei Fn. 710).

700 Vgl. nur HARRIS/ O'BOYLE/ WARBRICK, Law of the ECHR (Fn. 401, 1995) 8 (mit Nachweisen).

701 Bei dieser Sachverhaltskonstellation hat also die Schrankenregel nur dann keine Bedeutung, wenn schon auf der Vorstufe der Anspruch des angeblichen Opfers abgewiesen wird.

wendigkeit der Menschenrechtsdogmatik[702] ist, im Übrigen aber hier nicht die Rechtslage abschließend gestaltet. Nach allem sollte daher die Rechtslage für beide gleich gelagerten Sachverhaltsgruppen auch nach den gleichen Prinzipien behandelt werden.

Einen letzten möglichen Einwand gilt es nun noch zu widerlegen. Oben wurde ausgeführt, dass in der *Otto-Preminger* Entscheidung der EGMR die Besonderheiten des horizontalen Konflikts zwischen Privaten nicht gesehen habe. Schließlich hätte er so auch argumentieren können, wenn der Staat der Täter gewesen wäre. Nun könnte man demgegenüber einwenden, dass dies eine unzutreffende Unterstellung sei. Denn bei einer staatlichen Täterschaft wäre sehr wohl anders argumentiert worden: Der Staat ist menschenrechtsgebunden, aber nicht selbst Träger hier des Rechts auf Meinungsfreiheit. Nur bei einem Konflikt unter Privaten wie bei *Otto-Preminger* gibt es also eine Abwägung der Grundrechtspositionen. Also zeigt schon die so gestaltete Abwägung, bei der auch dem Handeln des Täters menschenrechtlicher Schutz zugemessen wird, dass sich auch der EGMR selbstredend der besonderen Konstellation eines Konflikts unter Privaten bewusst ist. Solch ein möglicher Gegeneinwand verfängt jedoch nicht. Bestandteil der Lehren zu den „horizontal effects“ ist es eben, dass ein Privater nicht schlechthin an die Wertentscheidungen der zuvorderst zur Domestizierung der Staatsgewalt gedachten Menschenrechte gebunden ist.[703] Während der Staat ausnahmslos gebunden ist, kann die Anwendbarkeit bei Privaten sehr wohl ausgeschlossen sein oder ist zumindest an besondere Voraussetzungen gebunden. Es reicht daher nicht aus, dem angeblichen Täter zuzubilligen, dass er immerhin auch selbst eine menschenrechtliche Position in die Waagschale werfen darf. Vielmehr bedarf es der Anwendung der Grundsätze auch deshalb, um per se zu verdeutlichen, dass der Schutzgehalt des Menschenrechts des angeblichen Opfers gegenüber einem Privaten geringer anzusiedeln ist[704] bzw. nicht voraussetzungslos gewährt wird und dass überdies auch dem Staat nicht in allen Fällen eine Konfliktschlichtungsrolle zugedacht ist. Allein die Tatsache, dass mit der Anerkennung von Menschenrechtspositionen auf Seiten des angeblichen Täters auch der EGMR eine – insoweit auch zentrale – Besonderheit derartiger Konflikte beachtet, reicht daher nicht aus, die hier vorgenommenen, darüber hinaus gehenden Erwägungen als überflüssig erscheinen zu lassen.

Somit ist es vorzugswürdig, die Schrankenregelungen in solch einer Weise auszulegen, dass im Prinzip zusätzlich die Kriterien der „horizontal effects“-Lehren zu beachten sind, wenn der Staat sich zugunsten Privater auf diese Klauseln beruft.

Eines allerdings sollte dabei nicht unterschätzt werden, wenn man die Relevanz eines solchen Vorschlages bewerten möchte. Stoßrichtung des hier vorgetra-

---

702 Der rechtsstaatliche Nutzen von Gesetzesvorbehalten auch bei völkerrechtlichen Menschenrechtsverträgen liegt auf der Hand.

703 Und zudem Kriterien genannt sind, denenzufolge der Staat sich ganz einer Schiedsrichterrolle zu enthalten hat.

704 Nochmals sei als Beispiel genannt: Vom Staat braucht keinerlei Beleidigung der eigenen Glaubensüberzeugung hingenommen zu werden, von anderen Privaten kann dies dagegen sehr wohl der Fall sein.

genen Denkanstoßes ist es, dass eine Schiedsrichterrolle des Staates nicht unbesehen vorausgesetzt werden darf. Es darf dabei insbesondere nicht dazu kommen, dass es zur unausgesprochenen Grundlage staatlicher Regulierung wird, dass auch Private vollumfänglich an Menschenrechte ebenso wie der Staat gebunden sind. Hinsichtlich des weitaus größten Teils staatlichen Rechts ist dagegen die Sachnotwendigkeit staatlicher Regulierung auch zwischen Privaten und folglich ebenso die damit einhergehende „Schiedsrichterrolle" unbestritten. Es bedarf keines Wortes darüber, dass der Staat im Interessenausgleich von Privaten tätig werden darf, wenn er etwa das öffentliche Baurecht regelt, eine Privatrechtsordnung samt Verbraucherrechtsschutz bereit stellt und Strafrecht erlässt. Es sind nur die Randbereiche solcher staatlichen Regulierungen, die einer Überprüfung nach den Kriterien der horizontal effects Lehren überhaupt zugänglich wären.[705]

Natürlich leidet dabei die in diesen Grenzen hier für notwendig erachtete, prinzipielle Inbezugnahme auf die Ausführungen zu horizonal effects daran, dass letztere alles andere als ein gefestigtes dogmatisches System bilden. Was wenig griffig ist, bietet auch weniger Schutz. Insbesondere aber gilt es zu erkennen, dass ein in der Praxis womöglich entscheidendes Merkmal der horizontal effects Fälle darin besteht, dass dem Staat Einschätzungsprärogativen zustehen.[706] Dem Staat kommt ein Spielraum zu, wie er in Konflikte unter Privaten einzugreifen gedenkt. Dies gilt ebenso hier, und zwar zu Lasten desjenigen, der vom Staat wünscht, er möge sich aus dem Konflikt heraushalten. Ebenso, wie der Schutzanspruch auf staatliches Eingreifen an diesem Spielraum scheitern kann, kann auch das Begehren auf Nichteinmischung deshalb zurückzuweisen sein. Darüber hinaus bleibt zu beachten, dass der Staat auch[707] allein gestützt auf die öffentliche Ordnung tätig werden darf (so Art. 18 § 3 ICCPR sowie Art. 9 § 2 EMRK).[708] Insoweit wäre dann die Frage noch horizontal effects nicht mehr einschlägig.[709]

Mit den genannten Einschränkungen müsste daher die Frage nach den horizontal effects aufgegriffen werden. Da sich dieser Frage bislang nirgends angenommen wurde, ist allerdings faktisch hinzunehmen, dass die Rechtsregelungen in der Praxis widersprüchlich angewandt werden. Der angebliche Täter wird sich wohl

---

705 Regelt der Staat beispielsweise Verbraucherschutz, um Geschäftsunerfahrene vor bestimmten Gefahren im Rechtsverkehr zu schützen, so ist der dahinstehende sachliche Grund einsichtig. Mit Blick auf den im Text sogleich angesprochenen Einschätzungsspielraum kann hier keine Auseinandersetzung aufgrund der horizontal-effects-Grundsätze erfolgen. Das gilt aber nicht, wenn der Verbraucherschutz so kleinmaschig reguliert wird, dass als Folge der Private anderen Privaten ebenso gegenübertreten muss, wie dies für staatliches Handeln aufgrund der Menschenrechtsbindung gilt.

706 Siehe unter Verweis auf *Özgür Gündem v Turkey* (16.3.2000, Nr. 23144/93) (2001) 31 EHRR 49, S. 1100, § 43, und viele andere so oben S. 150, bei und in Fn. 610.

707 Nebst weiteren Schutzgütern, siehe Art. 18 § 3 ICCPR sowie Art. 9 § 2 EMRK.

708 Siehe dazu aber auch unten S. 186, in Fn. 774.

709 Wie anhand der im Folgenden untersuchten Fälle deutlich wird, beruft sich der Staat seinerseits mitunter einzig auf die Rechte der anderen, sodass er in diesem Fall sich danach auch richten lassen muss. In diesem Fall kommt es nicht mehr auf eine Auslegung an, was denn wohl genau unter öffentlicher Ordnung oder ähnlichen Rechtsbegriffen (z. B. Moral) zu verstehen ist.

kaum erfolgreich auf die ihn an sich schützenden Elemente jener Theorien berufen können, wenn der Staat auf eigene Initiative gegen ihn tätig wird.

Will man gleichwohl auf Fortentwicklung drängen – schließlich sind auch die Theorien der horizontal effects ihrerseits noch immer im Entstehen begriffen –, so muss es genau genommen nicht zwingend darum gehen, dass tatsächlich explizit als eine Art Vorfrage oder als eigenständiges Element bei der Verhältnismäßigkeitsprüfung geprüft wird,[710] ob der Staat sich zum Schiedsrichter unter Privaten aufschwingen darf. Wenn sich der Staat nämlich auf die Rechte der anderen beruft, dann führt an sich schon eine präzise Prüfung eben dieser Rechte zum gleichen Ergebnis. Wenn und weil es bei der Beschäftigung mit horizontal effects auch darum geht festzustellen, dass Menschenrechte primär gegen den Staat gerichtet sind, dann besteht eben kein vergleichbares Menschen*recht* gegenüber dem privaten Nachbarn. Im Vorgriff auf das bald zu besprechende Beispiel der Kopftuchfälle: Allein die getreue Auslegung des betroffenen „Rechts der anderen" kann hier schon dazu führen zu erkennen, dass es kein *Recht* einer Studentin gibt, von ihrer Kommilitonin Neutralität und religiöse Zurückhaltung zu fordern. Nur weil ein solches Recht möglicherweise gegenüber dem Staat besteht, gilt dies eben noch längst nicht für private, nicht primär menschenrechtsgebundene Akteure.

Sensibel zu sein dafür, dass die Unterschiede zwischen Staat und Privaten mit Blick auf die Menschenrechte nicht nivelliert werden dürfen, bedarf im Idealfall daher keiner expliziten Aufforderung.[711] Die gleiche Argumentation gälte aber ebenso für die Konstellation, bei der ein Privater beim Staat um Schutz gegenüber anderen Privaten nachfragt. Auch hier müsste eine Auslegung des Rechts des um Schutz Nachfragenden ergeben, dass dieses Recht eben nur in begrenzter Weise gegenüber anderen Privaten existiert. Von horizontal effects oder ähnlichen Begriffen handelt man aber gleichwohl, und zwar um auf diese Weise Problembewusstsein bei der Auslegung zu schaffen und diese zu systematisieren. Wie dies dort gilt, so sollte es auch hier sein: Die Aussagen zu horizontal effects verlangen nach Beachtung, will der Staat zugunsten einer Partei in einer Konflikt unter nicht-staatlichen Akteuren eingreifen.

b) Trägt die Auslegung der Schrankenregelung „*Rechte* der anderen" dazu bei, eben diese Rechte auch in anderen Zusammenhängen zu begreifen?

Auch in Kenntnis der eben hergeleiteten Schwächen der Rechtsprechung sollte diese gleichwohl hilfreich bleiben, die Grenzen des forum internum und seiner Eingriffe zu bestimmen. Da der Staat nur befugt ist, sich auf die „*Rechte* der anderen" zu berufen, müsste eine präzise Judikatur – insoweit unabhängig von der Frage nach horizontal effects –[712] im Stande sein, auch dem angeblichen Täter zu helfen.

[710] Vgl. oben S. 168, Fn. 699.

[711] Vgl. insoweit als positives Beispiel die überzeugenden Ausführungen von Richter MARTENS, siehe das Zitat aus seinem Sondervotum S. 181, in Fn. 751 sowie auch S. 739, Fn. 179.

[712] Es geht hier also nicht mit der angemahnten Präzision darum, dass die Rechtsprechung bei der Auslegung berücksichtigen müsste, dass Menschenrechte gegenüber Privaten nur einge-

Denn es sollte doch möglich sein zu argumentieren, dass die Beeinträchtigung von bloßen *Interessen*[713] anderer nicht ausreichend ist, einen Eingriff zu legitimieren. Solange eine Behinderung nicht zu einer Verletzung eines tatsächlich einschlägigen Rechts eines anderen führt, wäre der Staat insoweit nicht gerechtfertigt, zugunsten des Betroffenen tätig zu werden. Soweit nun als „Recht der anderen" der Schutz des forum internum im Raum steht, müsste also eben diese Rechtsprechung für die Auslegung desselben dienlich sein.

aa) Theoretische Vorbedingung: Was ist mit „Rechten" im Sinne der Schrankenregelungen gemeint?

Ein schneller Blick auf *Otto-Preminger* zeigt allerdings, dass zumindest dort keine umfassenden Anstrengungen unternommen wurden zu untersuchen, ob tatsächlich eine *Rechts*verletzung vorlag. Das Gericht berief sich vielmehr vage auf den Schutz religiöser Gefühle, die als solche noch nicht einmal vom Wortlaut des Art. 9 EMRK umfasst sind:[714]

> Der Respekt für religiöse Gefühle von Gläubigen, wie er durch Art. 9 garantiert wird, kann, wie man legitimerweise denken kann, durch provokative Darstellungen von Objekten religiöser Verehrung verletzt worden sein; auch kann man solche Darstel-

---

schränkt Geltung erlangen. Vielmehr geht es hier um die allgemeine Tatsache, dass die Gerichte auch unter dem Stichpunkt „Rechte der anderen" allgemein dazu genötigt sind, eben diese Rechte stringent auszulegen und diese so auch auf allgemeiner Ebene transparenter zu machen.

713 Zum Unterschied zwischen Recht und Interesse vergleiche nur die umfangreiche Rechtsprechung und Literatur zu § 42 II Verwaltungsgerichtsordnung (Deutschland).

714 Vgl. auch die Kritik von TAYLOR, Freedom of Religion (Fn. 276, 2005) 27; mit einem Vergleich zur Jurisprudenz des Human Rights Committee siehe S. 81–84.
Abgesehen davon ist zweifelhaft, ob Art. 9 EMRK das einschlägige Menschenrecht ist (*sedes materiae*), dessen Schutzbereich auch Diffamierungen im religiösen Bereich umfasst, solange hiervon die Möglichkeit nicht beeinträchtigt wird, seinen Glauben wie gehabt zu manifestieren. Der gleiche Ansatz wie in *Otto-Preminger* findet sich bei *Murphy v Ireland* (10.6.2003, Nr. 44179/98) (2004) 38 EHRR 13, S. 233 (§ 65). TAYLOR, ibid., 85 lenkt zutreffend die Aufmerksamkeit auf andere Entscheidungen, die sich insoweit nicht auf Art. 9 EMRK beziehen, vgl. z. B. EKMR, *Gay News Ltd. and Lemon v United Kingdom* (Zlk.-Entsch., 7.5.1982, Nr. 8710/79) (1983) 5 EHRR 129–131, § 11–12. Dieser Blasphemie betreffende Fall basierte interessanterweise einzig auf dem Schutz der Rechte anderer, nämlich einer Frau, die sich durch ein blasphemisches Gedicht betroffen fühlte.
Es versteht sich von selbst, dass die Fragen, die „religiöse Gefühle" betreffen, von äußerster Bedeutung sein können, denkt man nur an die „Dänischen Karikaturen" (dazu etwa EMON, On the Pope, Cartoons, and Apostates (2006–2007) 22 J L & Religion 308–316); vgl. zu diesem Themenbereich etwa DE JONG, Freedom of Religion and Belief in the Light of Recent Challenges, in: Does God Believe in Human Rights?, hrsg. v. *Ghanea*, Leiden 2007, 199–201. Hier ging es allerdings nur darum, die Frage aufzuwerfen, ob tatsächlich Art. 9 EMRK das einschlägige Menschenrecht für derartige Sachverhalte ist.

lungen als böswillige Verletzung des Geistes der Toleranz betrachten, die ebenso ein Kennzeichen einer demokratischen Gesellschaft sein muss.[715]

Es bedarf zunächst hier keiner weiteren Untersuchung, ob – wie in der Lehre vorgetragen wird – dieses Urteil schlecht begründet ist mit Blick auf die „Rechte der anderen".[716] Auf eine tatsächliche *Rechts*verletzung käme es dann nicht zwangsläufig an, wenn die nun zu entwickelnde Argumentation zuträfe.[717] Dieser Ansatz beruht in einem ersten Schritt zunächst darauf, eine Verbindungslinie zwischen „religiösen Gefühlen" und dem forum internum (anstelle bloßen Manifestierens) zu ziehen. Das Gericht selbst hatte darauf verzichtet zu erläutern, was mit seinem Ausdruck eigentlich gemeint sein solle. Doch ist festzustellen, dass das Zeigen eines beleidigenden Films wohl kaum die Möglichkeit anderer beeinträchtigt, weiterhin ihre religiöse Überzeugung zu manifestieren. Damit scheidet der Schutz des forum externums als Anknüpfungspunkt für ein Recht anderer aus. Daher bietet sich an zu hinterfragen, ob jene „religiösen Gefühle" nicht in gewisser Weise – um einen Ausdruck der Rechtsprechung in diesem Zusammenhang heranzuziehen – „intimately linked"[718] sind zum *forum internum*. Die (behauptete) Beleidigung greift Wert und

---

[715] 'The respect for the religious feelings of believers as guaranteed in Art. 9 can legitimately thought to have been violated by provocative portrayals of objects of religious veneration; and such portrayals can be regarded as malicious violation of the spirit of tolerance, which must also be a feature of democratic society.' So EGMR, *Otto-Preminger Institute v Austria* (20.9.1994, Nr. 13470/87) (1995) 19 EHRR 56–57 (§ 47).
Vgl. auch die Bezugnahme der österreichischen Regierung auf 'particularly the right to respect for one's religious feelings', wiedergegeben ibid. auf S. 56, § 46. Die Rede vom 'respect' findet sich auch in der Leitentscheidung *Kokkinakis v Greece* (25.5.1993, Nr. 14307/88) (1994) 17 EHRR 422 (§ 48), vgl. das Zitat S. 178 bei Fn. 736.
Es wird vorgetragen, dass *Wingrove v United Kingdom* (25.11.1996, Nr. 44179/98) (1997) 24 EHRR 1 dem gegenüber sich enthalte, Art. 9 EMRK heranzuziehen, siehe TAYLOR, ibid., S. 88. Obschon *Wingrove* allerdings schon eine Bezugnahme auf Art. 9 enthält (siehe ibid. S. 28 (§ 48)), ist es wahr, dass im Zusammenhang des Verhältnismäßigkeitsgrundsatzes Art. 9 nicht direkt genannt wird (siehe ibid. S. 29–31, §§ 52–60; S. 33 (§ 64)), doch verweist das Gericht immerhin ausdrücklich auf *Otto-Preminger*.

[716] TAYLOR, Freedom of Religion (Fn. 276, 2005) 70–73; 84; 96; 102; 162–163: „Respekt" könne nur insoweit relevant sein, als dessen Missachtung zu einer Verletzung der „bekannten Art. 9 Freiheiten" führe. Danach werden also „Rechte" nach dem Wortsinn interpretiert, vgl. auch ibid. S. 113.
Dies wird kontrastiert zur Diskrimierung, bei der 'it is well settled that no violation of a substantive Article need be established […], either under Art. 14 [EMRK] or Articles 2 § 1 and 26 of the [ICCPR]', TAYLOR, ibid., 182–183.

[717] Auch TAYLOR, Freedom of Religion (Fn. 276, 2005) 77–111 stellt die Frage, ob 'the term "the rights and freedoms of others" is capable of broader interpretation'. Sein Ansatz beruht allerdings nicht wie der nun zu entfaltende auf den Besonderheiten des Schutzes absoluter Rechte. Vielmehr ist sein Verständnis zu sehen 'in the light of parallel obligations attaching to the freedom of expression and guarantees prohibiting hate speech' (S. 77).

[718] Dieser Begriff wird – verwirrenderweise vom Gericht benutzt, um Manifestationen festzustellen (Annex Nr. v auf S. 209), eignet sich hingegen besser, Handlungen zu beschreiben, die noch teilhaben am absoluten Schutz des forum internum, siehe S. 110 bei Fn. 429.

Würde der eigenen grundlegendsten inneren Überzeugungen an, die nämlich durch das Zeigen des Films in den Schmutz gezogen sein könnten.[719]

Wie dem auch sei, bezieht man andere Beispiele mit ein, die augenscheinlicher dem Schutzbereich des forum internum zuzuordnen sind, lässt sich – in einem zweiten Argumentationsschritt – ein zentrales Problem ausmachen. Dies zu erläutern sollte man sich zunächst noch einmal darüber im Klaren sein, dass angesichts des *absoluten* Schutzes des forum internum aus Sachzwängen heraus nicht jedwede schwächere Beeinträchtigung als Eingriff im rechtlichen Sinne qualifiziert zu werden vermag.[720] Das ausnahmslose Fehlen von Rechtfertigungsmöglichkeiten für eine Rechtsverletzung zwingt zu einer engen Auslegung; die Konsequenz – Ausschluss jeglicher weiterer Regelungsmöglichkeit – muss einem vor Augen stehen, bevor man tatsächlich einen Eingriff befürwortet.[721] Das oben dargelegte Schwerekriterium als Element des Eingriffsbegriffs[722] beruht auf eben diesen Überlegungen.

In der hier nun zu besprechenden Fallgestaltung behandeln wir die Gewissensfreiheit allerdings nicht gleichsam monolithisch als das einschlägige Menschenrecht, das es auszulegen gilt. Vielmehr ist hier der Schutz des forum internum zu betrachten als ein Gegenrecht, dem nun bei der Prüfung anderer Menschenrechte Relevanz zukommt. Diese anderen, im Vordergrund stehenden Menschenrechte sind ihrerseits nicht absolut geschützt, sondern sind offen für eine Vielzahl möglicher Einschränkungen. In diesem Zusammenhang ist es erlaubt, auch den Schutz des forum internum von einer anderen Blickrichtung her zu betrachten.

Danach könnten nämlich bloße Interessen, die thematisch dem forum internum zuzuordnen sind, Grund genug sein, zur Einschränkung anderer Rechte herangezogen zu werden. Es handelt sich dabei um Interessen, die nicht hinreichend wesentlich sind, selbst Teil des unbedingt geschützten forum internums zu werden und denen deshalb nicht selbst Rechtscharakter[723] zukommt. In diesem Kontext hier jedoch könnte ihre Einbeziehung notwendig werden, um so ungerechte Ergebnisse zu vermeiden.[724] Denn schließlich gibt es Interessen, die einzig deshalb nicht selbst zum Recht erstarken, da sie die Schwelle des eben nochmals

---

[719] Es erscheint also möglich, eine Beziehung zum forum internum herzuleiten. Es kann allerdings auch argumentiert werden, dass Art. 9 EMRK zunächst einmal nicht das einschlägige Menschenrecht für derartige Fälle ist, siehe S. 173, Fn. 714.

[720] Zur nicht immer ausreichend beachteten Unterscheidung zwischen dem geschützten Recht selbst sowie dem Eingriff hierein siehe den Text oben beginnend auf S. 118.

[721] Was man als eine Form des so verpönten Denkens vom Ergebnis her begreifen mag, so man denn will.

[722] Siehe oben zunächst den einführenden Abschnitt zum absolut wirkenden Schutzmechanismus auf S. 75; sowie dann zum Schwerekriterium im Allgemeinen, insbesondere in Besprechung des *Gottesmann*-Falles beginnend auf S. 122; nicht gemeint ist hier also die Schwere als Kriterium, das herangezogen werden soll, um ein Eingreifen des Staates in einen Konflikt unter Privaten zu legitimieren, siehe dazu S. 141, Fn. 557 und S. 146 bei Fn. 586 sowie zusammenfassend S. 149 bei Fn. 597.

[723] Sie vermitteln dem Rechtsträger also keinen Anspruch, den er gegenüber anderen durchsetzen könnte.

[724] Es bedarf hier keiner Diskussion, inwieweit eine ausufernde Berufung auf 'protection of public order' möglich wäre, um ungerechte Ergebnisse zu vermeiden.

beschriebenen, für Eingriffe in absolute Rechte geltenden Schwerekriteriums nicht überschritten haben, und zwar wegen des hierfür bestehenden besonders strengen Maßstabes. Darunten fallen auch solche Interessen, die dann, wenn sie dem forum externum zuzuordnen gewesen wären (dem Bereich des Manifestierens), bedeutsam genug gewesen wären, die hierfür geltende niedrigere Schwelle zu überschreiten. Dann wären sie folglich zum Recht erstarkt. Es erscheint nicht angängig, die damit beschriebenen – nach dem sonstigen, für Manifestationen geltenden Maßstab hinreichend gewichtigen – Interessen auch in einem solchen Kontext mangels formalen Rechtscharakters unberücksichtigt zu lassen, in dem es der besonderen Schwelle aus teleologischen Erwägungen heraus gar nicht bedarf. Das gilt für die Abwägung als bloßes Gegenrecht: Stellt man hier auch solche Interessen in die Verhältnismäßigkeitsprüfung ein, resultieren daraus keine unangemessenen Ergebnisse. Denn das Interesse hätte hier nichts Absolutes, sondern wäre eben nur ein Belang unter mehreren. Daher sind solche Interessen aufgrund teleologischer erweiternder Auslegung unter den Begriff „Rechte der anderen“ zu subsumieren.[725] Nur diejenigen bloßen Interessen fallen daher aus der Verhältnismäßigkeitsprüfung heraus, die nicht einmal die (fiktive) niedrigere Schwelle überschreiten, die gälte, wäre das forum externum einschlägig, um daselbst den als Recht gestalteten Schutzbereich von hinzunehmenden Belästigungen abzugrenzen.

Die teleologische Berechtigung dieses Befundes lässt sich näher untermauern. Der absolute Schutz des forum internum zielte prinzipiell darauf ab, diesem Schutz der innersten Überzeugungen eine besondere Bedeutung beizumessen.[726] Es wäre paradox, wenn die mit dem absolut wirkenden Schutzmechanismus beabsichtigte höhere Schutzdichte indirekt dazu führte, dass Belange des forum internum bei Abwägungen keinerlei Relevanz hätten, obschon sie für sich genommen genauso gewichtig sind wie entsprechende dem forum externum zuzuordnende, bei der Abwägung zu berücksichtigende Belange.

Nach allem ist es aufgrund teleologischer erweiternder Auslegung dogmatisch zulässig und geboten, bestimmte Belange des forum internum in den Abwägungsprozess als Gegenrecht mit einzubeziehen. Diese hier näher beschriebenen Belange, obschon nicht für sich genommen als Recht zu qualifizieren, müssen entgegen

[725] Es versteht sich von selbst, dass diese Argumentation hier zum Zwecke der Verdeutlichung schematisch aufgebaut ist. Was genau die „niedrigere Schwelle“ für bloße Manifestationen ausmacht, muss an dieser Stelle offen bleiben. Dogmatisch betrachtet, bedürfte es jedenfalls einer Analogie zu denjenigen Belangen, die sich bildlich gesprochen am „äußeren Rand“ der als Rechte geschützten Inhalte des Schutzbereichs des forum externums befinden.
Auch ohne nähere Fundierung dieser These dürfte dabei jedenfalls nicht zu bestreiten sein, dass auch im Rahmen des forum externums Erheblichkeitsprüfungen angestellt werden, um als zum Schutzbereich gehörende religiöse Ausdrucksformen herauszufiltern. Eine solche Schwelle, die den Vergleichspunkt der Analogie bilden müsste, wird zumindest auch vom EGMR angenommen, allerdings – von ihrer sachlichen Berechtigung her – teilweise deutlich zu hoch angesetzt. In der Praxis bedürfte es Formulierungen, die ihrer Struktur nach derjenigen des EGMRs von den ‘intimately linked’ Handlungen gleichen, vgl. hinsichtlich dieser Formulierung das Zitat in Annex Nr. v auf S. 209, zur Auslegung dieser Phrase siehe oben S. 78 und S. 118.

[726] Vgl. *Kokkinakis v Greece* (25.5.1993, Nr. 14307/88) (1994) 17 EHRR 419 (§ 33).

des Wortlauts der Schrankenregelungen wie sonstige Rechte Berücksichtigung finden.

bb) Zur Auslegung durch die Rechtsprechung

Die Rechtsprechung des EGMR bietet genügend Anschauungsmaterial, um anhand dessen die hier aufgeworfenen Fragen näher zu beleuchten.

(1) Proselytismus (Variante b): Kokkinakis

In seinem ersten großen Fall zu Art. 9 EMRK[727] hatte das Gericht über die Beschwerde von Mr Kokkinakis zu urteilen,[728] einem Zeugen Jehovas, dem für 10–15 Minuten Einlass in ein christlich-orthodoxes Haus gewährt wurde und der dann mit der dort wohnenden Frau des Kantors der lokalen Kirche religiöse Fragen diskutierte. Darauf basierend[729] wurde Mr Kokkinakis verhaftet und wegen verbotenen Proselytismus' verurteilt.[730]

---

727 Siehe dazu nur JANIS, Faith, the State, and the Humility of International Law (2007) 45 J Catholic Legal Studies 71–72.

728 *Kokkinakis v Greece* (25.5.1993, Nr. 14307/88) (1994) 17 EHRR 397.

729 Dies war nicht die erste Begegnung von Mr Kokkinakis mit dem griechischen Gesetz: 'After becoming a Jehovah's Witness in 1936, he was arrested more than 60 times for proselytism. He was also interned and imprisoned on several occasions.' Siehe *Kokkinakis v Greece* (25.5.1993, Nr. 14307/88) (1994) 17 EHRR 399 (§ 6). Noch immer sollen Zeugen Jehovas in Griechenland verhaftet werden, vgl. DE WALL, Die Religionen in der Verfassung der Europäischen Union, in: Recht auf Mission contra Religionsfreiheit?, hrsg. v. *Krämer* u. a., Berlin 2007, 216.

730 Um sich besser eine eigene Einschätzung machen zu können, ob es hier in irgendeiner Weise zu einer Verletzung des forum internum der Frau des Kantors gekommen sein könne, sei hier ein umfangreiches Zitat aus den griechischen Verfahren wiedergegeben (vgl. auch Fn. 735 mit einem Zitat des zugrunde liegenden Rechts, dessen Wortlaut teilweise von den griechischen Gerichten schlichtweg kopiert (statt ausgelegt) wurde).
Siehe das Urteil vom Court of Appeal (sehr ähnlich das erste Urteil des Criminal Court, wiedergegeben ibid. § 9; und bekräftigt durch den Court of Cassation (*Arios Pagos*), vgl. § 12), zitiert bei *Kokkinakis v Greece* (25.5.1993, Nr. 14307/88) (1994) 17 EHRR 400 (§ 10): 'It was proved that, with the aim of disseminating the articles of faith of the Jehovah's Witnesses sect (*airesi*), to which the defendant adheres, he attempted, directly and indirectly, to intrude on the religious beliefs of a person of a different religious persuasion from his own, [namely] the Orthodox Christian faith, with the intention of changing those beliefs, by taking advantage of her inexperience, her low intellect and her naïvety. More specifically, at the time and place indicated in the operative provision, he visited Mrs. Georgia Kyriakaki and after telling her he brought good news, pressed her to let him into the house, where he began by telling her about the politician Olof Palme and by expounding pacifist views. He then took out a little book containing professions of faith by adherents of the above-mentioned sect and began to read out passages from Holy Scripture, which he skilfully analysed in a manner that the Christian woman, for want of adequate grounding in doctrine, could not challenge, and at the same time offered her various similar books and importunately tried, directly and indirectly, to undermine her religious beliefs. He must consequently be declared guilty of the above mentioned offence'.
Siehe auch die Aussage der angeblich solchermaßen bedrängten Mrs Kyriakaki, gemacht beim Court of Appeal, zitiert bei *Kokkinakis v Greece* (25.5.1993, Nr. 14307/88) (1994) 17

Die erste Gelegenheit für den EGMR, sein Verständnis von den „Rechten der anderen“ zu entfalten, ergab sich bei der Frage, ob die griechische Gesetzgebung ein legitimes Ziel verfolgte.[731] Das Gericht beließ es jedoch dabei, schlicht die Auffassung der griechischen Regierung zu zitieren, wonach die Behörden zu handeln gezwungen seien, um „die religiösen Überzeugungen und die Würde einer Person vor den Versuchen zu schützen, sie durch unmoralische und täuschende Mittel zu beeinflussen“.[732] Im Anschluss an dieses Zitat trug das Gericht ohne substantielle Begründung[733] vor, dass die Regierung dieses Ziel verfolge, „nämlich den Schutz der Rechte und Freiheiten anderer“.[734]

Somit erwähnte der EGMR seine eigene Auffassung zur Auslegung der „Rechte der anderen“ einzig im Zusammenhang mit der Verhältnismäßigkeitsprüfung, bei der es schlussendlich die griechische Rechtslage[735] als vereinbar mit Art. 9

EHRR 401 (§ 10): 'They immediately talked to me about Olof Palme, whether he was a pacifist or not, and other subjects that I can't remember. They talked to me about things I did not understand very well. It was not a discussion but a constant monologue by them. … If they had told me they were Jehovah's Witnesses, I would not have let them in. I don't recall whether they spoke to me about the Kingdom of Heaven. They stayed in the house about 10 minutes or a quarter of an hour. What they told me was religious in nature, but I don't know why they told it to me. I could not know at the outset what the purpose of their visit was. They may have said something to me at the time with a view to undermining my religious beliefs … [However,] the discussion did not influence my beliefs …'
Vor diesem Hintergrund ist die Einschätzung zweifelhaft, dass man es hier mit Zeugen Jehovas zu tun habe, die 'particularly persistent' gewesen seien; das aber wird vorgetragen von NOWAK/ VOSPERNIK, Permissible Restrictions, in: Facilitating Freedom of Religion or Belief (Fn. 276, 2004) 160.

731 Es ist allerdings ein generelles Problem, dass der EGMR nicht gewissenhaft prüft, ob das Ziel legitim ist. Mit Blick auf Art. 9 EMRK vgl. z. B. auch *Larissis u. a. v Greece* (24.2.1998, Nr. 23372/94 u. a.) (1999) 27 EHRR 360 (§§ 43–44).

732 'To protect a person's religious beliefs and dignity from attempts to influence them by immoral and deceitful means', so *Kokkinakis v Greece* (25.5.1993, Nr. 14307/88) (1994) 17 EHRR 421 (§ 42).

733 Vgl. auch die Kritik bei UITZ, Freedom of Religion (Fn. 424, 2007) 61–62; TAYLOR, Freedom of Religion (Fn. 276, 2005) 70.

734 'Namely the protection of the rights and freedoms of others', so *Kokkinakis v Greece* (25.5.1993, Nr. 14307/88) (1994) 17 EHRR 421 (§ 44).
Vgl. auch die Auffassung der Kommission, wiedergegeben auf S. 413, § 68: 'The Commission […] believe[s] that the applicant's conviction […] pursued any objective other than the protection of Mrs. N's freedom of religion. Consequently, it considers that the measure complained of was adopted in pursuit of a legitimate aim for the purpose of the Convention, namely protection of the rights of others.'

735 Vgl. detailliert *Kokkinakis v Greece* (25.5.1993, Nr. 14307/88) (1994) 17 EHRR 402 (§ 13) hinsichtlich der griechischen Verfassung sowie S. 403–404 (§ 16) hinsichlich des einschlägigen Strafrechts gegen Proselytismus, wo es u. a. ausführt: 'By "proselytism" is meant, in particular, any direct or indirect attempt to intrude on the religious beliefs of a person of a different religious persuasion (*eterodoxos*), with the aim of undermining those beliefs, either by any kind of inducement or promise of an inducement or moral support or material assistance, or by fraudulent means or by taking advantage of his inexperience, trust, need, low intellect or naïvety.'

EMRK bezeichnete.[736] siehe Annex viii Nach Ansicht des Gerichts sind die „Rechte der anderen" zu schützen vor missbräuchlichem Proselytismus durch nicht-staatliche Akteure.[737] Zunächst wurde das Gericht dafür kritisiert, von christlichem Vokabular Gebrauch zu machen („Christian witness", „true evangelism").[738] Insoweit ist allerdings zu konzedieren, dass sich der EGMR hier explizit einer abstrakteren, verallgemeinerungsfähigeren Definition entziehen wollte. In einem Fall, bei dem ein Urteil hinsichtlich einer Religion zu treffen ist, die auf der Bibel beruht, ist solch ein Vorgehen nicht als unvertretbar zu kennzeichnen. Wenn allerdings das Gericht versucht haben sollte festzustellen, inwieweit Proselytieren als ein *Eingriff* in das absolut geschützte Recht des forum internum zu verstehen sei,[739] ist dies wohl nicht gelungen. Dies zeigt sich mit Blick auf das Ergebnis, das ausdrücklich das griechische Gesetz selbst[740] (allerdings nicht dessen Anwendung) als mit Art. 9 EMRK vereinbar erklärte. Danach wird also dieses Gesetz als ein (angemessenes) Mittel zum Schutz der „Rechte der anderen" verstanden.[741] Demgegenüber können letztlich keine Zweifel bestehen bleiben, dass etwa „der indirekte Versuch sich in religiöse Überzeugungen einzudrängen [...] mit dem Ziel diese zu untergraben, [...] durch jede Art von [...] Versprechen von [...] moralischer Unterstützung [sic!] oder materieller Hilfe"[742] auch bei staatsfreundlichster Auslegung nicht als *Eingriff* in das forum internum verstanden werden kann.[743] Das Fehlen eines Eingriffs liegt hier

---

736 *Kokkinakis v Greece* (25.5.1993, Nr. 14307/88) (1994) 17 EHRR 422 (§ 48). Vollständige Wiedergabe als Annex Nr. viii.

737 Der dabei benutzte vage Begriff 'improper proselytism' wird wieder verwendet z. B. in *Larissis u. a. v Greece* (24.2.1998, Nr. 23372/94 u. a.) (1999) 27 EHRR 361 (§ 45).
Das Gericht hätte hier allerdings deutlicher sein können; diese Unterscheidung wird als unpraktikabel betrachtet, siehe TAYLOR, Freedom of Religion (Fn. 276, 2005) 112; 26.

738 TAYLOR, Freedom of Religion (Fn. 276, 2005) 68, Fn. 212 m. w. N.

739 Nach Auffassung des teilweise abweichenden Sondervotums von Richter MARTENS, *Kokkinakis v Greece* (25.5.1993, Nr. 14307/88) (1994) 17 EHRR 432, hatte das Gericht die Pflicht, einen solchen Eingriff festzustellen, siehe S. 436 (§ 13), siehe auch S. 432 (§ 3), wo er explizit von Zwang ('coercion') als der hier zu findenden Form des Eingriffs spricht; genauer S. 437–438 (§ 17–18).
Siehe auch das gemeinsame abweichende Sondervotum der Richter FOIGHEL und LOIZOU, *Kokkinakis v Greece* (25.5.1993, Nr. 14307/88) (1994) 17 EHRR 439–440 (§ 20). Die Richter behaupten, dass 'using unacceptable psychological techniques on people [...] amount[s] in effect to coercion'; sie behaupten also – allerdings ohne überzeugende Argumentation – einen *Eingriff* in das forum internum.

740 Siehe Fn. 735.

741 TAYLOR, Freedom of Religion (Fn. 276, 2005) 72 stellt zutreffend fest, dass mit Blick auf 'proselytism', das einschlägige Recht 'would be the right to be free from coercion impairing free religious choice'; seiner Ansicht nach habe der EGMR in *Kokkinakis* an dieses Recht gedacht, S. 74.

742 Siehe das gesamte Zitat des Gesetzestextes im Original in Fn. 735 a. E.

743 Da der EGMR es unterließ, eine eigene abweichende Position hinsichtlich solch eines Gesetzes zu verdeutlichen, kann es auch nicht von vornherein als illegitim betrachtet werden, dass der Sri Lankische Supreme Court mit einem Verweis auf dieses Urteil (und *Larissis*) seine Ansicht untermauert hat hinsichtlich eines Verbots missionarischer Aktivitäten, die mit materiellen Hilfen verbunden sind, siehe bei UNHRC, *Sister Immaculate Joseph et alt. v Sri Lanka*, Communication Nr. 1249/2004 (21.10.2005), UN Doc CCPR/C/85/D/1249/2004, S. 5

doch hinsichtlich des bloßen Versprechens moralischer Unterstützung auf der Hand. Dies kann schlechterdings nicht staatlicherseits verboten werden. Doch auch hinsichtlich materieller Hilfe wurde oben schon darauf hingewiesen, dass diese zwar bei entsprechend differenzierter Herleitung mit guten Gründen als unethisch gebrandmarkt werden kann.[744] Ebenso wurde aber auch schon festgehalten, dass ein solches gesellschaftlich zu missbilligendes Verhalten eben nicht dazu ausreicht, dieses mit der Zwangsgewalt des Staates zu unterbinden, sofern nicht weitere Gründe hinzutreten.[745] Bloßes Gutmenschentum kann und soll nicht staatlicherseits erzwungen werden. Erstaunlich ist ferner, dass das Gericht ein Gesetz als im Einklang mit Art. 9 EMRK bezeichnet, obwohl es ausweislich des Wortlauts[746] dazu dient zu verbieten, sich erlangtes Vertrauen zunutze zu machen.[747] Es bleibt unerfindlich, was in den Augen des EGMR als Rechtfertigung dienen könnte, einen solchen staatlichen Eingriff in zwischenmenschliche Beziehungen zu legitimieren.[748] Auf die Spitze getrieben: Wann immer sich eine Freundschaft mit gegenseitigem Vertrauen aufgebaut hat, so soll es qua griechischer, von Straßburg aufrechterhaltener Anordnung untersagt sein, den je anderen von seinem inneren Glauben und seinen Werten zu überzeugen? Nach allem ist es nicht überzeugend zu behaupten, das griechische Verbot des „Proselytismus" in der dem EGMR vorgelegten Fassung diene als Ganzes[749] dem Zweck, die Rechte der anderen zu schützen, nämlich keine Verletzung des forum internum zu dulden.[750]

Überdies äußerte das Gericht sich auch in diesem Fall nicht zu der Frage, ob und welche Konsequenzen daraus zu ziehen sind, dass der Entscheidung ein Konflikt zwischen per se nicht menschenrechtsgebundenen Privaten zugrunde lag. Dabei ist es ungleich schwieriger, die Verletzung eines Menschen*rechts* der „Proselytismus" ausgesetzten Ehefrau des Kantors zu konstruieren, weil es nicht ein Staatsbe-

---

(§ 2.2). Es ist daher zumindest zweifelhaft, ob das Human Rights Committee zu Recht den EGMR vor dieser Vereinnahmung in Schutz nahm (vgl. ibid. § 7.3, S. 10), mit der der Supreme Court seinen restriktiven, unhaltbaren Ansatz hinsichtlich religiöser Freiheit zu rechtfertigen suchte. Hinsichtlich dieser Entscheidung des Committees vgl. oben den Text beginnend S. 101 bei Fn. 382.

744 Siehe oben S. 162 bei Fn. 672.

745 Ibid. im folgenden Satz, siehe ferner S. 138 bei Fn. 542.

746 Die Verwaltung scheint überdies nicht zögerlich zu sein, die ihr gewährten Befugnisse zulasten von Minderheiten ausgiebig zu nutzen, wie sich dies aus den Schilderungen der einschlägigen Verfahren beim EGMR ergibt.

747 Siehe auch hier das Zitat in Fn. 735 a. E.

748 Vgl. auch das teilweise übereinstimmende Sondervotum des Richters PETTITI, *Kokkinakis v Greece* (25.5.1993, Nr. 14307/88) (1994) 17 EHRR 425.

749 Dass zumindest das Verhalten von Mr Kokkinakis keineswegs zu einer Verletzung der Gewissensfreiheit führte, wurde immerhin dann auch von der Gerichtsmehrheit erkannt.

750 Hinsichtlich einer detaillierteren Kritik hinsichtlich der Akzeptanz des griechischen Gesetzes durch die Mehrheit vgl. z. B. das teilweise abweichende Sondervotum von Richter MARTENS, *Kokkinakis v Greece* (25.5.1993, Nr. 14307/88) (1994) 17 EHRR 436–439 (§§ 13–20); Richter PETTITI, *Kokkinakis v Greece* (25.5.1993, Nr. 14307/88) (1994) 17 EHRR 425–427 (u. a. hinsichtlich der Unterscheidung von 'proper and improper proselytism').
Siehe auch TAYLOR, Freedom of Religion (Fn. 276, 2005) 26; 69–70; UITZ, Freedom of Religion (Fn. 424, 2007) 61–63.

diensteter ist, der um Einlass bei ihr nachgesucht hat, sondern die Überredungsversuche durch eine Privatperson durchgeführt wurden. Diese Nachlässigkeit ist gerade in *Kokkinakis* besonders bedauerlich, als diese Frage explizit in einem Sondervotum aufgeworfen wurde, aber gleichwohl unbeantwortet durch die Mehrheit blieb.[751]

Allerdings könnte hier, wie oben dogmatisch hergeleitet wurde,[752] die Möglichkeit bestehen, auf bestimmte dem forum internum zuzuordnende Interessen zurückzugreifen, selbst wenn diese die Schwelle einer tatsächlichen Rechtsposition noch nicht überschritten haben. Obschon sich also die Frau des Kantors hier nicht auf ein *Recht* berufen kann, könnte es u. U. möglich sein, ihr bloßes *Interesse* zu berücksichtigen, nicht von „proselytierenden" Personen unangekündigte Besuche abgestattet zu bekommen. *Kokkinakis* handelt jedoch von einer Situation, bei der die den Sachverhalt ermittelnden Gerichte keine Tatsachen festgestellt haben, die Täuschung oder sonstiges manipulierendes Verhalten zum Inhalt haben. Das danach zugunsten der Frau des Kantors verbleibende Interesse ist daher so unbedeutend, dass es unter keinen Umständen einem Recht vergleichbar wäre.[753] Außerdem versteht es sich von selbst, dass wenn der EGMR hier ein bloßes Interesse dem vom Wortlaut an sich geforderten Recht hätte gleichstellen wollen, er verpflichtet gewesen wäre, die teleologische erweiternde Auslegung dogmatisch zunächst herzuleiten.

Solange der EGMR – noch dazu kaum ins Gewicht fallende – Interessen in die Abwägung der Gegenrechte mit einbezieht, ist der Kritik an einer einseitigen Rechtsprechung Recht zu geben: Auf der einen Seite erkennt man deutliche Zurückhaltung, „gebührende Anerkennung des potentiellen Umfangs des forum internum zu geben, sofern dieses ‚direkt' eingeklagt" wird durch ein Opfer.[754] Auf der anderen Seite, wenn „das forum internum ‚indirekt' anerkannt wird als ein Mittel, den Handlungsspielraum zugunsten der Staaten zu erweitern", so erscheint dann

---

[751] Siehe das teilweise abweichende Sondervotum von Richter MARTENS, *Kokkinakis v Greece* (25.5.1993, Nr. 14307/88) (1994) 17 EHRR 436–437 (§ 15): 'In principle, however, it is not within the province of the State to interfere in this "conflict" between proselytiser and proselytised. [...B]ecause – since respect for human dignity and human freedom implies that the State is bound to accept that in principle everybody is capable of determining his fate in the way that he deems best – there is no justification for the State to use its power "to protect" the proselytised (it may be otherwise in very special situations in which the State has a particular duty of care, but such situations fall outside the present issue).'

[752] Siehe oben S. 173.

[753] Wie oben ausgeführt, wäre das Interesse in Analogie zu gleichgewichtigen Interessen aus dem forum externum zu betrachten. Siehe insgesamt oben S. 175.

[754] 'To give due acknowledgement to the potential scope of the *forum internum* when "directly" claimed', so der zitierte Halbsatz bei TAYLOR.
Selbst wenn die europäischen Organe eine positive Schutzpflicht dem Grunde nach bejahen, so scheint dies zu allermeist nur in solchen Fällen zu geschehen, in denen man zugleich den konkreten Anspruch dann aus anderen Gründen zu verneinen glaubt, vgl. TAYLOR, Freedom of Religion (Fn. 276, 2005) 120–121.

das Gericht als nur zu willig, den Schutz der inneren Überzeugungen zu akzeptieren, und auf diese Weise repressive Maßnahmen des Staates zu unterstützen.[755]

Festgehalten sei abschließend noch, dass auch im hypothetischen Fall, dass das Gericht das Interesse des vermeintlichen „Proselytismus-Opfers" in die Verhältnismäßigkeitsprüfung hätte einstellen dürfen, dies selbstredend nicht mit einer abschließenden Rechtfertigung des griechischen Staats einherginge. Noch immer wäre dann festzustellen, dass beim Abwägungsprozess auf der einen Seite – wohlwollend formuliert –[756] das Interesse an einer friedlichen Umgebung für zwischenmenschliche Interaktionen zu beachten wäre. Auf der anderen Seite wäre jedoch ein fundamentaler Teil religiöser Praxis involviert, nämlich Zeugnis zu geben von seinen inneren Einstellungen. Es erscheint kaum vorstellbar, wie hier nicht das letztere Interesse überwiegen müsste, eingedenk auch dessen, dass eben gegen Privatpersonen als „Täter" der Schutz der Menschenrechte ohnehin eingeschränkt ist. Das griechische Gesetz verletzt entgegen der Leitentscheidung des EGMR Art. 9 EMRK.

(2) Die Kopftuchfälle

Wie oben angedeutet, sind auch einige der sog. Kopftuchfälle im hier zu erörternden Kontext von besonderem Interesse, nämlich diejenigen, die in Beziehung zum Handeln von nicht-staatlichen Akteuren stehen (anstelle desjenigen von Staatsbediensteten wie z. B. Lehrerinnen). Die prominente *Leyla Şahin*-Entscheidung[757] betraf solch eine Situation. Studentinnen war es damals[758] verboten, in der Universität Kopftücher zu tragen,[759] um Konflikte insbesondere mit ihren Kommilitoninnen zu vermeiden. Wieder unterließ es jedoch das Gericht, diejenigen Rechte der anderen Studentinnen zu spezifizieren, die hier das legitime Ziel staatlichen Eingreifens hätten sein können.[760] Im Rahmen seiner Kernargumentation nahm die Große

---

[755] 'The *forum internum* is recognised "indirectly" as a means of broadening the discretion available to States', so der zitierte Halbsatz bei TAYLOR, Freedom of Religion (Fn. 276, 2005) 119–120.

[756] Um dieses Interesse stattdessen wirklichkeitsnäher zu charakterisieren: Es bedarf wohl tatsächlich rechtlichen Schutzes gegen sog. Haustürgeschäfte. Doch wenn es auch gut möglich sein kann, d. h. sich jemand unvorbereitet durch gewisse Raffinesse einen neuen Staubsauger aufschwatzen lässt: Eine Glaubensentscheidung in 15 Minuten zu treffen, ist nicht denkbar, will man nicht an ein Bekehrungswunder glauben. Da gegen Letzteres kein rechtlich Kraut gewachsen ist, bei Ersterem dagegen die Zeit zum Nachdenken und Informieren im Anschluss an das Überfallgespräch gegeben ist, besteht kein ernstzunehmendes Interesse für irgendwelche rechtlichen Zwangsmaßnahmen.

[757] *Leyla Şahin v Turkey* (GK, 10.11.2005, Nr. 44774/98) (2007) 44 EHRR 5; auszugsweise deutsche Übersetzung in NVwZ 2006, 1389–1396.

[758] Zu den Gesetzes- und Verfassungsänderungen vom Februar 2008 zum Kopftuchverbot (Verbot nur noch bestimmter Varianten des Kopftuchs) siehe beispielsweise http://www.tagesschau.de/ausland/kopftuchverbot6.html (eingesehen am 28.2.2008).

[759] Sonstige Verbote seien hier außer Betracht gelassen.

[760] Siehe *Leyla Şahin v Turkey* (GK, 10.11.2005, Nr. 44774/98) (2007) 44 EHRR 5, § 99. Allerdings trägt das Gericht vor, diese Frage sei nicht streitig gewesen.

Kammer später jedoch einen etwas ausdrücklicheren Standpunkt hinsichtlich des zugrunde liegenden Konflikts zwischen Privaten ein:

> In einer demokratischen Gesellschaft, in der mehrere Religionen innerhalb ein- und derselben Bevölkerung nebeneinander bestehen, kann es notwendig sein, die Freiheit zu beschränken, seine Religion oder Weltanschauung zu manifestieren, um so die Interessen der unterschiedlichen Gruppen zu versöhnen und die Achtung der Überzeugung jeder Person sicherzustellen (*Kokkinakis* [...]). Das ergibt sich aus Art. 9 § 2 EMRK wie auch aus der in Art. 1 EMRK festgelegten positiven Verpflichtung der Vertragsstaaten, allen ihrer Hoheitsgewalt unterstehenden Personen die Rechte und Freiheiten der Konvention zuzusichern.[761]

Da das Gericht hier ausdrücklich den Begriff der „positive obligations" verwendet, ist hier (anders als bei *Kokkinakis*) ausdrücklich dokumentiert, dass es sich die spezifische Besonderheit des Konflikts – Privatpersonen unter sich – bewusst hat werden lassen. Doch gibt die Große Kammer keine Erklärung dafür, weshalb es notwendig sein solle, „die *Interessen*" der unterschiedlichen Überzeugungen zu versöhnen. Im nächsten Satz bezieht sich das Gericht dann auf die rechtliche Grundlage staatlicher Vermittlungsbemühungen, nämlich das Konzept positiver Verpflichtungen. Dabei zitiert es zutreffend, dass die durch die Konvention genau umrissenen „Rechte und Freiheiten" zu sichern sind. Die Diskrepanz zwischen der Erwähnung bloßer Interessen und dann wiederum zutreffend der Rechte bleibt unaufgelöst. Ein dogmatischer Ansatz, auch bloße Interessen zu berücksichtigen – wie oben ausgeführt –[762] findet sich nicht im Urteil. Es gibt eine Bezugnahme zur „Rolle des Staates als einem neutralen und unparteiischen Organisierenden zwischen den Betätigungen der verschiedenen Religionen, Glaubensrichtungen und Überzeugungen und [... seine] Rolle [... für] die öffentliche Ordnung, religiöse Harmonie und Toleranz in einer demokratischen Gesellschaft".[763] Das Gericht schließt daraus, dass diese neutrale Rolle „vom Staat einfordert, gegenseitige Toleranz zwischen gegnerischen Gruppen zu sichern" sowie „zu garantieren, dass konkurrierende Gruppen einander tolerieren".[764]

---

761 „In democratic societies, in which several religions coexist within one and the same population, it may be necessary to place restrictions on freedom to manifest one's religion or belief in order to reconcile the interests of the various groups and ensure that everyone's beliefs are respected (*Kokkinakis* ...). This follows both from paragraph 2 of Art. 9 and the State's positive obligation under Art. 1 of the Convention to secure to everyone within its jurisdiction the rights and freedoms defined in the Convention.' So *Leyla Şahin v Turkey* (GK, 10.11.2005, Nr. 44774/98) (2007) 44 EHRR 5, S. 125 (§ 106), Übersetzung in Anlehnung an NVwZ 2006, 1392.

762 Siehe oben S. 173.

763 'The State's role as the neutral and impartial organiser of the exercise of various religions, faiths and beliefs, and [... its] role [... for] public order, religious harmony and tolerance in a democratic society', so *Leyla Şahin v Turkey* (GK, 10.11.2005, Nr. 44774/98) (2007) 44 EHRR 5, S. 125–126 (§ 107).

764 'Requires the State to ensure mutual tolerance between opposing groups' – 'to ensure that the competing groups tolerate each other', ibid. Solch eine Vorstellung von Toleranz wurde auch herangezogen bei *Serif v Greece* (14.12.1999, Nr. 38178/97) (2001) 31 EHRR 20, S. 573 (§ 53) (vgl. das Zitat S. 155, Fn. 633). In *Serif* betonte das Gericht allerdings noch gleichzeitig

Durch solch eine Aussage[765] wird die staatliche Rolle, zwischen Privatpersonen zu vermitteln, nicht begründet, sondern nur behauptet. Die Rede von der Neutralität ersetzt nicht die Notwendigkeit einer Ermächtigung, in die gesellschaftliche Sphäre des Privaten einzudringen.[766] Neutralität mag wichtig sein, um zu entscheiden, ob oder zu welchem Grad es dem Staat selbst erlaubt ist, mit religiösen oder sonstigen Bewegungen zu kommunizieren.[767] Hinsichtlich der Eingriffe in die Handlungsfreiheit seiner Bürger bleibt der Staat an die durch die Konvention eingeräumten Befugnisse gebunden.[768] Dort werden aber nur positive Verpflichtungen mit Blick auf den Schutz von „rights and freedoms" statuiert. An einer Ermächtigung des Staates, seine Vision einer demokratischen Gesellschaft den Trägern dieser Gesellschaft mit den Mitteln staatlicher Verbote aufzuoktroyieren, fehlt es. Die negative Schutzdimension der Rechte und Freiheiten der Konvention[769] verhindert solch ein ambitioniertes staatliches Ansinnen, das hier fälschlich die Weihen des EGMR erhält. Es bleibt ein Lippenbekenntnis, wenn das Gericht abschließend dann wieder korrekt sich allein auf die fundamentalen *Rechte* bezieht, die vom Staat auszutarieren sind:

> Wo diese *„Rechte und Freiheiten"* ihrerseits selbst zu denen gehören, die durch die Konvention oder ihre Protokolle geschützt sind, muss es akzeptiert werden, dass die Notwendigkeit, *diese* zu schützen, dazu führen kann, dass Staaten andere ebenso in der Konvention festgeschriebene Rechte oder Freiheiten beschränken müssen. Es ist präzise diese ständige Suche nach einer Balance *zwischen den fundamentalen Rechten* eines

die Zurückhaltung hinsichtlich eines Eingreifens in die Beziehungen unter nicht-staatlichen Akteuren.

Für eine erstauliche Bezugnahme des EGMR zur Neutralität vgl. *Murphy v Ireland* (10.6.2003, Nr. 44179/98) (2004) 38 EHRR 13, S. 236 (§ 74), wo das Gericht das Verbot religiöser Werbung rechtfertigt, um 'impartial, neutral and balanced' Informationsmöglichkeiten in Irland vor dem Hintergrund irischer Religionsgeschichte zu sichern. Zur Kritik an dieser Fehlentscheidung vgl. etwa CUMPER, Inciting Religious Hatred, in: Does God Believe in Human Rights?, hrsg. v. *Ghanea* u. a., Leiden 2007, 255–257.

765 Für einen dem Gericht ähnelnden Ansatz vgl. KAUFMANN, Überzeugungsfreiheit im Völkerrecht (Fn. 306), 1989, 315.

766 Dies verschärft sich insoweit, als gerade der behauptete Einsatz für Frauenrechte als paternalistisch empfunden und der selbstverantworteten Entscheidung der betroffenen Frauen keine bedeutende Rolle beigemessen wird sowie mit Blick auf die Betroffenen insgesamt stereotypische Vereinnahmungen erfolgen, vgl. etwa CHINKIN, Women's Human Rights and Religion, in: Religion, Human Rights and International Law, hrsg. v. *Rehman*, Leiden, 2007, 71–73.

767 Für einen Überblick hinsichtlich des Konzepts der Neutralitat und der Beziehungen zwischen Staat und Religion siehe TEMPERMAN (Fn. 440) (2006) 1 Religion and Human Rights 269–303, insbesondere 300–303.

768 Die Berufung auf Respekt und Toleranz ist einzig insoweit zurückzuweisen, soweit sie systemwidrig angewendet wird. Diese Werte können sehr wohl wichtig sein hinsichtlich anderer Rechte, z. B. dem Ehrschutz (vgl. S. 173 in Fn. 714). Ferner können sie bei der Entscheidung von Bedeutung sein, die Gewichtigkeit legitimer Rechte und Interessen einzuordnen, und zwar mit Blick auf deren Ausbalancierung beim Verhältnismäßigkeitstest.

769 Dies gilt ebenso mit Blick auf den ICCPR.

jeden Individuums, die das Fundament einer „demokratischen Gesellschaft" konstituiert.[770]

Die Verhältnismäßigkeitsprüfung zeigt, dass sich die Große Kammer keineswegs an einen auf Rechte gestützten Ansatz gebunden sieht. Sie trägt vage Bezugnahmen auf die „Werte des Pluralismus', Respekt für die Rechte der anderen, und, insbesondere, Gleichheit von Männern und Frauen vor dem Gesetz" vor.[771] Exemplarisch wird so deutlich gemacht, dass Rechte nur ein Aspekt unter vielen anderen sind. An einer Erklärung für solch ein Vorgehen fehlt es. Nicht weiter ins Gewicht fällt hier, dass die Argumente des Gerichts hinsichtlich Pluralismus und Geschlechtergleichheit aus guten Gründen harsche Kritik erfahren haben.[772] Entscheidend ist vielmehr, dass das Gericht es unterlässt zu begründen, weshalb und in welchem

[770] 'Where these "*rights and freedoms*" are themselves among those guaranteed by the Convention or its Protocols, it must be accepted that the need to protect *them* may lead States to restrict other rights or freedoms likewise set forth in the Convention. It is precisely this constant search for a balance *between the fundamental rights* of each individual which constitutes the foundation of a "democratic society".' So *Leyla Şahin v Turkey* (GK, 10.11.2005, Nr. 44774/98) (2007) 44 EHRR 5, S. 126 (§ 108), Hervorhebung nicht im Original.
Dass die Große Kammer keineswegs sich an eine, im wahrsten Sinne des Wortes rechtsgeleitete Analyse hält, kann abgesehen von diesem Zitat hier z. B. an Folgendem erkannt werden (S. 127, § 110), wo sie sich auf eine mysteriöse weitere Pflicht neben dem Schutz von Rechten (und öffentlicher Ordnung) bezieht: 'The Court must have regard to [...] the need to protect the rights and freedoms of others, to preserve public order and to secure civil peace and true religious pluralism, which is vital to the survival of a democratic society.'

[771] 'The values of pluralism, respect for the rights of others and, in particular, equality before the law of men and women', so *Leyla Şahin v Turkey* (GK, 10.11.2005, Nr. 44774/98) (2007) 44 EHRR 5, S. 129 (§ 116).
Überdies wird noch ein spezifisches Verständnis der Säkularität herangezogen, vgl. z. B. S. 127–128 (§ 113).

[772] Vgl. hinsichtlich Geschlechtergleichheit das abweichende Sondervotum von Richterin TULKENS, *Leyla Şahin* v. *Turkey* (GK, 10.11.2005, Nr. 44774/98) (2007) 44 EHRR 5, §§ 11–12 und illustrativ DENLI, The Head-Cover Controversy in Contemporary Turkey, in: Facilitating Freedom of Religion or Belief, hrsg. v. *Lindholm* u. a., Leiden 2004, 504. Vgl. weiterhin WING/ NIGH SMITH, Critical Race Feminism Lifts the Veil? (2006) 39 UC Davis L Rev 757–760; BREMS, The Approach of the ECtHR to Religion, in: Die Rechtsstellung des Menschen im Völkerrecht (Fn. 430, 2003) 16–17; BELELIEU, The Headscarf as a Symbolic Enemy of the European Court of Human Rights' Democratic Jurisprudence (2006) 12 Colum J Eur L 619–620; TURNER, The Price of a Scarf (2005) 26 U Pa J Intl Econ L 337–339; BLEIBERG, Unveiling the Real Issue: Evaluating the European Court of Human Rights' Decision to Enforce the Turkish Headscarf Ban in Leyla Sahin *v.* Turkey (2005) 91 Cornell L Rev 162–164; KNIGHTS, Religious Symbols in the School [2005] Eur Human Rights L 514.
Hinsichtlich Pluralismus vgl. nur MARÍNEZ-TORRÓN/ NAVARRO-VALLS, The Protection of Religious Freedom in the System of the Council of Europe, in: Facilitating Freedom of Religion or Belief, hrsg. v. *Lindholm* u. a., Leiden 2004) 231; aus säkularer Perspektive vgl. LERNER, Religion, Secular Beliefs and Human Rights (Fn. 274, 2006) 198–200.
Als neutralen Bericht ohne jede Kritik siehe FROWEIN, Religion and Religious Symbols in European and International Law, in: Religion in the Public Sphere, hrsg. v. *Brugger*, Berlin, 2007, 250–251. Als befürwortende Stimme vgl. ÖZTÜRK, Das Kopftuch sorgt weiterhin für Gesprächsstoff in Deutschland, DÖV 2007, 998, 1002.

Maße es überhaupt befugt ist, über Pluralismus und Geschlechtergleichheit als zu berücksichtigende Interessen zu urteilen, obwohl sie als solche nicht in der relevanten Schrankenregelung erwähnt sind.

Wenn, wie eben ausgeführt, mitunter auch von den tatsächlich in Frage kommenden Rechten gesprochen wird, so fehlt es gleichwohl an einer Erläuterung, worin hier diese Rechte bestehen könnten. Kein Wort findet sich darüber, wie das Tragen eines Kopftuchs zu einer Verletzung eines *Rechts* anderer Studentinnen führen könnte. Die bloße Bezugnahme auf „externen Druck von extremistischen Bewegungen"[773] ersetzt keine Begründung. Dass es an Letzterer fehlt, darf allerdings nicht verwundern. Das einzige in Frage kommende Recht ist schließlich die Gewissensfreiheit der anderen Studentinnen, nämlich der absolute Schutz des forum internum. Diesbezüglich ist es offensichtlich, dass es an einem Eingriff fehlt, da die Schwelle des Zwangs bzw. des Indoktrinierens nun einmal nicht durch das bloße Tragen von Kopftüchern zu überschreiten ist.

Anders als in *Kokkinakis* bezieht sich die Große Kammer in *Leyla Şahin* zumindest teilweise auch auf „public order and public safety",[774] und damit auf Rechtsbegriffe, die bloße Interessen beinhalten können. Es sprengte den Rahmen dieser Arbeit zu untersuchen, inwieweit ein Kopftuchverbot auf diese alternativen Rechtsbegriffe gestützt werden könnte.[775] Jedenfalls hätte aber auch die Berufung hierauf nicht davon befreit, substantiell zu beachten, dass die angeblichen Täterinnen, also die Kopftuch tragenden Studentinnen, als Privatpersonen nicht in gleicher Weise durch Menschenrechte gebunden sind wie etwa Lehrerinnen. Die Frage nach den „horizontal effects" hätte geklärt werden müssen. Wie schon in *Kokkinakis* findet eine solche Untersuchung letztlich nicht statt. Dass für eine sauber begründete Entscheidung auch der Verhältnismäßigkeitsgrundsatz in nachvollziehbarer Weise hätte angewendet werden müssen, ist allerdings wohl die bedeutendste Nachlässigkeit des EGMR in dieser fehlgeleiteten Grundsatzentscheidung, bedenkt man die Vielzahl religiöser Studentinnen, die sich so einem faktischen Ausschluss aus der universitären Bildung ausgesetzt sehen, solange sich nun nicht dauerhaft die türkische Rechtslage selbst ändern sollte.

---

773 'External pressure from extremist movements', so *Leyla Şahin v Turkey* (GK, 10.11.2005, Nr. 44774/98) (2007) 44 EHRR 5, S. 128 (§ 113), unter Bezugnahme auf türkische Entscheidungen.

774 Während der Bezugnahme auf andere (eigene) Entscheidungen, siehe beiläufig *Leyla Şahin v Turkey* (GK, 10.11.2005, Nr. 44774/98) (2007) 44 EHRR 5, S. 127 (§ 111); siehe auch die Erwähnung von 'public order' beim Zitat oben S. 183 bei Fn. 763 sowie ibid, S. 127 (§ 110), S. 126 (§ 109).

775 Nur angedeutet sei, dass die öffentliche Sicherheit wohl nur für spezifische Situationen in Betracht kommt (z. B. Kopftücher als Gefahr für Hygiene im Universitätskrankenhaus u. ä.) und dass auch die Berufung auf die „öffentliche Ordnung" kein Allheilmittel ist. Es nimmt nicht Wunder, dass z. B. im deutschen Polizei- und Ordnungsrecht gerade darum gerungen wird, ob der Begriff der öffentlichen Ordnung nicht gerade wegen seiner Unbestimmtheit generell rechtstaatlichen Bedenken unterliegt, zumindest aber restriktiv auszulegen ist. Das Aufoktroyieren bloß persönlicher Moral- und Wertvorstellungen müsse dabei vermieden werden. Vgl. zu allem m. w. N. SCHOCH, Polizei- und Ordnungsrecht, in: *Schmidt-Aßmann*, Besonderes Verwaltungsrecht, Berlin, 13. A. 2005, § 2, Rn. 79–83 (S. 171–174).

C) Konsequenzen aus dem Mangel an überzeugenden Auslegungsversuchen

Abschließend soll überlegt werden, inwieweit der Schutz des forum internum kohärenter gestaltet werden könnte.

I. Bemühungen um konkrete Definitionsversuche

Die erste der beiden Richtlinien, die dazu hier aufgezeigt werden, basiert auf folgender Beobachtung, die derjenigen gleicht, die oben im kanonischen Strafrecht auszumachen war. Es gibt in Jurisprudenz und Lehre einen folgenreichen Mangel an Aufmerksamkeit, was die Definitionsbemühungen um die relevanten Rechtsbegriffe betrifft. Kaum etwas zwingt jedoch mehr, sich direkt auf die gestellten Fragen zu konzentrieren, als um präzise Definitionen zu ringen, die abstrahieren von der bloß singulären Beantwortung einer Fallfrage. Bei Letzterem dagegen kann unbemerkt hinter vielen Worten der Kern verfehlt werden. Um dies an einem wichtigen Beispiel aufzuzeigen: Es gibt nur selten Versuche zu definieren, was mit Zwang gemeint ist. Sofern Versuche auszumachen sind, wird zumeist statt abstrakter Tatbestandsmerkmale wiederum nur auf Fallbeispiele verwiesen.[776] Diese jedoch sind weder Teil eines Konsenses, noch einander ähnlich, denkt man z. B. an den „Proselytismus“ von Zeugen Jehovas, an von Studentinnen getragene Kopftücher oder an den Einfluss der Massenmedien. Dem entsprechend ist es kaum möglich, die tragenden Gründe herauszufiltern, betrachtet man diese Beispiele.

55 Jahre nach Einführung des Begriffs Zwang durch einen ägyptischen Delegierten sollte es möglich sein, anstelle unstrukturierter Diskussion den Rechtsbegriff abstrakt und kohärent zu beschreiben.[777] Die hier nun vorgelegte Definition kann allerdings nicht über einen provisorischen Versuch hinauskommen.[778] Dieser Vorschlag dient einzig dazu darzulegen, dass es nicht illusorisch ist, an der Ausarbeitung von Definitionen zu arbeiten, die dazu dienen, die Angelpunkte der sachlichen Auseinandersetzungen in den Blick zu nehmen. Dem entsprechend wird darauf verzichtet, die Differenzierungen in Wortlaut und Entstehungsgeschichte zwischen Art. 9 EMRK und Art. 18 ICCPR aufzugreifen. Anstelle dessen werden

---

[776] Vgl. nur den prominentesten Definitionsversuch (der auch zu den ausführlichsten gehört), der zumindest teilweise abstrakte Elemente umfasst, nämlich den General Comment Nr. 22 des Human Rights Committees, komplett wiedergegeben im Annex i auf S. 207.
Der von vielen wiedergegebene Konsens, dass physische Gewalt ein mögliches Element von Zwang ist, könnte allerdings je nach Sichtweise nicht als Beispiel, sondern als Teil einer abstrakten Definition aufgefasst werden.

[777] Vgl. allerdings beispielhaft für eine verbreitete Aversion gegen Definitionen z. B. MARTINEZ-RUIZ, Statement, in: Freedom of Conscience, hrsg. v. *Council of Europe*, Straßburg 1993, 130: 'In law, a definition is no more and not less than a caricature of reality'. Die hier erhobene Forderung nach einer Definition dient nicht dazu, Realität wiederzugeben, sondern effektiv mit ihr umzugehen.

[778] Vgl. auch den Versuch einer Definition des Zwangs mit Blick auf das kirchliche Strafrecht oben S. 63.

die Begriffe „Zwang“ und „Indoktrinieren“ davon losgelöst definiert, und zwar wie folgt:

Art. 1: Zwang und Indoktrinieren sind Eingriffe in das forum internum[779], die kategorisch nicht zu rechtfertigen sind.[780]

Art. 2:
§ 1: Zwang ist Gewaltanwendung oder eine sonstige Form der Beeinflussung durch Handeln oder Unterlassen, für die der Staat verantwortlich ist[781], und die die folgenden Kriterien erfüllt:
(a) Sie ist entweder geeignet, direkt verändernd auf das forum internum einer[782] Person[783] einzuwirken
(b) oder die Beeinflussung hat – für sich betrachtet[784] – aus der Sichtweise der betroffenen Person solch eine Qualität, dass es eine vernünftige[785] Konsequenz[786] ist

---

779 Forum internum ist hier gewählt mit Blick auf die Klärungen und Umgrenzungen, die während dieser Arbeit entwickelt wurden. Art. 1 wäre einschlägig (sedes materie), dieses Konzept abstrakt in Gesetzesform zu gießen, ein Vorhaben, das allerdings für die hier zu erreichenden Demonstrationszwecke nicht notwendig ist.

780 Die Frage nach der aus dem deutschen Grundgesetz bekannten Rechtsfigur kollidierenden Verfassungsrechts soll hier außen vor gelassen werden.

781 Zwang von nicht-staatlichen Akteuren wird in einem gesonderten Absatz behandelt. Die offene Formulierung soll Auslegungsspielraum ermöglichen, ob und wie nur lose dem Staat zugeordnete Personen hiervon zu erfassen sind (z. B. ausgegliederte eigenständige juristische Rechtspersonen, an denen sich auch Private beteiligen; die Frage nach Staatsbediensteten, die in ihrer Freizeit, aber unter heimlicher Nutzung staatlicher Resourcen agieren u. ä.).

782 Der Schutz des forum internum ist Einzelpersonen, nicht aber Gruppen zugeordnet.

783 Solche, sicherlich nur selten anzutreffende (bzw. ans Tageslicht kommende) Eingriffe wie die etwa als „brain-washing” beschriebenen Verfahren müssen keinerlei weitere Anforderungen erfüllen, da sie geradezu direkt durch den Zwangseffekt konstituiert sind, gegen den sich hier der oder die Betroffene nicht unbedingt oder gar nicht ausreichend wehren könnte.

784 Dieses Kriterium ist von größter Bedeutung. Der Wortlaut „Zwang“ beinhaltet, dass der freie Wille einer Person nicht nur beeinflusst ist, sondern dass die Gewichtigkeit der Beeinträchtigung nicht mehr schlicht zur Seite gedrängt werden kann. Die Beeinträchtigung muss aus sich selbst heraus einen bestimmenden Einfluss haben. Wieder ist hier auf das oben S. 63 herangezogene Bild der Prozentzahlen heranzuziehen, ohne dass damit ausgesagt werden sollte, so den menschlichen Denkprozess angemessen zu beschreiben. Bildlich muss danach für Zwang Druck in einem Maß ausgeübt werden, das 50 % übersteigt. In solch einer imaginären Skala könnte der angedrohte Foltertod zur Willensbeugung mit 99 % bezeichnet werden, wohingegen ein freundschaftlicher Rat mit 1 % zu werten wäre. Niemals jedoch könnte eine Maßnahme mit 100 % bewertet werden. Diesbezüglich ist die Erkenntnis zutreffend, dass in gewisser Hinsicht die innersten Überzeugungen unverletztlich sind (die Gedanken sind frei; siehe auch das Märtyrerbeispiel). Abgesehen von solch theoretischen Fragen, ist die bildliche Schwelle, auf die es ankommt, bei 51 % anzusiedeln.

785 Zwangsanwendung ist mit Blick auf den Betroffenen zu definieren („aus der Sicht...“), d. h. allein die subjektive Betroffenheit ist zunächst entscheidend. Der Staat seinerseits ist geschützt, dass er bei fehlender Intention nicht verantwortlich ist (dazu sogleich § 2). Mit dem Wort „vernünftig“ nun besteht die Möglichkeit, rein subjektive Wahnvorstellungen sogleich

- gemäß der Beeinflussung[787] zu handeln
- oder dass vergleichbar dazu fehlendes Nachgeben zu bedeutsamen Beschränkungen der Lebensweise der betroffenen Person führt,[788]

wobei auch Beeinflussungen umfasst sind, die darauf abzielen, das Überdenken der eigenen Überzeugungen zu verhindern[789]
und wobei Beeinflussungen auch in einer Täuschung bestehen können.[790]

§ 2: Kann der Staat nachweisen,[791] dass keine Intention bestand, das forum internum zu beeinträchtigen, und ist es auch nicht grob fahrlässig vom Staat, die Zwangswirkung nicht vorausgesehen zu haben, dann ist die Beeinflussung kein

aus dem Tatbestand auszuschließen. Im Übrigen wird hierdurch nochmals die bildhafte 51 %-Schwelle im Zusammenklang mit dem Einschub „für sich betrachtet" erläuternd bezeichnet.

786 Der Vernünftigkeitsschwelle bedarf es auch hinsichtlich Gewalt. Eine Ohrfeige ist Gewalt, doch kommt ihr nicht als solcher zwingende Wirkung zu (wenn nicht andere Umstände hinzutreten, etwa die Bedrohung mit weiteren Gewaltakten).

787 Beeinflussung ist der Oberbegriff, der Gewalt und sonstige Formen miteinschließt, siehe den Eingangssatz. Auch das Handeln, um weiterer Gewalt zu entgehen, ist damit ein Handeln gemäß der Beeinflussung.

788 Ein zum Martyrium bereiter Mensch mag derart wenig beeinflussbar durch äußere Einflüsse sein, dass es nach seiner Sichtweise schlichtweg unvernünftig wäre, gemäss der Beeinflussung zu handeln. Diese Klausel ist daher notwendig, Zwang auch bei solchen Menschen feststellen zu können, denn deren heroische Einstellung darf nicht dem Zwang Ausübenden zu Gute kommen. Um diese Klausel praktisch im Sinne einer objektiven Vergleichbarkeit auszulegen, müsste man sich wohl – als ersten und wichtigsten Ansatzpunkt – die Frage stellen: Wie würde wohl eine „normal" konstituierte Person reagieren? Dies klingt in der Formulierung „vergleichbar dazu" an. Eine genauere Ausdifferenzierung der Definition in diesem Sinne dürfte nicht notwendig sein, bedenkt man insbesondere, dass sicherlich Sachverhalte zu erfassen sind, für die ein solch „objektives" Verhalten nicht verifizierbar ist.

789 Dieser Einschub dient dazu, staatliche Maßnahmen einzuschließen, die darauf zielen, „Apostasie" oder „Häresie" zu verhindern. Die Notwendigkeit, diese Formen von Zwangsausübung explizit einzubeziehen, ist insbesondere relevant mit Blick auf den geänderten Wortlaut der Zwangsklausel, wie sie in der 1981er Deklaration (Fn. 412) gefasst ist, vgl. GHANEA, The 1981 UN Declaration, in: The Challenge of Religious Discrimination (Fn. 280, 2003) 25.

790 Diese Klausel dient der Klarstellung. Andernfalls könnte behauptet werden, es sei nicht „vernünftig" gemäß einer Täuschung zu handeln. Wenn jedoch ein Staat eine solch verwerfliche Handlung durchführt, ist die Zwangswirkung zu bejahen, ganz gleich, wie einfach es gewesen wäre, das Vorhaben des Staates zu durchschauen. Zum Verständnis des Begriffs „vernünftig", der allenfalls nur krassere Fälle von subjektiver Verblendung ausschließen helfen sollte, siehe soeben Fn. 786.

791 Durch die Formulierungen zur Intention (noch dazu als eigener Absatz) ist hier eine den Staat begünstigende Rechtsregel aufgestellt. Nach allgemeinen Beweisgrundsätzen trägt daher hierfür allein der Begünstigte, d. h. der Staat die Beweislast.
Der ausdrücklichen Formulierung einer Beweislast hätte es daher womöglich nicht bedurft. Da aber auch der Amtsermittlungsgrundsatz gelten könnte, ist zur Klarstellung eine explizite Beweisregel gewählt, denn aus Gerechtigkeitsgründen erscheint es angebracht, sämtliche Zweifel zu Lasten des Staates gehen zu lassen, der es schließlich zur objektiv wirkenden Beeinflussung hat kommen lassen.

Zwang. Diese Qualifizierung berührt nicht die Möglichkeit, dass die Beeinflussung gleichwohl andere Rechte verletzt hat.

§ 3: Der Staat ist verpflichtet, effektiv gegen Zwang i. S. v. § 1–2 durch nicht-staatliche Akteure zu schützen, sofern die Maßstäbe[792] des sich entwickelnden[793] Verständnisses der internationalen Menschenrechtsdoktrin erfüllt sind, die von der Einbeziehung von zugrunde liegenden Konflikten zwischen nicht-staatlichen Akteuren handeln.

Art. 3:
§ 1: Indoktrinieren ist eine Maßnahme, für die der Staat verantwortlich ist[794], und die darauf abzielt, auf das forum internum einer Person Druck auszuüben[795] durch Mittel, die zwar für sich genommen nicht als Zwang zu qualifizieren sein müssen[796], die aber objektiv[797] bedeutsam sind.[798]

§ 2: Wenn die beeinflussende Wirkung einer staatlichen Maßnahme deutlich vorhersehbar ist, ist davon auszugehen, dass der Staat die notwendige Intention i. S. d. § 1 hatte.

---

792 Vgl. die Richtlinien zusammengefasst oben ob S. 147.

793 Eine Definition kann keine Lösung präsentierten, solange die Diskussion zu verzettelt ist, hinreichende Klarheit zu schaffen. Gleichwohl ist § 3 trotz der darin zum Ausdruck kommenden Vorläufigkeit von besonderer Bedeutung, da er die schon zum jetzigen Zeitpunkt gültigen Erfordernisse klar zum Ausdruck bringt, dass nämlich die Anwendbarkeit auf Privatpersonen gesondert zu rechtfertigen ist.

794 In diesem Zusammenhang erscheint es sachlich unangebracht, auch Privatpersonen einzubeziehen. Durch die offene Formulierung „verantwortlich ist" können Zweifelsfälle gebenenfalls einbezogen werden, siehe auch eben Fn. 781.

795 Der Staat wird und kann das forum internum beeinflussen, da der Staat auf vielen bedeutsamen Feldern notwendig agieren muss. Verboten ist jedoch die *übermäßige* Ausspielung seiner Macht, mit der der Staat seine Ziele verfolgt. Es besteht also eine Ähnlichkeit zwischen Zwang und Indoktrinieren. Oftmals kann in der Praxis überdies beides vorliegen. Beide Konzepte würden sich in der Praxis insbesondere dadurch unterscheiden, dass unterschiedliche Beweise gewonnen werden müssen.
Indoktrinieren ist dabei eine „mindere" Form des Zwanges, deren nicht notwendig vergleichbar schwere beeinträchtigende Wirkung (keine bildhafte „51 %"-Grenze) dadurch ausgeglichen wird, dass beim Staat eine rechtsstaatlich nicht tolerierbare Intention vorliegt.

796 Siehe schon die vorangegangene Fußnote: Die fehlende Schwere wird durch die Intention des Staates ausgeglichen.

797 Die subjektive Sichtweise kann nicht maßgeblich sein. Indoktrinieren ist verboten, da ein solches Mittel *als Handlung des Staates* inakzeptabel ist. Es fehlt an der Tolerierbarkeit daher nur, wenn tatsächlich objektiv Bedeutsamkeit vorliegt.

798 Überzeugende Grundsätze zur notwendigen Bedeutsamkeit herauszuarbeiten, stellte sich nach dieser Definition als vordringliche Aufgabe dar, siehe S. 125.

II. Zurückhaltung hinsichtlich ausufernder Interpretationen des forum internum

Eine letzte Anmerkung zieht Konsequenzen aus den Schwierigkeiten, die sich ergeben, will man die Schutzmechanismen des forum internum interpretieren. Es ist nicht allein wichtig, die Suche nach kohärenten Auslegungen zu intensivieren. Darüber hinaus gilt es auch, die dem Recht eigenen Begrenzungen zu akzeptieren. Erweist es sich als extrem schwierig, trennscharf die Grenzen des Schutzes des forum internum zu beschreiben, so bedeutet dies, dass dies nicht durch pauschalierende, den Schutz ausweitende Auslegungsansätze überspielt werden kann. Was das Recht nicht leisten kann, darf nicht durch eigene Gerechtigkeitsvorstellungen des Interpreten ersetzt werden. Dabei ist es nicht allein das mutmaßliche Opfer, das damit zu leben hat, dass vielfach Beeinträchtigungen nicht als Eingriff qualifiziert werden können. Auch der Staat hat zu akzeptieren, sich nicht exzessiv auf den vermeintlichen Schutz des Gewissens berufen zu können, um Einschränkungen der Menschenrechte anderer durchzusetzen. Insbesondere Gesetzgebung zur Stärkung bürgerschaftlicher Toleranz wird dann vor Hindernissen stehen, wenn sie sich – selbst wenig tolerant – am Arsenal der Zwangsmittel bedient.

D) Zusammenfassung der eigenen Neuansätze

Die herausragende Bedeutung des forum internum[799] ist Ansporn genug, sich um dessen effektiven Schutz zu bemühen, soweit dies im Einklang mit den relevanten Normtexten möglich erscheint. Neben der Aufdeckung von Unzulänglichkeiten in der herkömmlichen Auslegungsdebatte um das forum internum, bedürfen einige Probleme der Weiter- und Neuentwicklung kohärenter Lösungsansätze. Soweit in dieser Arbeit darum gerungen wurde, sollen diese Einsichten stichwortartig ins Gedächtnis gerufen werden.

Zunächst ist die grundlegende Unterscheidung zwischen Manifestieren auf der einen und dem forum internum auf der anderen Seite zu betonen, die nämlich dann besser gemeistert werden kann, legt man als Unterscheidungskriterium vor allem die Frage nach dem passiven oder aktiven Charakter der jeweiligen Sachverhalte zugrunde.[800] Weiterhin wurde dargelegt, dass der Wechsel der inneren Überzeugungen eines mutmaßlichen Opfers keineswegs eine Bedingung ist, um einen Eingriff annehmen zu können.[801] Hinsichtlich des Eingreifens des Staates zugunsten von Privatpersonen gegen andere nicht-staatliche Akteure wurde die Notwendigkeit begründet, auch hier die Schutzmechanismen der Theorien zu den sog. „horizontal effects" einzubeziehen.[802] Auch wurde aufgezeigt, dass die Besonderheiten des ab-

---

799 Für ein Verständnis der Gewissensfreiheit als das bedeutenste, fundamentale Menschenrecht („‚Urgrundrecht' im substantiellen Sinne") vgl. die Nachweise bei BOROWSKI, Die Glaubens- und Gewissensfreiheit (Fn. 336), 2006, 70.

800 Siehe die Ausführungen beginnend auf S. 115 bei Fn. 446. Die Aktivität, die allein durch die Verletzungshandlung selbst hervorgerufen wird, bleibt dabei außer Betracht.

801 Siehe die Ausführungen beginnend auf S. 116 bei Fn. 455.

802 Siehe die Ausführungen beginnend auf S. 164.

soluten Schutzes des forum internum dazu führen, – unter bestimmten Voraussetzungen – bloße Interessen wie tatsächliche Rechte zu behandeln. Dies ist dann der Fall, wenn einander entgegenstehende Rechte abzuwägen sind, und zwar bei der Anwendung des Verhältnismäßigkeitsgrundsatzes.[803]

[803] Siehe die Ausführungen beginnend auf S. 173.

3. Teil: Rechtsvergleich: Fehlende Justiziabilität bei ähnlicher Problemlage

Der eigentliche Ertrag des hier unternommenen Rechtsvergleichs zwischen Regelungen des Völker- und des Kirchenrechts ist schnell zusammengefasst. Was in der Überleitung zur völkerrechtlichen Untersuchung angedeutet wurde,[804] sollte sich hinreichend bewahrheitet haben. Was es genau mit der Zwangsausübung, der verbotenen Einwirkung auf den inneren Willen einer Person auf sich hat, kann in beiden Rechtskreisen nicht einer zufrieden stellenden eindeutigen Lösung zugeführt werden. Die jeweiligen Defizite sind evident. Zieht man dabei in Betracht, dass insoweit auf Seiten der internationalen Rechtsgemeinschaft der Religions- und Gewissensfreiheit gerade im Gefolge des 11. Septembers eine besondere Aufmerksamkeit gewidmet wird,[805] so gilt Folgendes mit Nachdruck zu wiederholen: Es gelingt nicht, im Völkerrecht hinsichtlich der für die internationale Gemeinschaft so wesentlichen Frage nach dem Schutz dieses Menschenrechtes eindeutige Antworten gerade zur Zwangsfrage zu finden. Folglich darf es dann auch nicht als Nachlässigkeit betrachtet werden, wenn im Rahmen der kanonistischen Teildisziplin des Strafrechts darauf verzichtet wird, ebenda eine eindeutige Lösung zur Zwangsfrage zu finden. Der stattdessen herangezogene Verweis auf eine Zweifelsregel zur Lösung der gestellten Fragen ist eine zulässige Vorgehensweise.

Über dieses eigentliche Ziel des Rechtsvergleichs hinaus kann allerdings die ein oder andere konkrete Vergleichbarkeit noch zum weiteren Nachdenken anregen.[806] Zunächst noch ein Wort zur Vergleichbarkeit beider Rechtsprobleme, da mitunter von Kanonisten die Unterschiedlichkeit gerade mit Blick auf die Gewissensfreiheit besonders hervorgehoben wird.[807] Wenngleich nämlich die Unterschiede keineswegs zu unterschätzen sind, besteht für die hier interessierende Frage dem Grunde nach sehr wohl eine ähnliche Problemlage. Es ist zunächst richtig, dass nur der Kirche die Trennung von Gläubigen möglich bleibt, wohingegen der Staat seine Bürger nicht ausweisen darf. Der Zwang zum gemeinsamen Zusammenleben hat daher beim Staat zur Folge, dass abweichende Gewissensentscheide insoweit keineswegs toleriert werden können, soweit diese das gemeinsame Zusammenleben gefährden. Mit Blick auf dieses Argument mag der Staat im Vergleich zur Kirche stärker genötigt sein, auf den Einzelnen einzuwirken. Diesem „Mehr" an Regelungsnotwendigkeit steht aber eben auch ein „Weniger" im Vergleich zur Kirche gegenüber. Nur Letztere nämlich ist Glaubensgemeinschaft, deren Ziel es ist, das Gewissen zu prägen, während diese Domäne dem neutralen Staat versagt ist. Um ihres Auftrages willen hat nur die Kirche die Notwendigkeit, auf das Gewissen mit pastoralen Maßnahmen einzuwirken. Beiden nun – Staat und Kirche – ist aber jeweils als letzte Grenze das Zwangsverbot gesetzt. Das Zusammenleben im Staat

---

804 Siehe oben ab S. 70.

805 Die Vielzahl an Sammelwerken zur Religionsfreiheit nebst den vielen Monographien neueren Datums spricht da eine eindeutige Sprache.

806 Siehe ferner später noch einen weiteren rechtsvergleichenden Gedanken auf S. 205 in Fn. 851.

807 Siehe dazu oben etwa auf S. 20 bei Fn. 81 mit Nachweisen.

muss geregelt werden, Gewissenszwang mit Blick auf den inneren Willen jedoch ist dazu nicht notwendig und bleibt folglich verboten. Das *depositum fidei* im Gottesvolk zu entfalten, ist Auftrag der Kirche, doch da der eigentliche Glaubensakt in freier Antwort auf den Anruf Gottes besteht, kann es auch für die Kirche keinen Gewissenszwang geben. Diese Spannung zwischen der Notwendigkeit, in gewissen Umfang auch unabhängig vom Willen der Betroffenen[808] tätig zu werden, und der dabei gesetzten letzten Grenze, die im forum internum begründet ist, ist somit beiden Rechtskreisen gemein. Der Vergleich behält daher trotz der Unterschiede seine Berechtigung.

Eine augenscheinliche Vergleichbarkeit besteht nun darin, dass es beiderseits an überzeugenden Versuchen mangelt, konkret zu definieren, was denn Zwang ausmachen soll. Grundsätzlich hat sich gleichwohl gezeigt, dass Zwang zunächst nur mit Blick auf den Einzelnen erfasst werden kann. Wenn hier nun jeweils für beide Rechtskreise vorgeschlagen wird, sich bildhaft an einer „51%-Grenze" zu orientieren,[809] so ist dies zunächst einmal eine grobe psychologische Vereinfachung.[810] Der Entscheid eines Menschen lässt sich nicht nach Zahlen aufteilen. Auch ohne Übernahme der behaupteten Neuerkenntnise der Hirnforschung[811] würde eine exakte Benennung wohl schon dem Betroffenen selbst äußerst schwer fallen. Die Berechtigung, solch eine Grenze zu verwenden, besteht aber darin, zumindest das Ziel allen Ringens um Zwangsdefinitionen zu benennen. Zwang ist da, wo eine Einwirkung so schwer wiegt, dass sie *für sich allein genommen* ausreicht, die Entscheidung nach Maßgabe der Beeinflussung zu treffen.

Benennt man solchermaßen diese Grenze, so wird doch erst jetzt mit einem Blick fassbar, *weshalb* es beispielsweise verfehlt ist, „Proselytismus" mit Zwang in Verbindung zu setzen. Selbst wenn psychologische Tricks, ja selbst wenn betrügerische Verleumdungen oder dergleichen als Mittel eingesetzt würden: Ein zehnminütiger Besuch eines Zeugen Jehovas reicht eben nicht dazu aus, dass man daraufhin gezwungen ist, sich nun dieser Glaubensrichtung anzuschließen. Gleiches gilt aber grundsätzlich auch für materielle Hilfsangebote, die mit einer Glaubenswerbung seitens des Helfenden verbunden sind. Unabhängig von ethischen Bewertungen solchen Vorgehens steht das Recht einem solchen Vorgehen gegenüber zumindest insoweit neutral gegenüber, als es um den Schutz des forum internum geht. Auch für kirchliches Verständnis des Gewissens, soweit Letzteres *als Rechtsprinzip* das Strafrecht beeinflussen soll, führt diese Grenzziehung zu einem Erkenntniszuwachs. Es wird nämlich deutlich, *weshalb* überhaupt mit einiger prima-facie-Plausibilität behauptet werden kann, eine kirchliche Sanktion wirke sich *nicht* als Zwang aus. Es ist schließlich erkennbar, dass von manchen Betroffenen den Sakramenten keine besonders große Wertschätzung entgegen gebracht (oder aber die „kirchenamtliche" Verweigerung faktisch ignoriert) wird. Mit Hinzuziehung der „51%-Grenze"

---

[808] Vgl. hinsichtlich der Kirche nur 1 Kor 9, 16.

[809] Siehe für das Kirchenrecht S. 63, Fn. 246 sowie für das Völkerrecht S. 188, Fn. 784.

[810] Bewusst taucht daher diese Grenze nur beschreibend in den Fußnoten auf, nicht aber als Teil der Definition.

[811] Siehe dazu die Hinweise S. 48 in Fn. 191.

kann nun begreiflich gemacht werden, dass deshalb allein dieser Sanktion keine willensbestimmende Wirkung bei solchen Personen zuzuerkennen ist. Zwang liegt dann nicht vor.

Sowohl mit Blick auf das Völker- als auch das Kirchenrecht ist erkennbar, dass bei den Äußerungen zum Zwang die Rolle des Handelnden, d. h. des potentiell Zwang Ausübenden, nicht ausreichend erläutert wird.[812] Auf der Ebene des Völkerrechts wurde aber immerhin deutlich, dass ein Eingriff in das forum internum eher dann bejaht zu werden vermag, wenn auf Seiten des Staates eine Intention zur Beeinträchtigung des forum internum besteht. Ein „ideology conversion system"[813] ist daher unannehmbar; Gleiches gilt für staatliches „teaching in religion", nicht jedoch für „teaching about religion".[814] Wenngleich also Zwang grundsätzlich aus der Sicht des Betroffenen zu betrachten ist, so ist gleichwohl das rechtliche Verbot auch davon abhängig, welche Intentionen der Staat bei seinen Maßnahmen hegt.[815] Mit Blick auf das Kirchenrecht gibt dies insoweit zu denken, als dort eine absolute „Zwangsfreiheit" wohl nicht erreicht werden kann. Wie oben ausgeführt kann selbst das Schreiben einer Enzyklika bei Einzelnen eine nicht erwünschte Zwangswirkung erzielen.[816] Auch wurde eindringlich darauf hingewiesen, dass der Schutz der communio und des depositum fidei für die Kirche so wesentlich sind, dass sie daher die hierfür notwendigen Maßnahmen ohnehin zu treffen hat, selbst wenn diese im Einzelfall zu Zwangswirkungen führten: Kirchliche Strafe zum Schutz *dieser* Ziele kann nicht deshalb unterbleiben, weil der Betroffene diese Sanktion für sich ebenso als Zwang erlebt, als wäre sie aufgrund des Strafzwecks ergangen, ihn zu bessern. Die intellektuelle Erläuterung, man nähme mit einer solchen Sanktion doch nur seine abweichende Glaubensentscheidung ernst und verfolge überdies übergeordnete Ziele, mag eben im Einzelfall nicht dazu ausreichen, dem Betroffenen die Empfindung zu nehmen, hier läge Zwang vor.

Vor diesem Hintergrund nun mag es auch für das Kirchenrecht notwendig werden, die Perspektive des Handelnden, hier der kirchlichen Hierarchie, stärker in den Blick zu nehmen.[817] Viel spricht dafür, dass bei der Frage nach der Vereinbarkeit zwischen einem kirchlichen Gesetz und der Gewissensfreiheit ein Stück weit eine abstrakte Betrachtungsweise aus Sicht des Gesetzgebers angezeigt ist. Einzelfälle, in denen es zu Zwang kommen könnte, dürften danach womöglich außer Betracht bleiben, sofern nur von Seiten der Kirche solche Möglichkeiten hinreichend minimiert werden.[818] Hierbei wäre dann die Frage nach der Intention einer Rege-

---

812 Beim internationalen Schutz des forum internum zeigt sich dies insbesondere daran, dass die Einbeziehung privater „Täter" und damit einhergehend die versuchte Bewältigung der Problematik um die sog. horizontal effects nicht zu befriedigen vermag.

813 Vgl. oben zu UNHRC, *Kang v Korea*, Communication Nr. 878/1999 (15.6.2003) ab S. 97.

814 Vgl. oben zu EKMR, *Angeleni v Sweden* (Zlk.-Entsch., 3.12.1988, Nr. 10491/83) auf S. 108, bei Fn. 416.

815 Siehe dazu auch S. 189 den Definitionsversuch Art. 2 § 2 sowie dann Art. 3 § 2.

816 Siehe oben S. 56.

817 Vgl. auch schon oben den Hinweis auf S. 69.

818 Wobei hier deutlich zu machen ist, dass die Situation grundsätzlich danach zu unterscheiden ist, ob Zwang aufgrund anderer Ziele erfolgt – denn dies muss grundsätzlich als ultima ratio

lung sowie als Korrektiv die nach der objektiven Voraussehbarkeit solcher unerwünschten Fälle entscheidend. Wenn nach objektiven Maßstäben erkennbar wird, dass eine kirchliche Regelung oder Praxis eben doch zu oft zu Zwangswirkungen führt, dann muss dies korrigiert werden, damit das kanonische Recht seinem Auftrag gerecht bleibt, lex libertatis[819] zu sein.

---

auch als intendierter Zwang möglich bleiben – oder ob bei sonstigen Maßnahmen Zwang als Nebenfolge nicht ausgeschlossen werden kann.

819 Siehe die Zitate und Nachweise oben S. 30 bei Fn. 123.

4. Teil: Zusammenfassung und Folgerungen

A) Einordnung des Ergebnisses am Beispiel

Der Besserungszweck im kanonischen Strafzweck verstößt de lege lata nicht gegen die kirchlich anerkannte Gewissensfreiheit, so lautet das Ergebnis dieser Studie. Gleichwohl ergibt sich aus der Begründung dieses Ergebnisses auch, dass man es sich zu leicht machte, kurzerhand wegen bloßen Appellcharakters kirchlicher Strafe einen Widerstreit zwischen Gewissensfreiheit und Strafverhängung apologetisch auszuschließen. Konfliktpotential zwischen Gewissensfreiheit und Besserung des Täters ist sehr wohl gegeben.

Zur Veranschaulichung sei an das oben schon gebildete Beispiel einer schismatischen Bewegung angeknüpft.[820] Dabei soll außer Betracht gelassen werden, dass hier um die Frage der Deklarierung einer Tatstrafe gerungen wird (alternativ könnte an die Spruchstrafe für Ungehorsam i. S. d. can. 1371 Nr. 2 CIC gedacht werden).[821] Nähme man an, die objektiven und subjektiven[822] Voraussetzungen einer Strafbarkeit wären hinsichtlich einiger bloßer Anhänger gegeben, so lässt sich die Problematik anhand zweier Fallvarianten verdeutlichen. Zunächst könnte mit Blick auf den Schutz der Kirche die Strafe bei einigen festgestellt werden. Auf diese

---

820 Siehe oben auf S. 55 sowie auch S. 54 in Fn. 212.

821 Es soll also hier der Einfachheit halber so getan werden, als habe das kirchliche Gericht bei Deklarierung der Strafe noch die Strafzweckfrage voll in der Hand.
Siehe zum Verhältnis von can. 1364 zu can. 1371 Nr. 2 CIC Lüdicke, in: MK-CIC, 1371, Rn. 5a (Bearb. 2004).

822 Vgl. mit Blick auf den verstorbenen Erzbischof Lefebvre die Ausführungen bei Lüdicke, in: MK-CIC, 1364, Rn. 5 (Bearb. 2001), wonach es schon ausreichend sein soll, den subjektiven Tatbestand zu verneinen, „wenn Lefebvre sein Verhalten als Stehen in der wahren katholischen Kirche versteht". Er hält deshalb unter Verweis auf Sebott, Das kirchliche Strafrecht (Fn. 23, 1992), 159–160 (1364, Rn. 6) (der sich wiederum auf Green beruft) eine Sperre für notwendig. Siehe überdies zur Frage, ob derartige Fälle nicht zumindest dazu führen müssten, auf das Merkmal *schwerer Sünde* als Voraussetzung der Strafbarkeit zu verzichten, oben zur Auffassung Prees S. 54, Fn. 212.
Die Rechtsfigur einer Sperre (obex) ist schon einmal entwickelt worden, und zwar mit Blick auf den CIC/1917, bei dem man nach h. M. formelle von bloß materiellen Schismatikern unterscheiden konnte, wobei letztere (zumeist als ins Schisma „Hineingeborene") die subjektiven Voraussetzungen der Strafbarkeit nicht erfüllten. Ihnen sollte gleichwohl eine Sperre anhaften, die den Wirkungen der Strafe glich, aber eben nicht formal als solche bezeichnet wurde. Vgl. hierzu etwa Heinemann, Wiederversöhnung mit der Kirche (München 1964), 73; Mörsdorf, CIC und die nichtkatholischen Christen, AfkKR 130 (1961), 36 m. w. N.; Eichmann/Mörsdorf, Kirchenrecht III (Paderborn, [6]1950), 415–416, so auch in der 10. A. 1959 auf S. 416; Kaiser, Der gute Glaube im CIC (München 1965), 216–219; Aymans, Kirchengliedschaft (1973), in: Ekklesiologie (Berlin 1995), 72–73.
Interessant ist dies insoweit, als auch damals diese Rechtsfigur neben dem Gesetzeswortlaut entwickelt wurde; gewisse Rechtswirkungen für bloß „materielle" Schismatiker hätten überdies auch ohne Sperre bestanden (siehe etwa cann. 731 § 2, 1060 CIC/1917, vgl. ferner die Aufzählung bei Cattaneo, Grundfragen des Kirchenrechts (Fn. 49, 1991)), wurden aber zumeist nicht als ausreichend erachtet.

Weise wäre u. a. um der communio willen klargestellt, wo die Grenze noch tolerierbaren Verhaltens überschritten ist. Nun stelle man sich aber vor, ein zuständiges kirchliches Gericht habe Kenntnis von einem weiteren Schismatiker i. S. d. can. 1364 CIC, der dieser Gemeinschaft angehört, jedoch ohne darum irgendein Aufsehen zu machen, weitestgehend unerkannt, in letzter Reihe sitzend, ohne jeden quasi-missionarischen Antrieb und ohne tiefgreifende Sozialkontakte nach außen.

An der umständlichen Beschreibung dieser letztgenannten Fallvariante merkt man zunächst eines: Der Besserungsstrafzweck – sieht von der oben genannten Problematik des „geheimen Delikts" ab –[823] kann nur schwer isoliert von den anderen Strafzwecken gedacht werden. Weil das Handeln von Menschen kommunikative Folgen hat, so wird ein gemeinschaftsbezogener Strafzweck sehr oft gleichzeitig vorliegen (und ließe sich in den allermeisten Fällen zumindest konstruieren). Ist aber ein anderer Strafzweck schon tragend genug für die Strafanwendung, so stellt sich die Problematik nicht mehr: Das schon deshalb gerechtfertigte Strafen ist legitim, unabhängig von etwaigen Zwangsfolgen, die unerwünscht,[824] aber hinnehmbar bleiben.[825]

Zweierlei zeigt sich an diesem Beispiel: Wenn man de lege ferenda vorschlägt, über die Abschaffung des Besserungsstrafzwecks als primären[826] Strafzumessungsgrund nachzudenken, so ist das keineswegs umstürzend im Vergleich zum jetzt geltenden Strafrecht: An der erkennbaren Praxis[827] änderte sich fast nichts, da insoweit Fallkonstellationen mit isoliertem Besserungszweck nur schwer vorstellbar sind. Will man daher die Ansicht LÜDICKES u. a. verwerfen, so ist zuvor zumindest zu bedenken, dass im Gefolge von deren Ausführungen *insoweit* nicht viel Veränderung notwendig würde.

De lege lata zeigt dieses Fallbeispiel allerdings auch, dass das kirchliche Gericht bei Verhängung[828] einer Strafe den Anforderungen der Gewissensfreiheit Genüge tun kann – und wohl auch jetzt erst[829] dazu ausreichend in der Lage ist. Schließlich zeigt sich erst im Einzelfall, ob auf das Gewissen des Täters Zwang ausgeübt würde. Nähme man den Anhänger der schismatischen Bewegung in den Blick, so kann – im Gegensatz zu denen, die behaupten, es läge immer nur ein Ap-

---

823 Siehe dazu beginnend auf S. 68.

824 Unerwünscht, weil Zwang nicht zur Besserung führt und damit dem Seelenheil des Betroffenen – anders als ein bloßer dringlicher Appell – abträglich ist.

825 Dahingestellt sei, in welcher Weise es dem kirchlichen Gericht nicht gerade wegen des Seelenheils des jeweils Betroffenen aufgetragen ist, gleichwohl zu überlegen, ob auf Strafe verzichtet werden muss (siehe auch sogleich Fn. 838 auf S. 200). Mit dem hier Ausgedrückten wird nur festgehalten, dass die Gewissensfreiheit insoweit keine kategorische Schranke ist. Am Beispiel: Ist eine Bestrafung i. S. d. ultima ratio nur bei einem von zwei Anhängern einer schismatischen Bewegung notwendig, um den gemeinschaftsbezogenen Strafzwecken Genüge zu tun, so ist derjenige der beiden Anhänger auszuwählen, der nicht skrupulös ist und bei dem sich im Einzelfall keine Zwangswirkung einstellen wird.

826 Es ist wohl unumstritten, dass zumindest als Nebenfolge Besserung erwünscht ist.

827 Und darüber hinaus: auch bei einem etwaig wieder erstarkenden Willen zum Gebrauch des strafrechtlichen Instrumentariums.

828 Der Aspekt der Deklarierung einer Tatstrafe soll wie gesagt hier außen vorbleiben.

829 D. h. im Gegensatz zum generell-abstrakt normierenden Gesetzgeber.

pellcharakter vor – sich sehr wohl eine Persönlichkeit vorgestellt werden, die eine Strafverhängung als blanken, unausweichlichen Zwang empfände. Man stelle sich Folgendes vor: Eine Person sieht in der in der Heimatgemeinde praktizierten Form der Hl. Messe mit Handkommunion, Jugendmusik und welchen gestalterischen Merkmalen auch immer eine satanische Abweichung vom katholischen Glauben. In ihrem Gewissen fühlt sie sich gebunden, an einer solchen „Neuen Messe" niemals teilzunehmen. Wenngleich sie die kirchliche Autorität verantwortlich macht für diesen Zustand und sie daher praktisch in keinster Weise anerkennt, hat diese Person gleichwohl panische Angst mit Blick auf die Frage nach der Binde- und Lösegewalt. Ihre Bedenken hinsichtlich des Ist-Zustandes (Schisma/Ungehorsam oder erlaubte „Notwehr") kann sie zurückstellen[830], nicht jedoch eine direkt und konkret auf sie selbst bezogene Verurteilung. Hilfsargumentationen ihrer Gemeinschaft reichen diesbezüglich nicht aus, ihre Angst zu beseitigen. Einzig um dem Druck nachzugeben und Straferlass zu erlangen, aber ohne im geringsten ihre eigene Einstellung geändert zu haben,[831] schließt sich diese Person nunmehr der ihrer Ansicht nach vom wahren Glauben abgefallenen römisch-katholischen Pfarrei wieder an.[832]

In der damit gebildeten Fallvariante sind keine gemeinschaftsbezogenen Strafzwecke[833] mehr einschlägig, die eine Strafverhängung notwendig machten, ohne gegen die in can. 1341 CIC verankerte ultima-ratio-Regel zu verstoßen. Einzig steht also der Besserungszweck in Rede. Hier nun kann es zu einer Bestrafung aus zweierlei Gründen auch darauf gestützt nicht kommen. Schließlich muss die kirchliche Strafgewalt ohne Verstoß gegen göttliches Recht bzw. Naturrecht auszuübt werden. Der Richter muss also bei der Ausübung der Strafgewalt möglichst genau prognostizieren, welche Folgen ein Urteil konkret nach sich ziehen wird.[834] Die Kirche

---

830 Und hier muss hinzugefügt werden: Trotz der Bestrafung einiger anderer vergleichbarer Mitglieder, siehe die erste Fallvariante. Denn ohne *eigene* Bestrafung wird – so das hier zu bildende Beispiel – der Druck mit Blick auf die Binde- und Lösegewalt eben noch nicht in hinreichend schwerer Weise empfunden.

831 Ob es tatsächlich zu einem Straferlass käme, ist für dieses Beispiel nicht entscheidend.

832 Es geht hier nur um ein illustrierendes Beispiel, nicht um eine Schilderung eines wahren Sachverhalts. Es sei hier deshalb dahingestellt, wie die Existenz der schließlich existierenden sog. Ecclesia-Dei-Gemeinschaften (z. B. die Priesterbruderschaft St. Petrus) sowie darüber hinaus das Motu Proprio „Summorum pontificum" (u. a. zur Feier der Sakramente im außerordentlichen Ritus) sich auf die Bewertung einer solchen Situation auswirken müssen.

833 Nicht eingegangen wird hier auf die Frage, inwieweit hier Strafzweck sein könnte, die Gerechtigkeit wiederherzustellen. Wie immer man einen solchen Strafzweck ohne Rückgriff auf das societas-perfecta-Konzept (dazu siehe S. 9, Fn. 24) auch rechtfertigen wollte, wird er kaum dazu herhalten können, als Ersatzargument für eine lückenlose Pflicht zur Anwendbarkeit des Strafrechts herzuhalten. Dies wäre wohl – zu Unrecht – denkbar in dem Sinne, dass eben mit jeder Erfüllung eines Straftatbestands die Gerechtigkeit in einem solchen Maße verletzt sein solle, dass die Kirche gar nicht anders könne, als so oft es irgend möglich ist zur Strafverhängung zu schreiten.

834 Verbleibenden Unsicherheiten bei dieser Einschätzung kann nur durch ausreichende Erläuterung begegnet werden: Es müsste einem jeden Gläubigen bewusst sein, welche Bedeutung dem Gewissen für ihn auch in moralischer Hinsicht zukommt. Nur dadurch kann in Grenz-

ist gehalten, durch den entscheidenden Richter die Konsequenzen abzuwägen und so vor der Urteilsfällung[835] festzustellen, dass kein unzulässiger Zwang vorliegt. Auf die Zweifel an der Zwangswirkung der Exkommunikation, die aus den Besonderheiten der zu regelnden Materie herrühren kann, darf die Kirche daher mit einem Verfahren antworten, das ihre Strafrechtsordnung in hohem Maße kennzeichnet: Nämlich mit der aufgrund der vielfältigen Spielräume gesicherten Einzelfallentscheidung des kirchlichen Richters. Da bei diesem Fallbeispiel hier nun ein Verstoß gegen die Gewissensfreiheit vorläge, muss das Gericht zum Ergebnis kommen, von einer Bestrafung abzusehen.

Es bedarf hier aber nicht einmal des Bewusstseins beim kirchlichen Richter, dass hier die Gewissensfreiheit der bloß einfachgesetzlichen Bestimmung des Besserungsstrafzwecks vorgeht.[836] In Wahrheit bedarf es hier nämlich nicht einer Verdrängung der einfachgesetzlichen Bestimmung zum Besserungszweck. Vielmehr liegen schlicht deren Tatbestandsvoraussetzungen nicht vor: Ein bloß äußeres Nachgeben des Delinquenten führt eben keineswegs zu dessen Besserung. Vielmehr triebe ihn die kirchliche Strafverhängung in eine größere Sünde, wie dies spätestens seit THOMAS VON AQUIN[837] klargestellt ist, nämlich in die Sünde, gegen sein Gewissensurteil zu handeln. Fehlt es also an einer Besserungsmöglichkeit, fehlt es in diesem Fall ebenso – wortlautkonform – an einer Möglichkeit der Bestrafung. Auch insoweit zeigt sich hier somit, dass de lege lata der Besserungsstrafzweck zu rechtfertigen ist.[838]

Ferner kann dieses Beispiel abgewandelt werden im Sinne des oben genannten hypothetischen KÜNG-Beispiels.[839] Jener Einzelgänger mag auch als vorschnell urteilender, selbstherrlicher Einzelgänger gedacht werden. Sein ausgeprägter Starrsinn bewahrt ihn davor, eine Exkommunikation als Zwang im Sinne der Gewissensfreiheit zu spüren. Solange er davon überzeugt ist, dass die Kirche den wahren Glauben verrate, wird er seine schismatische Bewegung nicht verlassen. In einem solchen Fall mag nun die Exkommunikation ein heilsames Mittel sein. Vielleicht könnte die Strafe hier dazu führen, dass derjenige doch zum Nachdenken gebracht

---

fällen vermieden werden, dass der Bestrafte sich doch nur um des Zwanges willen dem Urteil beugt.

835 Hinsichtlich der Tatstrafe sei nochmals verwiesen auf die Ansicht LÜDICKES, wonach hierbei ein Zwang ohnehin kaum festgestellt werden könne, oben S. 41 in Fn. 164.

836 Zur Frage der Überordnung vgl. oben ab S. 26.

837 Vgl. SCHOCKENHOFF, Wie gewiss ist das Gewissen? (Fn. 97, 2003), 119 mit Nachweisen; siehe auch oben S. 22.

838 Es stellt sich sogar die Frage, ob die Nennung des Besserungsstrafzweck in der Leitnorm des can. 1341 CIC insoweit etwas Gutes bewirkt. Der Rechtsanwender ist nämlich gehalten, den Besserungsgedanken in seine Überlegungen mit einzubeziehen. Das mag dazu führen, dass selbst dann, wenn ein anderer Strafzweck gegeben ist, der Richter von einer Strafe absehen mag, und zwar in den Fällen, in denen eine Bestrafung wegen drohenden Zwangs gerade gegen eine Besserung spricht. Hier wirkte sich dann der Besserungsgedanke als Negativpunkt aus, der in die Betrachtungen über die Notwendigkeit der ultima-ratio-Maßnahme einzustellen ist. Siehe hierzu schon die Überlegungen soeben S. 198 in Fn. 825.

839 Oben S. 62, und zwar insoweit, als oben ein Beispiel gebildet werden sollte, bei dem jemand *nicht* die Wirkung einer Exkommunikation für sich als Zwang empfindet.

wird. Gerade wenn die Exkommunikation als solche die Entschlossenheit und Ernsthaftigkeit von seiten der Kirche markiert, dabei aber flankiert wird von weiteren pastoralen Gesprächsmöglichkeiten und dergleichen, könnte sie auch ihrerseits als pastorales Mittel bezeichnet werden.

Diese Verdeutlichungen am Beispiel mögen zeigen, weshalb es – über die Rechtmäßigkeit hinaus – tatsächlich sinnvoll sein könnte, am Jetztzustand des geltenden Rechts festzuhalten.

B) De lege ferenda: Zum möglichen Verzicht auf den Strafzweck der Besserung des Täters im kirchlichen Recht

Doch ist damit nicht das letzte Wort gesprochen, will man dem Anliegen BENEDIKTS XVI. gerecht werden, die kanonische Rechtsordnung als lex libertatis[840] auszugestalten. Es darf nämlich nicht vergessen werden, dass unabhängig von der Frage, ob mit dem Zweiten Vatikanischen Konzil genuin Neues geschaffen wurde, das Zwangsverbot etwa in DH 10 deutlich in den Vordergrund gerückt wurde. So führt KRÄMER aus, dass das kirchliche Recht von daher diesen Grundsatz nicht allein zu respektieren hat, sondern zudem, „soweit es an ihm liegt, zur Geltung bringen" muss.[841] Die deutliche Proklamation der Zwangsfreiheit in Glaubensdingen darf daher zum Anlass genommen werden, den Besserungszweck de lege ferenda zu hinterfragen.

Erkannt werden muss dabei vor allem eines: Der Gegeneinwand, Kirche müsse sich zuallererst um das Seelenheil eines jeden Menschen kümmern und könne von daher nie auf den Strafzweck der Besserung verzichten, verfängt bei näherer Betrachtung nicht. Kirche soll auf den Besserungszweck nicht verzichten, weil sie sich nur um die communio sorgt, den Einzelnen dabei aber aus dem Blickfeld verliert.[842] Kirche kann vielmehr dem Einzelnen die Entscheidung für sein Seelenheil nicht abnehmen. Gerade das ist doch die Konsequenz kirchlicher Gewissenslehre. Wenn nämlich der Richter dem Täter sagt, die Exkommunikation werde – wenn sie nicht aus anderen Gründen notwendig ist – hier nicht ausgesprochen, so ist der Aussagegehalt doch folgender: Wenn und weil Gott den freien Glaubensakt fordert, bedarf es – insoweit zwingend! – innerer Umkehr im Gewissen. Der Verzicht auf die Exkommunikation kann hier als wahre Sorge um den Täter verstanden werden, weil diesem so der einzige Weg gezeigt wird, auf dem es tatsächlich zu einer sittlich guten Handlung kommen kann: Sein Gewissen in Freiheit zu bilden, um dann selbstverantwortet vom Falschen abzulassen.

Daher wäre überdies can. 1341 CIC nicht änderungsbedürftig: Jene Maßnahmen im Vorfeld der Exkommunikation, die aus ihrer Natur heraus offensichtlich nicht als Zwang verstanden werden können, dürfen und müssen darauf ausgerichtet sein, primär oder zumindest gleichwertig auch dem Seelenheil des Delinquenten zu dienen. Steht nämlich eine denkbare Zwangswirkung und damit eine Verletzung des Gewissens nicht im Raum, so gilt mit Recht, dass die Kirche „in all ihrem Tun dem Heil der Seelen verpflichtet ist" und daher auch „den Gedanken einer Besserung [...] nie außer acht lassen" darf.[843]

---

840 Siehe die Zitate und Nachweise oben S. 30 bei Fn. 123.

841 KRÄMER, Religionsfreiheit in der Kirche (Fn.109, 1981), 12.

842 Vgl. insoweit die Begründung derjenigen, die zwingend den Bezug zwischen kirchlichem Handeln und Hilfe zum Seelenheil des einzelnen Betroffenen gewahrt wissen wollen, oben S. 9.

843 STRIGL, Kirchenstrafen, in: HdbKathKR (Fn. 28, 1983), 924.

Wenn man nun in diesem Sinne dazu überginge, auf den Besserungszweck mit Blick auf die eigentliche Strafverhängung zu verzichten:[844] Was ist dann mit Blick auf das eben bemühte Beispiel des störrischen Einzelgängers zu sagen? Würde hier nicht eben doch insoweit auf ein Mittel zum Heil verzichtet? Ein solcher Einwand gegen eine Änderung de lege ferenda ist ernstzunehmen. Doch bedarf es auf der Ebene des Gesetzes eines umfassenderen Blickwinkels. Wenn die Kirche eindeutig und kraftvoll auf den Besserungszweck verzichtete, so wäre auch dies für sich genommen ein wirksames Zeichen: Einer für die Kirche konstitutiven Grundlage, dem Schutz des Gewissens, würde deutlich erkennbar der ihr gebührende Platz eingeräumt.[845] Wenn dann nämlich doch – trotz etwaig eintretender Zwangswirkungen – um anderer Ziele willen gestraft werden müsste, so kann die Kirche einsichtig machen, dass sie *trotzdem* das Gewissen zu achten weiß. Sie vermag es plausibler zu machen, weshalb sie etwa um des depositum fidei willen Grenzen zu setzen gezwungen ist. Dabei bleibt es vermittelbar, dass die Betroffenen die (schon deshalb

---

844 Wobei nichts dagegen spräche, das Bemühen um die Besserung gleichwohl ausdrücklich zu nennen, etwa als Sekundärziel sowie ferner in der Erläuterung im Anschluss an THOMAS VON AQUIN, dass die Verhinderung von Zwang gerade dem Vermeiden eines sittlichen Rückschritts des Einzelnen geschuldet ist, Besserung also nur auf anderen Wegen gesucht werden kann.

845 Wie etwa die Diskussion um die kirchliche Mitwirkung der Kirche an Abtreibungen in Deutschland gezeigt hat, kann der Zeichenhaftigkeit und Kohärenz von Grundsatzentscheidungen durchaus eine besondere Bedeutung beigemessen werden, die nicht einzig mit Verweis auf Einzelfälle vorschnell beiseite geschoben werden soll. Bei der Abtreibung ging es (teilweise) darum, ob eine Beteiligung an einem System möglich ist, das zu Recht so verstanden wird, dass es der Ermöglichung der Abtreibung dient. Neben moralisch-ethischen Gründen mit Blick auf die Beteiligung an sich wurde der Ausstieg auch damit begründet, dass über die Zeichenhaftigkeit des kirchlichen Ausstiegs seinerseits auch Leben gerettet werden könne: Nur, wenn die Verdunklung kirchlichen Lebensschutzes vermieden werde, wie sie aus einer systemischen Verwobenheit mit dem deutschen Abtreibungssystem resultieren kann, bliebe die kirchliche Stimme überhaupt noch hörbar. Bei einer Beteiligung an der Scheinausstellung dagegen könne die kirchliche Position – zu Unrecht – von den Betroffenen de facto als ein bloßes „Besser nicht, *aber im Notfall eben doch*" verstanden werden. Damit aber entfiele der Appell an das Gewissen der Abtreibungswilligen, was letztlich wieder fatale Folgen für die Ungeboren haben kann. Es ist hiernach also nicht allein an diejenigen Ungeborenen zu denken, deren Eltern nach einem Austritt aus dem staatlichen System nicht mehr erreicht werden, weil die Betroffenen nun nicht mehr eine kirchliche Beratungsstelle aufsuchen. Es gilt auch die Ungeborenen in den Blick zu nehmen, die ihr Leben lassen müssen, weil die kirchliche Stimme zur Bildung des Gewissens verstummt sein kann, wenn das Nein der Kirche zur Abtreibung aufgrund der Beteiligung am staatlichen System nicht mehr erkennbar bleibt, die Scheinerstellung im schlimmsten Falle vielmehr als legitimierend und damit den Gewissensanruf unterdrückend wahrgenommen wird.
Insoweit kann ein Vergleich gezogen werden. Hier geht es darum, ob sich die Kirche eines Strafrechtssystems bedienen möchte, das mit dem Begriff „Strafe" das Ziel der Besserung verknüpft und das daher so verstanden werden kann, dass die Gewissensfreiheit nicht ernst genommen wird. Von daher kann hier vorgetragen werden, dass auch ein zeichenhaft-glaubwürdig gestaltetes System Ausstrahlungswirkung erzeugen kann, die dann gegenläufig ebenso in Einzelfällen für das gewünschte Ergebnis sorgt (hier: Sorge um das Seelenheil), vgl. schon oben Fn. 240 auf S. 61.

notwendig gewordene) Strafe *nicht* für sich als Zwang verstehen, sondern wenn möglich als Appell zu nutzen wissen sollen.[846]

Zu vergegenwärtigen ist diesbezüglich auch die Schwierigkeit, ob es in der – sicherlich nicht mit einem seelsorgerischen (Beicht-)Gespräch zu vergleichenden – Strafverhandlung möglich sein wird, die Konsequenzen mit Blick auf den Delinquenten ausreichend sicher vorhersehen zu können. Verzichtete das kirchliche Strafrecht um des Gewissens willen auf den Besserungsstrafzweck, so wäre dies auch insoweit als souveräner Umgang mit einem verbleibenden Restrisiko zu werten. Hier in dubio pro conscientia zu entscheiden, verdeutlichte eindrucksvoll die Bedeutung, die dem Gewissen zuzukommen hat.

Ein Weiteres darf dabei nicht in Vergessenheit geraten: Dass die Zwangswirkung hier im Ergebnis verneint wurde, konnte nicht durch apologetisch-eingängige Behauptungen gezeigt werden. Es bedurfte vielmehr diffiziler Überlegungen, dies zu belegen. Sind solche Überlegungen aber den etwaig Betroffenen zu vermitteln?[847] Ist nicht auch dann auf Strafe zu verzichten, wenn eine große Gefahr zum Missverständnis besteht? Vor dem Hintergrund dieser Studie ist daran zu erinnern, dass hiernach keine der bislang vorgetragenen Ansichten das Problem hinreichend adäquat zu behandeln wusste. Auch von daher könnte es angeraten sein, um der Eindeutigkeit willen auf den primären Besserungsstrafzweck zu verzichten.

Der Gedanke der Vermittlung kirchlichen Strafrechts ist überdies nicht allein mit Blick auf die direkt Betroffenen zu bedenken. Will die Kirche auch Anwältin der Religions- und Gewissensfreiheit nach außen hin sein,[848] so wird die Existenz eines Besserungsstrafzwecks wohl kaum einer glaubhaften Interessenwahrnehmung dienlich sein. Schließlich gilt ohnehin schon, dass beim Hinweis auf katholische Positionen in einem teils sehr laizistischen Umfeld mit Schwierigkeiten zu rechnen ist: Sehr schnell wird man mit dem Vorwurf konfrontiert, die katholische Kirche habe die Religions- und Gewissensfreiheit nicht etwa aus geläuterter Einsicht akzeptiert, sondern einzig, um im heutigen Umfeld ihre eigenen Interessen wahrzunehmen. Im

---

[846] Zudem ist daran zu denken, dass – solange can. 1399 CIC seinen Platz im kirchlichen Strafrecht findet (dazu umfassend, dies unterstützend EICHOLT, „Nullum crimen nulla poena sine lege" im kanonischen Recht (Fn. 150, 2006), passim) – hier der systematisch geeigneteste Ort wäre, für Sonderfälle den Besserungsgedanken beizubehalten, um sicherzustellen, dass auch im unwahrscheinlich gegebenen Fall das Mittel der Strafe zur Verfügung stände, wenn es denn dann zwingend gebraucht würde. Es versteht sich allerdings von selbst, dass an dieser Stelle die Diskussion um can. 1399 CIC nicht weiter aufgegriffen werden kann.

[847] Es geht hier um etwas anderes als allein darum, dass womöglich Strafrecht als Ganzes schwer zu vermitteln ist. Zu Letzterem vgl. die Wiedergabe von HIEROLD, FS *Heinemann*, S. 331, bei MÜLLER, Warum und wozu kirchliche Sanktionen?, in: „Strafrecht" in einer Kirche der Liebe (Fn. 10, 2006), 183: Danach „besteht bei den Gläubigen ein hohes Maß an Sensibilität in Bezug auf Strafen, weil hier die Kirche mehr das Bild einer Rächerin als einer Mutter" vermittelt.

[848] Vgl. zur Ansicht von BENEDIKT XVI. etwa Nachsynodales Apostolisches Schreiben Sacramentum Caritatis (22.2.2007), hier zitiert nach Verlautbarungen des Apostolischen Stuhls Nr. 177, Nr. 87 (S. 115–116), zur Religionsfreiheit als der „bedeutenste[n] Freiheit, denn im Glauben drückt der Mensch die innere Entscheidung in Bezug auf den eigentlichen Sinn seines Lebens aus."

Binnenverhältnis sei es ihr nie um eine ernst gemeinte Anerkennung gegangen.[849] Nun wird es zwar so sein, dass sich keineswegs bei allen Anschuldigungen hinreichend ernsthaft darum bemüht wird, die tatsächliche Rechtslage zur Kenntnis zu nehmen. Im Gespräch mit denen, die ein faires Urteil treffen wollen, macht es jedoch einen Unterschied, ob das Prinzip der Gewissensfreiheit – soweit dies mit der Kirche als Glaubensgemeinschaft vereinbar ist – bestmöglich gesichert ist.

Aber nochmals sei hervorgehoben, dass es hierbei nicht um bloße Opportunitätserwägungen gehen soll. Es geht vielmehr um die Einsicht in die Begrenztheit des Rechts.[850] Auch der kanonische Gesetzgeber ist aufgerufen, „sich der begrenzten Reichweite und Dienstfunktion des Rechts bewusst" zu bleiben. Es ist daher ein Postulat gegenüber der rechtssetzenden Autorität, „potentielle Konflikte zwischen den rechtlichen Anforderungen und dem Gewissen der Normbetroffenen nach Möglichkeit zu vermeiden."[851] Selbst wenn keine Streichung des Besserungsstrafzwecks gewollt wäre, so erwiese sich doch zumindest eine deklaratorische Anerkennung der gleichzeitigen Geltung der Gewissensfreiheit als der Sache sehr dienlich.[852] Dies würde helfen, dasjenige stärker im Bewusstsein kirchlicher

---

849 Vgl. etwa BØRRESEN, Religion Confronting Women's Human Rights: The Case of Roman Catholicism, in: Facilitating Freedom of Religion, hrsg. v. *Lindholm* u. a., Leiden 2004, 551 m. w. N.; vgl. insoweit auch die Position Kardinal OTTAVIANIS kurz vor Beginn des Zweiten Vatikanischen Konzils, wiedergegeben von KASPER (Fn. 10), Sitzungsberichte der Heidelberger Akademie der Wissenschaften, Philosophisch-historische Klasse, 1988, 12–13 in Wiedergabe der „unverblümt zum Ausdruck" gebrachten Gegenposition von Kardinal OTTAVIANI (1960): „Du sagst vielleicht, die katholische Kirche braucht also zweierlei Maß und Gewicht. Denn wo sie selbst herrscht, will sie die Rechte der Andersgläubigen einschränken, wo sie aber eine Minderheit der Bürger bildet, verlangt sie die gleichen Rechte wie die anderen. Darauf ist zu antworten: In der Tat, zweierlei Maß und Gewicht ist anzuwenden, das eine für die Wahrheit, das andere für den Irrtum". Vgl. kritisch zur „Toleranzlehre" etwa LORETAN, Ja zum demokratischen Rechtsstaat und seinen Grundrechten?, in: Das Kreuz der Kirche mit der Demokratie, hrsg. v. *dems.* u. a., Zürich 2006, 24 f.

850 Eine solche Überlegung gilt auch dann, wenn man grundsätzlich anerkennt, dass es kein prinzipielles Hindernis gibt, dass Kirche auch über das Bußrecht hinaus auf die Gesinnung einwirken darf, vgl. insoweit – trotz dessen nämlich auf die Begrenztheit hinweisend – PREE: „Die Anerkennung des forum internum als eines eigenen *Rechts*bereichs entspricht der Tatsache, dass das kirchliche Recht nicht nur eine äußere Ordnungsfunktion zu erfüllen hat, sondern auch auf die Absicherung sittlicher Lebensorientierung in der Gemeinschaft (vgl. bonum commune) ausgerichtet ist. Dabei will kirchliches Recht auch das Gewissen des Einzelnen schützen und als Höchstwert anerkennen: vgl. can. 748 CIC. Man könnte sagen: Das Kirchenrecht versucht, seinen objektiven sittlichen Gestaltungsauftrag mit dem größtmöglichen Respekt vor dem Gewissen des Einzelnen zu harmonisieren. Dabei fallen Recht und Sittlichkeit keineswegs deckungsgleich ineinander, werden aber so in Beziehung gesetzt, dass sie *konvergieren*." Siehe (Fn. 150) AfkKR 168 (1999), 33–34, erste Hervorhebung nicht im Original.

851 PREE (Fn. 150) AfkKR 168 (1999), 41.

852 Überdies zeigt auch hier der Rechtsvergleich zu einer völkerrechtlichen Konstellation, dass die ausdrückliche Nennung sehr wohl wichtig sein kann. Die gesamte Lehre von den sog. „horizontal effects" ist im Grunde genommen als „eigenständiger Prüfungspunkt" eines „Prüfungsschemas" überflüssig. Die präzise Auslegung ergibt schon, was das zutreffende Ergebnis ist (z. B. dass Menschenrechte nicht voraussetzungslos gegenüber Privaten anwend-

Gerichte zu verankern, was schon jetzt gültiges Recht ist: Wenn sich im Einzelfall zeigt, dass kirchliche Strafverhängung als Zwang wirkt und keine anderen Strafzwecke die Verhängung rechtfertigen, so muss auf Strafe verzichtet werden: um des Gewissens willen, wie es die Kirche zu schützen berufen ist.[853]

bar sind). Gleichwohl wird zu Recht dieser Prüfungspunkt verselbständigt, sodass eben die sachlichen Gehalte dieser Lehre nicht vernachlässigt werden können (siehe S. 172, bei Fn. 711, dort mit Blick darauf, diesen selbständigen Prüfungspunkt noch weiter auszudehnen, als dies gemeinhin schon akzeptiert wird). Gleiches sollte auch für die Beachtung des Gewissens im kirchlichen Strafrecht gelten, obschon man das Ergebnis auch rein einfachgesetzlich durch Auslegung dessen, was Besserung ist, schon erzielen könnte (vgl. soeben S. 200 bei Fn. 836), oder aber zumindest durch die Anwendung der hier hergeleiteten Zweifelsregel.

853 Siehe auch hier PREE (Fn. 150) AfkKR 168 (1999), 42: „Kirchliches Recht darf und muss ein christlich geformtes Gewissen verlangen und bei seinen Anordnungen voraussetzen, darf aber nicht in Gewissenszwang ausarten (Zwang zum Handeln gegen die eigene Gewissensüberzeugung). [...] Hier stößt auch die rechtmäßige kirchliche Autorität an eine im Interesse der Wahrung der Würde der menschlichen Person unübersteigbare Grenze: Wer seinem Gewissen gehorchend die Befolgung kirchenrechtlicher Anordnungen verweigert, darf nicht mit mehr Sanktionen belegt werden, als dies für die Wahrung der Identität der Kirche, die Vermeidung von Verwirrung und Ärgernis unter den Gläubigen unabdingbar ist".

ANNEX

Nr. i:

UNHCR „General Comment No. 22 (Art. 18)"

27. September 1993; UN Doc CCPR/C/21/Rev.1/Add.4 (1993), § 5:

The Committee observes that the freedom to 'have or to adopt' a religion or belief necessarily entails the freedom to choose a religion or belief, including the right to replace one's current religion or belief with another or to adopt atheistic views, as well as the right to retain one's religion or belief. Article 18.2 bars coercion that would impair the right to have or adopt a religion or belief, including the use or threat of physical force or penal sanctions to compel believers or non-believers to adhere to their religious beliefs and congregations, to recant their religion or belief or to convert. Policies or practices having the same intention or effect, such as, for example, those restricting access to education, medical care, employment or the rights guaranteed by article 25 and other provisions of the Covenant, are similarly inconsistent with article 18.2. The same protection is enjoyed by holders of all beliefs of a non-religious nature.

Nr. ii:

UNHRC, *Hudoyberganova v Uzbekistan*

Communication Nr. 931/2000, 5. November 2004; wiedergegeben bei UNGA, Report of the Human Rights Committee – Volume II' UN GAOR 60th Session Supp No 40, UN Doc A/60/40 Vol II (2005), § 6.2 (S. 48):

... The Committee considers that the freedom to manifest one's religion encompasses the right to wear clothes or attire in public which is in conformity with the individual's faith or religion. Furthermore, it considers that to prevent a person from wearing religious clothing in public or private may constitute a violation of article 18, paragraph 2, which prohibits any coercion that would impair the individual's freedom to have or adopt a religion. As reflected in the Committee's general comment No. 22 (para. 5), policies or practices that have the same intention or effect as direct coercion, such as those restricting access to education, are inconsistent with article 18, paragraph 2. It recalls, however, that the freedom to manifest one's religion or beliefs is not absolute and may be subject to limitations, which are prescribed by law and are necessary to protect public safety, order, health, or morals, or the fundamental rights and freedoms of others (article 18, paragraph 3, of the Covenant). ... The Committee notes that the State party has not invoked any specific ground for which the restriction imposed on the author would in its view be necessary in the meaning of article 18, paragraph 3. ... The Committee is led to conclude, in the absence of any justification provided by the State party, that there has been a violation of article 18, paragraph 2.

Nr. iii

UNHRC, *Sister Immaculate Joseph et alt v Sri Lanka*

Communication Nr. 1249/2004, 21. Oktober 2005; wiedergeben bei UN Doc CCPR/C/85/D/1249/2004:

Regarding the underlying facts cf the text above starting at p. 101. In addition, it is to note that the incorporation is achieved by introducing a bill to the Sri Lankan parliament. The above mentioned decision of the Supreme Court was decisive, as it stated the unconstitutionality of the Bill, which was introduced by one member of the parliament in order to accomplish the incorporation. The Human Rights Committee says on p. 10:

7.2 As to the claim under article 18, the Committee observes that, for numerous religions, including according to the authors, their own, it is a central tenet to spread knowledge, to propagate their beliefs to others and to provide assistance to others. These aspects are part of an individual's manifestation of religion and free expression, and are thus protected by article 18, paragraph 1, to the extent not appropriately restricted by measures consistent with paragraph 3 [Reference omitted]. The authors have advanced, and the State party has not refuted, that incorporation of the Order would better enable them to realize the objects of their Order, religious as well as secular, including for example the construction of places of worship. Indeed, this was the purpose of the Bill and is reflected in its objects clause. It follows that the Supreme Court's determination of the Bill's unconstitutionality restricted the authors' rights to freedom of religious practice and to freedom of expression, requiring limits to be justified, under paragraph 3 of the respective articles, by law and necessary for the protection of the rights and freedoms of others or for the protection of public safety, order, health or morals. While the Court's determination was undoubtedly a restriction imposed by law, it remains to be determined whether the restriction was necessary for one of the enumerated purposes. The Committee recalls that permissible restrictions on Covenant rights, being exceptions to the exercise of the right in question, must be interpreted narrowly and with careful scrutiny of the reasons advanced by way of justification.

7.3 In the present case, the State party has not sought to justify the infringement of rights other than by reliance on the reasons set out in the decision of the Supreme Court itself. The decision considered that the Order's activities would, through the provision of material and other benefits to vulnerable people, coercively or otherwise improperly propagate religion. The decision failed to provide any evidentiary or factual foundation for this assessment, or reconcile this assessment with the analogous benefits and services provided by other religious bodies that had been incorporated. Similarly, the decision provided no justification for the conclusion that the Bill, including through the spreading knowledge of a religion, would "impair the very existence of Buddhism or the *Buddha Sasana*". The Committee notes moreover that the international case law cited by the decision does not support its conclusions. In one case, criminal proceedings brought against a private party for proselytisation was found in breach of religious freedoms. In the other case, criminal proceedings were found permissible against military officers, as representatives of the State, who had proselytised certain subordinates, but not for proselytising private persons outside the military forces. In the Committee's view, the grounds advanced in the present case therefore were insufficient to demonstrate, from the perspective of the Covenant, that the restrictions in question were necessary for one or more of the enumerated purposes. It follows that there has been a breach of article 18, paragraph 1, of the Covenant.

Nr. iv:

Definition von Zwang („Coercion") durch DE JONG

In The Freedom of Thought, Conscience and Religion or Belief in the United Nations (1946–1992), Antwerpen 2000, S. 51:

Indeed, one should take into account that the exact wording of paragraph 2 of article 18 of the Covenant implies that it should be possible for everyone to really enjoy the right to have or to adopt a religion or belief of his or her choice. Whenever the manifestation of a religion or belief only supports the rights of others to define their own choice, it cannot be called 'coercion'. Recantation of one's religion or belief enforced by violent means, however, is certainly 'coercion' and therewith prohibited. Also indirect ways of forced recantation may amount to 'coercion': One could think in this respect of enforced violation of certain precepts of one's religion or belief. Finally, some situations could exist where the difference in means and power between the various parties is such that the right to manifest one's religion or belief should be employed with the necessary restraint by the more powerful party: only in this sense, could one think of improper material or moral inducement. But between equal parties it seems less likely that 'coercion' could occur, even if one of the parties would offer material or moral benefits after the adoption of his or her religion or belief.

Nr. v:

EKMR, *C v UK*

Zlk.-Entsch., 15. Dezember 1983, Nr. 10358/83; DR 37, S. 147:

Article 9 primarily protects the sphere of personal beliefs and religious creeds, i.e. the area which is sometimes called the *forum internum*. In addition, it protects acts which are intimately linked to these attitudes, such as acts of worship or devotion which are aspects of the practice of a religion or belief in a generally recognised form. However, in protecting this personal sphere, Article 9 of the Convention does not always guarantee the right to behave in the public sphere in a way which is dictated by such a belief: for instance by refusing to pay certain taxes because part of the revenue so raised may be applied for military expenditure. The Commission [... in *Arrowsmith v UK* ... has] stated that 'the term "practice" ... does not cover each act which is motivated or influenced by a religion or a belief.'

Nr. vi:

UNHCR „General Comment 31: The Nature of the General Legal Obligation Imposed on States Parties to the Covenant"

26. Mai 2004; zuerst in UN Doc CCPR/C/21/Rev.1/Add.13; in korrigierter Fassung wiedergegeben bei „Note by the Secretariat, Compilation of General Comments and General Recommendations Adopted by Human Rights Treaty Bodies" (2006), UN Doc HRI/GEN/1/Rev.8, S. 235. Das Original ist englisch. Die französische Version ist leicht verändert. In § 8 heißt es:

The article 2, paragraph 1*, obligations are binding on States parties and do not, as such, have direct horizontal effect as a matter of international law. The Covenant cannot be viewed as a substitute for domestic criminal or civil law. However the positive obligations on States parties to ensure Covenant rights will only be fully discharged if individuals are protected by the State, not just against violations of Covenant rights by its agents, but also against acts committed by private persons or entities that would impair the enjoyment of Covenant rights insofar as they are amenable to application between private persons or entities. There may be circumstances in which a failure to ensure Covenant rights as required by article 2 would give rise to violations by States parties of those rights, as a result of States parties' permitting or failing to take appropriate measures or to exercise due diligence to prevent, punish, investigate or redress the harm caused by such acts by private persons or entities. States are reminded of the interrelationship between the positive obligations imposed under article 2 and the need to provide effective remedies in the event of breach under article 2, paragraph 3. The Covenant itself envisages in some articles certain areas where there are positive obligations on States parties to address the activities of private persons or entities. For example, the privacy-related guarantees of article 17 must be protected by law. It is also implicit in article 7 that States parties have to take positive measures to ensure that private persons or entities do not inflict torture or cruel, inhuman or degrading treatment or punishment on others within their power. In fields affecting basic aspects of ordinary life such as work or housing, individuals are to be protected from discrimination within the meaning of article 26.

* [Dort heißt es]: Each State Party to the present Covenant undertakes to respect and to ensure to all individuals within its territory and subject to its jurisdiction the rights recognized in the present Covenant, without distinction of any kind, such as race, colour, sex, language, religion, political or other opinion, national or social origin, property, birth or other status.

Nr. vii:

EKMR, *X v Denmark*

Zlk.-Entsch., 8. März 1976, Nr. 7374/76; DR 5, S. 157–158; die Auslassungen beziehen sich auf die Eigenschaften des Klerikers als Mitglied einer Staatskirche.

A church is an organised religious community based on identical or at least substantially similar views. Through the rights granted to its members under Art. 9, the church itself is protected in its right to manifest its religion, to organise and carry out worship, teaching practice and observance, and it is free to act out and enforce uniformity in these matters. ... Its servants are employed for the purpose of applying and teaching a specific religion. Their individual freedom of thought, conscience or religion is exercised at the moment they accept or refuse employment as clergymen, and their right to leave the church guarantees their freedom of religion in case they oppose its teachings. In other words, the church is not obliged to provide religious freedom to its servants and members, as is the State as such for everyone within its jurisdiction.
The Commission therefore holds that freedom of religion within the meaning of Article 9 § 1 of the Convention does not include the right of a clergyman ... to set up conditions for baptising, which are contrary to the directives of the highest administrative authority within that church ... It follows that the applicant's above complaint does not fall within the scope of Article 9 of the Convention.

Nr. viii:
EGMR, *Kokkinakis v Greece*
25. Mai 1993, Nr. 14307/88; (1994) 17 EHRR 422 (§ 48):
First of all, a distinction has to be made between bearing Christian witness and improper proselytism. The former corresponds to true evangelism, which a report drawn up in 1956 under the auspices of the World Council of Churches describes as an essential mission and a responsibility of every Christian and every Church. The latter represents a corruption or deformation of it. It may, according to the same report, take the form of activities offering material or social advantages with a view to gaining new members for a Church or exerting improper pressure on people in distress or in need; it may even entail the use of violence or brainwashing; more generally, it is not compatible with respect for the freedom of thought, conscience and religion of others. Scrutiny of [the Greek law (siehe dazu die Wiedergabe auf S. 178, Fn. 735)] shows that the relevant criteria adopted ... are reconcilable with the foregoing if and in so far as they are designed only to punish improper proselytism, which the Court does not have to define in the abstract in the present case.

Adnotationes in Ius Canonicum

Herausgegeben von Elmar Güthoff und Karl-Heinz Selge

Band 1 Anton Morhard: Die gerichtliche Berufung im kanonischen Recht. Eine Analyse des klassischen remedium iuris. 1995.

Band 2 Elmar Güthoff (Hrsg.): Der Schutz des geistigen Eigentums in den Schriften von Winfried Schulz. Festgabe für Theodor Schmitz zur Vollendung des 80. Lebensjahres. 1997.

Band 3 Richard Puza/Andreas Weiß (Hrsg.): Iustitia in caritate. Festgabe für Ernst Rößler zum 25jährigen Dienstjubiläum als Offizial der Diözese Rottenburg-Stuttgart. 1997.

Band 4 Ernst Freiherr von Castell: Alkoholismus in der Rechtsprechung der Rota Romana. 1997.

Band 5 Burghard Pimmer-Jüsten: Facultas vel licentia imponendi tributa sacerdotibus. Partikularrechtliche Untersuchung zu den diözesanen "Pflichtabgaben" der Kleriker. 1997.

Band 6 Jürgen Olschewski: Das Recht auf Sakramentenempfang. Zur Entwicklung eines Fundamentalrechtes der Gläubigen vom Konzil von Trient bis zur Gegenwart. 1998.

Band 7 Martin Grichting: Die Umschreibung der Diözesen. Die Kriterien des II. Vatikanischen Konzils für die kirchliche Zirkumskriptionspraxis. 1998.

Band 8 Cesare Mirabelli/Giorgio Feliciani/Carl Gerold Fürst/Helmuth Pree (Hrsg.): Winfried Schulz in memoriam. Schriften aus Kanonistik und Staatskirchenrecht. 1999.

Band 9 Christoph Kühn: Die Rechtsbeziehungen des Heiligen Stuhls zum Europarat. 1999.

Band 10 Peter Stockmann: Außerordentliche Gemeindeleitung. Historischer Befund – Dogmatische Grundlegung – Kirchenrechtliche Analyse – Offene Positionen. 1999.

Band 11 Jürgen Cleve: Inkompatibilität und Kumulationsverbot. Eine Untersuchung zu c. 152 CIC/1983. 1999.

Band 12 Karl-Heinz Selge: Ehe als Lebensbund. Die Unauflöslichkeit der Ehe als Herausforderung für den Dialog zwischen katholischer und evangelisch-lutherischer Theologie. 1999.

Band 13 Elmar Güthoff / Karl-Heinz Selge (Hrsg.): Der Staat der Vatikanstadt, der Heilige Stuhl und die Römische Kurie in den Schriften von Winfried Schulz. Città del Vaticano, Santa Sede e Curia Romana negli Scritti di Winfried Schulz. Franz X. Walter zur Vollendung des 70. Lebensjahres. 1999.

Band 14 Hermann Kahler: Absentia consensus. Der fehlende Mindestwille zur Ehe als Ehenichtigkeitsgrund. 1999.

Band 15 Nikolaus Schöch: Die kirchenrechtliche Interpretation der Grundprinzipien der christlichen Anthropologie als Voraussetzung für die eheprozessrechtliche Beurteilung der psychischen Ehekonsensunfähigkeit. Eine kanonistische Studie unter besonderer Berücksichtigung der päpstlichen Allokutionen und der Judikatur der Römischen Rota. 1999.

Band 16 Michael Landau: Amtsenthebung und Versetzung von Pfarrern. Eine Untersuchung des geltenden Rechts unter besonderer Berücksichtigung der Rechtsprechung der Zweiten Sektion des Höchsten Gerichts der Apostolischen Signatur. 1999.

Band 17 Paul Weibel: Das Selbstbestimmungsrecht der römisch-katholischen Kirche. Eine staatskirchenrechtliche Studie am Beispiel des Kantons Schwyz. 2003.

Band 18 Stefan Korta: Der katholische Kirchenvertrag Sachsen. 2001.

Band 19 Jürgen Wätjer: Das katholische Domkapitel zu Hamburg von den Anfängen bis zur Reformation und seine Wiedererrichtung 1996. Eine kanonistische Untersuchung. 2001.

Band 20 Bernd Matecki: Der Traktat *In primis hominibus*. Eine theologie- und kirchenrechtsgeschichtliche Untersuchung zu einem Ehetext der Schule von Laon aus dem 12. Jahrhundert. Anhang: Edition des Traktates *In primis hominibus*. 2001.

Band 21 Stefan Gatzhammer: Der Souveränitätsanspruch des Apostolischen Stuhles in päpstlichen Lehraussagen und in der Kanonistik von 1846 bis 1978. 2001.

Band 22 Andreas Franitza: Das Domkapitel zu Hildesheim in der Zeit zwischen Preußenkonkordat (1929) und Niedersachsenkonkordat (1965) und seine Statuten von 1984. 2001.

Band 23 Péter Erdö: Die Quellen des Kirchenrechts. Eine geschichtliche Einführung. 2002.

Band 24 Rüdiger Althaus / Rosel Oehmen-Vieregge / Jürgen Olschewski (Hrsg.): Aktuelle Beiträge zum Kirchenrecht. Festgabe für Heinrich J. F. Reinhardt zum 60. Geburtstag. 2002.

Band 25 Hartmut Zapp / Andreas Weiß / Stefan Korta (Hrsg.): Ius Canonicum in Oriente et Occidente. Festschrift für Carl Gerold Fürst zum 70. Geburtstag. 2003.

Band 26 Johnson Michael Kallidukil: The Canonical Significance of the Synod of Bishops of 1994 on Consecrated Life. From the *Lineamenta* to the *Vita consecrata.* 2003.

Band 27 Hubert Schiepek: Der Sonntag und kirchlich gebotene Feiertage nach kirchlichem und weltlichem Recht. Eine rechtshistorische Untersuchung. 2003. 2.,durchgesehene Auflage 2009.

Band 28 Andreas Weiß / Stefan Ihli (Hrsg.): Flexibilitas Iuris Canonici. Festschrift für Richard Puza zum 60. Geburtstag. 2003.

Band 29 Benita von Beyme: Die Baulast für das Freiburger Münster. 2003.

Band 30 Nikolaus Schöch: Festlegung, Änderung und Konformität von Klagegründen im kanonischen Eheprozess. 2003.

Band 31 Andreas Weiß / Stefan Ihli (Hrsg.): Kulturgutschutz und Kirche, Bibel und Kirchenrecht. Symposion und Festakt anlässlich des 60. Geburtstags von Professor Dr. Richard Puza. 2004.

Band 32 Stefan Lunze: The Protection of Religious Personnel in Armed Conflict. 2004.

Band 33 Christian Kröber: Zur Bedeutung der urheberrechtlichen Vergütungspflicht von kultischer Kirchenmusik in Deutschland. 2004.

Band 34 Szabolcs Anzelm Szuromi: Anselm of Lucca as a Canonist. 2006.

Band 35 Robert Oswald: Streikrecht im kirchlichen Dienst und in anderen karitativen Einrichtungen. 2005.

Band 36 Heribert Schmitz: Die Liturgie-Instruktion *Redemptionis Sacramentum* von 2004. Kirchenrechtliche Anmerkungen zum Erlaß der Kongregation für den Gottesdienst und die Sakramentenordnung vom 25. März 2004. 2005.

Band 37 Krzysztof Górski: Das personenbezogene Eheverständnis und relatives Erfüllungsunvermögen. 2006.

Band 38 Salus animarum suprema lex. Festschrift für Offizial Max Hopfner zum 70. Geburtstag. Herausgegeben von Ulrich Kaiser, Ronny Raith und Peter Stockmann. 2006.

Band 39 Bernd Eicholt: Geltung und Durchbrechung des Grundsatzes „Nullum crimen nulla poena sine lege" im kanonischen Recht, insbesondere in c. 1399 CIC/1983. 2006.

Band 40 Georg May: Die Auseinandersetzungen zwischen den Mainzer Erzbischöfen und dem Heiligen Stuhl um die Dispensbefugnis im 18. Jahrhundert. 2007.

Band 41 Wolfgang F. Rothe: Die Statuten der Kollegiatkapitel im deutschen Sprachraum. Rechtslage und Rechtspraxis. 2007.

Band 42 Markus Müller: *Officium divinum.* Studien zur kodikarisch-rechtlichen Ordnung des kirchlichen Stundengebetes in der lateinischen Kirche. 2007.

Band 43 Dagmar Schaaf: Der kirchliche Strafanspruch. Die Begründung der kirchlichen Strafgewalt vom Ius Publicum Ecclesiasticum bis zum CIC/1983. 2007.

Band 44 Burkhard Josef Berkmann: Die Ehen von/mit Nichtkatholiken vor der lateinischen Kirche. Das neue Ehe-Kollisionsrecht in *Dignitas Connubii.* 2008.

Band 45 Klaus Kottmann: Die Freimaurer und die katholische Kirche. Vom geschichtlichen Überblick zur geltenden Rechtslage. 2009.

Band 46 Stefan Killermann: Die Rota Romana. Wesen und Wirken des päpstlichen Gerichtshofes im Wandel der Zeit. 2009.

Band 47 Ansgar Grochtmann: Justitiabilität der Gewissensfreiheit. Rechtsvergleichende Anaylse zur kirchlichen Strafverhängung und zum Schutz des *forum internum* im Völkerrecht. 2009

www.peterlang.de